# 汉语文字学

宋均芬 著

**图书在版编目(CIP)数据**

汉语文字学 / 宋均芬著. —北京:北京大学出版社,2005.7
ISBN 978-7-301-09338-2

Ⅰ.汉… Ⅱ.宋… Ⅲ.汉字-文字学 Ⅳ.H12

中国版本图书馆 CIP 数据核字(2005)第 074639 号

| | |
|---|---|
| 书　　　　名:|汉语文字学 |
| 著作责任者:|宋均芬　著 |
| 责 任 编 辑:|杜若明 |
| 标 准 书 号:|ISBN 978-7-301-09338-2/H · 1516 |
| 出 版 发 行:|北京大学出版社 |
| 地　　　　址:|北京市海淀区成府路 205 号　100871 |
| 网　　　　址:|http://www.pup.cn |
| 电　　　　话:|邮购部 62752015　发行部 62750672　编辑部 62753374 |
| |出版部 62754962 |
| 电 子 邮 箱:|zpup@pup.pku.edu.cn |
| 印　　刷　者:|北京大学印刷厂 |
| 经　　销　者:|新华书店 |
| |890 毫米×1240 毫米　A5 开本　17.25 印张　500 千字 |
| |2005 年 10 月第 1 版　2011 年 11 月第 4 次印刷 |
| 定　　　　价:|35.00 元 |

未经许可,不得以任何方式复制或抄袭本书之部分或全部内容。
**版权所有,侵权必**
举报电话:010-62752024　电子邮箱:fd@pup.pku.edu.cn

# 目　录

## 第一章　绪论 ………………………………………………… 1
  第一节　汉语文字学 …………………………………………… 1
  第二节　汉语文字学简史 ……………………………………… 4
## 第二章　汉字总论 …………………………………………… 50
  第一节　汉字的起源 …………………………………………… 50
  第二节　汉字的定义和性质 …………………………………… 79
  第三节　汉字形体的演变 ……………………………………… 122
## 第三章　汉字各论 …………………………………………… 225
  第一节　古文字 ………………………………………………… 225
  第二节　今文字 ………………………………………………… 513
## 第四章　汉字析论 …………………………………………… 529
  第一节　汉字的造字结构 ……………………………………… 529
  第二节　汉字的义项和类别 …………………………………… 532

# 第一章 绪 论

## 第一节 汉语文字学

### 一、文字学及其分支学科

按传统观点,文字学是语言学的分支学科。按新的观点,语言学与文字学则为并列学科。语言学包含词汇学、语法学、语音学、修辞学等;文字学则以作为书写符号的文字为研究对象,其目的是揭示文字的发生、存在和发展的规律。

文字学有普通文字学和具体文字学之分。

普通文字学又称"比较文字学",是研究文字一般规律的学科。其具体研究的问题是:文字与语言的关系、文字发生和发展的历史、文字的类型、书写语言单位的一般规律、具有共同来源的文字系统及其变体的历史沿革、文字系统的创制和改革等。

具体文字学是研究个别语言文字系统的学科。由于文字的类型和历史渊源不同,具体文字学研究的内容差别很大。使用表音文字的印欧语系的语言,大多由于其字母表有共同的来源,文字发生和发展的历史主要是各言语社团的文化史,而从语言学方面对文字的研究则主要在于与语音学有关的语音的书面表达或字母表与语音系统的对应关系(表音法)、与语法学和词汇学有关的具体词语和句子的拼写(书写法)及标点符号的使用,以及这些书写方式在各种语言及其发展中的历史沿革等。汉语使用的汉字是意音文字,具有单独而悠久的历史渊源,因此汉字的研究具有广泛的内容。汉字的研究内容大致包含字形、字音、字义三个方面,它们曾分别属于狭义文字学和音韵学、训诂学的研究范畴,上述三门学科历史上合称小学。

### 二、汉语文字学

汉语文字学(又称汉字学)是中国传统学科之一。因为汉字有形、音、义三个方面,所以汉语文字学是综合研究汉字形音义的学问。它主要研究汉字的起源、书体、六书结构、形音义关系、文献用字现象等问题。古代称之为"小学"。"小学"本是学宫的名称。《周礼》有"八岁入小学、保氏教国子以六书"的记载。《汉书·艺文志》根据西汉末刘歆的《七略》,把幼童识字用的字书和解释字义的书附在经学《六艺略》之后,统称之为"小学"。隋唐以后,学问渐专渐精,所以小学分为三门:以形为主者谓之字学,以音为主者谓之音学,以义为主者谓之训诂。据唐兰介绍,章太炎在清末首先把"小学"叫做"语言文字之学"①。后来,由于音韵学、训诂学各自独立,文字学就逐渐以研究汉字的形体,汉字的起源、发展、性质以及规范化和汉字改革等问题为主了。

　　汉语文字学有其漫长的发展过程。远在先秦时代就已有了供学童使用的识字课本,秦代的"书同文"又是一次极为重要的文字整理工作。汉代古文经学家继承前人传统,分析造字的条例,进而创立"六书说",成为早期文字学理论的一部分。东汉许慎的《说文解字》又建立了研究汉字体系的方法,至此,古文字学初步建立。而后魏晋南北朝的字书、唐代刊正字体的工作和对《说文解字》的研究、宋代的金石文字之学、清代的《说文》之学等,都标志着文字学的发展历程和研究成果。近现代学者掌握了更多的文字资料和先进的科学的研究方法,取得了更大的成绩。他们根据古器物上的文字探求古人造字的原则和字形结构发展的规律,分析汉字字形来考求字的本文与引申义的关系,使文字学有了新的发展并成为语文教学的一部分。语言文字学家又从事整理汉字和简化汉字的工作,以促进汉字规范化,使汉字更好地记录汉语,并易于为大众掌握,在社会生活中发挥其多方面的重要作用。

　　汉语文字学另有两门分支学科。一为古文字学,下面将较详细地介绍;另一为现代汉文字学,主要以汉字的现状、日常应用、文字改革、电讯传播、电脑软件处理等问题作为研究对象。现代汉字学是近

---

① 章太炎:《论语言文字之学》,《国粹学报》十二、十三号(1906);《国学讲演录·小学略说》。浑然:《中国文字学说略》,《教育今语杂识》第 1 期(1910)。

几十年特别是近十余年新发展起来的学科,它与普及汉字教育、国家语文政策、汉字索引学、电讯、电子计算机、教育心理学等事业或学科的发展有密切联系。

### 三、汉语古文字学

汉语古文字学是汉语文字学的分支学科,它以古汉字和各种古汉字资料为研究对象。汉字历史悠久,结构复杂,致使文字学在中国自古以来就特别发达,而古文字学在文字学的领域中又占有特别重要的位置。

(一) 古文字的范围

按照传统观点,古文字指先秦时代的汉字。现代文字学者多数认为秦代的小篆也应该属于古文字。20世纪70年代以来,出土了许多秦和西汉早期的简牍和帛书。这些简帛上的隶书保留着篆文的不少特点,跟后代成熟的隶书有明显区别,因此有人主张把秦和西汉早期的隶书也归入古文字。裘锡圭先生认为"古文字可以说是隶书成熟之前的汉字。"

(二) 古文字学的内容

在中国,早在先秦时期就开始了对古文字的研究。但是长期以来,古文字学包含在作为"小学"一部分的传统文字学和以古铜器和碑刻等为主要研究对象的金石学之中,直到20世纪才有"古文字学"的名称。

古文字学的内容又有广义和狭义之分。广义的古文字学既包括对古文字本身的研究,也包括对各种古文字资料的研究。后一方面的研究主要以各种古代遗留下来的实物上的古文字资料(如甲骨卜辞、铜器铭文等)为对象,释读这些资料,弄清它们的性质、体例和时代,并阐明研究这些资料的方法,同时还必须探讨有关古文字资料的出土、流传、断代、整理、著录、解释等问题。这些研究继承了金石文字之学的传统,因此有人认为广义的古文字学应该称为古铭刻学。

狭义的古文字学主要以古文字本身为研究对象,重在研究汉字的起源,古汉字的形体、结构及其演变,字形所反映的本义以及考释古文字的方法。

古文字资料的种类很多。按照所研究资料的种类,古文字学已形成了甲骨学(以研究殷墟甲骨卜辞为主)、金文学(以研究殷周铜器铭文为主)、战国文字研究、战国秦汉简牍帛书研究等分支。

以上内容图示如下:

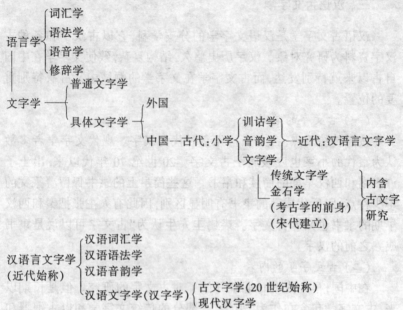

## 第二节　汉语文字学简史

### 一、以"说文学"为宗的小学

西汉末刘歆在《七略》中的《六艺略》下设"小学"类。"小学"类中的《苍颉篇》是合并李斯《仓颉篇》、赵高《爰历篇》、胡毋敬《博学篇》的字书总名,由此可将秦代视为小学的滥觞时期。西汉早期流传的《仓颉篇》在1977年于安徽阜阳双古堆汉墓发现残卷(《阜阳汉简〈苍颉篇〉》,《文物》1983年第2期),内容为四言韵文,如"己起臣仆,发传约载,趣遽观望,行步驾服"之类。汉元帝时黄门令史游作《急就篇》(也称《急就章》),亦为字书,字书就是将汉字收集在一起编成的可以诵读的蒙童识字课本。《急就篇》里写道:"急就奇觚文求异,罗列诸物名姓字。分别部居不杂厕,用日约少诚快意……青绮罗縠靡润鲜,绛缇䋺练素帛蝉,绛缇䋺绸丝絮绵,忱幪囊橐不直钱。"为了识字,将汉字作了初步的偏旁归纳,并编成韵文,读之易于上口记诵。《周礼·保氏》中记载"教国子以六书",可见远在周代就有"六书"理论了。

东汉许慎在前人字书和六书理论的基础上,将汉字归纳出540个部首,具体分析了9353个汉字的形义关系,撰成《说文解字》一书,并在自叙中阐述了周代以前文字之源流、六书、书体、秦始皇对汉字的改革和统一、古文经出土等一系列问题,是历史上第一部文字学专著。《说文解字》是时代的产物,是伴随汉代今古文经学斗争而产生的。许慎撰写《说文解字》的目的,主要是为了驳正今文学家的"巧说邪辞",他探求文字的本源,稽考文字形、音、义之间的关系及其由来,而于"六艺群经之诂,皆训其意"(许冲《上〈说文解字〉表》)。许慎在《叙》中说:"盖文字者,经艺之本,王政之始,前人所以垂后,后人所以识古,故曰:本立而道生。"可见文字的研究在当时是为解经艺行王道服务的,所以目录书将文字著作附属于经部,一直到封建社会末期,"小学"(后来单指字学)一直处于经学附庸的地位。"小学"的发展,除了后来加入的音韵、训诂以外,基本上是以"说文学"为宗的。其研究大致有以下几个方面:

(一) 增广《说文》

自《说文解字》问世以后,随着汉字的不断孳乳,一系列字典相继问世,考其渊源,均祖述《说文》,以《说文》为宗而增广变异,这些字书皆为《说文》之流裔。

1.《古今字诂》三卷,魏初张揖撰,已佚。唐人尚引用其书,简称为《字诂》,其书之亡,当在唐以后。清人任大椿《小学钩沉》、马国翰《玉函山房辑佚书》均有辑本,如:

　　古文峙,今作跱,同直耳反。
　　古文眡、眂二形,今作视,同时旨、时至二反。

由此可知,《古今字诂》收集编列古今异体字,注明古今及反切。

2.《字林》七卷,西晋吕忱撰,已佚。收字12824字,依《说文》分为 540 部,较《说文》多收 3471 字。《字林》大约亡佚于宋元之际,清人任大椿有辑本《字林考逸》八卷,陶方琦辑《字林补逸》一卷。《字林》的主要价值是:① 增补《说文》之漏略,② 收列异体新字,③ 另出义训。

3.《字统》二十卷,北魏阳承庆撰,已佚。唐封演《封氏闻见记·文字》云:"后魏阳承庆者,复撰《字统》二十卷,凡 13734 字,亦凭《说文》为本,其论字体,时复有异。"《字统》较《说文》增加 4381 字,马国翰有辑佚本,收入《玉函山房辑佚书》。

4.《古今文字》四十卷,北魏江式撰。未成书而人亡稿佚。《北史·江式传》云:"式于是撰集字书,号曰《古今文字》,凡四十卷。大体依许氏《说文》为本,上篆下隶。"唯《上〈古今文字〉表》流传于世。

5.《玉篇》三十卷,梁顾野王撰。《玉篇》撰成于梁大同九年(543),是《说文》之后保存下来的最古老的字书,也是汉语文字学史上第一部楷书字典。现流行的《大广益会玉篇》是经过后人增字重修的本子。清末黎庶昌、罗振玉先后于日本发现残卷《玉篇》,为未经增益重修的唐抄原本,遂刊印于世。1985 年中华书局版《原本玉篇残卷》,包括了黎、罗二氏刊印本及日本东方文化丛书第六《玉篇》卷八("心"部五字)等材料。据《封氏闻见记·文字》记载,原本《玉篇》16917 字,残卷保存 2100 余字,"大广益会"本为 22561 字,增益本较原本多出 5644 字,原本较《说文》多出 7564 字。《玉篇》多收字大都为魏晋南北朝以来新产生的字。

6.《类篇》十五卷,宋·王洙等撰。全书收字 31319 个,每字列古籀篆隶各种异体。《类篇》收字比较重古,所收古籀异体有超出《说文》之外者,故有"古文奇字,蒐猎殆尽"(董南一《切韵指掌图·序》)之誉。

7.《字汇》十四卷,明·梅膺祚撰。采用笔画检字法,改 540 部为 214 部,按 12 地支分为 12 集,收字增至 33179 个。梅氏归并许氏部首,其作用变成检字,由文字学原则变为检字法原则,改变了部首的性质。

8.《正字通》十二卷,明·张自烈撰。堪称《字汇》的修订本。《正字通》在《字汇》的基础上采辑了佛教诸经和医方杂技诸家文字,"补旧本之未备"。据每部所记附增之字,12集共增大字357个,注附增小字近120个,收字较《字汇》稍多。

9.《康熙字典》清康熙年间张玉书奉敕主编,承梅氏体例分十二集214部,收字47035个(不含古文1995个),成为中华书局1915年出版的《中华大字典》的蓝本。

(二)规范用字

汉字自产生之后,随着新词的不断出现,新字也不断增加。由于中国历史悠久,地域辽阔,战国时期形成了"言语异声,文字异形"的局面。这给汉字的使用造成混乱和不便。

公元前221年,秦始皇嬴政建立了中国历史上第一个统一的中央集权制封建国家,随即发布"书同文"的政令,将形体各异、笔画繁杂的前六国文字全部废止,改为推行一种称为"小篆"的新字体。

随后小篆发生了隶变。魏晋南北朝碑刻文字除了继承两汉隶变产生的俗体以外,书写者往往不拘点画,致使讹字泛滥。唐·颜师古于贞观年间在秘书省校正经籍,曾著《字样》一卷,作为规范楷体的依据。其后杜延业撰《群书新定字样》,文字有增但缺乏条理。至武后时颜师古的四世从孙颜元孙撰《干禄字书》一卷,收字按四声排列,每字分俗、通、正三体,指明各自的使用范围。代宗时张参撰《五经文字》三卷。辨明五经文字的读音,以及相承隶省、隶变与《说文》字体异同。共收3235字,依偏旁分160部。初时写在太学孔庙墙壁上,大和间改用木版,后又改为石刻。北周时雕印成书。文宗时唐·玄度撰《九经字样》一卷。玄度在大和年间考定石经的字体,补充张参《五经文字》一书未收之字,共410字。每字都用同纽的字注音,并标明四声,以纠正俗字错字。后将《五经文字》《九经字样》同刻于石经之末,以正经籍文字。

北宋太宗时郭忠恕在太学刊定历代字书,撰《佩觹》三卷。取《诗经》"童子佩觹"一语作为书名,喻指此书解疑决难,如觹之解结。上卷论述文字形声的真伪和演变;中、下两卷着重辨证字划近似之字。北宋道士张有撰《复古编》二卷,分为上、下卷。书成于大观、政和之间。以《说文解字》为依据,辨俗体之讹。所收字按四声分类,正体用篆书,别体俗体则附载注中。下卷入声后附有辨证六篇。此书辨别字体正讹甚严,不必拘泥于其说。

明·焦竑撰《俗书刊误》十二卷。前四卷按四声分类,刊正讹字;五卷考字义;六卷考骈字;七卷考字源;八、九卷考音同字异;十卷考字同音异;十一卷考俗字;十二卷考字形疑似。辨订相当详明。

(三) 校订整理许慎《说文》

1. 唐代李阳冰刊定《说文》 唐代安史之乱后,典籍散佚严重,唐初尚比较受重视的文字学逐渐衰落。徐锴云:"自《切韵》《玉篇》之兴,《说文》之学,湮废泯没,能省读者不能二三,弃本逐末,乃至于此。"(《说文解字系传·祛妄篇序》)李阳冰为当时著名书法家,徐铉称其"篆迹殊绝,独冠古今",又云"唐大历中,李阳冰刊定说文,修正笔法,学者师慕,篆籀中兴,然颇排斥许氏,自为臆说。"(徐铉《上〈说文〉表》)又云"往者李阳冰,天纵其能,中兴斯学,赞明许氏,奂焉英发"。(徐铉《说文解字篆韵谱序》)李阳冰刊定《说文》,有功于《说文》的保存、传布和研究。自二徐之后,有人称其"窜乱""擅改"《说文》,此说不尽可取。

2. 南唐徐锴全面研究《说文》 徐锴撰《说文解字系传》四十卷,凡锴所发明及征引经传者,悉加"臣锴曰"或"臣锴按"以别之。卷1—30为"通释",此外"部叙"二卷,"通论"三卷,"祛妄""类聚""错综""疑义""系述"各一卷。此书为《说文》问世八百年之后,第一部系统的研究工作,其发明未及精深,但这种综合性研究与探讨,对《说文》的研究富有开拓意义。

3. 徐铉等人奉诏校定《说文》 锴兄徐铉入宋后奉诏与句中正、葛湍、王惟恭等校定《说文》,于每字下附加唐人韵书的反切注音,如有己见则以"臣铉等曰"标识,又取经典常用字及时俗要用之字而许书未载者分类列于各部末,题曰"新附字"。此后世称为大徐本。其特点是偏重于《说文》本身的校勘整理。徐铉云:"盖篆书堙(yīn)替,为日已久。凡传写《说文》者,皆非其人,故错乱遗脱,不可尽究,今以集书正副本及群臣家藏者,备加详考。"(《上〈说文〉表》)由于徐铉等人的精心校订,才给后人留传下来一部完整可读的《说文解字》。

4. 清人的校勘 校勘《说文》以清代乾嘉时期成就最大。主要有:

(1) 段玉裁作《汲古阁说文订》一卷,及《说文解字注》三十卷,以旧本及前人所引《说文》并参考字书释义和经传旧注加以校勘,见解精辟,影响最大。

(2) 纽树玉《说文解字校录》十八卷。大徐本流传最广者为毛氏翻刊本,又经后人窜改。纽氏《自叙》以为毛氏之失,宋本及《五音韵谱》《集韵》《类篇》足以正之。大徐之失,《系传》《韵会举要》足以正之。至李氏阳冰之失,可以纠正者,惟《玉篇》为最古。因取《玉篇》为主,旁及诸书所引,悉录其异,互相参考而成此书。

(3) 严可均、姚文田撰《说文校议》三十卷。严氏自《叙》称:"嘉庆初姚氏文田与余同治《说文》……合二人所得益遍索异同,为《说文长编》,亦谓之《类考》。有天文算术类、地理类、草木鸟兽虫鱼类、声类、《说文》引群书类、群书引《说文》类,积四十五册。又集钟鼎拓本为《说文翼》十五篇,将校定《说文》撰为疏义。至乙丑秋,属稿未半,孙氏星衍欲先睹为快,乃撮举大略,就毛氏汲古阁初印本别为《校议》三十篇,专正徐铉之失。……凡所举正三千四百四十条,皆援据古书,注明出处,疑者阙之。"此书勾勒群经、传疏、类书,多出于段氏之外,许书内证甚丰,颇多精该之处。但《校议》多信小徐《系传》,崇信《韵会》,又见唐人所引,则以为唐以前《说文》旧本如此,则未必皆是。

(4) 沈涛《说文古本考》十四卷。李慈铭《越缦堂读书记》:"其书采唐宋人所引《说文》以证二徐本之误,亦有二徐是而所引非者,采取极博,折衷详慎,极有功于许书,学者不可不读也。"书中多引陈硕甫(奂)之说,剖析精微,于段《注》亦有不敢从者,李慈铭之说不为过。

(5) 朱士端《说文校定本》二卷。自《序》云:"谨以二徐本参考同异,择善而从。间有心得,只附按语,综其大旨,厥有四要。据钟鼎古文校许书古籀文之版本讹舛,一也。折衷近世儒者所言六书之义,研究义例,以正后儒增删改窜之谬妄,二也。六书之例形声十有八九,故凡从某某声,从某某省声,从某从某某亦声,或取古籀为声,或以读若相比况,即重文或体亦取形声,大徐不得其说或删声字,小徐本存声字较多。古籀或省形,或省声,或繁形,或繁声,或省形不省声,或形声并省,求形声必以许书为圭臬,三也。许书引经,如《易》宗孟氏,间用费氏;《书》宗孔氏,间用今文;《诗》宗毛氏,间用三家,即重出互见之文,揆厥师传,授受各殊,溯源追本,意旨悉得,四也。"此书手稿本为十五卷,后丛书本为二卷。

(6)苗夔《说文系传校勘记》三卷。此书由祁寯藻领衔,苗夔、承培元、夏灏、吴汝庚校订。是书之校勘,对于《系传》引书中,徐锴凭借记忆,致使语句违背、书名参差者,皆条辨之;对于其古今文异者,则曰今某书作某;对于其一事见于两书而所引参错者,则两援引以证之;对于其概括经传语句者,则正其字并置其文;对于其不著书名者,则补明见某书;对于其原写之讹误、遗脱者,则曰当作某、当补某;对于其凌乱错简,则曰当移于某下。此为读《系传》不可不参考之书。

(7)王筠《说文系传校录》三十卷。王筠在自《序》中云,其详参众本,"凡有不同概为札之,更参以《说文韵谱》《五音韵谱》《玉篇》《广韵》《汗简》诸书,可疑者则下己意为判断。"此书所据资料甚丰,亦为考求《系传》必参之书。

(四)注疏《说文》或对《说文》所收之字解释形音义

《说文》综合注释,清代乾嘉朝成就最大。简述如下:

1.《说文》四大家的著作

(1)段玉裁《说文解字注》及纠正《段注》之作

《说文解字注》三十卷,是世所公认的阐释《说文》的权威著作。该书对《说文》逐字校订、疏证,学术成就主要是:阐明许书体例;校订《说文》讹误;从语言理论高度阐释文字的形、音、义关系;在辨析同义词、古今字、古今义等方面均有独到见解。全书引证丰富,凡《玉篇》《广韵》及各经典训诂与《说文》有异同者,无不采集考订而求得其精确的指归,对篆文亦颇多改正删补。说解旁徵博引,引书达226种。惟增删篆文,改动说解,不免有武断之处。

徐承庆有《说文解字注匡谬》八卷,钮树玉有《段氏说文注订》八卷,王绍兰有《说文段注订补》十四卷,徐灏有《说文解字注笺》十四卷,均可补充纠正段氏之失。

(2)桂馥《说文解字义证》五十卷。于《说文》每字之下,博引经典文字为考证。其主要价值是例证丰富,字义疏证精细,可与段书互相补充;又阐释许书原文,厘订二徐讹误,旁举相关资料,极具参考价值。此书缺失在于墨守许说,强为疏证;所引文献失于限断,泛及词藻,又未尽加校改;又其删新附,补搜遗文,亦未尽审谛。

许瀚撰《说文解字义证校例》,可为读桂书之助。

(3) 王筠《说文句读》三十卷。本为初学《说文》者而编撰。作者遍考徐铉、徐锴及各家之本,辨其正误,定其句读;注解兼采段玉裁、桂馥、严可均三家之说,并吸取了钮树玉、王煦、王玉树等人的研究成果,博观约取,且自考一千余处,浅显简明,为研读《说文》入门之书。

(4) 朱骏声《说文通训定声》十八卷(另"补遗"一卷)。将《说文》所收之字重新编排,按朱氏古韵十八部归类,声符相同者相次,并增补《说文》未收之字;每字义项分为本义、"转注"(引申义)、"假借"(借义)、"别义"、"声训"(语源义),或列"古韵"与"转音"。书证丰富,对义项研究极具价值;收字按古音编排,对了解各字音义关系极为有利。

2. 其他综释著作

(1) 惠栋《读说文记》十五卷。书本为惠氏读《说文》随手笺注侧记,后经弟子江声参补整理成书。语虽简略,却涉及义训、重文、引经、经字、古字、或体、俗体、读若、校勘异文、古音等,多具卓识,后出之《段注》多有与其合者。其书多有发明,实皆精审可参。

(2) 钱坫《说文解字斠诠》十四卷。所校订者有:1. 毛斧扆刊本之误;2. 宋·徐铉官本之误;3. 徐锴《系传》本之误;4. 唐以前本之误。所诠释者有:1. 许君之正义;2. 许君之正读;3. 经传只一字,而许君有数字者;4. 经传有数字,而许君只一字者(见钱氏自订《凡例》)。该书除校订各本之误外,还诠释字义、读音及经典用字与《说文》收字的字形变化关系。斠、诠内容均较简略。对许慎说解所本之各家诂训及诸经异同,均考核罗列,其斠诠角度不同,可补充《段注》,多有可参。

(3) 毛际盛《说文解字述谊》二卷。该书既"述许君之谊,并述所闻于少詹事(其师钱大昕)之谊。"(见自《叙》)

(五) 阐释六书理论

1. 宋代 以六书研究为主的著作大约始于北宋。

(1) 郑樵撰《六书略》五卷(载于郑氏《通志》)。汉代以后,"六书"理论无人问津,徐锴撰《说文系传》对之始有阐发。而郑樵则是文字学史上"第一个撇开《说文》系统,专用六书来研究一切文字"的人。(唐兰《中国文字学》上海古籍1979)该书以"六书"统字,象形收字608个,谐声21080个,指事107个,会意740个,转注372个,假借589个,共收字24235个。汉代以来,郑樵首次以六书为纲统编全部汉字,并对六书本身进行了深入的研究。他开辟的六书学,对宋元明三代文字学研究产生了很大的影响。

2. 元代

(2) 戴侗撰《六书故》三十三卷。全书依事类分为数、天文、地理等九部。每类再依偏旁部首、六书分列诸字,旨在用六书阐释字义。说解之中多引钟鼎文字以明字形。

此书前有《通释》一卷,述其对文字产生及六书的看法。其论六书曰:"书有六义焉。何谓指事?指事之实以立文,一二上下之类是也。何谓象形?象物之形以立文,日月山水之类是也。书之兴也,始于指事、象形,二者之谓文。事不可悉指也,形不可殚象也,故会意、转注、谐声因文而生焉。何谓会意?合文以见意,两人为从,三人为众,两火为炎,三火为焱,此类是也。何谓转注?因文而转注之,侧山为阜,反人为匕,此类是也。何谓谐声?从一而谐,以白声为百;从晶而谐,以生声为星;从甘而谐,以匕声为旨;从又而谐,以卜声为支,此类是也。三者之谓字。字者,孳也,言文之所生也。文一索而生子,子再索而生孙,至于三索、四索,而书之制作备矣。所谓假借者本无正文,假借以为用,若博之为博奕,尔之为尔汝,辞助是也。其详具诸《通释》。"《六书故》中首次提出"因声求义":"至于假借则不可以形求,不可以事指,不可以意会,不可以类传,直借彼之声以为此之声而已耳。求诸其声则得,求诸其文则惑,不可不知也。书学既废,章句之士知因言以求意矣,未知因文以求义也;训诂之士知因文以求义矣,未知因声以求义也。夫文字之用莫博于谐声,莫变于假借,因文以求义而不知因声以求义,吾未见其能尽文字之情也。"这里的"声"指谐声、假借。《六书故》以其六书理论阐释文字,并认为《说文》小篆字形有讹,由讹变字形不能分析造字本义,于是创造性地将金文字形引入六书分析之中,来分析文字本义。只可惜金文太少,大多仍用小篆。此书对元明小学家影响很大。

(3) 杨桓撰《六书统》二十卷。此书承戴侗《六书故》而作,"以凡文字之有统而为六书也,因名之曰《六书统》。"(自《序》)杨氏分象形为十类,会意为十六类,指事九类,转注十八类,形声十八类,假借十四类。收字按古文大篆、钟鼎文、小篆次序排列。可惜所据金文、籀文形体不可靠,据以分析结构、推究本义也只能徒劳。其对六书认识与许慎所解大相径庭,曰:"文者何?自然成文也,谓象形、会意也。字者何?字者孳也,文之所孳而后有也,谓指事、转注、形声、假借也。"卷二会意中有八卦符号、地支名号、数目,卷三指事字中有累加形旁的形声字等等。

(4) 杨桓撰《六书溯源》十二卷。"是书则专取《说文》所无或附见于重文者录之。《六书统》所载古文自凭胸臆增损改易,其字已多不足信。至于此书皆《说文》不载之字,本无篆体,乃因后世增益之讹文为之推原作篆。"(《四库提要》)

3. 明代

(5) 赵撝谦撰《六书本义》十二卷。改540部为360部首,部下字先书小篆,注中标反切、释义,并指出讹体。下列借、转等义。其六书论和六书相生诸图,大抵祖述郑樵之说。《四库全书总目》称其书"第于各部之下,辨别六书之体,颇为详晰,其研索亦具有苦心。"今观其例,辨讹体亦嫌其以古非今,释义多不守《说文》,以破读为转注,其实多属引申。又书前画太极八卦,六书相生图,试图用八卦解释文字变化。

(6) 魏校撰《六书精蕴》六卷。自《序》云"因古文正小篆之讹,择小篆补古文之阙"。又云"唯祖颉而参诸籀斯篆,可者取之,其不可者厘正之。"《四库全书总目》谓:"以籀改小篆之文,而所用籀书都无依据,名曰复古,实则师心,其说恐不可训。"

(7) 杨慎撰《六书索隐》五卷。此书于字专收古文字,以为乃《说文》所遗漏,不载小篆。《序》中列举有《大禹岣嵝碑》、《石鼓》、吕氏《考古图》、《宣和博古图》、郭忠恕《汗简》、薛尚功《鼎韵》(即《重广钟鼎篆韵》)等书。其所收钟鼎文字自有不全,且多不注出处。

(8) 吴元满撰《六书正义》十二卷,《六书总要》五卷,《六书溯源直音》二卷,《谐声指南》一卷。吴氏之书"大抵指摘许慎,而推崇戴侗、杨桓。"(《四库提要》)其书分类仿《六书故》《六书统》,说六书颇重谐声。

(9) 王应电撰《同文备考》八卷。该书以事为类分为八卷,大类下再分细目,然后立偏旁系领诸字。王氏为魏校弟子,其学亦同其师,"以古文正小篆之谬"(自序)。其于六书看法大为乖戾。他把加旁声调变化字看成是转注。其论假借云"声之不足也,一声而或兼数义,不能义为之制字也,故以一字而借为数义。凤,气也,借风俗。夷,东夷也,借平,又借伤。能,兽也,借才能。之,草盛长也,借往,又借语词。假借之谓也。"似可参。

(10) 赵宧光撰《说文长笺》一百卷。自《叙》曰:"彻于许氏未了义,附以长语,发明训解;及总论一字得失,缀以笺文。"则其阐发许氏之义为长语,总附论辨得失谓笺文,合之曰《长笺》。是书考据不精,全书以己意楷字改作古体。"然其于六书之旨不无管窥。"(顾炎武《日知录》卷二十一)

(11) 赵宧光撰《六书长笺》七卷。此书原刻于《说文长笺》卷首,本为一书。以六书分为六卷,后一卷为六书余笺。前六卷罗列各家六书之说,然后逐条辩驳,提出个人看法。此书将明以前有关六书论述收集大备,可作资料看待。其个人观点均不足取,《四库提要》评曰"支离敷衍,于制字之精意,皆无当也。"

4. 清代

(12) 戴震撰《六书论》三卷。黎经诰《许学考》(1927)卷十七称"原刻本罕见"。《六书论》自《序》云:"今考经史所载,汉时之言六书也,说歧而二:一见《周礼》注引郑司农解,一见班孟坚《艺文志》,其一则叔重《说文解字序》颇能详言之。班、郑二家虽可以广异闻,而纲领之正,宜从许氏。厥后世远学乖,罕睹古人制作本始,谓谐声最为浅末者,后唐徐锴之疏也。以指事为加物于象形之文者,宋张有之谬也。谓形不可象则指其事,事不可指则会其意,意不可会则谐其声者,诸家之纷纭也。谓转声为转注者,起于最后,于古无稽,特萧楚诸人之臆见也。盖转注之为互训,失其传且二千年矣。六书也者,文字之纲领,而治经之津涉也。载籍极博,统之不外文字;文字虽广,统之不外六书。纲领既违,讹谬日滋。故考自汉以来迄于近代,各存其说,驳别得失,为《六书论》三卷。"

(13) 江声撰《六书说》。江氏六书二分为正、贰:"盖六书之中,象形、会意、形声三者是其正,指事、转注、假借三者是其贰。"又云"指事统于形,转注统于意,假借统于声。""何言乎指事统于形也?指事之说曰'视而可识,察而见意',则指事者指其事也,盖依形而制字为象形,因字而生形为指事。"因举上、下、莫、囚、不、至、垂等字为指事。又云"转注统于意何也?转注之说曰'同意相受',则转注者转其意也。盖令两字以成一谊者为会意,取一意以概数字者为转注。即如考、老之字,老属会意也,立老字以为部首,所谓建类一首,考与老同意,故受老字而从老省。考字之外,如耆、耋、寿、𦒱之类,凡与老同意者,皆从老省而属,是取一字之意以概数字,所谓同意相受。由此推之,则《说文解字》一书,凡分五百四十部,其分部即建类也;其始一终亥,五百四十部之首即所谓一首也。下云'凡某之属皆从某',即同意相受也。此皆转注之说也。""假借统于声何谓也?假借之说曰'依声托事',则假借者循声而借也。盖谐声者定厥所从而后配以声,声在字后者也;假借则取彼成字而即仍其声,声在字先者也。"江氏之论,研讨六书可备一说。

(14) 张度撰《说文解字索隐》一卷。此书共论六书二十则,全书主段玉裁、王筠二家之说而发挥之。有六书易解、指事解、指事兼象形解(血)、象形兼指事解(刃)、指事兼形声解、指事兼会意(岀)等。其论转注,列许、戴、江、段、王筠、朱骏声之说,而尊戴震。

小结:"六书"理论,自许慎之后,徐锴在《说文系传》中提出"六书三耦"说,认为"大凡六书之中,象形、指事相类,象形实而指事虚;形声、会意相类,形声实而会意虚。转注则形声之别,然立字始类于形声,而训释之义与假借为对。假借则一字数用,如行(茎)、行(杏)、行(杭)、行(沉);转注则一义数文,借如老者直训老耳,分注则为耆、为耋、为毫、为寿焉。凡六书为三耦也。"(《系传·通释》"上"字下)徐锴之后,"郑樵第一个撇开《说文》系统,专用六书来研究一切文字。"(唐兰《中国文字学》)郑樵等人明确地将"六书"定为字学的根本,真正开始了对"六书"较深入、全面的研究,使文字学结束了以《说文》为宗编纂字书或为《说文》作传的局限,开始了理论上的探求。郑樵创"子母相生"说,云:"象形、指事,文也;会意、谐声、转注,字也;假借,文字俱也。象形、指事一也,象形别出为指事;谐声、转注一也,谐声别出为转注。二母为会意,一子一母为谐声。六书也者,象形为本,形不可象,则属诸事,事不可指,则属诸意,意不可会,则属诸声,声则无不谐矣,五不足而后假借生焉。"此说进一步阐发了"独体为文,合体为字"的观点,独特揭示出六书之间的关系和次第,以及汉字结构的某些特点。郑樵还较早地阐明"书画同源"的观点,云:"书与画同出,画取形,书取象,画取多,书取少。凡象形者,皆可画也,不可画则无其书矣。然书穷能变,故画虽取多而得算常少,书虽取少而得算常多。六书也者,皆象形之变也。"这种看法与传说已久的由八卦、结绳、书契到文字的汉字起源说大相径庭,与西方"文字起源于图画"的理论相合。郑樵在"六书"的具体阐释上,也有一些独到的见解。如将指事与象形、会意加以比较说明:"指事类乎象形:指事,事也;象形,形也。指事类乎会意:指事,文也;会意,字也。独体为文,合体为字。形可象者,曰象形,非形不可象者指其事,曰指事。"又解释"谐声"云:"谐声与五书同出,五书有穷,谐声无穷,五书尚义,谐声尚声。天下有有穷之义,而有无穷之声。拟之而后言,议之而后动者,义也;不疾而速,不行而至者,声也。"云"假借"曰:"有有义之假借,有无义之假借,不可不别也。"(《六书略》)戴侗于"六书"有许多精辟的见解,唐兰称其为"许慎以后,惟一值得在文字学史上推举"的人。(《中国文字学》,上海古籍出版社1979新1版,第22页)戴侗《六书故·自序》云:"书虽多,总其实六书而已。六书既通,参伍以变,触类而长,极文字之变,不能逃焉。故士惟弗学,学必先六书。"《六书故》卷首,有一篇《六书通释》,集中阐发了其文字学理论。他认为先有语言后生文字:"夫文生于声者也,有声而后形之以文,义与声俱立,非生于文也。"他否定"圣人造字"的传说,但认为他们在语言文字的发展中起着重要作用:"六书不必圣人作也,五方之民,语言不同,名称不一,文字不通,圣人者作,命神瞽焉协其名声,命史氏焉同其文字,厘其烦慝,总其要归而已矣。"他论假借"不可以形求,不可以事指,不可以意会,不可类传,直借彼之声以为此之声而已耳。"由此提出"因声求义"。他明确指出许慎所举"令、长"二例是引申,强调假借"本无而借他",并提出虚辞十之八九是假借字。至清代六书论著甚多,丁福保《说文解字诂林》附有历代各家对六书的论述,可以参看。著名学者戴震在《答江慎修先生论小学书》中发展六书理论,提出"四体二用"之说,云:"大致造字之始,无所凭依。宇宙间事与形两大端而已,指其事之实曰指事,一二上下是也;象其形之大体曰象形,日月水火是也。文字既立,则声寄于字,而字有可调之声;意寄于字,而字有可通之意:是又文字之两大端也。因而博衍之,取乎声谐曰谐声;声不谐而会合其意曰会意。四者,字之体止此矣。由是之于用,数字共一用者,如初、哉、首、基之皆为始,卬、吾、台、予之皆为我,其义转相为注曰转注;一字具数用者,依于义以引申,依于声而旁寄,假此以施于彼曰假借。所以用文字者,斯其两大端也。"戴震的四体二用说影响颇大,段玉裁、王筠等皆师其说,且解说更为详明。

有关《说文》的研究还有:部首、释例、字音、古文籀文、引经典、假借字、逸字等。以《说文》研究为主的旧所谓小学,其研究成果是:①对《说文的》校订和研究,对后人的文字学研究提供了宝贵的文献资料;② 音韵、训诂研究的成就,加深了对汉字形音义关系的认识,为文字学研究提供了理论和资料;③ 小学服务于经学,使古代典籍获得校注整理,为现代学术研究提供了优良的文献资料。以《说文》为主的字学研究,由于受到当时条件的限制,只把小篆和汉代发现的少量古文和籀文作为汉字的早期形态,无法科学认识汉字的起源、演变、结构、形义关系等;加之为经学服务而厚古薄今,未能研究汉魏以来文字的演变、讹变、俗字的产生及其规律,尤其对俗字采取轻视排斥的态度。这就使小学中的字学研究无从建立科学系统,仍处于文献研究的阶段。

**二、金石器铭学**

(一) 宋代以前的古文字研究

研究古文字的风气形成于汉代。汉代人所看到的古文字资料主要有:

1. 先秦铜器的铭文。《说文叙》云:各地"往往于山川得鼎彝,其铭即前代之古文"。《汉书·郊祀志下》记载,西汉张敞"好古文字",宣帝时美阳(今陕西扶风县)出土古铜鼎,张敞曾释读其铭文。

2. 相传为周宣王太史籀所作的字书《史籀篇》的抄本。其字体属于大篆,汉代人称之为籀文。

3. 所谓古文经,即秦始皇焚书时被藏匿起来的一些儒家经籍抄本,如西汉初年北平侯张苍所献的《春秋左氏传》,汉景帝时鲁恭王为扩建孔宅,从墙壁中得到的《礼记》《尚书》《春秋》《论语》《孝经》。这些经籍抄本的字体汉代人称之为古文。推崇古文经的经学家如许慎等,认为古文比籀文要早。但后人研究认为所谓古文乃战国时的六国文字,亦称东土文字,即秦以东各国的文字。

汉代学术有今古文之分。推崇古文经的学者称为古文经学家,他们为了读通古文经,必须研究古文,所以往往是文字学家。他们收集古文,将其与汉代当时使用的文字对照研究,其研究成果体现在《汉书·艺文志》著录的《古今字》和《隋书·经籍志》等著录的后汉卫敬仲(即卫宏)撰写的《古文官书》之中。汉代有些人对汉字的构造进行了理论上的探讨,建立了六书说。许慎撰《说文解字》,对古文经学家于文字的研究作了出色的总结。

魏晋至宋初,古文字研究没有太大进展。这一时期最受重视的较早古文字仍是"古文"。这时期的主要成果有:

1. 三体石经　即曹魏正始年间将古文经学家传授的《尚书》《春秋》刻石立于太学,每个字均由古文、小篆、隶书三种字体刻写而成。南北朝时石经已有拓本流传。

2. 汲冢古文　即晋武帝咸宁五年(公元 279 年,或谓在太康元年或二年,即 280 或 281 年),在汲郡(今河南汲县)一个古墓因盗掘而出土大批战国魏国竹简,字体跟古文经相类。这就是所谓汲冢古文。这批竹简被收入官府,后由荀勖、和峤、卫恒、束晳等整理考释成今文文献,计 75 卷,10 余万字。竹书原本早已亡佚,用今文写定之本除《穆天子传》之外,也都亡佚,现还有《竹书纪年》辑佚本。

3. 《汗简》　五代末宋初的郭忠恕(？—977)根据当时所能见到的各种古文资料编成古文的字汇,按部首编排,名为《汗简》。稍后的夏竦(985—1051)编《古文四声韵》(1044),材料来源与《汗简》基本相同,按韵编排而成。二书著录的古文除见于《说文》和《正始石经》古文以外,还搜集了不少古文,其中虽有一些为杜撰,但大多为真实可贵的战国六国文字资料。

4. 石鼓文　唐初在天兴县(今陕西凤翔县)发现了重要的先秦石刻——石鼓文。另外秦始皇巡行天下时所立的篆文刻石——秦刻石,亦受唐人重视。石鼓、秦刻石均有拓本流传。

5. 篆文书法家李阳冰整理《说文》。他据秦刻石改了《说文》一些篆形,据古文字资料纠正《说文》,也有个人一些创见,他的看法保存在大徐本注释及小徐本《祛妄》篇中。

(二) 宋代金石学的建立

金石学建立于宋代。是考古学的前身。金石学的内容"实际包括有铭刻学和考古学两门学科。"(夏鼐《商周金文集成前言》)研究对象主要是古代铜器及其铭文和石刻文字,故名。

1. 宋代的金石学

在宋代,由于金石学的建立,古文字研究出现了高潮。

宋人研究古铜器铭文始于真宗咸平三年(1000年)。句中正等考定乾州(今陕西乾县)所献"史信父甗(yǎn)"。由仁宗朝到北宋末年,搜集、著录、研究古铜器及其铭文的风气日渐兴盛。宋代学者在金文研究方面成绩卓著的主要有:北宋的杨元明(南仲)、欧阳修、吕大临、赵明诚和南宋的薛尚功等人。宋人编有许多古铜器和铭文的著录书,流传至今的有① 吕大临《考古图》(1092年)、② 宋徽宗勅撰的《博古图录》、③ 南宋赵九成《续考古图》、④ 薛尚功《历代钟鼎彝器款识法帖》(1144年)、⑤ 王俅《啸堂集古录》和⑥ 王厚之(复斋)《钟鼎款识》。前三种兼录器形和铭文,后3种单录铭文。吕大临还编有《考古图释文》,按韵收字,为最早的一部金文字汇。政和年间王楚撰《钟鼎篆韵》,绍兴年间薛尚功撰《广钟鼎篆韵》,材料较吕书增多,后均亡佚。王书幸存于元代杨铀的《增广钟鼎篆韵》之中。

殷周金文早于籀文和古文,宋代学者对金文的搜集、著录和研究在古文字学史上有重要意义。在石刻文字方面,宋人除继续研究石鼓文和秦刻石之外,北宋时还另有发现,即所谓诅楚文,乃战国时秦王诅咒楚王于神的刻石。欧阳修、苏轼、董逌等人都曾对之加以研究。在宋人的六书研究中,可以看到金石学的影响。郑樵对金石文

字颇有研究,所著《通志》中有《金石略》,《六书略》对字形的说解也有胜于《说文》之处,试比较:

| | 《说文》 | 《六书略》 |
|---|---|---|
| 止 | 象屮木出有址。 | 象足趾。 |
| 步 | 从止、屮相背。 | 象二趾相前后。 |
| 立 | 从大立一之上。 | 象人立地之上。 |
| 走 | 从夭、止,夭者屈也。 | 象人之仰首张足而奔之形。 |
| | (会意) | (象形) |

2. 元明的金石学

元明两代是古文字研究的衰落时期。金石学方面只有古印的搜集、著录值得一提。此事始于宋代,但宋元时代的古印谱大都亡佚,流传下来的如《说郛》所收《汉晋印章图谱》,资料贫乏,价值不大。明人所编古印谱,如顾氏《集古印谱》(1571年),内容较丰富,为古文字研究提供了有用的资料。

元代戴侗作《六书故》,直接采用金文字形,但由于金文字尚少,故往往杜撰,颇受后人批评。但他说字颇有独到之处,如认为 ⊙⊙ 为"星"的初文,"鼓"所从之"壴"本象鼓形等,为后人所首肯。

3. 清代的金石学

(1) 清朝初年

清朝初年,闵齐伋作《六书通》,而后由毕弘述整理刊行。这是一部兼采古文、印文、铭文和石刻文字的古文字字汇。

(2) 乾嘉年间

乾隆14年起,清高宗先后命梁诗正、王杰等仿《博古图录》体例对内府所藏古铜器加以著录,编成所谓"西清四鉴",即:《西清古鉴》(1751)、《宁寿古鉴》、《西清续鉴甲编》(1793)、《西清续鉴乙编》。

《西清古鉴》40卷,收商周至唐代铜器1529件,其中商周彝器居多。另附钱录16卷。每卷先列器目,按器绘图,载明高度、重量,摹写铭文,并加考释。《宁寿古鉴》收铜器600件,以及铜镜101件。《西清续鉴甲编》20卷,收内府续得的商周至唐代铜器944件。《西清续鉴乙编》共收盛京(指原奉天)所藏铜镜900件。

"西清四鉴"共收录清宫所藏铜器4000余件。继"四鉴"之后,私家收藏铜器也陆续刊印成书。最早者为钱坫的《十六长乐堂古器款识》(嘉庆元年1796),专收自藏铜器、摹录图象、并录铭文加以考释。

嘉庆九年(1804),阮元刻《积古斋钟鼎彝器款识》,著录所收集的各家铭文,并加以考释,以续宋薛尚功《历代钟鼎彝器款识》。其书刻入《皇清经解》后,更促使此类著作兴起。影响较大的有吴荣光《筠清馆金文》(1840)和吴式芬《捃(jùn)古录金文》(1895),体例均仿阮元著作。

(3) 道咸时期

唐兰在《古文字学导论》中云:乾嘉以后的金文研究"只徐同柏、许瀚所识,较有根据。"

徐同柏著《从古堂款识学》(1886),全书16卷,考释文字,颇有可取。

许瀚字印林,考释金文之作见于《攀古小庐杂著》和吴式芬《捃古录金文》所引。许氏新释金文之可信者多于徐氏。徐、许二人的金文考释,"已能注意到字形结构的内部联系,考释成果亦有可取,只是考释方法尚感幼稚,还未能摆脱简单比附、望形生义的弊病。"(《汉语文字学史》,第172页)

(4) 同光时期

这一时期,金文研究出现高潮。主要学者有方浚益、吴大澂(chéng)、孙诒让、刘心源诸家。

方浚益,字子听(yīn),著《缀遗斋彝器款识》30卷(第15卷阙佚),每器首刊摹本,后附释文、考证。卷首附《彝器说》三篇,上篇考器,中篇考文,下篇考藏。"此书意在续阮元之《积古斋钟鼎彝器款识》,而成就远在阮著之上。"(《汉语文字学史》第172页)

吴大澂,字止敬,著《说文古籀补》《字说》《愙(kè)斋集古录》。《说文古籀补》14卷,编次全依《说文》,"取古彝器文择其显而易见、视而可识者得3500余字,汇录成编,参以故训,附以己意,名曰《说文古籀补》。"(《序》)后又增订,增订本正文1409字,重3345字,附录536字,重119字。收字以金文为主,兼及石鼓、古陶、古玺、泉币文字。此书虽然名为"古籀补","实为综合性古文字工具书的滥觞。该书力求订《说文》之失,正旧说之误,对后来的古文字研究影响颇大。"《字说》一卷,共收说字短文 32 篇,与《说文古籀补》相为表里。《愙斋集古录》26 卷,著录金文拓本 1144 器,其中商周金文 927 器,汇集了晚清各家所得金文之精华。拓本数量可与吴式芬《捃古录金文》相比,而文字考释成就则在其上。另有《愙斋集古录释文賸稿》二册,考释器铭共 135 件。大澂因得愙鼎、愙敦,遂名其书室曰愙斋。愙同"恪"。吴大澂在分析字形结构、考订文字源流上比乾嘉学者有较大进步。如释 🉁 为"古敬字,象人共手致敬也"(《说文古籀补》,第 53 页;《盂鼎》)又如说世葉同字等,均可见其功力。

孙诒让,字仲容,著《古籀拾遗》《古籀余论》《名原》《契文举例》等。《古籀拾遗》3 卷(1872 年),原名《商周金文拾遗》,重订后改为今名。此书主要订正前人考释铭文之误。上卷订正宋薛尚功《历代钟鼎彝器款识法帖》14 条,中卷订正阮元《积古斋钟鼎彝器款识》30 条,下卷订正吴荣光《筠清馆金石文字》22 条,书末附《宋政和礼器文字考》一篇。《古籀余论》3 卷(1903),订正吴式芬《捃古录金文》105 器,以及自己旧说谬误之处。《名原》一卷(1903),该书利用甲骨文、金文研究文字源流。《契文举例》2 卷,为第一部考释甲骨文的著作。二书中所依据的甲骨文资料均出自刘鹗《铁云藏龟》。孙诒让考释金文的方法为比较法和偏旁分析法。用这些方法以求其"形例",即今所谓字形演变规律。他提出运用金文、甲骨文与《说文》古籀互相勘校,揭示其歧异之处,来明了其省变之原,通过会合比较以寻古文、大小篆沿革之大例,也就是想研究篆变的规律。由于时代的局限,未能对这些规律作出科学的阐发,但他这种思想对后人深有启发。

刘心源,字幼丹,撰《古文审》8 卷(1891),《奇觚室吉金文述》(1902)。刘氏于文字形体分析颇多发明,成绩功力与吴大澂、方浚益同列。

由于这些金石学家的共同努力,使古文字的考释取得了巨大成就,因而促成了古文字学的分立。金石学建立之始,就孕育着古文字学分立的因素,因为金石学包含考器与考文两项任务,考文深入发展,必然是古文字学的分立。

乾嘉时期以《说文》为宗的传统文字学和金石学均处于复兴时期，唐兰云："小学家不能深通金文，而金文家不治小学，所以辨识古文字的方法和条理，没人去注意。"(《古文字学导论》第 378 页)这一时期处在资料的搜集整理阶段，金文考释处于初期。到晚清时期，古文字资料积累丰富，研究成果可观，吴大澂、孙诒让等金文学家在此基础上总结出一些考释古文字的方法，为古文字学的分立奠定了基础。

(三) 清代金石学资料的扩展

1．货币文字

研究古钱币的风气开始得很早。但对于其所属的时代，从宋代直至乾隆时敕撰的《钱录》(1751)均未能考究出科学结论。至乾嘉之际，据蔡云《癖谈》(1827)，钱大昕曾云"币始战国"。嘉庆时，初尚龄作《吉金所见录》(1819)，认为刀、布等类钱币为春秋、战国时物。裘锡圭先生称"先秦古币的研究自此渐上轨道"。(《中国大百科全书·语言·文字卷》第 105 页)吴大澂《古籀补》收入了不少币文，刘心源在《奇觚》里也考释了一些币文。

2．玺印文字

元明时代的人不知古印中有先秦之物，虽然明代人古印谱中收入不少战国印，但他们不明其时代。清人辨识先秦古印的先驱当推程瑶田，乾隆 52 年(1787)，程氏为潘氏印谱作序，释出战国印中的"私玺"二字，并云"'玺'但用'尔'者，古文省也"(《通艺录》卷八《看篆楼印谱叙》)。道光十五年(1835)张廷济编《清仪阁古印偶存》，称先秦印为古文印。同、光年间，陈介祺编《十钟山房印举》，在汉印之前列"古玺"和"周秦"印两类。按其内容推断，前者基本为六国印，后者则为战国时的秦印、秦朝印和汉初印。陈介祺认为古玺是三代之物，他在致吴大澂的信中云："朱文铜玺，前人谓之秦印，不知是三代，今多见，亦似六国文字"(《簠斋尺牍》第五册戊寅四月二十二日札)。至此对古玺时代的认识已接近实际。《古籀补》收入了一些玺文。在汉印篆文方面，嘉庆时有《缪篆分韵》(桂馥，1796)等字汇刊行，印文摹录优于以前其他各类古文字字汇。

3．其他

道光以后又发现一些古文字资料的新品种，如封泥文字、古陶文字及甲骨文。

封泥文字即打在封泥上的印文,以汉代的为多。

古陶文字首先于同、光年间在山东临淄等地发现,稍后又在直隶易州(今河北易县)等地发现。陈介祺为鉴定并收藏的第一位专家。吴大澂为第一位认真研究者,他据陈氏藏陶的拓本写过一些考释文章,在《古籀补》中也收入不少陶文。

清朝末年,"殷墟"甲骨文被发现之后,我国近代产生了一门新兴学科——甲骨学。它是历史学和古文字学的分支。安阳殷墟的甲骨文大约在光绪24年(1898)开始受到古董商的注意。1899年王懿荣鉴定为三代古文并加以收藏。1900年王氏因八国联军入侵北京自杀殉国后,所藏甲骨归于刘鹗。刘鹗选拓了一部分甲骨,编成第一部甲骨文著录书《铁云藏龟》,于光绪29年(1903)出版。刘氏在序中称甲骨文为"殷人刀笔文字"。次年,孙诒让据《藏龟》写成第一部研究甲骨文的专著《契文举例》,1917年由罗振玉印行。宣统二年(1910),罗振玉作《殷商贞卜文字考》,考定甲骨出自殷都故墟,乃殷王朝占卜的遗物,把甲骨文研究推进了一大步,罗氏遂成为甲骨学的奠基者。1928年开始在殷墟进行考古发掘,出土数万甲骨,逐渐形成一种专门学科。人们不仅研究甲骨文字,还研究甲骨发现的历史、流传、著录。并对龟甲兽骨的种属、来源、使用部位、占卜过程、契刻工具、分期断代进行研究。此外,还做碎片拼兑、著录缀合、重片校对、真伪辨别等。近年来又开始对钻凿形态进行研究,以期解决分期断代问题。甲骨文字的发现,丰富了古文字研究的资料。以甲骨文、金文考释为主的古文字研究成果和研究方法的不断丰富,促成了科学古文字学的建立。

## 三、汉语文字学

(一) 古文字学

裘锡圭先生把古文字学史分为三段:

① 古代——汉代到清代道咸时期

② 近代——清代同光时期到20世纪20年代

③ 现代——20世纪30年代以后(参见《中国大百科全书》语言

文字卷,第106页)

在"古代",古文字学尚未摆脱金石学和传统文字学的束缚,而"近代"和"现代"则为科学古文字学的建立和发展时期。这一时期又可以分为三个阶段:

① 草创阶段——从1911年辛亥革命后到30年代,罗振玉、王国维有创始之功;

② 奠基阶段——从30年代到70年代末,郭沫若、容庚、杨树达都对科学古文字学的建立作出重要贡献,唐兰、于省吾奠定了科学古文字学的基础;

③ 全面发展阶段——1978年以后,姚孝遂、裘锡圭、高明、赵诚、李学勤、林沄等,都作出了贡献。

古代文字学的情况前面已有叙述,下面着重谈谈古文字学分立之后的历史情况。

1. 罗振玉、王国维的创始之功

罗振玉对古文字的研究始于清末,他收藏了各种丰富的古文字资料,并勤于著录、研究。他最重要的著作是《殷墟书契考释》(1915),此书在《殷商贞卜文字考》的基础上写成。"此书在甲骨文字的考释和卜辞的通读等方面取得了较大突破,为甲骨学奠定了初基。"(裘锡圭语)书中谈到考释的方法为"由许书以上溯古金文,由古金文以窥卜辞。""综观罗振玉考释方法的特点,可以看出,他既重视以《说文》为比较的基础,参证金文,又注意分析甲骨文字本身的特点,反窥金文,考许书,观古文字之流变,纠许书之违失。"(《汉语文字学史》第188页)

王国维在罗振玉的影响下从事古文字研究。他的主要贡献是以甲骨卜辞与典籍互证。在金文方面著有《观堂古金文考释五种》等;在古文、籀文方面著有《魏石经考》《史籀篇疏证》《战国时秦用籀文六国用古文说》《桐乡徐氏印谱序》等。"王氏强调不能孤立地考释古文字,而应当考之史事与制度文物,本之《诗》《书》,考之古音,参之彝器铭文,从形音义三方面作比较研究和综合分析,大体上概括了考释古文字的基本方法。"(《汉语文字学史》)

罗、王均已受到西方学术思想的影响。罗振玉主张把金石学改为古器物学(《云窗漫稿·与友人论古器物学书》);王国维倾向于把金石学分为古器物学和古文字学(《国朝金文著录表序》)。罗氏考释文字注重从分析字形演变中创获;王国维重点是进行历史、地理及礼制等的研究,但他重视将古文字的考释与古代制度、文物相联系,并在文字形音义的结合上作比较研究和综合分析。从罗、王的研究工作来看,科学古文字学尚处于初创阶段。

2. 郭沫若等人对古文字学的建立作出了重要贡献

20年代末,为了探讨中国古代社会的性质,郭沫若开始研究甲骨文和金文。在30年代前期,他借鉴考古学的类型学方法,根据器物的形制、花纹和铭文的字体、内容,对西周铜器进行所属王世的研究,对东周铜器进行分国研究,而后写成名著《两周金文辞大系》,建立了铜器铭文研究的新体系。他研读甲骨卜辞和铜器铭文,注重以马克思主义唯物史观为指导,因而获得了较前人深刻的理解。所著《卜辞通纂》和《殷契粹编》,在卜辞的通读上有重要贡献。其论文《殷彝中图形文字之一解》(1931,收入《殷周青铜器铭文研究》),指出殷周铜器铭文中很多"图形文字"是"国族之名号"。

与郭沫若用新方法研究铜器铭文同时,参加殷墟发掘、负责出土甲骨整理工作的董作宾,对甲骨文进行了分期断代研究。所著《甲骨文断代研究例》(1933),全面论述了断代的根据,把甲骨文时代划分为5期,具有重要意义。而后在甲骨文断代方面,他又提出新、旧派的划分等一些补充意见,引起不少争论。

3. 唐兰、于省吾奠定了科学古文字学的基础

(1) 甲骨学

① 甲骨文字考释　除罗振玉、王国维之外,作出重要贡献的是唐兰和于省吾。唐兰的代表作是《殷墟文字记》(讲义本1934,新版1981);于省吾的是《甲骨文字释林》。

② 甲骨文断代研究　对董作宾的意见作出补充和纠正的,主要有胡厚宣、陈梦家和日本的贝塚茂树。

胡厚宣为《甲骨文合集》总编辑。他致力于甲骨文和商史的研究,在搜集著录甲骨文方面创立分期、分类的编纂体例,开辟甲骨文著录的科学途径。著有:《战后宁沪新获甲骨集》(来熏阁书店

1951)、《战后南北所见甲骨录》(同前)、《战后京津新获甲骨集》(上海群联出版社 1954)、《甲骨续存》(1995)、《五十年甲骨发现的总结》(1951)、《五十年甲骨论著目》(1952)等。

陈梦家的研究成果集于《殷墟卜辞综述》(科学出版社 1956),另有《甲骨断代学甲篇:祀周与农历》(燕京大学学报 1951.40)、《甲骨断代学乙篇:商王庙号考》(考古学报 1954.8)、《甲骨断代学丙篇:殷代卜人篇》(考古学报 1953.6)、《甲骨断代学丁篇:甲骨断代与坑位》(考古学报 1951.5)等。

贝塚在断代研究方面的代表作是《甲骨文断代研究法的再检讨》(与伊藤道治合著,《东方学报》京都第 23 期,1953)。

③ 甲骨学通论性著作　最重要的是陈梦家所著《殷墟卜辞综述》。

④ 甲骨文字汇等工具书　主要有王襄《簠室殷契类纂》(1920,增订本 1929)、商承祚《殷墟文字类编》、孙海波《甲骨文编》、台湾金祥恒有《续甲骨文编》(艺文印书馆,1959)和李孝定《甲骨文字集释》(1965)。朱芳圃《甲骨学文字编》(1933),将此前对甲骨文字的考释成果汇集于一书,按《说文》部次编次,是甲骨文入门的最好读本。赵诚《甲骨文简明词典——卜辞分类读本》(1988)是继朱芳圃之后充分反映了新的研究成果的最方便的入门读本。日本岛邦男的《殷墟卜辞综类》,根据甲骨文的字形特点分部排字,每个字下(极常用的除外)按原样摹出含有此字的所有卜辞,极便于研究者使用。《甲骨文合集》(郭沫若主编,胡厚宣总编辑,1979—1983 年出版)是一部大型甲骨文著录书,共 13 册,收甲骨 4 万余片。70 年代以前已著录的有研究价值的甲骨文资料,大抵均收入此书。徐中舒主编《甲骨文字典》(1988),于省吾主编《甲骨文字诂林》共四册,中华书局 1996 年出版。

(2) 金文学

在殷周铜器铭文的研究方面,除郭沫若外,唐兰、陈梦家、杨树达、李学勤和日本的白川静等,均作出了较重要的贡献。唐兰有《论周昭王时代的青铜器铭刻》(《古文字研究》第 2 辑)等论文;陈梦家的主要著作是《西周铜器断代》(《考古学报》第 9 册至 1956 年第 4 期);

杨树达的主要著作是《积微居金文说》；白川静的主要著作是《金文通释》(1964—1984)。

在西周铜器断代上，唐兰和李学勤与郭沫若有较大分歧。

金文字汇等工具书有容庚的《金文编》、陈汉平的《金文编订补》、周法高主编的《金文诂林》(1975)及其附录(1977)与《补》(1982)。大型金文著录书《殷周金文集成》(社会科学院考古研究所编，1985年起陆续出版)收铜器铭文万件以上。

另外，张政烺《试释周初青铜器铭文中的易卦》(《考古学报》1980年第4期)等论文，论证在殷周时代的某些甲骨、铜器和其他物件上的一种由6个或3个数字组成的符号是易卦，解决了古文字学上长期没有确解的疑案。

(3) 战国文字研究　民国时期开始，战国文字的研究逐渐发展为古文字学的一个重要分支。

① 古文字字汇　罗福颐《古玺文字徵》(1930)、故宫博物院编《古玺文编》(1981，修订罗书而成)、顾廷龙《古陶文㬎(nǐ)录》(1936)，何琳仪著《战国古文字典——战国文字声系》(中华书局，1998)，对研究战国文字十分有用。罗福颐编《汉印文字征》(1978)及《补遗》(1982)，商承祚、王贵忱、谭棣华合编《先秦货币文编》(1983)，张颔编《古币文编》(1986)。商承祚《石刻篆文编》(1957)。碑刻异体字旧有罗振鋆《碑别字》五卷，罗振玉《碑别字补》五卷，又合并前书为《增订碑别字》五卷。罗福葆《碑别字续拾》一卷，秦公《碑别字新编》(1985年，将前四书别字均采入)。

草书有洪钧陶《草字编》(1983—1984)和陆锡兴《汉代简牍草字编》(1989)。

综合性的古文字资料选编有高明《古文字类编》(1980)、徐中舒主编《汉语古文字字形表》(1981)和汉语大字典字形组编的《秦汉魏晋篆隶字形表》等。这些著作为研究汉字形体及其演变规律提供了可靠的资料。

② 辞典　丁福保主编的《古钱大辞典》(1938)，为研究战国币文提供了方便。

③ 其他资料　40年代初期，在长沙战国楚墓中发现了一件写

有近千字的帛书,这是战国文字的重要新资料;丁佛言《说文古籀补补》(1924)释出不少战国玺文。滕壬生著《楚系简帛文字编》(湖北教育出版社 1995)序中称"简牍文字已先后在楚地长沙、临澧、常德、信阳、江陵、随州、荆门等地发现了二十二批。"这些楚简是在 1951—1978 年间逐步被发现的。通过朱德熙、饶宗颐、李学勤等人的努力,对战国铜器、竹简、帛书、玺印、货币和陶器文字的研究,取得了一定的成绩。王国维曾把战国文字分作秦和六国两系,现在研究者对战国文字作分国研究,因而研究更加细致、深入。

（4）秦汉简帛研究

70 年代发现了几批秦和西汉早期的简牍帛书,如:云梦睡虎地秦墓竹简、长沙马王堆汉墓帛书和临沂银雀山汉墓竹简等。由此兴起了秦汉简帛研究。

（5）文字理论研究

① 重要著作　主要有唐兰《古文字学导论》(1934);李学勤《古文字学初阶》(中华书局 1985);陈世辉、汤余惠《古文字学概要》(吉林大学出版社 1988);林沄《古文字研究简论》(吉林大学出版社 1986);高明《古文字学通论》(文物出版社 1987);陈炜湛(chén)《甲骨文简论》(上海古籍出版社 1987);何琳仪《战国文字通论》(中华书局 1989);邹晓丽、李彤、冯丽萍《甲骨文字学述要》(1999);姜亮夫《古文字学》(1999);李圃《甲骨文文字学》(1995)等。

唐兰《古文字学导论》分上下两编,上编有两部分:一、古文字学的范围和其历史,二、文字的起源和其演变;下编有六部分:一、为什么要研究古文字和怎样去研究它,二、一个古文字学者所应当研究的基本学科,三、古文字的搜集,四、怎样去认识古文字,五、研究古文字的戒律,六、应用古文字学。

《古文字学导论》已涉及古文字学的对象、任务、原理、方法、规则各个方面,而最重要的贡献是关于古文字结构演变规律和古文字研究方法的论述。《导论》在古文字结构理论方面首次提出"三书"说,即:象形文字、象意文字、形声文字。书中归纳出四种认识古文字的方法,即:

（一）对照法——或比较法

用《说文》中的小篆和六国古文来对比研究古文字，以及用各种古文字互相比较。除《说文》外，三体石经、诅楚文、西陲木简、唐写本古书及其他隶书资料都可以作对照的材料。"应用这种方法时，得知道古文字里有些变例，象：反写、倒写、左右易置、上下易置等。"还应该十分注意的"就是不要把不同的字来拉在一起"，不要"把两个略仿佛的字并了家"。

（二）推勘法

由寻绎文义而推勘出不认识的字当为某字。"虽然，由这种方法认得的文字，不一定可信，但至少这种方法可以帮助我们去找出认识的途径。"

（三）偏旁分析法

"孙诒让是最能用偏旁分析法的"，"他的方法，是把已认识的古文字，分析做若干单体——就是偏旁，再把每一个单体的各种不同的形式集合起来，看它们的变化，等到遇见大众所不认识的字，也只要把来分析做若干单体，假使各个单体都认识了，再合起来认识那一个字。这种方法虽未必便能认识难字（因为有些字的偏旁虽是可识，一凑合后却又不可识了），但由此认识的字，大抵总是颠扑不破的（有些错误，是因偏旁分析不精所造成）。""这种方法最大的效验，是我们只要认识一个偏旁，就可以认识很多的字。"

（四）历史考证法

在精密地分析文字偏旁后，如果"还不能认识或者有疑问的时候，就得去追求它的历史，在这里，我们须切戒杜撰，我们得搜集材料，找求证据，归纳出许多公例。"这种研究方法称做"历史的考证"。"偏旁分析法研究横的部分，历史考证法研究纵的部分。这两种方法是古文字研究里的最重要部分，而历史考证法尤其重要。"书中还着重讨论了字形演变、字形通转的一般规律和如何考证一个字的历史等重要问题。

《汉语文字学史》称《古文字学导论》是第一部系统地阐述古文字学理论的著作，尽管还不完善，还有不够严谨之处，但《导论》的基本观点，至今仍具有指导意义。

于省吾关于古文字学的理论集中在以下论文及有关考释古文字的文章中：

《从古文字学方面来评判清代文字、声韵、训诂之学的得失》（载《历史研究》1962年第6期），对清代小学作了总的评判。于省吾明确提出了古文字学的任务是研究文字的发生、发展和结尾，研究对象是三代秦汉篆文，研究《说文》也应该包括在古文字学范畴之内。正确地评价了《说文》，说明了对《说文》应有的正确态度。这些论述至今仍具现实意义。

《关于古文字研究的若干问题》（载《文物》1973年第二期），文中谈到研究古文字的方法，并提出了研究古文字应"以文字的构形为基础"的原则。

在《甲骨文字释林·序》（中华书局1979）中，于省吾进一步阐述了研究古文字的方法，他说："我们研究古文字，既应注意每一个字本身的形、音、义三方面的相互关系，又应注意每一个字和同时代其他字的横的关系，以及它们在不同时代的发生、发展和变化的纵的关系。"

他还认为研究古文字，"要懂得清代汉学家的考据学"，"文字、声韵、训诂之学是考据学的主要组成部分"，三者是不可分割的，"文字的形、音、义，是构成每一个字的三要素。""凡言文字者，包括形、音、义三个方面"，故研究古文字一定要通声韵、训诂之学。于省吾还提出了结合原始氏族社会的生活习惯、古器物形制以及典籍义训探讨古文字构形本原的考释途径。

② 关于古文字的构成

汉代学者分析小篆字形，继承并建立起六书理论。唐兰在《古文字学导论》中提出了象形、象意、形声，是为三书说。陈梦家在《殷墟卜辞综述》中提出了象形、形声、假借，亦为三书说。裘锡圭在《文字学概要》中认为陈氏的三书说基本上是合理的，只是象形应该改为表意。（第106页）这种探讨对文字理论的发展是有益的。

③ 关于汉字起源

唐兰《古文字学导论》云"原始文字，只有图形，是无可疑的。由各实物的图形里，用种种技巧来表现出更繁复的意义，于是有'象意'

字的出现,文字的数目,因而有大量的增加。"他将古文字分为三个时期:"由绘画到象形文字的完成是原始期,由象意文字的兴起到完成,是上古期,由形声文字的兴起到完成是近古期。"

于省吾则认为"六书次序以指事、象形为首,但原始指事字一与二三三积画之出现,自当先于象形字,以其简便易为也。……原始人类社会,由于生产与生活之需要,由于语言与知识之日渐发展,因而才创造出一与二三三之积画字,以代结绳而备记忆。虽然几个积画字,极其简单,但极其重要,因为它是我国文字之创始,后来才逐渐发达到文字记事以代表语言。"(《甲骨文字释林·释一至十之记数字》)于省吾的观点与唐兰文字起于绘画的观点显然不同。

(二) 新汉字学

除了古文字学的研究之外,近百年来出版了几十种文字学理论著作,这些著作表明,汉语文字学理论的研究正努力创建科学体系。从内容与理论框架看,这些著作可以分为三种主要类型:① 综合派,即从字形、字音、字义三方面入手,综合研究文字形音义三端的;② 形义派,即从字形与字义两方面来加以研究的;③ 形体派,即着重汉字形体结构研究的。这三派基本表现了近代以来科学汉语文字学理论体系的建构及其发展。

1. 综合派

由形音义三方面综合研究语言文字,始于清代学者,章太炎将其发扬光大。第一部综合派文字学著作可推刘师培的《中国文学教科书》第一册。该书从文字形音义三方面,讲述了文字学、音韵学、训诂学知识,还涉及到语法学的部分内容。该书"对传统小学作一全面概略的介绍,虽未名为'文字学',但它无疑是第一部由形音义三部分构成的较有系统的文字学著作。它编成于1905年,明显带有传统小学向现代语言文字学过渡的色彩。"(《汉语文字学史》第317页)

1922年何仲英著《新著中国文字学大纲》(包括《参考书》)。此书注重系统性,简明通俗,具体内容多本章太炎说,较刘师培书更为完善。

1931年贺凯著《中国文字学概要》。作者在"总论"中云:"文字学是以文字的'形'、'音'、'义'三者为研究的对象,而研究中国文字的'起源'、'构造'、'变迁'的学科。"此书一半内容讲述文字的起源、构造和变迁。作者在"结论"中称"语言文字之学,要有历史的眼光,凡一切甲骨金石文字都在研究的范围内。所以现在研究文字学,要在《说文》以外得到新的发明,得到文字在历史上的解答,这才可称为研究文字学者。"作者称"近世甲骨文字的发现,在文字学上特开一新纪元。"作者认识到甲骨金石文字的研究,对建立文字学体系十分重要。

1935年马宗霍著《文字学发凡》。这是一部资料翔实的著作。马氏认为"文字学即形声义之学",该书主要部分"形篇""音篇""义篇",正是按此三端来构建的。

以上为早期综合派文字学著作,内含音韵学与训诂学,未能完全摆脱传统小学的束缚,未能真正体现出形音义综合研究的实质内涵。

1941年张世禄著《中国文字学概要》。他在文字学的"范围"一节云:"无论哪个文字,总具有形音义这三方面的……第一步我们可以从各个文字形体的分析,推求他们原来的意义,并且考明彼此在音读有无类似的痕迹。第二步可以利用他们音读的类似关系,来推求各个字体意义转变的由来。第三步就可以根据他们意义的转变,或者字形的迹象,来证明各个字体音读的异同。这样形、音、义三方面互相推求,把字书偏旁之学,训诂之学,音韵之学打成一片,才可以得到中国文字的秘奥,才可以说是完全的文字学。"此书克服了早期此类著作将文字、音韵、训诂生硬杂揉的弊端,着重从形音义内在联系来构建全新的文字学体系。由于作者对文字的性质、特点、功用及其与语言的关系,在理论上有较清晰的认识,因而此书超越前人,标志综合派著作进入构建科学体系的阶段。

2. 形义派

1917年北京大学的文字学课分别由钱玄同讲授《文字学音篇》,朱宗莱讲授《文字学形义篇》。20年代初沈兼士在北京大学讲授《文字形义学》。

1935年周兆沅著《文字形义学》,分上下两篇,上篇"书体",下篇"形论"。此书实际并未涉及到"义",按其内容应属于形体派。

1943年杨树达著《文字形义学》,分为"形篇"和"义篇"两部分。

"形篇"按六书类别分析字形结构;"义篇"表现了作者对训诂学研究的成果。此书在形义派著作中是较重要的一部。

1963年高亨旧著《文字形义学概论》出版,为形义派的殿后之作。

形义派著作重点在形体(结构、形体演变等),并努力使字义研究成为文字学理论体系的有机部分。其将"音韵"分离出去,可说是一个进步。但总体看来形义派仅是"文字学由传统'小学'逐渐蜕变为科学文字学体系的过渡。"(《汉语文字学史》)

3. 形体派

形体派代表了文字学的主流,其完全以汉字形体结构作为研究对象。前期著作有:

尹桐阳《中国文字来源及变迁》(1925)
吕思勉《中国文字变迁考》(1926)
顾实《中国文字学》(1926)
胡朴安《文字学 ABC》(1929)
蒋善国《中国文字之原始及其构造》(1930)
容庚《中国文字学形篇》(1932)
戴增元《文字学初步》(1935)
傅介石《中国文字学纲要》(1940)
杨树达《中国文字学概要》(1943)

以上著作均着重探讨汉字形体的演变和结构。其方法基本是将甲骨、金文与古籀篆隶行草等书体相贯通,遵循六书分析结构。以"形体演变"和"六书"作为主要内容,或兼论及文字的起源。

后期主要为通论性著作,有:

唐兰《中国文字学》(1949)
傅东华《汉字》(1957)
梁东汉《汉字的结构及其流变》(1959)
蒋维崧《汉字浅论》(1959)
蒋善国《汉字形体学》(1959)
　　　《汉字的组成和性质》(1960)
　　　《汉字学》(1987)

殷焕先《汉字三论》(1981)

高更生、王立廷、王淑潜《汉字知识》(1982)

杨五铭《文字学》(1986)

裘锡圭《文字学概要》(1988)

王凤阳《汉字学》(1989)

詹鄞鑫《汉字说略》(1991)

许长安《汉语文字学》(1993)

刘庆俄《汉字学纲要》(1994)

李大遂《简明实用汉字学》(1994)

聂鸿音《中国文字概略》(1998)

王辉《汉字的起源及其演变》(1999)

唐兰《中国文字学》是继《古文字学导论》之后的一部力作。此书进一步发展了作者的文字学观点,完成了科学文字学理论体系的构建。全书分为五大部分:前论、文字的发生、文字的构成、文字的演化、文字的变革。书中对近代以来文字学理论研究作了总结,说明"民国以来,所谓文字学,名义上虽兼包形音义三部分,其实早就只有形体是主要部分了。"(第 6 页)"文字学本来就是字形学,不应该包括训诂和声韵。一个字的音和义虽然和字形有关,但在本质上,它们是属于语言的。严格说起来,字义是语义的一部分,字音是语音的一部分,语义和语音是应该属于语言的。"(第 6 页)于是,文字学就成为"只讲形体的文字学"(第 9 页)。以字形为核心,"搜集新材料,用新方法来研究文字发生构成理论,古今形体演变的规律,正是方来学者的责任。"(第 25 页)

该书"前论"部分对中国文字学的历史、范围、特点等作了阐述。在"文字的构成"部分,唐兰首次对传统的六书说作了批判,认为其在义例上有很多漏洞,实用时界限很难清晰,并提出了根据古文字材料建立的三书说新理论。还详细讨论了"六技"(分化、引申、假借、孳乳、转注、缃益),以及"图画文字"、"记号文字"和"拼音文字"等问题。在"文字的演化"部分,指出研究汉字形体逐渐发生的细微变化很重要,并深入分析了书写技术、书写形式、书写习惯、书写心理等方面的变化导致的文字形体的演化。"演化"着眼于文字的动态发展,

"对揭示汉字体系中的各种复杂现象有着很大的价值,是对汉字形体演变研究的重要理论贡献。"而"变革"与"演化"相对,指文字体系的剧烈变动。唐兰云:"'演化'是逐渐的,在不知不觉间,推陈出新,到了某种程度,或者由于环境的关系,常常会引起一种突然的、剧烈的变化,这就是我们在下章所说的'变革'。"(第116页)

唐兰的《中国文字学》体系严密而又富于创新,对后来的文字学理论研究产生了深远的影响。

蒋善国的文字学著作主要有四种。其一为《中国文字之原始及其构造》,分为两编:第一编为中国原始文字之探索,分节论述了语言与文字及原始人对于文字之信念、未有文字以前替代文字之工具、最初之象形文字、中国文字之嬗变与研究之途径;第二编为中国文字之构成,即以六书为核心来分析汉字构造。"利用西欧所发现的原始文字资料作比较,探讨汉字创造历程,以甲骨文金文证明文字最初之组成,是这部书的一个比较显著的特色。"(《汉语文字学史》)

其二为《汉字的组成和性质》,分为两编:"象形文字"一编,探讨了象形文字的种类和区别,以及象形文字的起源、创造方法、演变、优缺点,并将六书中的象形字、指事字、会意字纳入此编,进行深入分析;"标音文字"一编,重在研究假借字、转注字和形声字,对形声字定名和界说、性质和作用、发生的原因、发展的路线与其素材的关系、组织成分和部位等,都有细致的阐述,并对形声字的声符和义符作了较为深入的讨论。该书以汉字构造为研究中心,分析其组成、演变和性质,力图在传统六书的基础上,建立现代文字学的科学体系。关于汉字的性质,作者认为:"隶变后,象形字、指事字和会意字的因素一天一天地湮没下去,假借字、转注字和形声字,在形声的主潮下,大量地发展起来,把象形兼表意的文字变成表意兼标音的文字了。"(第33页)作者在指出了形声字义符和声符的缺陷后,主张"废除形声字,直接改用拼音文字,使汉字由标音、表意走向纯粹拼音。"(第296页)这种主张显然与当时主张汉字走拼音化道路的思潮是一致的。

其三为《汉字形体学》。该书以汉字的形体演变为研究线索。作者把殷周至秦代归为古文字时代,古文字是象形兼表意文字。古文字时代又分为大篆时代(包括甲骨文、金文、石鼓文和诅楚文、籀文、古文)和小篆时代。把汉代至现代归为今文字时代,今文字是表意兼标音文字,这部分内容表述今隶、真书、草书、行书、简体字等字体的原委和特点等。把秦末视为转折点,以古隶(秦隶)作为过渡形式,过渡时代的内容重点讨论古隶和隶变。

该书关于隶变的研究深入而有创见。如指出隶变有讹变、突变、省变、简便四种方式;归纳出隶变过程中的变化类型有:字形分化的61种,偏旁混同的89种;并揭示了隶变对汉字意义的影响及对汉字质变所起的巨大作用等等。

作者通过系统的考察,对汉字形体演变从总体分析得出八点结论:(1)汉字是人民大众逐渐分别创造的,不是一个人或一个时代创造出来的;(2)汉字在发展史上各阶段字体的形式是渐变而不是突变;(3)新旧文字的行废更替,存在着交叉和若干时期的并行;(4)汉字是由写实的象形变成符号或笔画,也就是汉字形体由直接表意变成间接表意;(5)汉字形体的新陈代谢,笔势的变革占优势;(6)汉字的演变是一种形体简化作用;(7)汉字的发展是由独体趋向合体;(8)每一种新体字多半先从民间产生和通用,后来才渐渐取得合法的地位,代替了旧字体。(见第一章)

其四为《汉字学》。全书由绪论和汉字的起源、汉字的特点、汉字的创造类型、汉字的发展四编构成。汉字起源一编中,作者把结绳、刻契、文字画和象形文字的形成,都纳入文字总的形成历史过程来分析,并吸收了利用考古发现作此项研究所取得的最新成果。汉字的特点一编,对汉字的书写及汉字形音义的特点作了详细叙述。汉字的创造类型一编,对汉字结构的四种类型,即象形、指事、会意、形声,作了分析,尤详于形声。汉字的发展一编,首先论述了一般文字体系的演变的规律,而后以音化和简化为纲,构成了汉字发展的两大系统:用音化贯串假借、转注、形声的产生、通假、同音替代、辅助表音法;用简化贯串大篆(包括甲骨文、金文)、小篆、隶书、草书、真书、行书、简化字。《汉字学》一书是作者几十年来对汉字结构和发展规律进行研究,对文字学科学体系进行探索而写出的总结性著作。

裘锡圭《文字学概要》共十三章:前三章讨论汉字的性质、形成和发展等问题;第四、五章阐述汉字形体的演变;第六到第九章论述汉字的结构理论,分析了表意字、形声字和假借三种结构类型;第十至十二章主要论述汉字形音义之间的歧异、分化和错综关系;第十三章概述历代汉字的整理和简化工作。《概要》在学术上的贡献是多方面的,现简述如下:

(一) 关于汉字的性质

汉字的性质问题,自二十世纪五十年代始受注意,七十年代末以来成为研究的热点。关于诸家的论述及出处,可参看裘锡圭《40年来文字学研究的回顾》(《语文建设》1989年3期);陆锡兴《近年来关于汉字性质的讨论》(《语文导报》1985年10期)。回顾对汉字性质的讨论,可以看出有以下几种观点:

① 根据汉字所具有的表意表音作用称汉字为表意文字,或称为表音文字,或称为意音文字。

② 把古汉字和今汉字分开,认为甲骨文为形意文字,周以后文字为意音文字。

③ 把汉字笼统地都称为象形文字。

④ 根据汉字所能表示的语言结构的层次,(即语言单位的大小)来定性,或称为语素文字,或称为语素—音节文字,或称为方块、拼符、语素文字,或称为记写单音节词和词素以及音节的文字。

裘锡圭先生首次指明:"一种文字的性质就是由这种文字所使用的符号的性质决定的"。所谓符号包括两类不同层次的概念,一是记录语言的文字符号;一是指文字本身所由构成的符号(裘氏称之为字符),如形声字的形符、声符,会意字的意符等。裘氏指出:文字体系的性质是由字符即构字符号来决定的。字符可分为意符、音符和记号三大类。表意的象形符号是意符的一种。象形符号随着汉字的演变而丧失其表意作用,遂转化为记号;音符也可能丧失表音作用而转化为记号。汉字在早期阶段(隶变以前)基本上是使用意符和音符的文字,可以称为意符音符文字(即意音文字);后来由于形音义等方面的变化,演变成为使用意符、音符和记号的文字,可以称为意符音符记号文字。如果从字符所能表示的语言结构的层次看,汉字又可以称为语素—音节文字,即有些字符只跟语素这个层次有联系,有些字符则起音节符号的作用(假借字)。必须指出:通过分析字符作用而得出的"语素—音节文字"说与上文所举由文字作为记录语言的符号的功能而得出的"语素—音节文字"说，貌同而实异。裘氏的贡献不仅在于明确指出只有字符的功能才是文字性质的决定因素，而且把隶变造成的性质转变作了论述，使汉字的性质问题的研究更加深入。

(二) 关于汉字的起源和形成

关于汉字的起源和形成，《说文叙》曾有过叙述。而后直到晚清孙诒让作《名原》开始利用古文字对此加以探讨。在四十年代之前，文字学界对此问题的研究，主要有吴贯因《中国文字之起源》(《庸言》第1卷第14期，1913)；梁启超《从发音上研究中国文字之源》(《东方杂志》第18卷第21期，1921)；王同《中国文字起源说》(《铭贤校刊》)第4卷第2期，1928；丁山《汉字起源考》(《语历所周刊》第4集第44、45期合刊，1928)；张炳《中国原始文字考》(《东方文化月刊》第1期，1938)；唐兰《文字的发生》(《中国文字学》1949)。他们或利用商周古文字资料，或利用现代语言学理论，或利用民族民俗资料，各自作出了有益的探讨。七十年代以来，随着原始遗址陶器刻符的出土发现，以及考察了一些少数民族的原始记事法，汉字起源问题重又成为研究的热点，主要成果有郭沫若《古代文字之辩证的发展》(《考古》1972年第3期)；于省吾《关于古文字研究的若干问题》(《文物》1973年第2期)；裘锡圭《汉字形成问题的初步探索》(《中国语文》1978年第3期)；王志俊《关中地区仰韶文化刻划符号综述》(《考古与文物》1980年第3期)；汪宁生《从原始记事到文字发明》(《考古学报》1981年第1期)；孟维智《汉字起源问题浅议》(《语文研究》1980年第1期)；徐中舒、唐嘉弘《关于夏代文字的问题》(《夏史论丛》，齐鲁书社，1985年)；高明《中国古文字学通论》(文物出版社，1987年)；李学勤《论新出大汶口文化陶器符号》(《文物》1987年第12期)。从总体上说，这些研究更加细致深入，但也有简单比附，结论武断之处。裘锡圭先生在这方面的贡献主要是：

(1)《概要》探讨了从图画→图画文字→文字的发展线索。

(2) 裘氏根据民俗中的谐音现象，推测假借方法的开始出现，不见得比表意字的出现更晚，而跟图画有明确界线的表意字和假借字的出现，是文字开始形成的标志。

（3）裘氏又根据纳西古文字的表意方法指出,形声字的产生并不意味着文字体系一定已经形成。

（4）裘氏指出,仰韶文化原始陶符的几何形符号没有用于记录语言的证据,不大可能具有文字的性质,但其中有些符号可能是数字的前身。

（5）裘氏推测,大汶口文化陶符象形符号的作风跟古汉字很相似,二者可能有较密切的联系。

（三）关于汉字的发展变化规律

对此,裘氏注意到以下问题：

（1）汉字发展过程中以简化为主。指出汉字增加偏旁不是繁化现象,而是与原字分化为不同的字,是汉字的增加现象。

（2）裘氏根据文献用字统计,汉字的实际使用量,自商代以来始终保持在四五千左右。指出新字不断产生,旧字也不断合并或淘汰,一般字书中收有很多实际已不使用或极少使用的字。

（3）关于汉字字符的变化,裘氏归纳出三点：

① 形声字比重上升；

② 意符从以形符(以形表意)为主,变为以义符(以义表意)为主；

③ 记号字和半记号字逐渐增多。

（四）关于汉字的演变

汉字演变形成不同字体,对其产生的时代和原因,自晋代以来就有人加以研讨。清末甲骨文金文的大量出土,使人们提高了对古文字的认识。王国维作《史籀篇疏证序》和《战国时秦用籀文六国用古文说》(见《观堂集林》),明确提出战国时东土西土用字的不同。本世纪以来的文字学著作,几乎都讨论字体问题。近四十年来更出现一些专论字体的专著,如郑诵先执笔的《各种书体源流浅说》(1962)和启功的《古代字体论稿》(1964)。过去人们按书体的不同,把汉字演变过程归纳为"甲骨文—金文—篆文(或分为大篆小篆)—隶书(或分为古隶八分)—草书—楷书—行书"的模式,流于概念化。裘氏对汉字演变的研究继承了自唐兰以来按时代和地域划分阶段的作法,把先秦古文字的发展阶段分为：商代文字、西周春秋文字、秦系文字、六国文字。特别是把金文按其断代分别归入商代文字、西周春秋文字和战国文字中,纠正了笼统地认为金文迟于甲骨文的看法。裘氏又从简帛文字的实际出发,指出古隶发源于战国晚期秦系文字的俗体,八分和章草是西汉宣帝时期前后分别由古隶的正体和俗体发展而成。裘氏首次明确论证俗体字对书体演变的关键推动作用,揭示出汉字演变的内在原因和动力。

(五) 关于汉字的结构类型

自许慎在《说文解字叙》中阐述六书理论以来,学术界一直讨论不止。唐兰在30年代开始创立三书说,对传统理论加以冲击,但在实际应用中学术界仍普遍采用六书中的前四种,即象形、指事、会意、形声分析汉字结构。裘氏在唐氏三书说的基础上,吸收了陈梦家把"假借"纳入三书系统的处理办法,同时将其中的"象形"与"象意"合并为"表意",进一步分为六小类,构拟成新的三书系统,即表意、形声和假借。另外,裘氏较系统地阐述了有关形声字产生的模式的问题,也很重要。

除了上述五个方面的论述,裘氏还讨论了"同形字"现象和"同义换读"现象,以及被借字的意义与借义有联系的现象、文字的分化和分散文字职务的方法、文字的合并等。总之,《概要》是对一千八百年旧小学和本世纪以来文字学研究成果的总结,对诸多问题分析深入、论证严谨、见解深刻而多有创意,对汉字学的研究和教学作出了很大贡献。

4. 专题派

有些学者在汉字问题上作专题研究,也取得了一些成绩。下面作简单介绍。

(1) 洪成玉师著《古今字》(语文出版社 1995)

该书共论六个问题,分别是:一、什么是古今字,二、古今字概述,三、古今字的特点,四、古今字和通假字的区别,五、古今字和异体字的区别,六、古今字和同源字的区别。作者在自序中云:"古今字在形、音、义等方面都有自己的特点,但它的主要特点还是在形体上的相承关系。""古今字的相承关系是一个历时现象。我们还能从今字产生的过程中,看出汉字发展的某些规律。如大量的今字是在古字的基础上增加形符构成,而且不避重复,有不少古今字,如莫暮、然燃、止趾、或国、熏燻、益溢等,今字所增加的都是与古字相同或相近的形符。这种现象启示我们,促进汉字健康发展起主导作用的恐怕是形符或意符。"作者总结古今字具有以下共同特点:(一)古字和今字有着造字相承的关系,两者是历时的关系;(二)在语音上都是相同或相近的;(三)在意义上都有这样那样的联系。(第 4 页)作者举了大量实例来证明以上观点。(第 28—141 页)在谈到古今字和通假字的区别时说:"古今字突出了汉字的表意特点。古今字的产生是由于同一字形所负担的意义太多,于是在原有的形体上增加或改变意符,以便从视觉上把今字和古字区别开来。"如"府—腑""徹—辙"。"与古今字突出表意的特点不同,通假字是以突出表音为自己的特点。古人在写通假字时,并不注意它的形体结构所表示的本字本义,而只是把它当作一个语音符号。"(第 142—143 页)在谈到古今字和异体字的差别时认为:1.两者性质不同。古今字是文字在发展过程中所产生的古今异字现象;而异体字则主要是在书写过程中产生的混乱现象。2.意义上的差别。在意义上,古今字只有部分相同。在多数情况下,古字可以替换今字,而今字不能完全替换古字。异体字则可以在任何语言环境中替换,不受任何条件限制。3.形体上的差别。在字形上,古今字中的绝大多数,今字是利用古字为基础,增加或改变偏旁而造成,在继承古字形体的同时,又与古字有所区别。而异体字构成的情况比较复杂:① 形符义近而成,如:傒蹊、赶跬、徧遍、跡迹、雞鷄、雁鴈、豺犲、悴顇、糖餹、瓶缾、玺鈢、碗椀等。② 声符不同而产生的异体字,如:猿猨、杯桮、鞋鞵、浙淛、俛俯、諅諐等。③ 偏旁位置不同而产生的异体字,如:峰峯、界畍、翅翄、懈懢、撒擞等。④ 造字方法不同而产生的异体字,如"网"(象形)——"罔"(形声,隶变作"冈");"刃"(指事)——"創"(形声);"線"(会意)——"綫"(形声)。⑤ 隶变而成,如:萅(小篆由艸日屯三字组成),隶变为春;秊(小篆从禾千声),隶变为年;歬(小篆"从止在舟上"),隶变为前;叜(小篆由灾又两字组成),隶变为叟;裵(小篆由衣毛两字组成),隶变为表;竝(小篆从二立),隶变为並;歈(小篆从欠酓声),

隶变为"飲"。⑥ 传写讹变而成，如："吴"下面是矢(zè,侧头)，讹为"吴"；"匃"小篆由亡人两字组成，隶作"匄"或"匃"，误作"匃"，又作"丐"。⑦ 其他。简化而成，如"禮"和"礼"、"灋"和"法"、"雧"和"集"等；形符和声符均改变而成，如"牀"和"妝"、"糋"和"飡"等；由社会原因而成，如秦以皋似皇字，改为罪。在论及古今字和同源字的区别时，作者认为应首先将同源字和同源词区别开来。作者认为同源字除要求音和义的联系以外，还要求在形体上也要有联系；同源词则只要求音和义有联系，而不必受字的形体结构的限制或束缚。作者认为古今字是很常见的同源字，但同源字不一定都是古今字。二者的区别有三点：(一) 古今字必曾同形。今字的产生是为了区别于古字，在今字产生以前，古今曾共用一个文字形式而音义又有联系的字，才有可能形成古今字的关系。如县悬、贾價、説悦、結髻等。同源字的字根(即有着共同形体的部分)，可能兼有孳生字(即字根孳育衍生出来的字)的意义，这样的同源字，同时也存在着古今字的关系，如臧、藏、臟、贓，既是同源字，又是古今字。同源字的字根，有的只曾兼有部分孳生字的意义，如曾—增、層、贈、譄、甑、繒、繒等，都含有增加、重叠的意思，但曾和"曾"共用一个文字形式的只有"增""層"两字。如：曾益(即增益)(《孟子·告子下》)，曾台(即層台)(《楚辞·招魂》)。有的字根和孳生字之间，只存在同源字的关系。如侖—論、倫、淪、輪、纶。字根"侖"和它们中的任何一个都不曾共用一个文字形式，它们只存在同源字关系。虽然字根和孳生字之间也存在古今关系，但与我们所说的为了区别于古字而造今字的古今关系不同。(二) 古今字意义相因。古今字在今字产生以前，古字和今字共用一个文字形体，今字的意义为古字所兼有，如昏婚、取娶。同源字中，多数的同源字意义都是相近的，但也有一些字义虽有联系但却相反，形成反义同源字。如买卖、教学、籴粜、赊赏(shi出赁)、贷贷、顶底等。反义同源字中，古字和今字曾共同一个形体的也不妨理解为古今字，如受和授。(三) 古今字音节必单。古今字限定在单字范围内，而同源字的研究已扩大到联绵字，如：活东、科斗、菡苔、圪塔、疙瘩、纥绒——都含形圆而小的意思；彷徨、徘徊、盘桓——都含停留不前的意思;漫漶、蒙鸿、漫胡、模胡——都含模胡不清的意思。

洪成玉先生的《古今字》是第一部专论古今字的著作,因收有大量古今字,还兼有常用古今字手册的作用,又因专论古今字与通假字、异体字、同源字的区别,所以其意义已不仅限于古今字,而是将古汉语中几种主要的文字现象都论述到了,因而此书十分具有理论价值和实用价值。

(2) 邹晓丽编著《基础汉字形义释源》(北京出版社1990)。该书"是一本运用古文字材料来探求《说文解字》部首的本义并注明其今读的专著。"(内容提要)王宁先生在《序》中说:"《说文》是一部极有研究价值的书:它显示了小篆字系,证实了早期汉字的形义统一关系,奠定了以形索义的训诂方法,在汉字规范上给后人很多启示。它与甲骨、金文不属同一文字体制,不必要求它与甲骨、金文处处相合。但是,说到探求本义,追寻原始造字的意图,它的局限就很大了。许慎看到的文字距造字初期已经较远,许慎采撷的词义是五经词义,就汉语的发生说来,也比较晚。所以,《说文》所释的本义很多是不妥当的。不过,对于为数较少、体系尚不成熟的古文字,又需靠《说文》作桥梁来辨识。本书抓住《说文》部首这个纲,用古文字来核证《说文》本义,把《说文》整体系统成熟和古文字构形意图明确这两方面的优越性结合起来,在汉字形义探源方面,确实是科学而有效的方法。"王宁又说:"自从《说文解字》用540个部首统帅了9353个汉字从而显示了小篆字系以来,它便权威地影响了后代的汉字,隶变也好,楷化也好,从总体来看,都离不了小篆字系的基本规模。《说文》部首是篆文的基础构形材料,是认识汉字形音义的纲,弄清这批字料的源流,不论对研究古汉语、古汉字,还是对研究现代汉语、现代汉字,都是最基础的工作。"作者在"叙例"中称"本书所说的'汉字基础字',指《说文解字》的五百四十个部首。""不论从掌握汉字的形体结构来说,还是从掌握古代文献的词义来说,以五百四十个部首字为纲来讲解汉字,都是既科学又便捷的方法。""本书依类编排,按五百四十部首的意义,分为七个大类,十八个小类。""本书在讲解五百四十部首时,下设一部分例字,这些例字是与部首字的形、音、义分别或综合相关的,既是为了印证部首字的讲解,又是为了在部首的统帅下帮助读者掌握更多的古代汉字。""鉴于《说文解字》所收字形与字义已不是最早的形义,为了将字形恢复到更早的状态,以便科学地分析它的本义,本书大量引用甲骨文、金文、竹简、印玺等古文字字形,并注明历史分期,以利读者辨识。"

(3) 张涌泉著《汉语俗字研究》(岳麓书社 1995)。全书共 11 章:一、俗字和俗字研究,二、古今俗字大观,三、俗字的类型,四、俗字的特点,五、俗字研究与古籍整理,六、俗字研究与大型字典的编纂,七、俗字研究与文字学,八、考辨俗字的方法,九、研究俗字应当具备的一些基本条件,十、历代俗字及俗字研究要籍述评,十一、五四以后的俗字研究及今后的展望。裘锡圭先生在序中云:"本书是第一部俗文字学的概论性著作。""作者通过对大量俗文字资料的深入研究,揭示了前人未曾注意到的很多文字现象,指出了语文著作中与俗文字有关的很多疏失,解决了不少疑难问题。""全书条理清晰,所举例证恰当,论述问题既有广度又有深度。读后不但能够获得关于汉语俗字的全面、系统的知识,了解研究俗字的方法;并且对俗字研究在汉字学中的地位及其对古籍整理和字典编纂工作的重要性,也都能得到深刻的认识。"

(4) 陈五云著《从新视角看汉字:俗文字学》(河南人民出版社 2000)。此书为许威汉先生主编的"现代语言学系列之五"。全书分为六章:一、俗文字学的内容,二、俗文字学的研究方法,三、俗文字学的材料,四、俗文字产生的规律,五、俗文字的历史,六、俗文字的考释。

作者认为俗文字学是文字学的一个分支。(第 28 页)关于此书要讨论的问题,作者云:"我们研究文字学,往往只是从正字从规范的角度看文字的演变,而考释古文字要求用历史考证法用字形系联来解决,为什么对隶书以来的汉字不采用这样的方法呢?大量的训诂学著作都对俗文字作过考释,为什么在一般的文字学著作中得不到反映呢?还有,仅仅从字形角度系联,是否就能摸到古人造字时的那颗心呢?古人造字和今人造字,心灵上有没有相通之处呢?不同在哪儿呢?是什么条件造成了这种不同呢?百思不得其解。于是我想,应该有个能涵盖这些问题的一门学科来讨论这些问题。"又云:"这其实也就是对汉字和它的历史的讨论,只是所取的视角不同而已。我想,这本小书就不妨以此为名吧——《从新视角看汉字:俗文字学》。"该书引例相当丰富,观点新颖,思路独特,有许多精彩的论述,足以给人启迪。

(5)苏新春主编《汉字文化引论》(广西教育出版社 1996)。该书除"绪论"外,共分 11 章:一、文字的性质与分类,二、汉字与汉民族社会生活,三、汉字与汉民族精神世界,四、汉字与汉民族传统思维方式,五、汉字与汉语语音,六、汉字与汉语词汇,七、汉字与汉语语法,八、汉字与西方拼音文字,九、汉字电脑输入与五笔字型,十、汉文字学的泛学科体系,十一、百年"汉字改革潮"反思录。该书"内容提要"称:"汉字是构成中国文化必不可少的一个组成部分。汉字蕴含着深刻的含义。汉字的基本构成有几种:一是象形,二是指事,三是会意,四是形声。汉字不仅仅是汉语的表面符号记录,它也记录中国文化的实质内容。"又称:"本书从三个方面展开对汉字文化的研究:1.汉字与中国社会的关系;2.汉字与中国人的思想、观点、习俗、思维方式的关系;3.汉字与汉语之间的互动关系与相互影响,这三项研究希望能对汉字文化有更大的发现,并力图把汉字放在同西方拼音文化相对应的国际地位而探讨出汉字的文化特色,并描绘出汉字在现代中文情报资料处理过程中的作用与命运。"

著者经过详细辨析之后,给汉字下的定义为:"汉字是汉族人民创制的,作为社会记录和交往工具用的,直接表达意义的,具有象征作用和审美价值的,和汉语结构相适应的书写符号系统。"本书的特点在于不仅说明汉字的构成及性质,而且进一步对其加以文化阐释,使人不仅知其然,而且知其所以然,读后有顿悟之感。作者在"汉文字学的泛学科体系"一章中认为不应把汉文字学降为汉语言学的一个分支,这样做是取消了文字学的独立地位。"因为汉字并不单纯是记录汉语的符号,而是具有独立地位、结构、内涵、形式、功能、规律的另一种符号系统。所以把中国文字学归结到中国语言学之下,必然束缚对汉字的深入探讨,甚至导致用不适合汉字的语言学规律来考察文字问题。""既然汉字与汉语是各有独立地位的不同的符号系统,各有各自的不同规律,那么,就不能勉强地把其中之一划归另外一门学科统辖。"这种认为汉字学(亦称为汉语文字学)是独立学科,且与汉语言学并列的观点是可取的。但按传统把汉字学置于语言学之中,作为语言学的一个分支学科,也不一定会取消文字学的独立地位,况且汉字学本身既是独立的,又与语言学中其他分支学科有着联系。作者在本章论述了中国文字学学科系统,并为之例了一个简表,现录于下以供参考:

中国文字学 ┤
- 中国文字学概论;现代汉字学概论
- 古文字学;甲骨文字学;金文文字学;六国文字学;秦篆文字学
- 汉字形体学
- 汉字演变史
- 汉字改革学
- 汉字字义学
- 汉字文法学
- 汉字教学法;母语汉字教学法;非母语汉字教学法
- 汉字字典编纂法
- 中国文字学史
- 汉字神经生理学
- 汉字心理学
- 汉字信息编码学
- 汉字文化学
- 汉字文化社会学
- 汉字哲学
- 少数民族文字学
- 比较文字学

(6)李敏生著《汉字哲学初探》(社会科学文献出版社1997)。作者在"自序"中云:《汉字哲学初探》的内容大致分为三方面:一是对汉字哲学的主要范畴从理论上进行阐述;二是从哲学的高度回答现实关于汉字问题的争论,这是关系到汉字历史命运的争论,具有极其重要的理论意义和现实意义;三是对给予我重要影响和启发的几位学者的汉字学说的学习心得。本书的"上编"为理论篇,论述汉字哲学的基本理论;"中编"为拜师篇;下编为实践篇,应用哲学总结百年来的文字改革运动。

关于什么是汉字哲学,作者认为"汉字作为中华民族文化的载体,在几千年的历史发展中与中华民族的物质文明、精神文明水乳交融形成了汉字及汉字文化的系统。汉字哲学是这一系统科学的组成部分。汉字哲学是从哲学的角度说明汉字的本质及发展规律,说明汉字与中国哲学的关系,说明汉字在认识过程中的地位和作用。这是关于汉字哲学的基础理论方面,另外一方面就是从哲学的角度说明汉字与汉字文化发展,对其一系列的理论问题作出哲学的分析思考。对上述问题的不同认识及重大的争论必然要涉及到哲学基础及方法论问题,因此,关于汉字哲学的方法论也是一个不可忽视的重要的问题。"("自序"第3—4页)

作者认为"汉字是记录人的思维、意识的书写符号系统"。(《上编》第3页)"汉字的本质首先在于记录、保存先人们对事物的认识,是以记录人的思维、观念、信息的书写符号出现的,而并不是记录语言的符号。"(第55页)"汉语与汉字统一于表达人的思维活动、认识活动,脱离开表达人的思维活动、认识活动,汉语与汉字的关系便无从谈起。语言是用声音,文字是用书写的符号,共同地表达人的思维与认识。语言与文字的一致性、适应性,完全是建立在表达人的思维与认识这一共同的基础之上的。"(第58页)"汉字不仅记录语言的逻辑,从根本的意义上来讲是记录人的思维的逻辑。逻辑直接以语言为符号也直接以文字为符号。"(第149页)

作者还认为汉字"采用观念化哲学化进路"的发展规律。现代以来的汉字理论把汉字的产生发展只看做是一个简单的"约定俗成"的过程,这种观点完全脱离了汉字产生和发展的历史基础;抹煞了汉字观念产生的深刻历史内容,抹煞了汉字产生与社会实践的本质联系,因而不能揭示和认识汉字产生和发展的科学性和规律性。(第69页)

作者还提出"汉字拉丁化的实质是对拼音文字的简单化、庸俗化"。(第158页)又提出"汉语拼音方案"不具备文字的科学属性。(第182页)

《汉字哲学初探》一书,对传统语言学的一些基本理论提出了不同意见,这种深入研究的精神是很可贵的。

## 参考文献

1. 《语言学百科词典》,上海辞书出版社1993年4月第1版。
2. 《中国中学教学百科全书(语文卷)》,沈阳出版社1991年6月第1版。
3. 《中国大百科全书(语言文字卷)》,中国大百科全书出版社1988年2月第1版。
4. 陈秉新、黄德宽著:《汉语文字学史》,安徽教育出版社1990年11月第1版。
5. 詹鄞鑫著:《汉字说略》,辽宁教育出版社1991年12月第1版。
6. 刘志成撰:《中国文字学书目考录》,巴蜀书社1997年8月第1版。

# 第二章 汉字总论

## 第一节 汉字的起源

### 一、与汉字起源有关的资料

我们将汉字产生之前称为前文字时期。前文字时期与汉字的起源有关的资料有八卦占卜、结绳记事、刻契记事、图画记事等。

（一）八卦占卜

东汉许慎在《说文解字·叙》中论及汉字的起源云："古者庖牺氏之王天下也，仰则观象于天，俯则观法于地，视鸟兽之文与地之宜（仪），近取诸身，远取诸物，于是始作易八卦，以垂宪象。"

许慎认为在汉字产生之前，最早是庖牺（伏羲）氏由自然万物受到启发而创制了八卦符号，用来表示宪象，也就是反映客观世界。

八卦及其含义如下图：

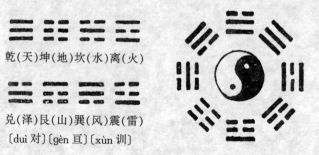

乾(天)坤(地)坎(水)离(火)

兑(泽)艮(山)巽(风)震(雷)
〔duì 对〕〔gèn 亘〕〔xùn 训〕

图1 八卦及其含义

八卦是古人用来占卜的八种基本符号,其中任意两卦相迭,就可得八八六十四重卦。其中——为阳爻,代表奇数,— —为阴爻,代表偶数。占筮时,筮者用49根蓍草茎(古称"算筹")按某种法则进行演算,得数只有六(老阴)、七(少阳)、八(少阴)、九(老阳)四种可能性。凡老阳少阳都用阳爻表示,老阴少阴都用阴爻表示。这样演算三遍得一单卦,演算六遍得一重卦。筮者再根据重卦的卦象爻象分析,并结合《易》辞。就可以占测吉凶。《易经》对八卦有系统的论述。

由此可知,八卦的卦爻与数有关。八卦用算筹进行演算。从甲骨文的数字看,八以内的数似乎都是用一至四根算筹摆成的:

一 二 三 亖 ╳(㐅) ︵(介) 十 八
一 二 三 四 五　　 六　 七 八

现已发现的商周时代的八卦,都是由记数符号构成的。可见原始的八卦符号与数字符号有着相同的来源,都源于用算筹记数的古老计数法。汉字中,跟原始占筮术有关的文字,有的也采用了原始记数符号。如:

爻——甲骨文作爻,由两个"五"构成;

教——甲骨文作敎,也含有"爻"字;

学——甲骨文作"𦥯",像两手摆弄爻的形象,其中的爻由"五五六"三数构成。

根据以上分析可知八卦还不是文字,但先哲的这种实践活动有可能开启创造文字的智慧之门。

图2　考古发现的商周卦符
1. 父戊卣　2. 商方卣　3. 效父簋　4. 中游父鼎　5. 董伯簋　6. 召卣
7. 中甗　8. 殷墟陶簋　9. 殷墟四盘磨出土　10、11. 丰镐出土

(二) 结绳记事

结绳记事是原始民族普遍采用的方法。《易·系辞下》："上古结绳而治。"《老子》第八十章："使民复结绳而用之。"《庄子·胠箧》："昔者容成氏、大庭氏、伯皇氏、中央氏、栗陆氏、骊畜氏、轩辕氏、赫胥氏、尊卢氏、祝融氏、伏牺氏、神农氏，当是时也，民结绳而用之。"许慎《说文解字·叙》："及神农氏结绳为治而统其事。"这些文献记载说明中国古代曾采用结绳记事之法。

据记载，古埃及、古波斯、古代日本都曾有过结绳之事。人类学家和民俗学家考察后认为：近代美洲、非洲、澳洲的土人，我国的藏族、高山族、独龙族、哈尼族……也都有结绳记事的风俗。

关于结绳的方法，郑玄《周易注》云："事大，大结其绳，事小，小结其绳。"南美洲的秘鲁印第安人结绳方式相当讲究，使用时间很长。

(图3)其方法是用一根木棒,棒上拴着长长短短的绳子,绳子上打着许多结,结离棒越近,表明所记之事越紧要。黑结表示死亡,白结是银子或和平,红结是战争,黄结是金子,绿结是谷类。若结上未染色,就代表数目:单结为十,双结为百,三结为千。

图3 南美印第安人的结绳记事

结绳记事最初是用来记数,如记日、记账、订契约等。至近代仍有此法,如傈僳族黑某某养活侄儿至成人,从其进家之日起,每过一月即在麻绳上打一个结,一共打了51个结。(图4)

图 4　傈僳族记录账目的结绳

又如哈尼族买卖土地，用同样长短的麻绳两根，田价多少元即打多少结，双方各持一根作为凭证。现云南省博物馆藏有这样的一对麻绳，长约 68 厘米，甚细，上各打九结，两根绳上结距全等。（图 5）关于当事人的姓名，未曾留下记录。

图 5　哈尼族买卖土地的结绳

结绳只是一种原始的记事方法，不具备文字的性质，但是有些表数的古代汉字似乎可视为结绳记事的遗迹。如：

|  | 金文 | 甲骨文 |
|---|---|---|
| 十： | ∣ | ∣ |
| 廿（niàn）： | ∪ | ∪ |
| 卅（sà）： | ∪∪ | ∪∪ |
| 卌（xì）： | ∪∪∪ | ∪∪∪ |

在商周金文中上述四个数字象若干打结的绳，甲骨文的写法有绳无结，似是为了契刻方便而简省了笔画。

间接取形于结绳的汉字有"世"字，金文作凵，篆文作凷，是由"卅"略加变形构成的。《说文》："世，三十年为一世。"经传旧注亦屡见此说,因此造字取形于"卅"。

又金文之"卖"(賣)作图6形,象眼睛注视结绳,从事交易,从贝以示其意。金文之"媵"或作图7形,象双手持结绳以进,表示嫁女赔送随从要先送代表人数之结绳,故又从人。此与《礼记·曲礼》所云:"献粟者,执右契;……献田宅者,操书致",是同样的习俗。

图 6　　　图 7

这些文字反映古代确有结绳记数和记事,但它是对当时结绳情况的摹绘,是由图画记事变来的。结绳符号本身不能演变为文字。

个别汉字采用结绳形象作为构字符号,仅说明结绳记事法对汉字的产生有一定的影响。

(三) 契刻记事

契刻,也称刻契,即在竹、木条上刻些缺口或其他记号,用以记事。汉·刘熙《释名·释书契》:"契,刻也,刻识其数也。"《列子·说符》:"宋人有游于道,得人遗契者,归而藏之。密数其齿,告邻人曰:'吾富可待矣'。"东汉郑玄注《系辞》云:"书之于木,刻其侧为契,各持其一,后以相考合。"郑玄在《周礼·质人》注中云:"书契取予市物之券也。其券之象书两札,刻两侧。"《旧唐书·南蛮传》亦云:"俗无文字,刻木为契。"后世所谓"契约"即由契刻而来。即使在文字产生以后,仍以此为约,上刻文字,各执其一,可以相合,作为凭证,故又称之为"书契"。故《易经·系辞下》云:"上古结绳而治,后世圣人易之以书契。"

为了更好地表达复杂的意思,契刻往往和其他记事法结合。如宋人周去非《岭外代答》卷十"木契"条,记录广西瑶族一件诉讼木刻,上有刻符、烧痕、钻孔、内穿稻草打结。

关于少数民族的契刻,汪宁生在《从原始记事到文字发明》(《考古学报》1981年第1期)举了很多例证,其中贵州省博物馆收藏一方柱形木棒,长36厘米,每边宽1.5厘米。每面分为九格,共36格,格内以墨画一个符号,其中有 13 个空白格用意不明,有 23 个格内有符号,各种符号及其意义如图 8：

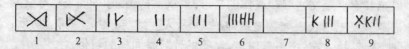

1. 姑舅开亲　2. 开始结亲　3. 一钱五分银子(新娘过门姑方给的"踩门钱")　4. 一钱二分银子(送给亲姑娘)　5. 三两盐(送新娘回娘家吃"姨妈饭")　6. 三斗米、一只鸭、一点肉(送新娘回娘家吃"姨妈饭")　7. ?　8. 两双筷子,三个酒杯(舅方带此到姑方敬神)　9. 一个丫头舂米(男方富有,新娘带丫头回来舂米)

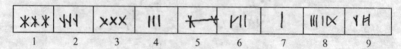

1. 三百两银(男方要的聘礼)　2. 三百匹骡马(男方再增要财礼)　3. 三百只鸡(新娘回娘家,姑方应送礼物)　4. 一两六钱银子(给送亲的男子)　5. ?　6. 一杯茶、一斤烟叶、一斗米、一斗二升谷子(送新娘回娘家招待亲友)　7. 十二两盐(送新娘回娘家分送老人)　8. 一只鸡、一只鸭、一升米煮稀饭(送新娘回娘家做"姨妈饭")　9. 燕子伞、蝙蝠伞、真难抬(接亲时要请人为新娘打伞)

| 丨丨丨丨丨丨丨丨丨丨丨丨 | | | 丨丨丨丨丨丨丨丨丨丨丨 | 丨丨 | | 丨丨丨丨丨丨丨丨丨丨丨 | ××丨丨 | 丨 |
|---|---|---|---|---|---|---|---|---|
| 1 | 2 | 3 | 4 | 5 | 6 | 7 | 8 | 9 |

1. 十二条牛(姑方拿不出这么多的聘礼,杀十二条牛请人讲理)　2. ?　3. ?　4. 十一条牛(姑方富有,办婚事后仍有许多牛)　5. 一两六钱五分银子(岳父母送给女婿)　6. ?　7. 十一条牛(男方亦很富有,与姑方门当户对)　8. 一个锅、一个鼎罐(煮稀饭时应由女方准备之物)　9. ?

图 8　贵州省博物馆藏方柱形木棒契刻

　　木契上的简单刻符,只起帮助记忆的作用,还不能算作文字。不过,契刻却可能是最早的文字书写形式之一。古人利用这种形式,把一些数字符号或象形符号刻划在陶器或竹木片上,用以传递某种信息,由此就有可能逐渐演化成类似青铜器上的族徽文或是竹简木牍这类的文书,文字和文献也就逐渐地形成了。由此可以认为,契刻比八卦和结绳都更具促进文字产生的条件。

　　(四) 图画记事

　　1. 陶器上的图形标记

　　已发现的远古陶器上的图形标记有两种,第一种多为几何形符号,见于仰韶等原始文化的陶器上;第二种为象形符号,见于大汶口等原始文化的陶器上。

仰韶文化是我国新石器时代的一种文化,分布地区很广,以关中、豫西北、晋西南的黄河中游为中心,西至甘肃西部的洮河,北起河套地区,南达汉水中上游。1921年首次发现于河南省渑池县仰韶村,仰韶文化由此得名。由于常在遗物中发现陶器,上绘有彩色几何形图案和动物花纹,故亦曾被称为"彩陶文化"。1953年,又在西安东郊半坡发现了仰韶文化时期的村落遗址。发掘中发现了刻画在陶器上的各种符号,共有五六十种,均刻画在环底口沿外面的一道黑色纹彩中。这些符号多为陶器烧制前刻画的,只有少数是在陶器烧成后刻上的。

大汶口文化属于我国新石器时代晚期的文化,主要分布在黄河下游的山东和江苏、安徽的北部地区;此外,在河南的平顶山地区、偃师、郑州及辽东半岛的广大地区也有发现。距今5500多年前的山东地区大汶口文化,是古代少昊文化,少昊的国都在鲁,为华夏文化的另一个源头。在发掘出来的陶器上发现有6个刻画符号。

现将两种图形标记分述如下:

(1) 线条符号标记

西安半坡仰韶文化遗址出土的彩陶钵口沿有几何形符号,常见的共有二三十种。(图9)类似的符号,在距半坡不远的临潼姜寨遗

图9 西安半坡仰韶文化陶器上的符号

址出土陶器上也有发现。(图10)(《临潼姜寨新石器时代遗址的新发现》,《文物》1975年8期,第82页,图一)

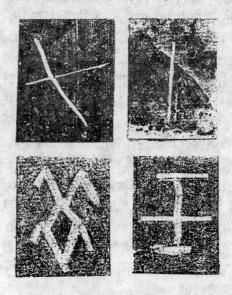

图10 仰韶层中出土的刻划符号

青海乐都柳湾马家窑文化墓葬出土彩陶器上,有画的符号,多画在壶的腹部,共有50余种,主要是几何形符号,有个别的似为对某种物件的摹绘。(图11)

图11 青海乐都柳湾马家窑文化陶器上的符号

云南洱海地区新石器文化陶器上,共见24种符号,多刻在器物颈部、肩部或腹部。(图12)

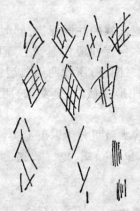

图12 洱海新石器时代陶器上的符号

这些符号,无论哪一种都被专家们认为是代表制陶者或陶器主人的标记。

(2) 形象化的图形标记

甘肃武山出土一件属于仰韶文化彩陶瓶,上有一图形,人面有尾,尾高卷至头,仅有双足,每足四爪。(图13)

此图案可能是对当时某种类似蜥蜴的图腾的描绘,而被作器者用作陶器标记。"假如以上推测不错,则甘肃武山彩陶上这个图形应算是目前所知我国图画记事的最早例证。"(汪宁生语)

图 13

比较明显的图形标记,发现在大汶口文化陶器之上。在山东莒县陵阳河和诸城前寨两个遗址出土的陶缸上,共发现刻成的四种图形。(图14)

这些图形刻于陶器上,当为作器者的一种氏族标记。石斧形标记可能代表善制石斧的氏族,木锄形标记可能代表善制木锄的氏族。日下有火,火下有山形的图

图 14

59

案,说明当时人们已能用图画方式表达一些抽象概念,而且这一图形在两个遗址中重复出现,说明当时有些图形已趋于固定化。

2. 铜器上的族徽

族徽是一个部落或氏族的共同标志,同时也可作为器物主人的个人标记。族徽图形多保存在殷代铜器上,西周初年仍有存在。据郭沫若《两周金文辞大系图录》所收两周典型铜器来看,自成康迄于孝懿,有16器保存着图形族徽。《金文编》附录上卷共收这类图形562个。

族徽图形依其内容大致可分为以下七类:

(1)动物形,计有象、鱼、蝎、龟、牛、猪、犬、虎、羊和各种鸟类。(图15)

图 15

(2)植物和自然现象,有草、木、禾、苗、山、雨等。(图16)此外,图腾还有另一种表现法,即在人头上加草形、加山形。(图17)

图 16　　　　　　　　图 17

(3) 各种武器、工具和器皿之形,常见的有戈、刀、弓、斧、耒(lěi)、车、车轮、鼎、甗(yǎn)、鬲和皿、鼓。此外还有盛矢之箙、藏戈之椟,习射之侯,捕鸟之毕,铐手之桎梏等。(图18)

(4) 人形(或仅画出手形及工具形为代表)与物件相结合,用以表示该族之职业或职务。

① 与农事有关:两人面对树木形和一人面对树木而背后有一床,似为看守农作物者;两人手持禾苗形,三个妇女和植物形乃象征种植;手持耒形表示开垦或耕作;树木旁置斧或刀形表示砍伐。以上诸族乃以农业为生者。(图19)

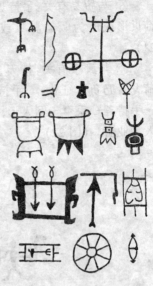

图 18

图 19

② 与畜牧有关:持鞭对羊乃牧羊部落;手持鸟形乃善捕鸟者;持刀对猪腹乃养猪以宰猪为业的部落。(图20)

图 20

③与贸易有关：手持贝形应为取贝之族；人荷贝形或原为贩运海贝或从事贸易之族。（图21）

图 21

④与武事有关：持刀、持戈者似负责戍守；荷戈者乃负责征伐；一手持戈一手持盾指武士；一手持斧一手牵一倒人形，表示俘掠奴隶；斧下一人无头形，乃以杀人为业者。（图22）

图 22

⑤与杂役有关：人形旁加壶、鼎，表专司炊爨或献食；人背橐形乃负运物者；人背小孩形乃为统治者保养幼子；手持棒击鼓，乃仪式中司鼓者。（图23）

图 23

（5）与特殊标志有关：头插羽毛形和头戴双角形，应为该族特有的装束；头有"辛"形的正侧面人形，是被征服的民族；头有编织物者，亦为被征服民族；两手高举过头者则为散发民族。（图24）

图 24

(6) 与人之动作有关:表现人的手势的(图25);借助足迹表示人的行动(图26)。

图 25　　　　　　　图 26

(7) 复合图形:举子于床形(图27);亚中奉尊形(图28);表述与祖先有关的故事(图29)。

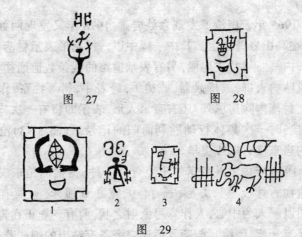

图 27　　　　　　　图 28

图 29

1. 攈古22　2. 商周金文录遗　3. 贞松10　4. 贞松补遗中

总之,殷周铜器上的图形族徽,其性质为图画记事,而不是真正的文字。此外,战国时期巴蜀铜器上也有一些表示族徽的图形,刻铸于剑、矛、钺、戈和印章之上,常见图形有:人面、手和心、虎豹、鱼、蚕、树木等。(图30)

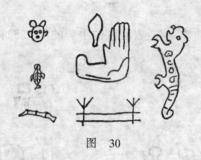

图 30

3. 少数民族地区的图画记事

图画记事在边疆少数民族地区使用较为长久。计有如下几种:

(1) 广西丽江地区纳西族曾采用图画记事的方法。(图31-1)

(2) 1960年在新疆北部裕民红山头泉发现一幅岩雕,全画有四个帐蓬,一个帐蓬前有犬一只,一人骑马,一人徒行,周围有动物群。(图31-2)

(3) 1965年云南沧源发现六处岩画,1978年又发现两处。画呈红色,画在高山岩壁之上。其中一幅中以一椭圆形表示村落(村落右部残缺),内画"干栏"式房屋,另有表示道路的线条数道通往村落,其上走着成队的人群,或持武器,或徒手,赶着牛、猪等牲畜,作向村落行进状。村落内除房屋外,还有舂米人形,表示即将有一次盛宴。全图应是对当时一次集体行动胜利而归的记录。(图31-3)沧源岩画的年代约当东汉时期或更早。

(4) 1960年内蒙扎赉诺尔出土骨片一件,据推测是东汉末年鲜卑族的遗物。骨板呈长方形,长14.9、宽2.6厘米,一面有线刻图画。全图以一人为中心,人作弯弓欲射之状,前有一鹿正在奔跑。此人之后又有一鹿,倒绘。前鹿及后鹿之旁各有钻出的圆孔若干。(图31-4)

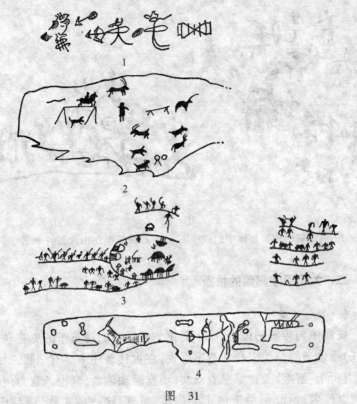

图 31
1. 纳西族象形文字经典中残存的图画记事  2. 新疆裕民崖雕中的放牧图
3. 云南沧源表示战争凯旋的崖画  4. 内蒙扎赉诺尔出土骨板上的狩猎图

(5) 近期内蒙阴山山脉的狼山地区又发现大批岩雕，表示狩猎、战争。(图 32-1)

(6) 广西宁明等地沿着左江、明江两岸，也分布岩画 50 余处。画呈红色，与沧源岩画相比，图形较大，风格粗犷。其特点是除人形及少数动物形外，常见表示铜鼓面部的圆形符号。画面似表现与铜鼓有关的集体活动场面。画面中有少数人形高大，腰佩环首刀，当即代表首领。(图 32-2)

广西岩画年代尚无定论，有认为可延续到唐代。

图 32
1. 内蒙狼山地区崖雕中的战争图　2. 广西宁明花山崖画的一部分

## 二、关于汉字起源的推断

(一) 仓颉造字说

按照中国传统的说法,汉字是由华夏民族始祖黄帝的史官仓(或作苍)颉创造的。关于仓颉造字之说,在古代著述中多有记载。如:《荀子·解蔽》云:"好书者众矣,而仓颉独传者,壹也。"意为,仓颉之所以传名后代,是由于他作了搜集、整理、统一的工作。《吕氏春秋·君守篇》云:"奚仲作车,仓颉作书,后稷作稼,皋陶作刑,昆吾作陶,夏鲧作城,此六人者所作,当矣。"(这六个人,他们所创造的东西都是适宜的。)《韩非子·五蠹》云:"仓颉之作书也,自环者谓之私,背私谓之公。"

把前人传说吸收整理后正式写入早期汉字史的是东汉许慎。他在《说文解字·叙》中云:"及神农氏结绳为治而统其事,庶业其繁,饰伪萌生。黄帝之史仓颉,见鸟兽蹄迒之迹,知分理之可相别异也,初造书契。"又云:"仓颉之初作书,盖依类象形。"《文心雕龙·练字》沿袭旧说,云"文象立而结绳移,鸟迹明而书契作"。

《淮南子·本经训》称:"仓颉作书而天雨粟,鬼夜哭。"认为汉字的产生惊天地,动鬼神。到了汉代,特别是汉武帝(公元前140—前87

年)以后,人们更把仓颉神化,说他"四目灵光",不同凡人。至公元10世纪的宋代,叶梦得(1077—1148)作笔记《石林燕语》,书中云当时京都官府中许多书吏,至秋季就共祭仓颉,尊他为文字之神。(图33)

图33 仓颉画像

仓颉造字说,是一种有价值的传说。对于仓颉造字说,人们往往想探究仓颉是否确有其人,若有,大约在哪个时代。由于确凿史料的缺乏,很难得出结论。然而仓颉造字说的参考价值,主要在于它说出了汉字起源的一些道理,现简述如下:

1. 从《说文叙》可以看出,传说中把结绳与仓颉造字衔接起来,认为由于"庶业其繁",结绳无法适应更多、更快地记录、传递信息的需要,于是人们必须探索新的记事方式。在"兽蹄鸟迹之道,交于中国"的远古时期,人们从鸟兽的足迹受到启示,于是"依类象形""分理别异",逐渐创造了文字。这个说法是可信的。这一点,从汉字的构形系统中也可加以印证。如:

金文"番",义为兽足,上从"釆"(biàn),下作"⊕","⊕"为兽足形。其实"釆"乃"番"的古字。《说文解字》中已分化为二字;"番"仍训为"兽足",古文作"⿱田ㄙ";"釆"则训为"辨别",且"读若辨",即文献中不写作"釆"而写作"辨"。从汉字构形可以看出:从"釆"从"番"的字都有"察看""分析"等义。如"审"——仔细辨别;"释"——分别物类;"悉"——详尽明白。由此可以看出"兽足"与"分别"意义之间的联系。古人靠分辨各种足迹来获取信息,进行狩猎,并由此得到启示,而知不同的图像纹路可以标示不同的事物和意义,由此产生记事的各种符号,文字就产生了,是合乎逻辑的说法。

2. 传说仓颉是黄帝的史官,也是有道理的。汉字形成过程中,起主要作用的应是大量使用文字的巫史。史与文字的关系,也可从汉字构形中得到证实:

甲骨文"史"作 ᖱ ᖱ ᖱ,后分化为"史""吏""事"三字。"史""事"实为一字:《大盂鼎》中"𠦝事"(御事),卜辞称"𠦝史",为殷周治事之官;又卜辞中"贞史"是"问事","史贞"是"事问",正见"史""事"是一字。"史"字从又执中,即以手持册,正是史官的特点。"中"乃簿书、典册,《礼记·礼器》:"因名山升中于天"(云:禋祀时烧柴,置玉帛于其上,连同文册一起烧掉。)"中"为文册;《周礼·秋官·小司寇》:"岁终,则会群士计狱、弊、讼登中于天。"("登中于天"即写在天府的登记册上)"中"即"册";《周礼·春官·天府》:"乡州及都鄙之治中,受而藏之。"郑众注云:"治中谓其治职簿书之要。"故"史"为书写、收藏簿书的官,他们直接而大量地使用文字。

仓颉是史官,因集中使用原始文字,得以对众人自发创制的文字加以规整。正如荀子在《解蔽篇》所云,仓颉是一个集中使用文字并晓其规律从而整理了文字的人,所以独传于后。在汉字从原始状态过渡到较为规范的文字的过程中,仓颉起了重大独特的作用。可以推断,这样的一个人,在汉字起源阶段的一定时期,肯定是存在的。

仓颉出现的时代,应在原始汉字有了一定数量的阶段,即华夏民族由蒙昧走向文明的初期。说他在神农氏之后的黄帝时代,是因为黄帝为华夏民族的共同祖先,黄帝时代是华夏文明的发源时代。据中国古史记载,黄帝是纪元前约 2500 年的人物,这相当于中国考古学所指原始社会晚期的龙山文化时代。这一时期考古发现很少,仅见少量符号(图34),尚有待新的发掘来证史。可以说仓颉所在的时代仅为大致的推断。

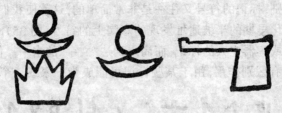

图34 龙山陶器上的符号

(二) 汉字起源的推测与假说

1. 推测的依据

关于汉字起源推测的依据是:① 文献记载,② 考古资料,③ 历史传说,④ 跨文化比较资料。综合以上四种材料对汉字起源作出推测而形成假说,这个假说还有待新资料的发现而进一步证实。

2. 推测的内容和假说

关于汉字起源的推测,应包含以下内容:

(1) 原始汉字处于什么状态,就算已经产生?王宁先生认为:"原始汉字脱离了任意绘形、任意理解的阶段,产生了一批具有约定的意义、可以记录语言中的词(也就是有固定读音)的单字,并且可以开始进行字料的积累的时候,就算已经产生了。要达到这个状态,必须具备社会发展的条件与前文字时期创造文字的准备条件。"(《中国汉字文化大观》第6页)王宁先生的意见是正确的。

(2) 原始汉字是由什么状况,经历了什么过程产生的?

首先,汉字在未产生之前,经历了前文字时期。我们在第一节较详细地介绍了先民的智能活动,与汉字起源有关的资料有八卦占卜、结绳记事、刻契记事和图画记事等。汪宁生先生在《从原始记事到文字发明》一文中,把原始记事方法分为三大类,即:物件记事、符号记事和图画记事。三类记事方法并行发展、交错存在,从原始记事到文字发明并不是走着一条直线发展的道路。各类记事方法用来记录的内容很丰富,有计数、记事,以至于表达感情。各类记事方法比较起来,物件记事似当为最原始的方法,如用木片、包谷粒、结绳等来记事。随着社会的发展，物件记事已不能满足需要，这时就产生了符号记事和图画记事的方法。符号记事就是刻画标记，标记的主要作用是用以区别，标记的符号又往往是非常简单的，这就使我们想到了属于仰韶文化早期的半坡遗址发现的彩陶上的符号(图35)，它们可能是制陶人或陶器主人的标记，而尚未到达"文字"的水平。但是，由于这些标记有区别作用，由于某些标记可能成为一家或一个家族的特

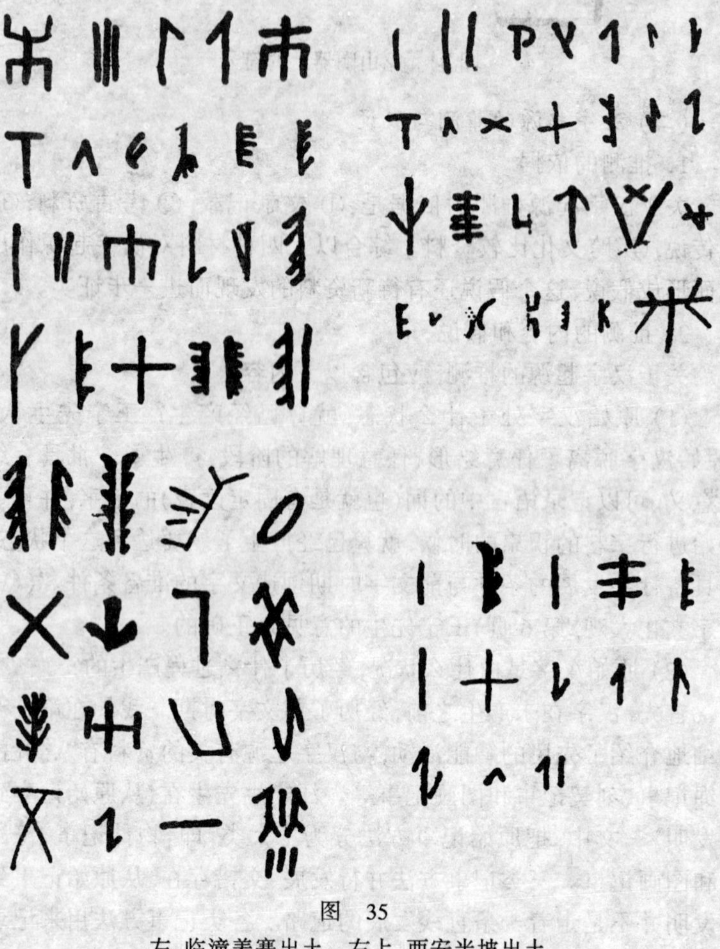

图　35
左，临潼姜寨出土。右上，西安半坡出土。
右下，零口、垣头、五楼、莘野、李家沟等地出土。

定的符号,因而这类标记的含义就有可能逐渐固定下来,成为原始的文字。

图画记事是用摹绘事物的形象来记录事情或表达某种意思和愿望。图画用于传递信息,如塔斯马尼亚总督给土著人的图画信(图36)。

图 36
塔斯马尼亚总督给土著人的图画信,建议和解,同时指出破坏和约者会遭遇的后果。
(转引自苏 B.A.伊斯特林著《文字的产生和发展》)

该信由四幅连续图画组成。它的意思是:塔斯马尼亚总督给土著人的信中建议和解,同时指出破坏和约者会遭遇的后果。

为了更好地说明图画文字的具体形式和所隐含的意思,下面以三幅图画文字为例进行解析。(图 37)

图　37

第1幅画:画面上有5只船,1只鸟,1只龟;右下角是一个图案形符号,3条弧形线条代表河,3个黑点代表3个数。这幅画所要表达的意思是:渔王率领了5只船,船上各有若干人,用了3天时间渡到了对岸。

第2幅画:画面上有1只鸟,1只土拨鼠,1只青蛙,还有正对着它们的5支箭。这幅画据说是古代斯基泰人(居住在俄国南边)寄给波斯国王的一封信。这幅图画信的大概意思是:"如果你们波斯人不像鸟那样飞上天,像青蛙那样逃跑,像老鼠那样躲藏,那么你们必将在我们的箭下完蛋!"

第3幅画:这幅画图形简单,符号性很强。这是一封著名的北美印第安女子奥杰布娃刻在赤杨树皮上的图画文字情书,约会男方在什么地方见面。图画的左上方画的是一只熊,这是女子的图腾;左下方画的是一条泥鳅,这是男子的图腾;三个"十"字代表的是天主教的十字架,山形的图代表的是帐篷,表示帐篷的附近住有天主教徒;右边画的是三个湖沼。这幅图画清楚地表明了约会的地点。

可以看出,它们是用以传递信息的图画,并未成为文字。王宁先生认为:"经过信息传递的多次重复,使某一绘形与某一意义建立了固定的联系,形意关系带有了约定性,这才有了图画文字的性质。图画文字具有的形意关系,不是与语言对应的,而是超语言的。也就是说,这些符号可识而不可读。人们可以用不同的语言单位,选择不同的词句去指称它的意义。例如,商代的铜器上,常常有一些图像,是作为征伐的标志的。只要看到这种众人聚在旗下的形象,就可知这一铜器与征伐有关。"(《中国汉字文化大观》第7页)

原始人群在岩壁上给我们留下了不少的绘画,如法西拉斯科克斯洞穴壁画的奔马、诺克斯洞穴壁画的野牛、西班牙阿尔塔米拉洞穴壁画中的牝鹿和野牛,以及我国内蒙、云南、广西、四川等地的岩画、恐怕不是为了装饰,而是带有记录人类活动和愿望的目的。陈五云先生认为:"所有原始绘画都有某种特殊的意义,所有原始绘画都带有记事的作用,是沟通人们思想的媒介。"又云:"既然绘画一开始就是为了记事,那么,当绘画者的着眼点终于落在'艺术'或'记事'这两个可以分开的目的上时,文字和图画也就终于分开了。"(《从新视角看汉字:俗文字学》第110页)

与实物记事相比,绘画记事要便捷,与刻画符号相比,绘画记事表意更明晰,而且绘画的意义可以传至后代,而实物、结绳、刻画都只能在有限的时间和区域内表示特定的意义。"因而图画记事的出现,标志着形成文字的物质形式已经准备好了。至于形成文字的心理上的准备,实物记事、符号记事和图画记事也已构成了形成文字的几个主要的原则,即,文字必须是一种可以替代的符号,原始记事方式的基本共同点之一便是替代。文字必须是一种目治的符号,原始记事方式都是以形象来帮助记事的。文字必须跟语言挂钩,原始记事方式或强或弱总是同语言中的某些成分结合在一起的。因而,在前文字阶段,实际上已经孕育着文字形成的全部可能性。"(陈五云:引书同上,第111页)

第二，汉字产生之前，应有一个由图画文字发展到早期象形文字的过渡时期。这时期的资料有二里头文化与大汶口文化所见的陶符（图38-1-2-3）。这些陶符显然介于图画与文字之间，可能属于图画文字。

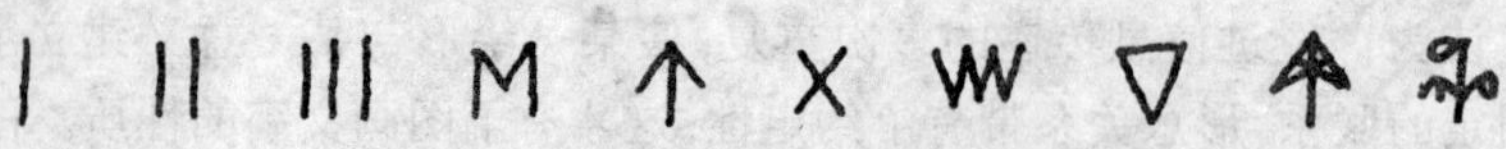

图38-1　偃师二里头文化陶器刻符

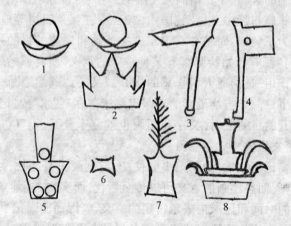

图38-2　藁城台西商遗址陶器刻符

图38-3　大汶口文化陶尊刻划符号
1. 炅　2. 炅山　3. 斤　4. 戌　5. 符号甲　6. 符号乙
7. 符号丙　8. 符号丁

图　38

图 39 是北美印第安人用来表达抽象概念的象征性图像。它已摆脱了写实,析成了单图,只是尚未完全与词对应,有意而无音。因此它可以看作由图画文字向早期象形文字过渡的一种形态。

图 39　北美印第安人图画文字中用来表达抽象概念的象征性图像
（转引自伊斯特林著《文字的产生和发展》）

1——生命(神话中有角的蛇);2——死亡(头朝下的动物或人);3——幸福、成功(龟);4——灵巧(双翼代替两手的人);5——战争(带箭的弓);6——和平(插着羽毛的和解烟斗);7——讲和(人吸和解烟斗);8——友谊(联在一起的手);9——爱情(联在一起的心);10——注意、听(两耳边有波形线的头);11——危险(两条蛇);12——保卫(狗);13——祈祷(举手朝向天及诸神)。

图画文字介于图画和文字之间,可以称作文字的先驱,它与文字仅有一步之遥了。图画文字进一步发展,就成为早期象形文字了。

第三,汉字产生的时代

由结绳记事、契刻记事到图画记事,由图画传递信息到产生图画文字,再由图画文字和花纹图案、契刻符号转变为约定符号以至记词字符,这样一个漫长的过程就是文字起源的过程。

欧洲和美洲的一些古老文字的这个过程,大约始于新石器时代而止于有史时期的开始。从现有资料看,汉字的产生也正在此时期内。到目前为止,从已出土的文物中为汉字的前身所能提出的根据,最远的只有公元前 4000 年左右属于仰韶文化的彩陶纹(图 34),以及时间与此相近的属于大汶口文化的陶器刻符(图 35)。

属于仰韶文化早期的半坡遗址,发掘出精美的彩陶,其时间约在公元前 5000—4500 年。彩陶在中原地区到龙山文化时期便衰退了,但却在黄河上游的甘肃、青海地区得到了发展。马家窑文化与半山马厂文化约在公元前 3000—2000 年,都有图案华丽的彩陶。20 世纪 90 年代初期,有人对庙底沟彩陶纹中的鱼形纹发生了兴趣,王宁先生云河南漯河的自学青年马宝光首先提出:这些鱼形纹是带有表意性的由鱼文化遗存的符号。甲骨、金文中有些字正是由鱼纹演变来的:(图 40)

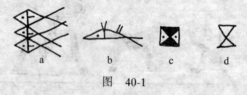

图 40-1

上图 a 是彩陶中套画的鱼图案,劈成单项成 b,两个相对的鱼头拼成 c,表示相交,最后演变成 d,即甲骨文的"五"字。"五""午"同源,含有相交之义。

图 40-2 是彩陶中套画的鱼头图案,组合为 b,为四个鱼头相对,简化为 c,d。金文"四"作 ⊞(鄸孝子鼎)、⊕(邵钟)、⊜(大梁鼎),后简化作 ⊕(郤王子钟),正是由 d 变来。

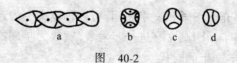

图 40-2

一说,甲骨文、金文的"明"字,也是由鱼头纹演变来的(图40-3):

  a(甲文一期)  b(西周早期金文)  c(春秋金文)

  d  e  f

图 40-3

a、b、c 是甲骨文、金文,d、e、f 是鱼头纹,它们十分相似,可证"明"乃是用鱼目来表示明亮。所以"盟"字,甲骨文作 ▢(甲 2363),金文作 ▢(刺▢鼎),只画一边,而小篆"明"作 ▢,▢ 正是由 ▢ 变来的。

《尔雅·释鱼》云:"鱼枕谓之丁,鱼肠谓之乙,鱼尾谓之丙,鱼鳞谓之甲。"郭沫若说甲、乙、丙、丁是最古的象形文字,又可证鱼画、鱼纹和早期象形字的关系。旧石器时代先民以渔猎为生,鱼跟人们生活密切相关,因此,新石器早期的鱼形纹与后来的文字有如此密切的关系。

山东的大汶口文化,出土刻有符号的陶尊和残器片 16 件,上面有 18 个刻符。这些刻符和甲骨文与早期金文的形体很接近。试比较。(图 41)

图 41

这些符号绝大多数刻在陶尊外壁口下颈部,一个陶尊一般只刻一个符号,只有一件在颈部两侧刻两个,另一件在颈部、底部各刻一个,刻符相互不连贯,其意义无法确定,但这些符号明显地不同于一般装饰图案,似可看作文字的先驱了。

以上所说属于仰韶文化的彩陶纹,以及属于大汶口文化的陶器刻符,他们的时代,都在新石器时代的中期,可以暂时把这一时期作为汉字起源的上限。至于汉字起源的下限,应早于殷商时代,因为殷墟甲骨文已是能够完整记录汉语的文字体系,这个体系形成的开端应当在夏商之际。目前尚缺乏夏代的出土文字资料,而从古代文献可以看出,夏代是中国第一个有完整世系流传下来的朝代。据王宁先生推断,汉字字符开始积累的年代,似可估计为夏初,也就是公元前2100年左右。王宁先生的推断是合理可取的,当然还有待新的发现予以证实。下面是王宁先生关于汉字起源时代的图表(取自《中国汉字文化大观》第8页):(图42)

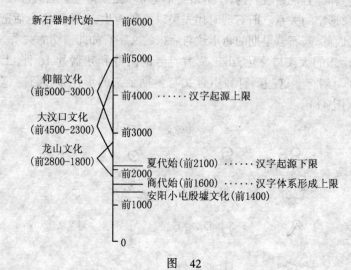

图 42

从上表可以看出,原始汉字在新石器时代中期开始产生,大约经历了近2600年,才发展成初步的文字体系(前4000—前1600)。"如果这个推测能够成立,被称作汉字之父的'仓颉',当在属新石器时代

的仰韶文化时期,便开始了自己的工作。"(王宁语)

关于汉字起源的演进,郭沫若在《古代文字之辩证的发展》中说:"彩陶上的那些刻划符号,可以肯定地说就是中国文字的起源,或者中国原始文字的孑遗"。文字的发生和发展,"在结构上有两个系统,一个是刻划系统(六书中的'指事'),另一个是图形系统(六书中的'象形')。刻划系统是结绳契木的演进,为数不多。这一系统应在图形系统之前,因为任何民族的幼年时期要走上象形的道路,即描画客观形象而要能象,那还需要一段发展过程"(《考古学报》1972年第1期)同意郭氏此说的有陈炜湛,他说:"这些符号,正是我国文字的原始形态和原始阶段"(《汉字起源试论》,载《中山大学学报》1978年第1期)。王志俊云:"仰韶刻符和商代甲骨文、金文是一脉相承的,甲骨文、金文是仰韶符号的发展。"(《考古与文物》1980年第3期,《关中地区仰韶文化刻划符号概述》)以上意见是目前关于汉字起源的较合理的说法。

## 第二节 汉字的定义和性质

### 一、汉字的定义

(一) 关于文字的定义

1. 流行观点举例

(1) "语言的书写符号,人与人之间交流信息的约定俗成的视觉信号系统。"(《中国大百科全书·语言文字卷》)

(2) "文字是一种标记语言的书写符号体系。文字是通过视觉感知的形式来标记语言的。"(高等学校文科教材《语言学概要》,北京师范大学出版社,1987年版,第248页)

(3) "文字是记录语言的书写符号的系统,是最重要的辅助与扩大语言交际作用的工具。"(《语言学概论》高名凯、石安石主编,中华书局1963年版)

(4) "文字是有声语言的书面表达形式,是一种辅助性的交际工具",它同思维的联系是通过语言的间接联系,即思维—语言—文

字"。(《语言学教程》王德春著,山东教育出版社1987年版)

(5)"文字在有声语言的基础上形成,它是记录有声语言的书面符号系统。"(《语言学引论》戚雨村主编,上海外语教育出版社1985年版,第119页)

(6)文字"是记录语言、扩大语言的作用的符号体系,是语言书面化的体现者","文字是记录语言的,是一种书写的符号。"(《汉字的结构及其流变》梁东汉著,上海教育出版社1959年版,第2、3页。)

(7)"文字是作为社会记录和交际工具用的和语言日益适应的书写的符号体系。"(《汉字学》王凤阳著,吉林文史出版社,1989年版,第12页)

(8)在语言文字学界关于文字的定义"存在着大体一致的看法,即文字是语言的书写符号系统。"(赵诚著《甲骨文字学纲要》,商务印书馆1993年版,第1页)

2. 关于文字定义的流行观点溯源

"文字是记录口语的符号"是现代语言学中关于文字的运用最广的定义,而这个论断是由古希腊文化之集大成者亚里士多德在《工具论》中提出的。他还说过"口语是心灵的经验的符号,而文字则是口语的符号。"(《范畴篇·解释篇》"解释篇第一章",方书春译,商务印书馆1959年第1版,第55页)

瑞士语言学家费尔迪南·德·索绪尔在《普通语言学教程》中,继承并发展了"文字是口语的符号"这个定义,他说:"文字表现语言","语言和文字是两种不同的符号系统,后者惟一的存在理由是在于表现前者。"索绪尔在后面的论述中说明他的研究只限于表音体系,并不包括表意体系的文字(例如汉字)在内。

(二)关于汉字的定义

1. 一般观点举例

(1)"在文字定义问题上,语言文字学者分狭义和广义两派。狭义派认为文字是记录语言的符号。广义派大致认为,人们用来传递信息的、表示一定意义的图画和符号,都可以称为文字。我们觉得这种分歧只是使用术语的不同,很难说这里面有什么绝对的是非。我们是狭义派,因为在传统的汉语文献里,历来是用"文字"这个词称呼

记录语言的符号的,采取狭义派的立场,讲起话来比较方便。"(《文字学概要》裘锡圭著,商务印书馆1988年版,第1页)

(2)"汉字是记录汉语的符号体系。"(《文字学》杨五铭著,湖南人民出版社1986年版,"绪论",第3页)

(3)"汉字是汉族人民进入文明时代,用于记录汉语,进行书面交际、传承民族文化的书写符号系统","古汉字是古代汉族人民用来记录古代汉语的书写符号系统。"(《汉字·汉字改革史》武占坤、马国凡主编,湖南人民出版社1988年版,第1、10页)

(4)"汉字是记录汉语的符号,是汉族人民的书面交际工具。"(《汉字学纲要》刘庆俄著,中国和平出版社1994年版,第120页)

以上关于汉字的定义由文字的定义承传而来,为通行的观点。

2. 不同观点举例

(1)"汉字是汉族人民创制的,作为社会记录和交往工具用的,直接表达意义的,具有象征作用和审美价值的,和汉语相适应的书写符号系统。"(《汉字文化引论》苏新春主编,广西教育出版社1996年版,第26页)

(2)"汉字是记录人的思维、意识的书写符号系统。"(《汉字哲学初探》李敏生著,社会科学文献出版社1997年版,第13页)

3. 两种观点的根本不同之处

以上两种观点的根本不同之处在于:汉字是否可以不通过语言而直接表达概念。一般观点认为"文字是记录语言的书写符号的系统","汉字是记录汉语的符号体系";不同观点认为:汉字可以不经过语言而"直接表达意义",汉字可以直接"记录人的思维、意识"。

4. 聂鸿音谈"文字和语言"

聂鸿音针对以上分歧,在《中国文字概略》第4—11页用专门一节谈了文字和语言的关系。聂鸿音先生认为:"人们交际的最终目的是表达概念,在口头交际中,头脑里的概念要借助约定俗成的书写符号来表达。文字并不能直接表示概念,如果没有有声言语作为基础,文字便完全丧失了它存在的意义。"(第5页)"……在脱离了具体语言的情况下,即使是最具'表意'性质的汉字也是根本不能被理解的。"(第7页)"通行的教科书总是强调文字具有字形、字音和字义三个方面,少了其中的一个方面就称不上文字,例如有形有音而无义的可以是乐谱,有形有义而无音的可以是路标,有音有义而无形的则可以是言语。事实上,文字的这三个方面只有字形才是属于它自身的东西,而音和义则必须依附了相应的语言成分才得以实现,这个说法和文字的基本定义并无矛盾,只是我们心里应该明白,文字的形、音、义三个方面其实分属两个不同的层次,其中音和义是字形所反映的语言成分的特征……"(第8页)"文字是在语言这个土壤上长出的禾苗。""人类社会中只存在没有文字的语言,却不存在没有语言的文字。相对文字来说,语言是个在它之前很久就已存在的先决因素,因而永远是第一性的。"(第9页)

在说明了文字和语言的关系之后,聂鸿音先生又进一步说明文字学不仅要研究字形,更应结合语言的因素,才能使研究获得成功。他说:"在文字学的各个分支中,顾及语言因素最少的是'字符学'(graphetics)。这个分支学科仅仅研究具体的书写符号的形状,以及书写符号在不同时代、不同地域的同类文字系统中的变异。""当然若就中国特别是汉民族来说,字符学在这里的天地要广阔得多,因为古往今来的汉字,即使抛开真草篆隶之类的字体区别,也为我们提供了四五万个字符,人们尽可以去详细地分析诸如古今字、异体字等等的字符形体差异规律及其产生的原因。不过我们也看到,用单纯的字符学方法不可能透过汉字的表面形式探寻到这种古老文字的丰富底蕴,或者说,在不考虑有关语言形式的条件下,字符学所能揭示的客观规律远远不能满足人们对文字学的预期。""只有把语言的因素引入对符号的研究,才真正是文字学的坦途。"(第9—10页)"正像中国清代的'乾嘉学派'所实践的那样,此后的中国文字学大多首先致力于探寻字符和它所代表的语言成分的关系,尽管许多学者都知道字符和语言成分的关系并不是天经地义的因果关系。探寻这种关系的终极目标可以有两个:其一是利用相应语言成分的特征来解析字符的形体构造,这就是具有中国特色的'说文'或者'六书'之学;其二是利用字符所能给予的信息来解析一种久已消亡的语言,这就是具有最通常意义的'古文字学'(palaeography)。由于古文字学的研究成果大多表现为对一种或一批古代文献的文字转写和翻译考释,所以它总是与历史语言学(historical linguistics)和古典文献学(archeography)有着不可分割的联系,而这一切成功并不是仅靠研究字符而不研究语言所能取得的。"(第10页)

在谈了应结合语言因素研究字符之后,聂鸿音先生又谈了文字对语言的表现能力。他说:"作为记录语言的书写符号,文字的最大功能是辅助和扩大语言的交际作用,稍纵即逝的有声语言在文字的帮助下可以传诸久远。文字的这一性质显示出了它对于语言的最密切的依附关系,尤其是在研究古代语言的时候,可以说我们关于古代语言的一切知识都是通过分析有关的文字记载而获得的。"又说:"不过我们也看到,由于文字和语言毕竟是不同的两样东西,所以我们透过文字而了解到的古代语言特征永远不能像在现代语言调查中所了解到的那样全面而深入。例如在研究甲骨文的时候,我们还只能指出某个具体的字符和后代的哪个字符相当,以及它所记录的词和后代的哪个词相当,却始终不能确切地回答这个词在甲骨文时代的汉语里具有什么样的语音形式,也就是说,我们不知道殷商人是怎样念这些字的。……这说明文字虽然是辅助和扩大语言交际作用的最重要的工具,但它对语言的表现能力还是有限的。"(第10—11页)他又说:"尽管文字并不能记录语言的全部内容,但是人们从字符特别是方块汉字中读出的信息有时却远远超出了相应的言语词所能表达的范围。例如我们今天听到 zàng 这个汉语音节,可以把它和'掩埋死者遗体'这个概念联系起来,却并不知道古人死后并不以土掩埋,而是以草薪荐覆置于野外,这一远古习俗恰恰反映在'葬'的字形上(从死在茻中)。当然,'葬'这个字符对古代葬俗的暗示还是比较含混的,其深层含义只有在我们看到了《易·系辞下》里的一段话之后才得以确定:'古之葬者,厚衣之以薪,葬之中野,不封不树……后世圣人易之以棺椁。'"(第11页)

以上是聂鸿音先生对"文字和语言"的论述要点。他所谈的"正是现代语言文字学的一个最最基本的定义——文字是记录语言的书写符号,并不是语言本身。"(该书第5页)

4. 徐德江谈"文字高于口说语言"

徐德江先生在《索绪尔语言理论新探》(海潮出版社1999年版)

第 39—44 页论述专题"文字高于口说语言"。他说:"我们论述的文字,是指正常人使用的文字,即以口语为原料之一而产生并在口语基础上使用的文字。""我们认为,文字是高于口语的。"

"首先,从结构上看。在口语词中,起码包括三个部分:词音、词义、词法。词音是口语词的物质外壳,是形式部分;词义、词法是口语词的内容部分。在书写语词——字和字串中,起码包括四个部分:字形、字音、字义、字法。字形是书写语词——字的物质外壳,是形式部分;字音、字义、字法是书写语词——字和字串的内容部分。"

"口语词中三个部分与三个部分之间的关系,同书写语词——字和字串中的四个部分和四个部分之间的关系,两者相比,当然是口语简单些,文字复杂些。而且,在复杂的文字结构中,虽然永远不可能像录音机那样,将口语的全部语音等信息都反映出来,但一般地说,大致可以包括简单的口语结构;但在简单的口语结构中,却不能大致包括复杂的文字结构。这就是文字高于口语的最根本之点。"

"其次,从口语和文字对感觉系统和大脑发生的作用上看。口语是通过口语词的词音及其结合性作用于人的听觉系统,在大脑的听觉中枢起作用,从而与大脑辨别词汇意义和语法意义的中枢沟通。书写语词——字和字串是通过字的字形及其结合性作用于人的视觉系统,在大脑的视觉中枢起作用,从而与大脑辨别词汇意义、语法意义的中枢和辨别字音的中枢同时沟通。默读的时候,虽然没有发出声音,但人的发音器官的部位上,却有明显的反应。这说明,文字作用于人的视觉系统,在大脑的视觉中枢发生作用后,不仅使大脑的视觉中枢与大脑辨别词汇意义和语法意义的中枢沟通起来,同时也与大脑辨别字音的中枢沟通了。于是产生了一系列的反应。很明显,口语的语音及其结合性,在大脑里引起听觉中枢和辨别词汇意义、语法意义中枢的沟通作用,同文字的字形及其结合性,在大脑里引起视觉中枢、辨别词汇意义、语法意义中枢和辨别字音及其结合性的中枢的沟通作用相比,前者是简单的,后者是复杂的。"

"我们虽然认为文字是高于口语的,但是,文字永远不可能完全把口语的信息百分之百地表现出来,表音性最高的文字也做不到这一点。"徐德江先生在分析了口语和文字的结构之后,又进一步分析了它们分别在人的大脑里发生的作用,经过科学的分析对比,从而得出结论:"文字高于口说语言"。关键的一点就是:"文字的结构中大致包括了口语的结构,而口语的结构中却不能大致包括文字的结构"。

**小结**:通过以上论述,我们可以认识到给汉字下一个科学的定义,并不是一件容易的事。这里涉及到文字与语言、语言与思维的关系问题,涉及到哲学、心理学及生理学领域的一些问题,这些问题尚有待进一步深入研究探索。就目前的研究水平,我们暂且采用流行的观点给汉字下定义,即:汉字是记录汉语的书写符号系统。

## 二、汉字的性质

(一) 关于汉字性质各种提法的历史回顾

1. 表意文字

汉字性质问题是西方语言学传入后才提出的。西方学者根据文字符号的功能,将人类文字体系分成表意文字和表音文字两大类,汉字则被视为典型的表意文字体系。

这种观点在我国语言文字学界具有相当的影响。如沈兼士讲授《文字形义学》时即云:"综考今日世界所用之文字,种类虽甚繁多,我们把他大别起来,可以总括为两类:(1) 意符的文字,亦谓之意字。(2) 音符的文字,亦谓之音字。"(《沈兼士学术论文集》第 386 页,中华书局 1986 年版)他这里所说的"意字""音字"就是表意文字和表音文字。

2. 意音文字

五十年代以来,国内学者就汉字性质问题发表了一些新的看法。周有光认为:文字制度的演进,包括"形意文字""意音文字"和"拼音文字"三个阶段,汉字是一种"意音制度"的文字。(参阅《文字演进的一般规律》,《中国语文》1957 年第 7 期)曹伯韩则把世界文字分为"意音文字和拼音文字"两大类型,也主张汉字是"意音文字"。(《文字和文字学》,《中国语文》1958 年第 6、7 期)后来,刘庆俄著《汉字学纲要》(中国和平出版社 1994)亦称汉字是意音文字。

3. 表音文字

七十年代以来,语言学界对汉字性质问题展开了热烈深入的讨论。

1979年吉林大学古文字研究室的同志对古代汉字是象形文字这一普遍的提法加以否定,他们认为:"古代汉字,就其文字符号的来源说,也就是从其构形原则来说,它是从象形符号发展而来的。但是,从它的发展阶段来说,它已经脱离了表意文字的阶段,而进入到了表音文字的阶段。也就是说,这种文字,并不是通过它的符号形体本身来表达概念,而是通过这些文字所代表的语音来表达概念。绝大多数的古文字,其形体本身与所要表达的概念之间,并无任何直接的关系。"他们以最早的、成体系的古汉字,甲骨文字为例,认为它使用频率最高的是假借字,是纯粹的表音文字,它占整个文字的百分之九十以上。"从它所处的发展阶段来说,只能是表音文字,而不是什么表意文字(或象形文字)。"(《古文字研究的现状及展望》,《古文字研究》第一辑,第19、20页)

后来吉林大学古文字研究室的姚孝遂撰文《古汉字的形体结构及其发展阶段》,认为"文字的发展阶段,与文字符号的构形原则,是两种截然不同的概念,我们必须严格加以区分。文字的发展阶段,是就文字符号的功能和作用所到达的程度来说的;文字的构形原则,是就文字符号的来源来说的。"(第11页)姚孝遂认为,在古代汉字的运用过程中,存在着大量的通假现象,一个文字符号,在不同的场合,可以代表不同的概念。"这种不同概念的区分,我们是根据其在句子中的地位和作用,词与词之间的关系来加以判定的。这种符号的功能和作用,只能是表音的。"(第18页)姚氏在文中还谈及现代通行汉字,他说:"至于还有一些人——主要是一些西方的汉学家,从他们所习惯使用的拼音文字的角度出发,认为现代通行的汉字也属于表意文字的体系,在我们对古代汉字作了上述的论证之后,似乎对于这种论断也就可以勿庸置辩了。"(第38页)(均见《古文字研究》第四辑,中华书局,1980)

以上观点简言之则为:假借字是表音字,上古文献中大量的通假现象为表音文字的标志。这种观点代表了当时一部分人的看法。

如:周士琪在专题论述假借的文章中云:"依我看来,假借的出现,表明汉字已经由象形的图形开始变成标音的符号,这是汉字发展史上从象形表意阶段向表音阶段过渡的开端。"(《假借质疑》,《武汉大学学报》1982年第2期)吴嘉勋云:"假借法出现是汉字史上的巨大进步。""在甲骨文里大量出现假借字,说明汉字在幼年时代,曾经走到了音节文字的门口,向传统的表意文字挑战。"(《汉字发展趋势浅析》,《语文现代化》1983年第1辑)古代汉字是表音文字这一观点也得到一定范围的赞许,如崇冈就认为:"汉字是表形的,还是表音的?文字学家明确指出,汉字早已越过了文字史上的象形阶段,进入了表音阶段。汉字虽然不是以音素为单位的拼音文字,却是以音节—词素为单位的特殊性质(即有形义成分残余的)的表音文字。"(《汉语音韵学的回顾和前瞻》,《语言研究》1982年第2期)

　　认为古汉字、汉字是表音文字的观点,也受到一些专家的批评。批评者认为这一观点过于强调假借的作用,而忽视了文字的其他方面。赵诚首先撰文论述了不同看法,即:甲骨文既非象形文字又非表音文字。他认为,甲骨文字有一个非常明显的特点,字形是表意的,但是忽视文字作为一个有声符号而认为甲骨文字是图画文字、象形文字,这是把特点当作了本质。那么,"是不是可以因之把甲骨文字标之为表音文字呢? 也不行。正如本文一开始就论述的那样,甲骨文字中确有那么一些字的书写形式是以形表意,把这些字也叫做表音字,连小学生也通不过。我个人的意见已在文中反复提过,即甲骨文字作为有声语言的符号,在本质上是表音的。由于甲骨文字的书写形式照顾了以形表意这一点,使它具有了和一般文字不同的特色。本质和特点的矛盾统一,就是甲骨文字所具有的二重性。这二重性给甲骨文字争取了一个特有的地位。"(《甲骨文字的二重性及其构形关系》,《古文字研究》第六辑)而后,孙常叙也从假借入手,批评了古汉字为表音字的观点。他认为借字表音并没有改变先秦文字体系的性质,"没有象形、象事、象意三种形象写词法,单是象声写词,是不可能创造出这种适合当时语言特点的先秦文字体系的。形象写词法和象声写词法相依为命,不能以偏概全说先秦文字是表音文字。"(《假借形声和先秦文字的性质》,《古文字研究》第十辑)

### 4. 表词文字

1984年,王伯熙在《中国语文》撰文题为《文字的分类和汉字的性质》,在提出汉字为表词文字的同时,批驳了汉字为表音文字、表意文字的观点。他说,自古以来,汉字从来都不曾是专用于记音节的音节符号,而是音义结合体,即使是公认的具有表音性的假借字或同音代替字也不是专记音节的表音符号,而是音义结合体。汉字的字符所记录的不是单纯的音节,汉字不是什么"表音节的表音文字"。另一方面,王伯熙也否认汉字是表意文字的说法,认为表意文字的概念是含糊不清的。

表词文字说是从语言和文字的关系角度提出的。索绪尔认为文字的存在是为了表现语言,并由此推导出文字只有两种体系,即一个词只用一个符号的表意文字(ideographic writing)和模写词声音的表音文字。(《普通语言学教程》)美·布龙菲尔德认为这样提法容易引起误会,把表意文字改称表词文字(word-writing)或字词文字(logographic writing)。(《语言论》第360页,袁家骅等译,商务印书馆1980年版)王伯熙的表词文字理论虽取之于国外的语言学者,但他注意到了汉字的实际情况。他说:"从文字符号所记录的语言单位这个方面来看,汉字应该属于表词文字,因为它的每个独立字符基本上都是音义结合体,即形、音、义的统一体,是词的书面符号。当然,仅仅指出汉字是表词文字,还不足说明汉字的特性。"所以他总结出了汉字三方面的特点:1.汉字记录的语言单位主要是词和语素;2.记录方式主要是记音标义,还有记义传音和记音传义;3.符号形式,古汉字是象形符号及象形符号组合;现代汉字是方块符号组合。综合三方面的特点,他认为"汉字很明显是一种符号拼合的表词文字。""古代汉字(小篆以前的汉字)是一种象形拼符表词文字,现代汉字(汉隶以后的汉字)是一种方块拼符表词文字,或者也可以说现代汉字是一种方块拼符语素文字。"而后,聂鸿音著《中国文字概略》(语文出版社1998)将汉字称为词符文字。

### 5. 词—音节文字

除了以上由假借或文字表现语言角度去探求文字的性质以外,还有人从"词—音节文字"(word-syllabic writing)学说作了新的探索。词—音节文字说是美国的 Gelb 在 1952 年发表的《A Study of Writing》(芝加哥大学出版社 1963 年版)中提出来的。刘庆锷认为"单纯的表音文字能形成成熟的文字体系,而单纯的表意文字很难形成成熟的文字体系。"(《从汉字的特点说到汉字的改革》,《北京师院学报》1982 年第 4 期)这种观点认为汉字是综合运用表意或表音的文字。

6. 语素文字说

美·赵元任在 1959 年发表的《语言问题》中提出语素文字说。(商务印书馆 1980 年版,第 144 页)

7. 分期定名说

对各种观点展开全面论述的是裘锡圭先生。他撰写了《汉字的性质》(《中国语文》1985 年第 1 期)一文,认为文字的性质是由这种文字所使用的符号的性质来决定的。各种文字的符号大体可以归纳成三类,即意符、音符和记号,"跟文字所代表的词,在意义上有联系的字符是意符,在语音上有联系的是音符,在语音和意义上都没有联系的是记号。拼音文字只使用音符,汉字则三类符号都使用。""汉字在象形程度较高的早期阶段(大体上可以说是西周以前的阶段),基本上是使用意符和音符(严格说应称为借音符)的一种文字体系,后来随着字形和语音、字义等方面的变化,逐渐演变成为使用意符(主要是义符)、音符和记号的一种文字体系(隶书的形成可以看作这种演变完成的标志)。如果一定要为这两个阶段的汉字分别安上名称的话,前者似乎可以称为意符音符文字,或者象有些文字学者那样把它简称为意音文字;后者似乎可以称为意符音符记号文字。考虑到这个阶段的汉字里的记号几乎都由意符和音符变来,以及大部分字仍然由意符、音符构成等情况,也可以称它为后期意符音符文字或后期意音文字。"而且"语素—音节文字"这个名称对早期和晚期的汉字也适用。以上观点在裘锡圭先生所著《文字学概要》(商务印书馆 1988 年 8 月第 1 版)中亦作了详细阐述。他认为汉字不应该简单地称为语素文字,如记录具有两个以上音节的音译外来词的假借字(出自蒙古语的元代官名"达鲁花赤")和记录汉语里固有的双音节语素的假借字(鸟名"仓庚"),它们表示语素的音节结构的性质,是十分明显的。裘氏认为:语素—音节文字跟意符音符文字或意符音符记号文字,是从不同的角度给汉字起的两种名称。这两种名称可以并存。意符和记号都是属于语素这个层次的字符,所以语素—音节文字这个名称对早期和晚期的汉字都适用。(《文字学概要》第 17、18 页)

有人坚持认为文字应分作表形文字、表意文字、表音文字三个阶段。汉字的情况是:古汉字为表形文字,隶变以后汉字为表意文字。陆锡兴撰文《关于假借转注的管见》(《中国社会科学》1983 年第 5 期),把文字符号的构形和与词汇系统相适应的功能作为判断文字类型的标准,以这个标准去分析古汉字,认为表形文字的字形本身寄寓某种意义,原则上我们可以通过分析字形来寻求本义,这是表形文字的特点。但是表形文字的基本性质还是文字的表音性,即文字是通过语言与词建立联系从而获得意义的,这种性质使表形文字具备了"依声托事"的假借功能。他说:"假借字和转注字都是从本字游离开来的不同的功能形态,离开了具体的应用场合,假借字还源于本字,而转注字则分解还原为两个不同的字,转注假借所表现出来的特殊文字现象,是表形文字的重要标志。"

王凤阳按汉字的发展阶段将汉字分为"图画提示文字"(简称"图画文字")、"象形表意文字"(简称"象形文字")、"记号表意文字"。(《汉字学》吉林文史出版社 1989 年 12 月第 1 版)

(二) 汉字的性质

1. 汉字是一种自源文字(董琨说)

(1) 什么叫"自源文字"

董琨《汉字发展史话》(商务印书馆 1991)云:从文字发生学的角度来说,文字分为自源的和借源的两大类。所谓自源文字,是指从文字产生开始,就独立发展的文字,在文字的形状和体系上是自己独创的,历史也比较悠久,如:汉字,亚洲西部的苏美尔楔形文字、中美洲的玛雅文字。这些自源文字中,只有汉字福寿绵长,至今建在,其余的都已死亡,或只是后裔留存。借源文字是指借用或参照其他文字形体或系统而建立的文字,如日文是借源于汉字,英文、法文等都借源于拉丁字母和希腊字母,而希腊字母又借源于古埃及文。(第 8 页)

(2) 汉字是自源文字的证据

古代关于仓颉造字的历史记载说明了两点:① 汉字具有自源性

质;② 提供了汉字起源的最早年代的信息。据中国古史记载,黄帝是纪元前约 2500 年的人物,这相当于中国考古学所指原始社会晚期的龙山文化时代。对这一时期甚至更早的仰韶文化期的考古发掘中发现,在部分陶器上刻划或者绘写有某些图形符号,不少古文字学家认为这已经是具有文字性质的符号了。举世闻名的河南安阳小屯村殷墟出土的甲骨文,是从第 20 个商王盘庚(约公元前 1324—1297 年在位)开始的,距今已有 3000 多年,而且是相当成熟的文字。甲骨文之前,汉字肯定有一个漫长的发生发展阶段,仰韶、龙山文化的图形符号是否为汉字的雏形,它们与殷墟甲骨文之间有什么过渡性的环节,尚待新资料的出土,但就目前的材料看,汉字的确是由我们的祖先创造的。(董琨,1991,第 9—11 页)

2. 汉字是表词文字→词—音节文字→词—语素—音节文字

这些性质是根据其漫长发展从文字与语言的关系角度来说的,分述如下:

(1) 汉字最初应是表词文字

汉字是记录汉语的书写符号系统。汉语最初有一个很重要的特点,就是它的词大多是单音节的。尽管汉语在其发展过程中,双音节和多音节词有增加的趋势,但在古代,却是单音节词占绝对优势,这也就是中国有字典的原因。汉语的音节很有限,这样,有限的每一个音节就难免要承担表示许多单音词的任务,也就是说,势必存在大量的同音词。汉语的大量的单音节同音词,用汉字记录下来,只能在外形上加以区别,写成一个个形状不同的字。每个汉字都是一个音节,代表一个词。所以,在最初阶段,汉字是一种直接表词的文字即表词文字。

汉语除了词大多是单音节的以外,还有一个特点,就是:它的词是没有内部形态变化的,同时也极少附加词缀一类的构形成分,这就给汉字成为表词文字提供了方便。汉语中所有的词,不管是实词还是虚词,都可以用形状相对固定、大小长短基本一律的符号进行书写,不必使用各种词以下的附加记号。这也注定了汉字直接表词的性质和汉字的独特面目。

(2) 汉字发展为词—音节文字

汉语的重要特点是单音节词占绝对优势,但古代文献中也有少量的双音节词和多音节词,如《说文》中记有"医无闾珣玗琪"(医无闾山出产的玉石,名叫珣玗琪)《段注》:"医无闾、珣玗琪,皆东夷语。"因此不能拆开照字面解释。另有"珊瑚""玫瑰",都是联绵词。联绵词在古代数量不少,如《诗经》中存在大量的联绵词。这些词虽然是双音节,或多音节,但却仍是一个单纯词,其中的每个字一般认为只表示音节而不表示意义,于是汉字具有了表示"词一音节"的性质。

(3) 汉字进一步发展为词—语素—音节文字

随着社会生活的发展,单音节的词越来越不够用,而且也容易因音同而发生混淆,如"户、护、扈、怙、祜、互、瓠、笏"等词,在古代都可以单独使用,但它们今天都读 hù 的音,口头交际中很难区分开。这种情况在古代就应存在。于是汉语词逐渐走上了复合化的道路。上述各单音词组合成了"门户""护卫""跋扈""怙恃""祜祐""互相""瓠果""笏版"等复合词。这些复合词中的每个汉字代表一个语素。语素是最小的音义结合体,语素在复合词中小于词,在单音节词中等于词。因为汉语中存在大量的复合词,所以有的学者称汉字为语素—音节文字。由于对外交往的日益频繁,外来词日益增多。这些外来词大多为多音节的,由多个汉字记录。意大利人马西尼著《现代汉语词汇的形成——十九世纪汉语外来词研究》(汉语大辞典出版社1997,黄河清译),书中列举了大量的借词和译词。音译词有:

咖啡、架非——coffee

马占——merchant ⎫
沙文——servant  ⎭ 表示特殊阶层

巴厘满——parliament(议院、国会) ⎫
甘文好司——house of commons        ⎬ 表示西方机构或官职
伯理喜顿 ⎫                          ⎪
伯理玺天德⎭——president            ⎭

三鞭——champagne ⎫
舍利——sherry     ⎪
炒扣来——chocolate ⎬ 西方产品
羔求——caoutchouc ⎭

得利风——telephone(电话)

德谟克拉西——democracy(民主)

鸦片——opium

借词有：

世界——源于梵语 Loka 的借词，指宇宙，19 世纪末作为从日语来的回归借词，用来表示 world，"天下""万国"等，逐渐被取代了。

其他日语借词有：大学、哲学、经济、政治、教育、军事、会社、电信、职工等。

汉语大量复合词的产生，以及音译词、借词的涌入，汉字不得不适应这种新的变化情况，除了一些基本词之外，有些单个汉字不再单独、直接成词，这就使汉字的一部分变成了语素—音节文字。也就是说，汉字在服务于汉语的历史过程中，部分地改变了自己的性质，而成为词—语素—音节文字。汉字最初是作为表词文字而诞生的，随着汉语的发展变化，汉字不断调适自己的性质，使之与汉语相适应，而今，古老的汉字仍能很好地记录汉语，这说明，汉字与汉语从根本上说是可以相互适应的。

3. 汉字是图画文字→表意文字→意符—音符文字→意符—音符—记号文字

这些性质是从汉字的构形特点角度提出的。由于汉字有一个发生发展变化的漫长过程，所以其构形性质也在演化，分述如下。

(1) 图画文字

我们的祖先在文字产生之前创制了八卦符号用以占卜，又采用结绳和契刻的方法以记事，这些帮助记忆的记号还不是文字，它们只有提示作用，本身没有自我说明的作用，它们是有待于人的记忆去补充解释的。"它们的出现说明社会有了打破时间、空间对语言的局限的要求"(王凤阳《汉字学》第 288 页)。

由于结绳和契刻的记号不能说明具体事件的内容，时间长了容易遗忘，人们于是采用描摹具体事物的方法来记事。

王凤阳云："图画是客观事物的复制，它的社会性和自我说明作用使它具备离开人的记忆和解说去独立传达信息的可能。把简略了的图画用于传情达意，用于通讯和备忘就是图画文字。"(引文同上)图画文字是写画的人按自己的意思把要说的话简略跳跃地表达出来,使别人看了也能明白其意。但图画文字与语言没有确定的关系,因此不同的人可以用不同的话去解说它。所以图画文字还只是文字的初始形态,它不能准确地记录语言和表达语言。在世界各地有图画文字遗迹的发现,在中国丽江纳西族也有图画文字传世,而汉族有没有图画文字,由于资料不足,尚无定论。但沈兼士先生对此曾有过讨论。1903年他在《国语问题之历史的研究》(《国语季刊》第1卷,第1号,第57—58页)一文中,提到了商周青铜器铭文中的"文字画"问题;1928年,他在《从古器款识上推寻六书以前的文字画》里进一步谈道:"就余之研究,不但说文中之独体象形指事字非原始文字,即金文中之独体象形字,亦不得认为即原始字之真相。盖于六书文字时期之前,应尚有一阶级,为六书文字之导源,今姑定名为'文字画时期'。'文字画',之可考见于今者,即钟鼎学家所谓殷商钟鼎中之'图形'也……。窃意传世殷商彝器中之文字画,殆为其遗形而已,恰如隶楷流行以后之偶用古篆者然。"(沈兼士《段砚斋杂文》第2—4页)沈氏的"文字画"即图画文字,是从比较文字学中演绎出来的,他推断"于六书文字时期之前,应尚有一阶级,为六书文字之导源",是合乎文字发生演变的规律的,因而是合乎逻辑的,但要成为确论,尚待新的铁定资料出土发现。因此"图画文字"作为汉字初始阶段的性质,暂作为一种假说。

(2) 表意文字

文字正式产生以后,经历了一个由少渐多的累积过程。这时的文字已经进入了能较为准确记录语言的阶段,一个汉字代表汉语里的一个词。古代有所谓六书理论总结归纳汉字的构造方法。六书为:指事、象形、会意、形声、转注、假借。关于六书理论,后文将列专节讨论。用六书中的指事、象形、会意三种方法造出的汉字为表意字。分述如下:

① 指事字

指事是古代以象征性的符号来表示意义的造字方法。最初的汉字为由刻划系统而产生的少数指事字。林小安在《殷契六书研究》(收入《出土文献研究》第三辑,中华书局1998)一文中称"要了解先民的造字方法,必须尽量掌握该字的初文。所谓初文,就是未经省变和衍化的原始文字。"林小安引用徐中舒教授在 1979 年讲授古文字学时明确指出的理论:"字之本义应从偏旁所属的字中求出"。下面是林小安先生列出的由指事构成的初文(为印刷方便,尽量用楷书代替甲骨文):

要是腰的初文,腰是要的本义;

畺是疆的初文,疆是畺的本义;

寸是肘的初文,肘是寸的本义;

亦产腋的初文,腋是亦的本义;

帝是蒂的初文,蒂是帝的本义;

朱是株的初文,株是朱的本义;

他如:本、末。(以上引自林小安文)

李圃在《甲骨文字学》(学林出版社 1995)中列举的指事字有:

才(才,"在"的初文),丫为初生之草,在它的上面加添一指地面。以草木破土而出表示出现,存在。

尤(尤,"疣"的初文),尤是手的象形,加一来虚拟疣瘤所在的部位,并以此概指"尤"的词义。

次(次),是人张大口形的形象,即"打呵欠"的"欠",加二来虚拟由口喷出之物,并以此概指"次"的词义。

彭(彭,今字又加"口"作"嘭"),是鼓的象形。加添彡标示鼓声。

雷,甲骨文或作,申是今之申字,即古之电字,是闪电的象形。加添◇◇或田田标示雷发出的声音。

日(日),○是太阳的形象,加添一表示太阳是个发光的实体,这样日(日)就同○(围)区别了开来。

D是月缺的形象,加添丨表示月亮是同日相对的光体,而D(夕)专表夜晚,这样D(月)同D(夕)就区别了开来。

豆(豆),豆是古代的一种盛器,古人从功能方面着眼表示词义,所以在豆中加一,指豆的功用可以盛物品,由此豆(豆)便成了这种盛器的专名。

🅐(🅑),🅒是古代的一种盛器,中加`丶´表示这种盛器专门用来盛做酒用的秬稻米,由此🅓便成了这种盛器的专名了。(第127—130页)

李圃先生在《甲骨文字学》中称指事符号为字缀,并总结了甲骨文30种指事符号(第27—28页;第73—74页),现录于下:

一 —— 日(日)　豆(豆)

二 —— 㳄(次)

丿丿 —— 勿(勿)

一 —— 才(才)　止(之)

二 —— 丂(丐)

丿 —— 屯(屯)　九(九)

丶 —— 斤(斤)

丨 —— 月(月)

丨 —— 父(父)　直(直)

• —— 卣(卣)

八 —— 亦(亦)　奠(奠)

㐅 —— 祭(祭)

彡 —— 易(易)

川 —— 乎(乎)　眔(眔)

丷 —— 酋(酋)

二 —— 冃(周)

丬 —— 康(康)

冂 —— 晕(晕)

卌 —— 雨(雨)　米(米)

▽ —— 哉(哉)

◇◇ —— 雷(雷)

◊◊◊ —— ⅲⅲ（雷）

〇 —— 育（员）

〇 —— 朿（束）

⊞⊞ —— ※（雷）

▢ —— 寅（寅）

✕ —— 囟（西）

丿 —— 斆（爱）

┤ —— 方（方）

⊐ —— 🐾（膝）　（以上引自李圃文）

② 象形字

最初的汉字除了由刻划系统而产生的指事字外,就是由图画文字而产生的象形字。象形字是以简括的写意笔法来描摹事物的轮廓,以人或事物之形,表示人或事物之名。象形字重在勾勒人或事物某一方面的特征。

林小安《殷契六书研究》列举的由象形构成的初文有：
其是箕的初文,箕是其的本义；
自是鼻的初文,鼻是自的本义；
亩是廩的初文,廩是亩的本义；
且是俎的初文,俎是且的本义；
士是牡的初文,牡是士的本义；
匕是牝的初文,牝是匕的本义；
午是杵的初文,杵是午的本义；
申是電的初文,電是申的本义；
云是雲的初文,雲是云的本义；
龜是鼇的初文,鼇是龜的本义；
求是裘的初文,裘是求的本义；
冎是骨的初文,骨是冎的本义；
来是麥的初文,麥是来的本义；

它是蛇的初文,蛇是它的本义;
也是匜的初文,匜是也的本义;
晶是曐的初文,曐是晶的本义;
世是葉的初文,葉是世的本义;
戉是鉞的初文,鉞是戉的本义;
束是縛的初文,縛是束的本义;
良是廊的初文,廊是良的本义;
羽是翼的初文,翼是羽的本义;
臣是颐的初文,颐是臣的本义;
公是瓮的初文,瓮是公的本义;
册是甑的初文,甑是册的本义;
须是鬚的初文,鬚是须的本义;
匚是筐的初文,筐是匚的本义;
丰是艸的初文,艸是丰的本义;
齒是齿的初文,齿是齒的本义;
罒是蜀的初文,蜀是罒的本义;(《华阳国志》称"蜀人纵目",今四川广汉三星堆商代器物坑出土之青铜人面具,或大目、或突目,正是古蜀人之生动写照。蜀人之称蜀,盖由其突目而得。甲骨人蜀字正作大目之人,以大目之人指称蜀人蜀地。)
朿是棘的初文,棘是朿的本义;
网是纲的初文,纲是网的本义;
禽是擒的初文,擒是禽的本义;
聿是笔的初文,笔是聿的本义;
州是洲的初文,洲是州的本义;
小(少)是沙的初文,沙是小的本义;(甲骨文小字作三点或四点,小与少同,皆沙粒的象形。卜辞中,小字用为引申义,以沙粒喻小。)
果是菓的初文,菓是果的本义;
酉是尊的初文,尊是酉的本义;

止是趾的初文,趾是止的本义;

余是舍的初文,舍是余的本义;(甲骨文余字象屋舍形,卜辞用余的假借义。)

某是楳(梅)的初文,楳是某的本义;

辛是薪的初文,薪是辛的本义;(辛为受斧斤砍伐过之薪木之象形。辛假借为天干字,故再造从斤从木的会意字,后又增草。)

庚是糠的初文,糠是庚的本义;(庚为糠壳之象形,假借为天干字后,再造康字,示米粒从糠中脱落,后又增米。)

䧌是郭的初文,郭是䧌的本义;

単是戰的初文,戰是単的本义;(単乃战斗之器具。)

歺是裂的初文,裂是歺的本义;(歺字甲骨文象凸《骨》之裂析状。)

京是亭的初文,亭是京的本义;

罩是鐸的初文,鐸是罩的本义;

因是茵的初文,茵是因的本义;

白是伯的初文,伯是白的本义;(白乃巨擘之擘的象形字,卜辞中借为黑白之白后,增人符为伯仲之伯,再造擘字而代白《伯》之本义。)

丙是柄的初文,柄是丙的本义;

丁是钉的初文,钉是丁的本义;

頁是頭的初文,頭是頁的本义;

龠是籥的初文,籥是龠的本义;

萬是蠆的初文,蠆是萬的本义;(蠆,毒虫。)

仌是冰的初文,冰是仌的本义;

免是冕的初文,冕是免的本义;

簋是𪛊的初文,𪛊是簋的本义;(𪛊,鳳字。)

壴是鼓的初文,鼓是壴的本义;

皀是簋的初文,簋是皀的本义;

厄是軛的初文,軛是厄的本义;

工是筑的初文,筑是工的本义;(甲骨文工字象夯筑具,字之下部为重物形。)

两是辆的初文,辆是两的本义;

千是托的初文,托是千的本义;

〇是圆的初文,圆是〇的本义;

同是筒的初文,筒是同的本义;

巨是矩的初文,矩是巨的本义;

章是璋的初文,璋是章的本义。(以上引自林小安文)

李圃先生《甲骨文字学》列举的象形字有:

① 与人体有关者,如:

𠂉(人),勾勒人行走时的侧面形象;

𭓨(子),勾勒幼儿形象;

𦣻(首),勾勒人的头部形象;

𦔮(耳),勾勒人耳形象;

𥄉(目),勾勒人眼睛形象;

𠙵(口),勾勒人嘴巴的形象;

② 与动物有关者,如:

𧰼(象),突出大象鼻子这一特征;

𧆂(虎),突出老虎的血盆大口;

𠒅(𠒅,兕),突出犀牛的一只大角;

𢉖(鹿),突出鹿的歧角这一特征;

𠑊(兔),突出兔的长耳;

𤘓(牛),突出牛的两只角;

𦍌(羊),突出羊的两只弯角;

𤝞(豕),突出豕的大腹便便这一特征;

𤜴(犬),突出狗的尾巴这一特征;

𩡬(马),突出马背上的鬃毛;

③ 与植物、工具等有关者,如:

🌳(木);

🌾(禾);

鼎(鼎);

箕(箕);

爵(爵);

车(车);

口(丁,顶的初文),象屋顶天窗的形象;

𢦒(戉,钺的初文,)象长柄兵器钺的形象。(以上引自李圃文)

③ 会意字

会意是用两个或两个以上的部件组合起来表示一个新的意义的造字方法。林小安先生在《殷契六书研究》中列举的由会意构成的初文有:

娄是搂的初文,搂是娄的本义;(字作双手搂抱状)

叟是搜的初文,搜是叟的本义;

再是稱的初文,稱是再的本义;(训:举也)

冓是遘的初文,遘是冓的本义;(训:遇也)

隻是獲的初文,獲是隻的本义;

瞿是羅的初文,羅是瞿的本义;(羅从网以隹从糸,从糸为繁构。)

各是徦(又作格)的初文,徦是各的本义;(表脚趾向居室走来,训:至也)。

正是征的初文,征是正的本义;

韦是围的初文,围是韦的本义;

𠬞是裒(póu)的初文,裒是𠬞的本义;(甲骨文𠬞与𦥑同,训为裒聚之裒。)

勹是溺的初文,溺是勹的本义;

舞是舞的初文,舞是舞的本义;

大是走的初文,走是大的本义;(象手臂前后上下摆动大步奔走状,按:李圃称为"形意"。)

炎(舞)是憐的初文,憐是舞的本义;(字象大汗淋漓仓皇奔命的人,示可憐之意。从舛,示疲于奔命。)

永是泳的初文,泳是永的本义;

采是播的初文,播是采的本义;(字象手中播撒籽粒状。播字从手从田,即意符繁构。)

采是採的初文,採是采的本义;

丞是拯的初文,拯是丞的本义;

孚是俘的初文,俘是孚的本义;

巛是災的初文,災(又作菑)是巛的本义;(象大水冲没一切)

勹是匍(匍匐是双声叠韵)的初文,匍是勹的本义;(字象人匍匐状)

从是從的初文,從是从的本义;

樂是樂的初文,樂是樂的本义;

八是分的初文,分是八的本义;

奚是僕的初文,僕是奚的本义;

屮是左的初文,左是屮的本义;

又是右的初文,右是又的本义;

星是望的初文,望是星的本义;

壬是挺的初文,挺是壬的本义;(训:挺立之挺)

啬是遭的初文,遭是啬的本义;

何是荷的初文,荷是何的本义;(字作人肩戈状,荷训负荷之荷。)

般是盤的初文,盤是般的本义;

专是转的初文,转是专的本义;(字象以手旋线团使之旋转状。转字从车,是意符繁构。)

異是戴的初文,戴是異的本义;(字作異,象双手高举为首加冠状。戴字从異戈声。)

桼是燎的初文,燎是桼的本义;

⿰是斷的初文,斷是⿰的本义;(⿰字从⿱从刀,斷字增斤,乃意符繁构。)

劦是協的初文,協是劦的本义;

北是背的初文,背是北的本义;(训:背离之背。背增肉示人体之背。)

非是排的初文,排是非的本义;(字作⿰,象用手分离排解有纠纷之人。排字增手,为意符繁构。)

比是偕的初文,偕是比的本义;(卜辞"某比某"即"某偕某",训:谐同之谐。)

若是诺的初文,诺是若的本义;(字作⿱,象人跪地双手上扬,叩头称诺状。训:应诺之诺。)

告是造的初文,造是告的本义;(字象牛回到圈牢状。训:造访之造。)

臽是陷的初文,陷是臽的本义;

利是犁的初文,犁是利的本义;(甲骨文作⿰,从禾从刀,旁有小点表示刀起土之土块,古人刀耕火种,故字从刀从禾。从牛乃后世意符繁构。)

疋(jū)是䟽(jū)的初文,䟽是疋的本义;

危是跪的初文,跪是危的本义;

父是斧的初文,斧是父的本义;

疒是病的初文,病是疒的本义;

需是濡的初文,濡是需的本义;(甲骨文作⿱,作人沾濡状。)

卿是饗的初文,饗是卿的本义;

甫是圃的初文,圃是甫的本义;

瞿是懼的初文,懼是瞿的本义;(双立目示惊懼状。)

雚是歡(又作懽)的初文,歡是雚的本义;(甲骨文作⿰,示鸟多口状,喻鸟歡叫不停,似多口。)

縣是懸的初文,懸是縣的本义;

103

㔾是攀的初文,攀是㔾的本义;

至是到的初文,到是至的本义;

⊞是胃的初文,胃是⊞的本义;(金文作𦞅,增肉符。⊞象胃中有食。)

殸是磬的初文,磬是殸的本义;

兄的祝的初文,祝是兄的本义;(甲骨文象人张大口高声祷祝状。因祷祝由兄长主持,故主持祷祝者称为兄长也。)

苟是警的初文,警是苟的本义;(甲骨文象竖耳蹲立之犬,示警觉状。)

䜌是彎的初文,彎是䜌的本义;

奇是骑的初文,骑是奇的本义;

埶是藝的初文,藝是埶的本义;(字训树藝之藝。)

尼是昵的初文,昵是尼的本义;(字象两人亲昵之状。)

丩是纠的初文,纠是丩的本义;

彔是淥的初文,淥是彔的本义;

夃是祭的初文,祭是夃的本义;

菐是撲的初文,撲是菐的本义;(菐字象双手持器撲打状。撲字从手为意符繁构。)

乞是迄的初文,迄是乞的本义;

芻是蒭的初文,蒭是芻的本义;(字象蒭刈状。蒭字从艹,为意符繁构。)

勿是刎的初文,刎是勿的本义;(勿字甲骨文从刀从点,点似刀刃上之血滴。勿之本义当为刎,假为"不要"之勿,故再造从刀之刎,意符繁构。)

用是通的初文,通是用的本义;(用字甲骨文象以棍疏通管道状。)

刍是剷的初文,剷是刍的本义;

甘是甜的初文,甜是甘的本义;(甘象口中有食而美。)

去是蓋的初文,蓋是去的本义;(㐬即去字,甲骨文象蓋在皿口之上。)啬是穡的初文,穡是啬的本义;

夏是憂的初文,憂是夏的本义;(字象搔首跺足状。憂字从夏从心,从心为意符繁构。)

或是國的初文,國是或的本义;

保是褓的初文,褓是保的本义;(字象幼婴处褓褓状,保的本义为褓褓之褓。)

㓞是契的初文,契是㓞的本义;

印是抑的初文,抑是印的本义;

冬是终的初文,终是冬的本义;(冬字甲骨文象终结状,训为秋冬之冬乃引申义。)

妥是绥的初文,绥是妥的本义;(妥字象以手安抚状。妥的本义训绥靖之绥。)

execute是勢的初文,勢是执的本义;

巠是經的初文,經是巠的本义;(巠字象经纬之经线,亦即纵横之纵线。)

亟是極的初文,極是亟的本义;

才是在的初文,在是才的本义;(在字从土才声。)

夹是挟的初文,挟是夹的本义;

户是啓的初文,啓是户的本义;

设是毁的初文,毁是设的本义;(古文从殳与从攴可互通;毁字从言从攴从丝,設与毁同。银雀山汉墓竹简毁字作毁。卜辞"有設"即"有毁"之问。)

離是羅的初文,羅是離的本义;(离是捕禽器之象形,从离从隹示捕鸟之意。羅从网乃意符繁构。)

益是溢的初文,溢是益的本义;

彭是嘭的初文,嘭是彭的本义;(彭字喻鼓震颤而发音状。嘭训鼓声。)

乿是亂的初文,亂是乿的本义;(字作两手治丝状。亂训治。

105

治𤔔，反义为训。)

易是赐的初文，赐是易的本义；

臭是嗅的初文，嗅是臭的本义；

爰是援的初文，援是爰的本义；(爰字作以手相援状。)

今是含的初文，含是今的本义；

反是扳的初文，扳是反的本义；(反字作以手将直棍扳曲状。)

民是瞽的初文，瞽是民的本义；(甲骨文民字象目中有刺状，表目盲之意。)

曹是槽的初文，槽是曹的本义；(曹字从棘从曰。棘象饲料袋，曰象牲畜之食槽。)

交是绞的初文，绞是交的本义；

丂是賓的初文，賓是丂的本义；

𢆶是缀的初文，缀是𢆶的本义；

丈是杖的初文，杖是丈的本义；

包是胞的初文，胞是包的本义；

亘是桓的初文，桓是亘的本义；(甲骨文亘字，乃盘桓之意。)

桼是漆的初文，漆是桼的本义；

乃是扔的初文，扔是乃的本义；

夬是决的初文，决是夬的本义；

戒是械的初文，械是戒的本义；(字象双手持戈械斗之意。)

毌是贯的初文，贯是毌的本义；

黄是璜的初文，璜是黄的本义；(字象腰间佩饰。)

咸是缄的初文，缄是咸的本义；(字训缄口之缄。)(以上引自林小安文)

李圃先生在《甲骨文字学》第八章第四节"会意表词"中，列举了四种情况：

① 可以使用主谓短语的语言格式体会古人的会意导向，如：

兵(兵)，两手持斤，会"兵器"意。表名词。

集(集)，鸟栖树上，会"聚集"意。表动词。

劦（协），三力聚合，会"协和"意。表形容词。

步（步），两脚一前一后，会"行走"意。表动词。

美（美），羊肥大，会"肥美"意。表形容词。

疒（疒），病人卧床，会"患病"意。表动词。

宗（宗），室内置示，会"宗庙"意。表名词。

北（北），二人相背，会"背离"意。表动词。

即（即），人跪就食，会"接近"意。表动词。

𠬞（𠬞），双手相向，会"拱手"意。表动词。

安（安），女子居室处，会"平安"意。表形容词。

育（育），妇女生子，会"生育"意。表动词。

休（休），人倚树下，会"歇息"意。表动词。

並（立、並），两人并立，会"并列"意，表动词。

② 可以用偏正动词短语理解古人的会意导向，如：

取（取，"得"的初文），以手持贝，会"获得"意。表动词。

祭（祭，"祭"的初文），以手持肉，会"祭祀"意。表动词。

牧（牧），以攴驱牛，会"放牧"意。表动词。

析（析），以斤破木，会"分析"意。表动词。

启（启，"启"的初文），以手开户。会"开启"意。表动词。

及（及），以手捉人，会"逮及"意。表动词。

为（为），以手役象，会"劳作"意。表动词。

兽（兽），以干捕兽，会"狩猎"意。表动词。

初（初），以刀裁衣，会"剪裁"意。表动词。

采（采），以手摘叶，会"采摘"意，表动词。

男（男），以耒作于田，会"男子"意，表名词。

盥（盥），于皿中洗手，会"盥洗"意，表动词。

㫃(旅),于大旗之下相随,会"军旅"意。表动词。

③ 可以用偏正名词短语体会古人的会意导向,如:

多(多),重叠的祭肉,会"数量大"意,表形容词。

明(明),日和月的光辉,会"明亮"意,表形容词。

保(保),成年人与幼儿的关系,会"保育"意。表动词。

④ 可以用连动短语体会古人的会意导向,如:

既(既),食毕转头打饱嗝,会"完毕"意,表动词。

尽(尽),手持帚洗刷器皿,会"净尽"意,表形容词。

涉(涉),徒步渡水,会"涉水"意,表动词。

⑤ 可以用复杂短语体会古人的会意导向,如:

昃("晨"的初文),日偏西,人影斜,会"倾斜"意。表形容词。

朝(朝),日方出茻中,月尚可见,会"清晨"意。表名词。

名(名),夕不相见,故以口自命,会"命名"意。表动词。(以上引自李圃文)

**小结:**

1. 表意文字由图画文字演化而来,它与图画文字具有继承和发展的关系。所谓继承,就是把图画文字中的各种图象沿袭下来;所谓发展,就是将图象简化和固定下来,使之逐渐与语言中的词相对应。

2. 表意文字时期指事、象形、会意,三种造字方法错综运用,逐渐累积文字。

3. 表意文字时期文字体系尚不成熟。表意文字记录语言尚不精确,它仍是断断续续的将要表达的主要意思记录下来,仍有一些语言成分需要识读者补充进去。

4. 由图画文字发展为表意文字,也就是由提示性传达信息到逐渐准确记录语言的过程,这个过程中,所提示的语言单位逐步缩小,所提示的内容由浑沦到明晰,提示性逐渐减弱,记录性逐渐增强。

5. 为了准确记录汉语,汉字就要与汉语中的词相对应。从造字的角度看来,词只有两大类,即"有形可象的词"和"无形可象的词"。

有形可象的词就是视觉可以分辨而又能用图象加以反映的词,其中包括静态的"物"和动态的"事";无形可象的词,就是无法用视觉加以分辨,且又不能用图象加以反映的词,它包括可以感知而无法直接用图象加以表现的词,和只存在于语言当中无形可象的虚词。

除了虚词以外,以上各种词都可以用表意文字来表示。有形可象者便用象形、指事两种造字法。可以感知而无法直接用图象加以表现的词则采用会意法,会意法是一种曲折的、间接的反映方法。

6. 由于语言中有无形可象的词,所以表意文字就明显表现出了它记录语言的局限性。表意文字不能将语言中的词一一用图象反映出来,因而单纯使用表意文字记录的语言是不精确的。

(3) 意符—音符文字

① 表意字

文字所使用的符号称为"字符"。跟文字所代表的词在意义上有联系的字符是"意符",在语音上有联系的是"音符"。

由指事、象形、会意这三种造字方法而产生的汉字,它们所使用的字符,跟这些汉字所代表的词只有意义上的联系,所以这些字符都是意符。使用意符的汉字是表意字。

② 假借字

仅有表意字不能充分、准确地记录语言中的词,于是假借字就产生了。

假借字的产生需要有两个先决条件:① 要有物质基础。字符和词的结合,使字具有了双重价值,即表义兼表音。当意符达到一定数量以后,语言中的所有音节基本上都可以表达了。这就是假借字产生的物质基础。② 记录语言的需要。有形可象的词用意符去记录,而语言中一些无形可象的词,只好利用意符与词结合后所获得的标志音节的作用,把意符当作音符来使用,去记录与这个意符原来记录的词同音或音近的词,这就是假借。它是适应记录语言的客观需求而产生的。

关于假借字在甲骨文中所占的比例,李玉洁在《从甲骨文的假借字看汉字的性质》一文中,对《殷契粹编》作了统计,现列表如下:

| 类别<br>数量统计<br>字数 | 全书字数 | 实词假借 | 虚词假借 | 干支字 | 人名 | 地名 | 假借总数 |
|---|---|---|---|---|---|---|---|
| 字数 | 20856 | 3637 | 2081 | 3881 | 1759 | 527 | 12701 |
| 占总字数% | 100 | 17 | 14 | 19 | 8 | 3 | 61 |

(转引自王凤阳《汉字学》第 394 页)

甲骨文中的假借字举例如下:

▢(象),兽名。▢▢▢▢▢▢[今夕其雨,隻(獲)象。](《甲骨文合集》10222)被借来表示方国名。▢▢▢▢▢▢▢[于癸亥省象,易(赐)日。](《殷契粹编》610)

▢(既),停止,完了。▢▢▢▢▢▢[庚寅雨,中日既。](《京都大学人文科学研究所藏甲骨文字》3114)被借来表示祭名。▢▢▢▢▢▢[贞:于既日。二月。](《殷虚卜辞》668)

▢(即),就;至。▢▢▢[▢即宗]。(《殷契粹编》4)被借来表示人名。▢▢▢▢▢▢▢▢▢▢[乙卯卜,即贞:王室报乙,祭亡▢(祸)?](《殷虚卜辞》145)

▢(受),授予;接受。▢▢▢▢▢▢▢▢▢▢▢▢▢[己酉卜,贞:王正(征)舌方,下上若,受(授)我又(佑)? 二月。]▢▢▢▢▢▢▢▢▢▢▢[贞:勿正(征)舌方,下上弗若,不我其受(授)又(佑)?](《铁云藏龟新编》298)被借来表示地名。▢▢▢▢▢▢[步亡灾。才(在)受馘。](《殷虚书契后编》上 15·9)

▢(冓,"遘"的初文),遇。▢▢▢▢▢▢[王其田,不冓(遘)雨。](《甲骨缀合新编》556)被借来表示方国名。▢▢▢▢▢▢▢[癸丑卜,殷贞:冓(遘)受年?](《殷虚文字缀合》248)

▢(于,"竽"的初文),此字当为▢▢字之简括形式,乃古代的一种管乐器,甲骨文辞中已不见初义。被借来表示介词"于"。▢▢▢▢▢▢▢▢[辛酉卜,宁(賓)贞:燎年于河?]▢▢▢▢▢▢[贞:燎年于▢?九牛。](《甲骨文合集》10085)

㠱(甘,即"其""箕"的初文),畚箕。甲骨文辞中已不见初义,而在𠭯(棄)中尚保留㠱的初文。被借来表揣度语气的助词。㠱[贞:帝弗其及今四夕令雨?](《甲骨文合集》14138)

亦(亦,"腋"的初文),人的腋下。甲骨文辞中已不见初义。被借来表示行为动作的频率,相当于"也"。[王固(占)曰:㞢(有)希(祟)!八日庚戌㞢(有)各(佫)云自东,宜(覂)母(晦)。昃,亦㞢(有)出虹自北,歙于河。](《甲骨文合集》10405)

隹(隹),鸟之短尾者总名。甲骨文辞中不见初义,只保留在会意字中,如"隻"("獲"的初文)、"雀"、"雄"等。被假借表示强调语气。[贞:㞢(有)疒自,隹(唯)㞢(有)蚩?] [贞:㞢(有)疒自,不隹(唯)㞢(有)蚩?]《甲骨文合集》11506)

王凤阳在所著《汉字学》中称:"最先凿破关于象形文字、关于假借的混沌的是孙常叙老师",并详引了孙先生的论述。孙常叙在《从图画文字的性质和发展试论汉字体系的起源与建立》(《吉林师大学报》1959年4期)一文中云:"从图画文字质变为形象的音节表意文字,是以形象写词因素为停洿(wū,渟洿,不流动的水)以假借写词方法为关捩(lì,关捩,能转动的机械装置),以初期奴隶制度为条件,为新的政治、经济、文化生活的要求所触发而创通的。""从文字发展的内部因素来说,假借写词法是一个重要关键。在图画文字体系中蕴蓄的形象写词法,是有局限性的。它只能写出一部分词。这些词:或者是在词义中有足以区别于其他词义的形象特征;或者是虽无突出的形象特征,但是它的词义特点却可以依事物的形象关系显示出来。至于一些无形可象的实词和表现语法组织关系的虚词,形象写词法是无所用其巧的。因而,光有形象写词因素,是不可能突破图画文字樊篱,按语句结构从词写话的。""假借写词法的发明,为解决这一困难找到了一把钥匙。但是,在还没有合适的社会条件时,由于它所在的图画文字体系的整体力量和这种力量在交际中的因袭势力,除记名之外,还不可能充分发挥作用,即时突破先期文字体系,质变为真正文字。它只做为图画文字体系中的一个部分而存在。换句话说,假借写词法这把钥匙是必须凭借一定的社会力量,才能扭开有史时代的大门的。""假借写词法在从图画文字到表意文字的质变过程上是一个关键。这不意味着它是孤立地发挥作用的。首先,假借是凭借形象写词而存在的。它可以根据被描画事物的名称,以同音词关系,就其在所写语句中的地位和关系,想出所写的词来。没有形象写词,就没有假借写词的可能。因此,假借写词它不能离形象写词而存在。其次,突破图画文字樊篱,是书写形式摆脱语意图解向有声语言组织就范的过程。这时,假借写词是和它依以存在的形象写词同时活动,互相作用,组成一个整体力量而横决先期文字区宇的。没有象物、象事、象意等写词法的同时确立,光靠假借,在当时是不能成功的。就这两点说来:以假借写词法为关键,从图画文字质变为形象的音节表意文字,是假借写词与蕴蓄已久的形象写词同时迸发的。缺少哪一方面都是不能成功的。"(孙常叙文引止,参见《孙常叙古文字学论集》,东北师范大学出版社 1998,第 469 页)

王凤阳继承其师孙常叙的观点云:"假借现象在促进字、词结合上起了巨大的作用。""'假借'使记录语言中所有的词,使记录图象所无法记录、无能辨别的词成为可能;'假借'使字和词结下了牢固关系,使按语言顺序进行记录成为可能;假借加速了图象与词的结合速度。""当记言的象形文字最后摆脱它的提示性、进入依语言词的自然顺序记语言时,假借早已广泛地应用了。以甲骨文来说,如果不从总字量统计,而从应用中的字量统计,它已经占将近 2/3 了。"(《汉字学》第 398 页)

表意文字中的形象写词法,就其历史渊源而言,乃是图画文字中的提示符号的继承和改进。假借是象声写词法,假借是一种新创造的记言方法,它是促成汉语文字体系诞生的力量。形象写词法是旧质的残留,其能产性逐渐趋于停止,于是新生的假借—象声写词法大量使用,并成为应用中的主体。假借字实际上是音符文字。

③ 通假字

假借是一种象声写词法，即把已有的表意字当作记音符号来使用。假借大量应用，意味着形象造字法已近尾声，文字已由初创阶段逐步进入运用、区别阶段。在这一阶段中，文字是在借用、分化中发展、孳乳的，也就是由"依类象形"的造"文"时期，进入到"形声相益"的造"字"时期。当人们发现，所使用的语言环境本身有着区别和选择作用，使人可以分辨同音词，因而已有的图象字可以作音节标志来使用时，为适应记言的要求，象声写词法被广泛地应用起来，于是出现大量假借字，甲骨文中这类字占 2/3 就是证明。象声写词法的进一步扩大就产生了"通假"现象。

假借是"本无其字，依声托事"，"通假"则是"本有其字"而要同音借用。产生"通假"的原因，前人归结为：古代字少；用字讹误；舍繁趋简；提笔忘字。下面我们对睡虎地秦墓出土的竹简上的部分通假字加以考察：(前者为通假字，后者为本字)

有—又　鼠—予　视—示　攻—功　诱—秀　牲—生　節—即
攻—工　红—功　驾—加　削—宵　请—情　贫—分　投—殳
完—院　赁—任　枼—世　龔—恭　芥—介　贼—则……

对这种通假现象的大量出现，目前较为合理的解释是：这是古人的用字习惯。这种风尚盛行于殷周时代，一直延续到秦汉，隋唐之后，除沿用古人常见的通假字之外，几乎不再出现新的通假字了，出现通假现象被视为写别字，在排斥之列。

最初表意字用来记录有形可象、有义可表的常用实词，而假借字则表现那些无形无象或用形象难以表达的虚词、抽象词。通假的出现，打破了两者间的相对分工，使表意字也开始表音了。"通假"虽然扩大了以声表词的范围，但是并未改变汉字作为区别词的文字的性质。王凤阳说："在这点上，'假借'和'通假'和表音文字里的音素或音节符号有着本质的区别，后者是为表达、区别音节、音位而制订的。所以汉字在象声写词法应用到极致的同时，没有再跨前一步，进入同意符归并，选择构形简易音符统一同音字，使表音字音标化的道路，而是走向了同音字分化的形声道路。形声字的大发展不但大大限制了假借字，而且使已有的假借字走上专符专用的道路。"(《汉字学》第

405页)世界文字的发展只有一种规律,那就是适应语言。由于汉语词多为单音节,同音词很多,为加以区别便走上了形声道路。这正说明世界文字的发展不只为一种模式,汉字未沿着象形符号音标化的道路走下去,未能最终发展为专符表专音的音节文字,汉字为适应汉语而走上了它必然要走的独特道路。

④ 联绵字

记录联绵词的字叫作联绵字。联绵词为单纯词,多由双音节构成。

古代联绵词曾由一个字表示。章太炎在《国故论衡·一字重音说》中就谈过这个现象:

"中夏文字,率一字一音,亦有一字二音者,此轶(yì,超越)出常轨者也。何以证之?曰:高诱注《淮南·主术训》曰,'鵁鶄,读曰私鈚头,二字三音也。'既有其例,然不能征其义。今以《说文》证之,……如《说文》虫部有'悉蟁',蟁,本字也;悉则借音字。何以不兼造蟋?则知蟁字兼有悉蟁二音也。如《说文》人部有'焦侥',侥,本字也;焦,则借音字。……如《说文》鳥部有'解鳥',鳥,本字也;解则借音字。何以不兼造獬?则知鳥字兼有解、鳥二音也。(鳥字兼有解鳥二音,更有确证。《左传·宣十七年》'庶有鳥乎',杜解'鳥,解也',借鳥为解,即鳥有解音之证)。艸部,'牂(zāng)蕡(níng)',蕡本字也;牂则借音字……。

"其他以二字成一音者,此例尚众,如邑勉之勉,本字也,邑则借音字;则知勉字兼有邑勉二音也。诘诎之诎,本字也,诘则借音字。……籌(chóu)箸之籌,本字也,箸则借音字。……唐逮之逮,本字也,唐则借音字。

"此类实多,不可尽殚。大抵古文以一字兼二音,既非常例,故后人旁跗本字,增注借音,久则遂以二字并书。亦犹越称於越,邾称邾娄,在彼以一字读二音,自鲁史书之,则自增注'於'字、'娄'字于其上下也。"(参见《中国现代学术经典·章太炎卷》河北教育出版社1996,第20—21页)

上古时期,为联绵词记音时,常常采用单音形式,记其主要音节。王凤阳《汉字学》(第408页)举了四个例子如下:①《书·盘庚》:"惰农自安,不昏作劳",郑注:"昏读为暋,暋勉也;"可知"昏"即后代写作"黾勉"、"闵免"、"文莫"、"茂明"等的联绵词的记录形式。②《易·系辞》:"慢藏诲盗,冶容诲淫",疏:"冶容"是"女子妖冶其容",可知"冶"是后代写作"妖冶"、"姚冶"、"窕冶"、"妖艳"等的联绵词的记录形式。③《左传·隐公元年》:"制,岩邑也,虢叔死焉","岩"乃后代写作"峻嵒"、"崭岩"、"嵯岩"、"嵚岩"的联绵词的单音记录形式。④《孟子·离娄下》:"蚤起,施从良人之所之,徧国中无与立谈者","施"乃后代写作"逶迤"、"迆迤"、"迤也"、"迤倚"等的联绵词。

在象声写词法广泛使用之后,在这一潮流的冲击下,联绵词也用记音的方式,抛弃了单音形式,变成了按语音记录的复音词。这在甲骨文中已有例子:《卜辞通纂》第426片:"王固曰有祟,八日庚戌,有各(来)云自东,冒母,昃,亦有出虹自北,饮于河。""冒母"乃记音的联绵词,即"霢霂"。《说文》:"霢,霢霂,小雨也";《诗·小雅·信南山》:"上天同(彤)云,雨雪雰雰,益之以霢霂",传"小雨曰霢霂"。到了诗经时代,这种记音的复音词就大量出现了。主要原因是诗歌具有韵律和节奏,诗经多采用四字句,为了体现诗的和谐和韵律,诗歌排斥用一个字代表两个以上的音节。所以诗经中出现了大量用记音方式记录的联绵词,如"窈窕"、"参差"、"辗转"、"崔嵬"等等。在这些联绵词中,其中的一个汉字仅为一个音符。

⑤ 形声字

形声是用表示意义类属的形符和表示读音的声符拼合成新字的造字方法。林小安在《殷契六书研究》(一) 中列举了以下形声字初文:

雇是顾的初文,顾是雇的本义。字从隹户声,训:回顾之顾。
更是鞭的初文,鞭是更的本义。更字甲骨文从丙声。
盧是爐的初文,爐是盧的本义。[按:盧字甲骨文从皿虎声。]
复是復的初文,復是复的本义。[按:复字甲骨文从夂亞声。]
羞是饈的初文,饈是羞的本义。[按:羞字甲骨文从羊从又,又亦声。]

責是積的初文,積是責的本义。責字从貝朿声。

虙是甗的初文,甗是虙的本义。虙字初文原为甗之象形,后增虎省声。

㝱是寢的初文,寢是㝱的本义,形声。

网刂是剛的初文,剛是网刂的本义,形声。

㶚是爍的初文,爍是㶚的本义。㶚字从火要省声。

睘是矎的初文,矎是睘的本义。睘字从目圓声(圓字初文作〇)。从衣为声符繁构(衣字古音为微韵,圓字古音为文韵,阴阳对转)。

成是城的初文,城是成的本义,形声。

李圃《甲骨文字学》中所列甲骨文中的部分形声字如下:

䟛(正),从 ⼁(止)从 □(丁,"顶"的初文),□亦兼表声。

夨(天),从 大(大)从 □(丁),□亦兼表声。

𢦏(成),从 丨(戌,后世从"戊")从 □(丁),□亦兼表声。

㬪(般,"盤"的初文),从 ㄎ(殳)从 凡(凡,后世讹变为"舟"),凡亦兼表声。

𠃬(旁),从 ⼍(方)从 凡(凡),凡亦兼表声。

㠯(㠯,"追"的初文),从 ⼁(止,"趾"的初文)从 ㇢(𠂤),㇢亦兼声表。

帰(歸,"歸"的初文),从 㣇(帚)从 ㇢(𠂤),㇢亦兼表声。

𡚽(姓),从 𠂆(女)从 ⼂(生),⼂亦兼表声。

洹(洹),从 丨(水)从 ㅂ(亘),ㅂ亦兼表声。

𠬪(叜,今作"受",《说文解字》:"从𠬪,舟省声。"),从 ㄎ(𠬪)从 夕(舟),夕亦兼表声。

杜(杜),从 木(木)从 𠙺(土),𠙺亦兼表声。

𡘬(牡)，从𡴘(牛)从㇑(土)，㇑亦兼表声。

𠱛(唯)，从𠙵(口)从𢄖(隹)，𢄖亦兼表声。

燓(燎)，从𠔽(火)从交(交)，交亦兼表声。[按：卜辞作焚人祈雨之祭名，如："乙卯卜今日燎从雨"(戬四七·三)]

鵬(鵬)，从鳥(鳥)从玨(朋)，玨亦兼表声。

龓(龙)，从龍(龙)从玨(朋)，玨亦兼表声。

𤆍(蓻，"饉"的初文)，从𠔽(火)从堇(堇)，堇亦兼表声。

艱(艱，今作"艰")，从壴(壴)从堇(堇)，堇亦兼表声。

姜(姜)，从女(女)从羊(羊)，羊亦兼表声。

膏(膏)，从月(肉)从高(高)，高亦兼表声。

祀(祀)，从丅(示)从巳(巳)，巳亦兼表声。

唐(唐)，从𠙵(口)从庚(庚)，庚亦兼表声。

湄(湄)，从𡿨(水)从眉(眉)，眉亦兼表声。

降(降)，从阜(阜)从夅(夅)，夅亦兼表声。

萅(萅，今作"春")，从艸(艹)从日(日)从屯(屯)，屯亦兼表声。

邟(卸，"禦"的初文)，从卩(卩)从午(午)，午亦兼表声。

沚(沚)，从𡿨(水)，从止(止，"趾"的初文)，止亦兼表声。

河(河，"河"的初文)，从𡿨(水)从丂(丂，"可"的初文)，丂亦兼表声。

滴(滴)，从𡿨(水)从商(商)，商亦兼表声。

潢(潢)，从𡿨(水)从黄(黄)，黄亦兼表声。

渔(渔)，从𡿨(水)从魚(魚)，魚亦兼表声。

𡉚(𡉚，"往"的初文)，从止(止，"之"的初文)从王(王)，王亦兼表声。

室(室)，从宀(宀)从至(至)，至亦兼表声。

117

㣊(徝,"德"的初文),从彳(亻)从丄(直),丄亦兼表声。

贮(貯),从𠙺(贝)从𧰨(宁),𧰨亦兼表声。

雇(雇),从𩾏(隹)从戶(户),戶亦兼表声。

𥃩(𥃭、"監"、"鑑"的初文),从皿(皿)从见(见),见亦兼表声。

麓(麓),从林(林)从鹿(鹿),鹿亦兼表声。

征(征),从彳(亻)从止(正),止亦兼表声。

新(新),从木(木)从斤(新),斤亦兼表声。

盂(盂),从皿(皿)于(于)声。

羛(義),从羊(羊)我(我)声。

䃢(碨),从石(石)我(我)声。

𢦏(𢦔),从戈(戈)才(才)声。

泺(濼,今作"泊"),从水(水)樂(樂)声。

在汉字发展的过程中,形声字不断增多。这是因为:① 汉字体系形成之后,新增字大多是通过增加偏旁或改换偏旁等途径从已有的汉字分化出来的。这些分化字绝大部分是形声字。这一点在后面讨论形声字时还要详加说明。② 表意字是用形象表示字义的,随着汉字象形程度的不断降低,很多原有的表意字难以再起到表意作用,因而就很少再造新的表意字了,代之而起的是不断创造出新的形声字。由于上述原因,形声字在汉字中所占的比重逐渐上升。

关于形声字的发展状况,有学者作过专门研究。李孝定的《中国文字的原始与演变(上篇)》"甲骨文的六书分析"节,曾对商代后期甲骨文中的已识字的结构加以分析,发现形声字尚明显少于表意字。(台北史语所集刊45本,1974年,第374—380页。)在商代的甲骨文中,形声字仅占全字数的百分之二十几。(高明《中国古文字学通论》第40页,北京大学出版社1996)裘锡圭《文字学概要》称:"在周代,特别是在春秋战国时代,形声字增加得非常快,新造的表意字则已经很少见。这从有关的古文字资料里可以清楚地看出来。目前似乎还没有人对周代古文字里形声字所占的比重作过统计。可能早在春秋时代,形声字的数量就已经超过表意字了。"汉字发展到秦篆时,形声字数量大增。在《说文》所收 9353 个小篆中,形声字约占 82%(据清代朱骏声《说文通训定声》卷首《六书爻列》)。南宋郑樵对 23000 多个汉字的结构作过分析,认为形声字的比重已超过 90%(《通志·六书略》)。在现代汉字常用字里,表意字和由表意字变来的记号字比较多,所以形声字的比重相对降低。有人对教育部 1952 年 6 月公布的常用字表中的 2000 个字加以分析,认为形声字约占 74%(裘锡圭《文字学概要》第 32 页)。

小结:

1. 汉字由图画文字发展而成表意文字,由于表意文字是将语言中的词一一用图象反映出来,因而具有局限性,对于那些无形可象的词便要采用其他记录方式,于是汉字发展为意符—音符文字。

2. 意符—音符文字内含:① 表意字;② 假借字;③ 通假字;④ 联绵字;⑤ 形声字。

(4) 意符—音符—记号文字

汉字的字符可以归纳为三种;即意符、音符和记号。跟文字所代表的词在意义上有联系的字符是意符,在语音上有联系的是音符,在意义和语音上都没有联系的是记号。(裘锡圭语)

在汉字形成过程的初始阶段,会有少量流行的记号被吸收到文字中来。如:✕(五)、∧(六)、十(七)、八(八)等数字,天干中的十(甲)、乙(乙)、•(丁)等字,可能也是源于原始社会所使用的记号的。(参看裘锡圭《汉字形成问题的初步探索》《中国语文》1978 年 3 期)

随着汉字字形象形程度的降低以及简化、讹变和汉字的假借使用、所记录的词经过词义引申等,部分汉字的偏旁部首或整个汉字失去了表意、表音作用,而成为记号。

有一些古文字的字形古人已无法解释,恐怕这些字对当时人来说就已经是记号字了。例如《说文》中有:

秃,无发也。从人上象禾粟之形取其声……王育说:苍颉出,见秃人伏禾中,因以制字,未知其审。

羸(luó)，或曰兽名，象形，阙。

聎(qín)，《国语》曰："回禄信于聎遂。"[(火神)回禄在聎遂这个地方，连续睡了两夜。]阙。

𪊲(jiàn)，阙。

㲺(rǎn)，阙。

𦧝(yà)，阙。

沝(zhuī)，二水也。阙。[《段注》："此谓阙其声也。其'读若'不传，今'之垒切'者以意为之。"]

灥(xún)，三泉也。阙。[《段注》："此谓读若未详，阙其音也。"]

𣧑(fàn)，阙。

兟(shēn)，进也。从二先。赞从此。阙。[《段注》："其读若阙，谓阙也。"]

𠨐(yuàn)，从反邑。𨙝字从此。阙。[王筠《释列》："𠨐下并无说解而遽云'从反邑'，是此字无义也；又云'阙'，是此字无音也。"]

𨙝(xiāng)，邻道也。从邑，从𠨐。……阙。[《段注》："谓其音未闻也。大徐云：故降切。依𨞚(xiàng)字之音，非有所本。"]

夊(pú)，行夊夊也。从夂(suī)，阙。读若僕。[徐锴《系传》："不知夊之义也。"]

岑(cén)，入山之深也。从山，从入。阙。[《段注》："谓阙其音读也。大徐鉏箴切。《篇》《韵》同。乃后人强为之音。"]

叚(jiǎ)，借也。阙。……𠍳，谭长说，叚如此。[《段注》："谓阙其形也。其从又可知，其余则未解。"汤可敬《说文解字今释》："金文作𠂇殳、𣪘。象在厂下取物、两手相付之形。林义光《文源》：'从彐丬，象二手相付。'叚者藉人所有为己之用，故谓之借。'小篆讹变失真，遂不可解。"]

𢍶(jú)，拖持也。从反𠬞(jí)。阙。[《段注》："亦谓音读不传也。"]

𨗈(yuán),高平之野,人所登。从辵备录,阙。[按:从辵、备、录的意义不知。]

《说文》新附字中也有一些说解失传的例子,如:

蘸,以物没水也,此盖俗语,从艸未详。斩陷切。

葴,左氏传"以葴陈事",杜预注云:"葴,敕也。"从艸未详。丑善切。[《左传》:"寡君又朝以葴陈事。"]

些,语辞也,见楚辞。从此从二,其义未详。蘇箇切。

笑,此字本阙。臣铉等案:孙愐唐韵引《说文》云"喜也。从竹从犬。"而不述其义。今俗皆从犬。又案李阳冰刊定《说文》,从竹从夭,义云竹得其风,其体夭屈,如人之笑,未知其审。私妙切。

屢,數也。案今之婁字本是屢空字,此字后人所加。从尸未详。丘羽切。

唐兰先生在《中国文字学》"记号文字和拼音文字"节中写道:"图画文字和记号文字本是衔接起来的,图画演化得过于简单,就只是一个记号。"(第109页)例如:

早期象形字: 秦小篆:

　　　　　　　(马)

　　　　　　　(燕)

　　　　　　　(果)

　　　　　　　(桑)

　　　　　　　(丘)

　　　　　　　(甫[圃])

由于汉字字形的演变,独体早期象形字大都变成了记号字,字形失去象形意味之后,变成了一个具有字音和字义的记号字。由于记号字具有字音和字义,当它们用作合体字的偏旁,或假借来表示其他词的时候,仍然能起意符或音符的作用。例如:"马"字虽然变成了记号字,但"驰、驱、驷、驾、驽"等字中的"马"却是意符,在"吗、妈、码、骂"中则为音符。由此看来,汉字字形演变为记号之后,只是部分地改变了汉字的性质,而并未使汉字完全变为记号字。我们可以将后一阶段的汉字称为"意符—音符—记号文字"。

除了象形字之外,其他字也可以变成记号字或半记号字,如:指事字"夾"(腋的古字)变为"亦","㬎"(古絷字)变为"㬎","夲"变为"卒";会意字"秉"变为"秉","裒"变为"表";形声字"秊"(从禾,千声)变为"年","夜"(从夕,亦省声)变为"夜","賄"(从贝,有声)变为"贿","萅"(从艸,从日,屯声)变为"春"等。

形声字的声符由于语音的变化而丧失表音作用,因此声符变成了记号,这在汉字的形声字中大量存在。如"颖",从禾,顷声;"耻",从心,耳声;"淮",从水,隹声;"倩",从人,青声。又如"特"(从牛,寺声,本义为公牛),由于音变,本义成为古义,所以对于一般人来说,"特"变为了记号字。

假借字也可以变为记号字或半记号字。例如"我"(一种武器)假借为第一人称代词"我","而"(颊毛)假借为连词或第二人称代词"而","其"(簸箕)假借为语词或代词;"笨"(竹内膜)假借为粗笨之"笨"等。

**结论**:参照其他民族文字的发生情况及考古学上的少量发现推断,从形体结构上看,汉字极有可能经历过图画文字阶段。图画文字是文字的雏形,不能准确表达语言的意思。图画文字进一步发展就成为以表意为主的文字,这时的文字能较为准确地记录语言。而后汉字发展为使用意符和音符(这种音符是借用意符的)的一种文字。再后来随着字形、字义和语音等方面的变化,逐渐演变为使用意符、音符和记号的文字。

## 第三节 汉字形体的演变

### 一、概述

汉字的形体最早可追溯到商代后期的甲骨文、金文。在此后的三千多年中历尽沧桑而沿用至今。其间汉字形体虽然发生了一些重大的变化,但并未从根本上改变汉字的性质,汉字的形体变化是一脉相承的。

　　汉字的字体可以分为古文字和今文字两大阶段。古文字阶段的汉字包括:甲骨文、金文、籀文、古文、小篆和早期隶书;今文字阶段的汉字则包括:隶书、楷书、行书、草书。

　　就目前出土的资料而言,古文字阶段大约起自公元前14世纪的商代后期,终于公元前3世纪末的秦代,历时约1100余年。唐兰先生在北大教授古文字学,所用讲义《古文字学导论》于1934年印行,书中将已发现的古文字分为四系,即殷商系文字、两周系文字(止于春秋末)、六国系文字和秦系文字。(齐鲁书社1981年版,第33、315页,又《中国文字学》第149—161页)裘锡圭先生在《文字学概要》中对唐氏分法略加修改而为:商代文字、西周春秋文字、六国文字和秦系文字四类。(商务印书馆1988年版,第40页)根据目前的研究情况,似分为商代文字、西周春秋文字、战国文字、秦代文字更合理。商代文字以甲骨文为主,西周春秋文字以金文为主,战国文字则包含西土文字(秦文字)和东土文字(六国古文),秦代文字主要是小篆。

　　今文字阶段起自汉代,一直延续至今。今文字有隶书、行书、草书和楷书。

　　从古至今汉字的形体发展有几次大的变化,即:篆变、隶变、楷化、简化。正体、俗体之分,始终伴随汉字发展的全过程。简述如下:

　　汉字第一次整改在秦代。秦始皇统一天下之后,采用丞相李斯的意见,作了"书同文"的工作,将社会上使用的纷繁的文字统一为小篆,这就是中国文字史上第一次政府行为,姑且称之为篆变。统一后的小篆保存在《说文解字》一书中。战国时期存在着文字异形的情况,这些文字乃由殷周文字发展而来,殷周文字形体演变的某些规律,诸如简化、繁化、异化等,在战国文字形体演变中也得到充分体现,战国文字形体的演变实乃殷周文字形体演变的继续。以《说文》为代表的小篆字系是对整个战国文字进行整理规范的结果。

　　汉字发生的第二次重大变化是在汉代,此时汉字的形体由小篆变为隶书,此称为隶变。隶变后的汉字更便于书写。

　　汉字形体发生的第三次重大变化是楷化,南北朝时期楷书成为主要的字体,字体更加规范,更便于识读和书写,沿用至今。

中华人民共和国成立之后，政府为使汉字更易写易认，公布了简化字方案，这是汉字历史上第二次官方整改措施。目前大陆主要采用简化汉字字体。

在汉字形体的演变过程中，始终有正体、俗体之分。所谓正体就是在比较郑重的场合使用的正规字体，所谓俗体就是日常使用的比较简便的字体。

金文大体上可以看作当时的正体字，甲骨文可以看作当时一种比较特殊的俗体字。继承殷周文字而来的战国文字在形体上最大的特点是俗体的流行。统一后的秦代小篆则应视为正体字。但秦人日常则写俗体篆文，由此而演变出秦隶，又进一步发展为汉隶。秦隶中又有一部分草率写法作为隶书俗体的一部分，为汉代人所继承，并成为草书形成的基础。

## 二、篆变

（一）篆变前的文字状况

从甲骨文、金文到战国文字直至小篆，都属于古文字，"厥意可得而说"，象形意味较浓。金文为流传彰功，故用正体字，甲骨文为日常占卜频繁量大，故用俗体字。如：

甲骨文：　　　　　　　金文

败　𤕟　乙七七〇五　　𤕟　师旂簋

孚　𠂤　乙六六九四　　𠂤　过伯簋　孚　师袁簋

單　丫　前六·三·一　　丫　小臣單觶　丫　伯高

　　丫　前七·二六·四

可以看出金文基本上保留着毛笔字的样子，而甲骨文为刻写，且量大，不得不改变笔法，主要是：改圆形为方形，改填实为勾勒，改粗笔为细笔，把繁体改简体。甲金文虽有以上不同，但结体仍基本一致，可以辨识。（参看徐中舒主编《汉语古文字字形表》）

秦始皇帝统一文字为小篆，《说文叙》云是因为战国时代"诸侯力征，不统于王""分为七国""言语异声，文字异形"。那么战国文字"异形"的状况到底如何呢？滕壬生著《楚系简帛文字编》作了如下研究，他说:"但是,这些简帛文字的形体演变,也并非漫无规律可循。从历史的眼光分析,如同其他六国文字一样,也是殷周文字形体演变的继续。殷周文字形体演变的某些规律,诸如简化、繁化、异化等,在楚系简帛文字形体变化规律中也得到充分体现。而且由于地域的差别,这类变化表现得更为突出。

"文字主要是随着语言的发展而发展,战国时期,政令不一,人事日繁,为了便于书写,反映在楚简中,简化字则大量出现,主要表现在删简文字的笔划和偏旁。简化方式比殷周文字尤为复杂。有单笔简化;复笔简化;有删形符或音符;有删简同形;也有共笔方式;亦有以合文方式借用笔划或偏旁而达到简化目的者。"

滕氏例举其简化方式如下:

| | | | |
|---|---|---|---|
| 其作 元 | 包二·四 | 省作 兀 | 包二·九一 |
| 训作 訓 | 天卜 | 省作 訓 | 天卜 |
| 弁作 卓 | 天卜 | 省作 卓 | 天卜 |
| 僕作 㒒 | 碍三七〇·二 | 省作 㒒 | 包二·一三三 |
| 嘉作 嘉 | 包二·一五九 | 省作 嘉 | 包二·一六六 |
| 裏作 裏 | 信二·〇九 | 省作 裏 | 信二·〇九 |
| 厚作 厚 | 望二策 | 省作 厚 | 望二策 |
| 環作 環 | 望一卜 | 省作 環 | 望一卜 |
| 為作 為 | 包二·五 | 省作 為 | 包二·一六 |
| 馬作 馬 | 曾一五〇 | 省作 馬 | 望一卜 |
| 齒作 齒 | 信二·〇九 | 省作 齒 | 仰二五·二五 |
| 間作 間 | 天卜 | 省作 間 | 天卜 |
| 瘥作 瘥 | 包二·一〇 | 省作 瘥 | 包二·一六八 |
| 羽作 羽 | 包二·二六九 | 省作 羽 | 包牍一 |
| 梁作 梁 | 包二·一六三 | 省作 梁 | 包二·一七九 |
| 城作 城 | 包二·二 | 省作 城 | 包二·二〇二反 |

125

春作🔾 包二·二〇〇　　　省作🔾 包二·二〇三
競作🔾 包二·六八　　　　省作🔾 包二·三
游作🔾 包二·一八八　　　省作🔾 包二·二七七
陰作🔾 包二·一五　　　　省作🔾 包二·一八〇
莽　金文工师初壺作🔾 楚帛书删简同形而省作🔾 帛丙四·三
名借用笔画省作🔾 包二·三二
"之歲"合文借用笔画省作🔾 包二·二一八
"大夫"合文借用形体省作🔾 包二·一五
"公孙"合文删简偏旁省作🔾 包二·一四五
"如此等等。其中,有的字形本来已简化了,又一省再省,所以说简化是造成战国文字异形的重要原因之一。

"所谓繁化,主要表现在增繁文字的形体笔画或偏旁。繁化可分有义和无义繁化,其结果或突出表意或突出表音。其实很多繁化是毫无意义的,它所增加的形体、偏旁,笔画是多余的。"

滕氏归纳繁化的规律为如下三点:

1. 重叠形体。如:

其之作🔾（望二策）

月之作🔾（信一·〇二三）

惑之作🔾（包二·一〇六）

2. 重叠偏旁。如:

骨之作🔾（仰二五·三〇）

饎之作🔾（包二·二二七）

融之作🔾（包二·二一七）

3. 增添偏旁。如:

加宀:中之作🔾 包二·七一,🔾 天卜

保之作🔾 包二·二一二

集之作🔾 天卜

船之作□　包二·二一〇

加心：训之作□　包二·二一七

尚之作□　包二·一九七

卲之作□　望一卜

加匚：後之作□　包二·二一三

逆之作□　包二·四六

加邑：梁之作□　包二·一六三

齊之作□　天卜

秦之作□　曾三

襄之作□　包二·一一五

正之作□　包二·一七九

加口：巫之作□　天卜

脰之作□　包二·一五七反

梪之作□　帛乙二·一〇

叙之作□　帛丙一〇·三

祖之作□　曾二一四

逯之作□　包二·一五一

组之作□　曾二

纪之作□　帛乙四·一四

丙之作□　望一卜

鍾之作□　曾四五

加又：作之作□　包二·一六八

绅之作□　曾一五

祖之作□　天卜

加土：莫之作□　包二·八五

豢之作□　包二·二〇三

丘之作□　包二·二三七

　　　　雛之作䳄　曾四六

　　　　廄之作厩　曾四

　　　　絣之作䋝　天策

　　　　輎之作䡎　包牘一
加止：軋之作䡆　包二·八七

　　　　衛之作䢔　望二策
加羽：戠之作翨　天策

　　　　旁之作雱　天策
加车：斾之作䡵　曾一六

　　　　乘之作䡄　望二策　䡄　曾六三
加糸：生之作牲　包二·二六七

　　　　童之作䔕　天策

　　　　奉之作𦭝　仰二五·一二
加攴：命之作䎃　包二·一九三
加木：酉之作櫑　包二·七
加示：行之作䘖　（望一·卜），成为路神的专字。

"加邑，往往指地名。类似这些情况，楚系简帛文字虽有多例，但主要的还是无义增繁。繁化乃深刻影响着秦汉以后古今字的大量产生。

"所谓异化，乃是对文字的笔画和偏旁有所变异，从而使字形发生了较大的变化。"

滕氏总结异化的情况有下列八种：

1. 形体方向和偏旁位置不固定。有正侧互置、上下互置、左右互置。例如：

尚作尙　（包二·九〇）亦作卣　（包二·一五八）

甲作田　（包二·四六）亦作正　（包二·一二）

棉作棠　（曾三八）

桐作枲　（曾二一二）

跪作㞟　（包二·二六三）

珥作班　（曾六四）　䞠（信二·〇二）

祝作祝　（望一·卜）亦作祝　（望一·卜）

2. 义近相关的形符互作，其形体虽异，意义不变，为通常所说的异体字。例如：

日与月互作：歲之作歲　（包二·一四一）亦作歲　（望一·卜）

木与禾互作：利之作利　（天卜）亦作利　（帛丙一一·二）

　　　　　末之作末　（望二策）亦作末　（包二·一六四）

革与韦互作：鞁之作鞁　（曾四一）亦作鞁　（曾二五）

　　　　　鞍之作鞍　（曾八三）亦作鞍　（曾六九）

　　　　　鞟之作鞟　（曾七）亦作鞟　（曾五六）

　　　　　韗之作韗　（包二·一八六）亦作韗　（包二·二七一）

　　　　　鞘之作鞘　（曾三）亦作鞘　（曾一一三）

　　　　　鞚之作鞚　（曾三）亦作鞚　（曾八四）

糸与巿互作：纯之作纯　（曾六七）亦作纯　（曾六五）

　　　　　紫之作紫　（曾一二七）亦作紫　（曾一二四）

艸与竹互作：葦之作葦　（望二策）亦作葦　（天策）

　　　　　蓍之作蓍　（包二·四〇）亦作蓍　（包二·二〇一）

　　　　　席之作席　（信二·〇一九）亦作席　（信二·〇八）

3. 形近的偏旁写混，造成以讹传讹的错别字。例如：

人与尸互作：居作居　（包二·三二）亦作居　（望二策）

　　　　　㞑作㞑　（包二·二二八）亦作㞑　（包二·二二六）

　　　　　屈作屈　（包二·一五七）亦作屈　（包二·八七）

日与田互作：昔作昔　（天策）亦作昔　（天策）

　　　　　步作步　（包二·一五）亦作步　（包二·一六七）

129

哉作〇 （包二·一八）亦作〇 （包二·二〇三）

肉与舟互作：祭作〇 （包二·二三七）亦作〇 （包二·二二五）

土与立互作：臧说文籀文作〇；包山简作〇 （包二·二〇五）

4. 音近互代。例如：

〇可代奠：银雀山汉简百里奚之奚作〇；曾侯乙墓竹简中的揆字(指木俑)偏旁作〇(曾二一二)。

〇可代敖：包山楚简中的〇(包二·一四三)字从嚣从石省，可释为〇字，于简中用作地名，古有石〇城。

包山楚简中的〇(包二·二五七)实即熬字，说文熬〇煎也，于简文中文通义顺。

曾侯乙墓一六六号简有〇字，亦当释作〇，说文〇，骏马也。

父、甫；父付音近互代：包山楚简中的脯字作〇（包二·二五五）

〇字作〇（包二·一二二）

5. 分割笔画，即把本应连接的一笔分割而造成异化字。例如：

東之作〇 （包二·一二）

朱之作〇 （曾八六）

6. 连接笔画即把本分开的笔画连接，反映了楚简文字的某些简率。例如：

臣之作〇 （包二·七）

7. 对文字形体和偏旁予以解散。例如：

〇之作〇

於之作〇

備之作〇

8. 楚简文字中使用许多特殊符号。例如：

"〓"用来省掉字形的某一部分：命之作〇 （包二·二四三）

瘥之作〇 （天卜）

130

齊之作 🔲 （信二·〇一三）
為之作 🔲 （望一卜）
馬之作 🔲 （望一卜）

"一"、"〝"、"丶"、"丿"、"丿丿"等，在楚简中对文字形体布局起调节作用，加与不加无别。

（关于楚国简帛文字的构形特点可参看李运富著《楚国简帛文字构形系统研究》第 31—43 页，岳麓书社 1997）

李运富先生在《楚国简帛文字构形系统研究》一书中经过测查后认为：楚国简帛文字与甲金文是一脉相承的，也就是来源于中原文字系统。楚文字的基础构件 95% 以上来源于甲金文（不包括战国金文），例如：

直接继承甲金文成字构件者：人、止、首、目、🔲、耳、口、山、月、艸、木、水、火、土、牛、羊、馬、隹、虎、鹿、犬

直接继承甲金文非字构件者：🔲（胃）、田（果）、一（夫）、口（邑）、丨（中）、🔲（洸）

经测查甲骨文中独体象形构件相当多，构件组合中的会形象事也很普遍，象形功能最高。甲骨文形声字占 27% 左右（参见潘杰 1994 硕士论文《甲骨文非形声字研究》）。即使到了春秋金文，象形功能参构 936 次，仍然占据第二位，仅次于表义功能而在示音功能之前。但楚国简帛文字共有 890 余个直接构件，象形功能参构数仅 308 次，大大低于表义功能参构数 1897 次和示音功能参构数 1425 次，屈居第三位。这说明：汉字的象形特征从甲骨文的主体地位经由春秋金文的居中徘徊之后，发展到战国楚文字已经彻底动摇，退居到了汉字形音义三大构形功能的最末位，从而导致汉字构形特点的根本性变化，即由形义为主的构形体系转化成了以义音为主的构形体系。战国楚文字奠定了构件功能参构次数以义音形为序递减的汉字构形体系的功能布局，小篆构形系统与之相同，且仍然保持至今。

楚国的简帛文字异写字样和异构字形都比较多，在归纳出的 1700 个左右的同功能字符单位中，异写字样和异构字形达 4000 多个，这说明：楚文字正处于激烈变革的发展时期。《说文》小篆字系连

同古籀一共才1163个重文,这显然是人为规范的结果。汉字史上异写异构字数量的多少并不是成定势发展的,一般来说初创时期、变革时期和文字的广泛自然应用时期会多些,而在文字垄断或经过人为规范的情况下就会少些。楚文字异写异构现象的增多(如加上同时代的列国文字材料会更多),正是战国文字从西周金文对甲骨文作了大体规整统一后又走向变革分化而由《说文》小篆重新规范整齐这一历史过程的真实反映。

战国时期各具特点的列国文字实际上属于一个文字体系,只是书写风格不同,有比较普遍的异写异构现象,而这正是战国文字所共有的特点。李运富君除测查楚文字的构形系统之外,用同样方法还测查了其他国家的几批文字材料(中山王墓各器、侯马盟书、睡虎地秦简),结果发现,尽管各批文字材料的具体字位和总字量不同,但其基础构件、结构模式、结构层次、功能模式、功能类别等等各种构形参数的项别和比率则基本相同。由此可见:战国时代列国文字的"异形"只是一种表象,实质上并未分化,仍然属于同一共时文字系统,各国文字都是战国文字字系不可分割的一部分。秦始皇帝的"书同文"并不是指把不同体系、不同类别的地域文字统合为一,而只是对同一汉字体系内部的异写异构字加以规范,包括秦文字自身的规范。

关于秦汉小篆与战国文字的关系,王国维在《说文今叙篆文合以古籀说》中清楚地指明:

"许君《说文叙》云:'今叙篆文,合以古籀。'段君玉裁注之曰:'小篆因古籀而不变者多。其有小篆已改古籀,古籀异于小篆者,则以古籀附小篆之后,曰古文作某、籀文作某。此全书之通例也。其变例则先古籀,后小篆。'又于'皆取史籀大篆,或颇省改'下注曰:'许所列小篆,固皆古文大篆。其不云古文作某、籀文作某者,古、籀同于小篆也。其既出小篆,又云古文作某、籀文作某者,则所谓或颇省改者也。'此数语可谓千古卓识,虽然,段君所举二例犹未足以尽说文。何则?如段君之说,必古籀所有之字篆文皆有而后可。然秦易籀为篆,不独有所省改,抑且有所存废。凡三代之制度名物,其字仅见于六艺,而秦时已废者,李斯辈作字书时必所不取也。今

《仓颉》三篇虽亡,然足以窥其文字及体例者,犹有《急就篇》在。《急就》一篇,其文字,皆《仓颉》中正字;其体例,先名姓字,次诸物,次五官,皆日用必需之字,而六艺中正字,十不得四五。故古籀中字,篆文故不能尽有。且《仓颉》三篇,五十五章,章六十字,凡三千三百字,且尚有复字;加以扬雄《训纂》,亦只五千三百四十字;而《说文》正字多至九千三百五十三,此四千余字者,许君何自得之乎?曰;此必有出于古文、籀文者矣。故《说文》通例,如段君说,凡古、籀与篆异者,则出古文、籀文;至古、籀与篆同,或篆文有而古、籀无者,则不复识别。若夫古、籀所有而篆文所无,则既不能附之于篆文后,又不能置而不录,又无于每字下各注此古文、此籀文、此篆文之例,则此种文字,必为书中之正字审矣。故《叙》所云'今叙篆文合以古籀'者,当以正字言,而非以重文言。重文中之古、籀,乃古、籀之异于篆文,及其自相异者;正文中之古、籀,则有古、籀、篆文俱有此字,亦有篆文所无,而古、籀独有者。"

由此可见,以《说文》为代表的小篆字系实际上是对整个战国文字进行整理规范的结果,并非纯粹的秦文字或主要来自秦文字。

(二)《说文》小篆结构的主要类型及分析

上文我们说明了秦代小篆主要是秦始皇统一天下之后,对战国文字加以整理规范后的字体,也就是说主要承自战国文字(既有西土文字秦文字,也有东土文字六国古文),主要保存在《说文解字》一书中。东汉许慎时代,所见古文字主要是周宣王时的籀文和六国古文,因此在《说文叙》中说明所列的正篆除小篆之外,还有古文和籀文,即为"今叙篆文,合以古籀"。而这些文字绝大部分应是由殷周文字传承下来的,但也理应有春秋战国乃至秦汉新产生的文字。这些文字均属于同一个文字系统。许慎撰写《说文解字》一书,是想依据古文字材料,对每一个字的形音义作出解释。许慎当时能见到的比较系统的古文字资料是篆文,因此他便以篆文为主,参以古籀来进行这项工作。倘若许慎能见到比小篆更古老的系统文字资料,他或许也会将其立为字头来加以研究的。

那么《说文》中小篆的类型主要有哪些呢?与上面我们的推论是

否相符呢？赵平安先生在《〈说文〉小篆研究》（广西教育出版社 1999）一书中总结了《说文》小篆结构的主要类型有以下六种：

1. 合乎汉字演进序列

考察发现，《说文》小篆大多上承战国文字，下启隶书，合乎汉字演进序列。譬如：

贝部——完全合乎演进序列的有：贝、财、货、贤、贵、贺、贡、赍、贷、贡、赏、赐、赖、负、贰、赘、䝨、费、賓、賣、贩、貿、贱、赋、贪、赁、購、赀、賓、賢，占 80%；

不合者有：资、赞、䝠、贬、覈、覈，占 20%。

衣部——合的有：衣、衿、裏、衽、袍、襃、襃、襄、襜、袥、裾、複、褆、移、裔、衰、襦、襌、被、表、雜、裕、衦、補、裝、裹、裹、褐、裒、卒，占 90%；

不合者有：衮、裖、褌，占 10%。

刀部——合的有：刀、削、劃、利、剗、前、则、刋、刻、剖、辨、刊、卜、割、脣、刖、剌、劍、制、剝、劋，占 95%；

不合者有：券，占 5%。

这种情况表明，《说文》小篆的主体是确凿可靠的。

2. 合乎六国文字（古文），不合乎秦文字

《说文》中有些小篆，字体结构合乎六国文字，而不合秦文字演进序列。这些篆文，或是直接来源于古文，或是根据古文改造而来的。例如：

兵　攵部：兵（小篆）

　　　　　　侎（古文）

　　　　　　兵（籀文）

战国秦虎符作兵，绎山碑作兵，与籀文同。

小篆兵与楚文字兵（畣志鼎）、兵（子弹库楚帛书）结构相同，与秦文字不类。

其他如：蕙、七、公、夸、尃、癸、肯、臭、圖、敢、乌。此外有些字本来就是古文，《说文》予以指明，如：上、斯（第 25 页）、譱（第 58

页)、䢇(第65页)、䇂(第65页)、斆(第69页)、爽(第70页)、豚(第197页)、麗(第203页)、坳(第308页)。(以上均为大徐本页码)也有的字《说文》弄颠倒了,如要字,🈳当为古文,🈳当为篆文。

3. 合乎早期古文字(甲金文),不合乎后期古文字

《说文》小篆有些和早期古文字的写法相合,而与后期古文字不同。这类字应是来源于早期古文字,或参照早期古文字的写法省改而来。有的可能是后人改篆与早期古文字偶合。例如:

疑 子部:"疑,惑也。从子止匕,矢声。"此字早期金文作🈳(伯疑父簋)、🈳(齐史疑觯 zhi),与《说文》小篆写法相合。秦金文作🈳(廿六年诏权)、🈳(二世诏版),秦简作🈳(《睡虎地秦简》24·33)与《说文》小篆不类。其他如:戚、達。

4. 收有少量汉篆

汉代并无汉篆之称,王莽时代有"六书",与篆有关者为篆书、缪篆、鸟虫书,汉篆应融于其中。从文物文字资料看,汉篆有金文、玉石文字,也有陶文等。绝大多数汉篆来源于秦篆。

《说文》中误录了少量的汉篆:

(1) 王筠《说文释例》从古今音变的角度指出有些或体字为汉人附益,如:

营——司马相如说作🈳

陵——司马相如说作🈳

芰——杜林说作🈳

䚮——或体作🈳

🈳——或体作🈳

(2) 从古文字演进序列看,寙、臚、恩、尻、荆、𪓲、丕、邳、引、同、铜、舆、受、授、羞、野等应属于汉篆。如:

臚——从西周金文,到《说文》籀文(🈳),到秦汉简帛文字,皆从肉 虍声。惟汉印作🈳(《汉印征》4·12)。臚是汉篆。

荆——周代以来皆从㓝作,如古玺作🈳(《甲金篆隶大字典》第37页)。从刑是始自汉代,如元始钫作荆。

(3) 从古文献资料及有关记述看，祜、祧、犧、手、攐、屭、遲、桓应属于汉篆。如：

祧——示部："以豚祠司命。从示，比声。《汉律》曰：祠祧司命。"

张舜徽《说文解字约注》："祠司命之礼，虽所起甚早，而祧之名则始于汉。马叙伦谓此字不见经传，而《汉律》有之，盖晚作者，其说是也。"（卷一，第12页）

(4) 暗录汉篆。如：

晶部："疊，扬雄说，以为古理官决罪，三日得其宜，乃行之。从晶，从宜。亡新以为疊从三日太盛，改为三田。"扬雄死于公元18年，王莽死于公元23年。故"亡新以为疊以三日太盛，改为三田"为许慎说。即新造异体疊。汉篆有疊（《汉印征》7·6），用作人名。在此《说文》暗录了一个汉篆。

5.《说文》中的秦篆，多数仅录其一种或几种，有大量秦篆异体存在而未录。赵平安君辑录如下：(首录者为《说文》小篆)

宀（安）：戜鼎作宀，石鼓文作宀，秦诏权作宀宀

夐（夏 fú，行故道也）：《说文》中从复得声的字有两种写法：① 作夐，如復(復)、復(腹)、糒(楇)；② 作夏，如鰒(蝮)、鰒(鰒)。《说文》復，战国诅楚文作復，马王堆汉墓帛书《周易》9 作復，与《说文》小篆结构同；而绎山碑作復，《睡虎地秦简》24·33 作復，表明有另一种写法。

勤（勤）：此字马王堆汉墓帛书《老子甲本卷后古佚书》231 作勤，《汉印征》13·15 作勤，从重，与《说文》小篆同；而绎山碑作勤，马王堆汉墓帛书《老子甲本》12 作勤，表明篆文勤有一种从童的写法。

𩰪(亂)：此字马王堆汉墓帛书《老子甲本卷后古佚书》354 作𩰪，《天文气象杂占》2·5 作𩰪，与《说文》小篆结构同；而绎山碑作𩰪，阜阳汉简《苍颉篇》3 作𩰪，为小篆亂的异体。

鼂(鼂 cháo，铉曰今俗作晁)：此字古玺作鼂（《甲金篆隶大字典》第 934 页），与《说文》同；而《睡虎地秦简》53·20 作鼂，阜阳汉简《苍颉篇》40 作鼂。汉代《苍颉篇》在秦《苍颉篇》《博学篇》《爰历篇》基础上形成，所收多为秦标准篆文，故知鼂有另一种写法作鼂。

建(建)：此字秦陶文作建（《秦代陶文》1264），马王堆汉墓帛书《老子甲本》70 作建，与《说文》小篆类同；石鼓文𩒐字所从建作建，泰山刻石作建，绎山碑作建，为另一种写法。

夫(夫)：此字东汉宫司空盘作夫，《汉印征》10·14 作夫，与《说文》篆同；西周及战国金文作夫，《睡虎地秦简》23·2 作夫，《汉印征》10·14 作夫，这种结构为楷书所继承。

立(立)：此字泰山刻石作立，与《说文》篆同；而甲骨文作立，西周金文作立，战国古玺作立（《古玺文编》10·7），秦廿六年诏权作立，与战国以前古文字相承。

皇(皇)：此字秦诏权或作皇，《汉印征》1·4 或作皇，《武威汉简·仪礼·少牢》2 作皇，与《说文》篆同；而秦公簋作皇，两诏椭量作皇，秦诏权作皇，苍山画像石题记作皇，从白者出现较早。

康(康)：此字马王堆汉墓帛书《老子乙本卷前古佚书》32 上作康；而石鼓文作康（承甲骨金文而来），绎山碑作康，不从米的写法更早一些。

宜(宜)：《说文》小篆宜和战国中晚期某些古文、秦陶文、秦汉早期简帛文字相似；而泰山刻石作宜。

高(高)：此字中宫雁足镫为高，定县竹简33作高，与《说文》篆同；而春秋金文秦公簋作高，峄山碑作高，《睡虎地秦简》12·51作高，为上承早期金文而来的古形。

郂(郂)：定县竹简63作郂，与《说文》篆同；而马王堆汉墓帛书《战国纵横家书》154作郂，为另一异体。

橐(橐)：此字《睡虎地秦简》24·25作橐，53·32作橐。

缟(缟)：《居延汉简甲编》588作缟。

鎬(鎬)：邢偏鼎作鎬，与《说文》篆同；而阜阳汉简《苍颉篇》31作鎬。

槀(槀)：马王堆汉墓帛书《老子乙本》214上作槀。

蒿(蒿)：中宫雁足镫、定县竹简33的高结构与《说文》篆同；而西周金文德方鼎作蒿，马王堆汉墓帛书《老子甲本卷后古佚书》440作蒿，汉"翟高之印"(《汉印征》1·18)作蒿。

者(者)：秦两诏椭量、廿六年诏版作者，从白作，与《说文》篆同；而早期金文多从口作，秦诅楚文作者，泰山刻石作者，从曰作。

诸(诸)：秦廿六年诏版或作诸，与《说文》同；廿六年诏权或作诸。

箸(箸)：此字诅楚文作箸，峄山碑作箸，皆从曰。

金 金(金)：早期简帛文字结构与《说文》篆同；泰山刻石作金，上承早期金文，下启隶楷。

邦 邦(邦)：此字与秦陶文(《秦代陶文》1211)及秦汉简帛文字相类；而绎山碑作邦，其中丰字的写法承春秋战国古文字而来，出现较早。

奉 奉(奉)：泰山刻石作奉，与《说文》篆同；而绎山碑作奉。

并 并(并 bing)：此字秦诏权作并，与《说文》同；泰山刻石作并，为较早的写法。

致 致(致)：秦汉文字中只有少数作致(《老子甲本》15)，与《说文》篆同；而金文作致(伯致尊)、致(伯致簋)(陈汉平《金文编订补》)，秦印作致(《故宫博物院藏古玺印选》459号)，秦汉文字致大多如秦印。可见致乃小篆致的常见写法，而《说文》所收只是它的省体。

极 极(极)：此字杜氏竟、华山庙碑均同《说文》从又作；而绎山碑作极，马王堆汉墓帛书《老子甲本》122作极，大卫无极鼎作极，从丂作。

使 使(使)：两诏椭量作使，马王堆汉墓帛书《老子乙本卷前古佚书》6下作使，与《说文》篆略同，均从一作；而诅楚文作使，大骃权作使，两诏椭量或作使。

是 是(是)：此字信阳楚简作是，《睡虎地秦简》24·28作是，与《说文》篆同；而石鼓文作是，秦宗邑瓦书作是，柴是鼎作是。

度 度(度)：廿六年诏权作度，大骃权、元年诏版或作度，或作度。

139

辰（辰）：秦诏权某些写法同《说文》篆；而诅楚文作辰，秦诏权多作辰。

吏（吏）：此字马王堆汉墓帛书《天文气象杂占》1·3作吏，《汉印征》1·1作吏，《居延汉简甲编》2551作吏，与《说文》相类，从一作；而秦公钟作吏，《睡虎地秦简》23·2作吏，上从凵。

大（大）：此字甲骨文、金文、石鼓文等均同《说文》篆，渊源有自；而泰山刻石作大，新嘉量二作大。

因（因）：此字中山王壶、《睡虎地秦简》8·11、马王堆汉墓帛书《春秋事语》34等同于《说文》篆；而泰山刻石作因。

天（天）：此字两周金文中作天（番生簋）、天（颂簋）、天（洹子孟姜壶），春秋战国之交的石鼓文、战国时代的秦宗邑瓦书和诅楚文作天，秦代的某些权量、瓦当和汉印作天，表明《说文》小篆天久远有自；另有天，见于泰山刻石、会稽刻石、绎山刻石及部分秦代瓦当文字、权量文字。在庄重场合如泰山刻石只作天，比较随意的场合天天并用。天最早见于秦代初年的李斯刻石，应为秦初书同文的产物。

己（己）：此字金文作己（颂簋），石鼓文作己，与《说文》篆同；而绎山碑作己，袁安碑作己。

丞（承）：石鼓文作丞，二年寺工壶作丞，表明《说文》篆文丞渊源有自；卅年上郡守趞戈作丞，秦诏权作丞，秦陶量作丞，马王堆一号汉墓封泥211、池阳宫行镫等写法相同。

宣（宣）：此字虢季子白盘作宣，曾子仲宣鼎作宣，与《说文》篆类同略改；诅楚文作宣，泰山刻石作宣。

炑(秋)：秦陶文作炑(咸阳遗址瓦印文)，与《说文》篆同；《睡虎地秦简》16·120 作秋，《说文》小篆𥤏、𥠎所从作秋。

煤(萩)：秦陶文(《秦代陶文》下编表 48)与《说文》篆所从秋同；而马王堆汉墓帛书《养生方》88 作萩，汉"赵萩"印(《汉印征》1·3)作𦱹。

野(野)：白石神君碑、《汉印征》13·12 等与《说文》篆同构；而古玺文作野(《甲金篆隶大字典》第 54 页)，绎山碑作野，秦陶文作野(《秦代陶文》335)。

逆(逆)：令簋、侯马盟书中某些写法与《说文》篆类同；而绎山碑作逆，与鄂君启节的某些写法同。

同(同)：散盘作同、古玺同(《古玺汇编》5335)从同，与《说文》篆类从；而《说文》篆乃由同演变而来，说见杨树达《积微居小学述林》卷三《释同》。

桐(桐)：古玺桐(《古玺汇编》)5335 与《说文》篆类；而䍒生盨作桐，古玺作桐(《古玺汇编》3983)，马王堆汉墓帛书《老子乙本卷前古佚书》100 下作桐，西汉以前从同更为普遍。

迴(迴)：银雀山汉简《尉缭子》527 作迴，与《说文》同构；古玺作迴(《古玺汇编》0335)，马王堆汉墓帛书《老子乙本卷前古佚书》91 下作迴。

颜(颜)：《睡虎地秦简》36·74、《汉印征》9·1 与《说文》篆同构；马王堆汉墓帛书《老子甲本卷后古佚书》190、315 及汉印中的绝大多数均作颜。

福(福)：《睡虎地秦简》13·66 作福、《汉印征》1·2 作福，与《说文》篆同构；而秦公钟作福、汉中宫雁足镫作福，《汉印征》1·2 作福。

禋(神):战国时代行气玉铭及西周金文神字与《说文》同构;而《睡虎地秦简·日书甲种》3作神、角王巨虚竟作神、《汉印征》1·3作神,此篆构在汉代居多;另诅楚文作禋,上承西周金文而来,魏谢君神道阙、杨震碑承之。

祭(祭):《说文》小篆承西周金文来,且行于战国秦汉时期;而《睡虎地秦简·日书乙种》155作祭,《汉印征》1·3作祭,与义楚耑、楚帛书相类。

蔡(蔡):"蔡勋"印、"蔡柱私印"(《汉印征》1·16)与《说文》篆同构;战国古玺作蔡(《甲金篆隶大字典》第42页),《睡虎地秦简·编年纪》33作蔡,汉"蔡少卿印"(《汉印征》1·16)作蔡。

章(章):石鼓文作章,与《说文》篆同构;而西周金文颂簋作章,且楚文作章,《汉印征》3·10作章,此种写法更为多见。

璋(璋):石鼓文与《说文》同构;而子璋钟作璋,《汉印征》1·5作璋。

瑰(瑰):《流沙坠简·简牍》3·5瑰与《说文》同构;《集韵·灰韵》:"瑰,或作瓌。"《庄子·天下》:"其书虽瑰玮而连犿无伤也。"已有瓌字,《汉印征》1·6作瓌。

霍(霍):此字甲骨文以降就有从雔、从雥作;至汉代又有从隹者,《居延汉简甲编》796A、汉"霍宽""霍禹""霍窈"印(《汉印征》4·8),皆其例,后世楷书承此而来。

蘁(蘁):汉"蘁道印"(《汉印征》1·8)与《说文》同构;战国以降更为流行蘁,如古币、古玺、汉印等。

丂(平):《陶玺文字合证》13 作丂,与《说文》篆同构;另有异体
作丂,如石鼓文、泰山刻石、袁安碑,此篆承早期金文
而来,战国秦汉时为主要写法。

苹(苹):《陶玺文字合证》13 与《说文》篆同;汉"苹安国"印(《汉
印征》1·9)作苹。

中(中):《说文》篆从石鼓文中一类写法省减而来;此外小篆中
作中更为通行,其由甲骨金文承来,在秦汉时代居主
流地位。

芇(芇):《说文》篆形从石鼓文中之类写法省减而来;另西周
金文克鼎作芇,汉"芇禹之印"(《汉印征》1·11)作
芇。

公(公):《睡虎地秦简·语书》9、位至三公镜、汉"王公子"、"公上
翁叔"印(《汉印征》2·2)与《说文》篆同;而《殷虚卜辞》
376 作公,利簋作公,汉公主家禹作公,汉"成公右
乘"印(《汉印征》2·2)作公。

審(審):《说文》小篆异体作審,与汉"審礼都印"、"審长私
印"(《汉印征》2·2)同构;此外,《睡虎地秦简·效律》50
作審,马王堆汉墓帛书《相马经》16、汉"審小孺"印
(《汉印征》2·2)等同构。

差(差):秦印作差(《故宫博物院藏古玺印选》474 号),上承国
差𦉢的差,下启汉印的差、差(《汉印征》5·4)。

賢(賢):《侯马盟书》1·92、马王堆汉墓帛书《战国纵横家书》
114、阜阳汉简《苍颉篇》40,与《说文》篆同构;汉印作
賢(《古玺印概论》第 54 页)。

奎(奎):古周金文守宫盘作奎,与《说文》篆同构;《汉印征》1·
4 作奎。

143

央(六)：池阳宫行镫、寿成室鼎、新嘉量与《说文》篆同；保卣、石鼓文、《睡虎地秦简》23·3作介。

迹：《说文》籀文作𨒪，泰山刻石作迹，与籀文同。泰山刻石使用的为标准的篆文，故知籀文迹同时也是小篆。

兵：《说文》籀文作𠦜，战国阳陵兵符、绎山碑与籀文同。绎山碑为标准秦篆，说明籀文𠦜为小篆异体。

则：《说文》籀文作𠛰。廿六年某些诏权与《说文》篆同，有的写法和籀文相同，说明籀文写法乃小篆异体。

攸：《说文》收引秦刻石绎山文作攸。此字绎山碑作攸，马王堆汉帛书《古地图》作攸，《说文》所引绎山刻石乃传抄致误。

寐：此字泰山刻石作寐，无一横。

临：《睡虎地秦简》54·51与《说文》篆同；诅楚文、泰山刻石品字列作品，泰山刻石作临。

氏：《说文》从氏的字写法有二：诋、蚳、觝所从作氏，趉、迡所从作氐。

出：石鼓文、宗邑瓦书与《说文》篆同。《说文》从出的字有两种写法：诎、绌、拙、屈、㞞、掘、窋等所从作出，而祟、敖等所从作出，当为另一异体。

央：汉印作央，与《说文》同构；而虢季子白盘作央，《汉印征》5·14或作央，乃为另一异体。

鞅(鞅)：商鞅方升作鞅，《睡虎地秦简》41·179作鞅。

毒（毒）：马王堆汉墓帛书《五十二病方·目录》作🔣，上从⼟，与《说文》篆同；阜阳汉简《苍颉篇》7作🔣，秦汉时代大多如此作。

告（告）：《说文》篆上承甲骨文，下启隶楷，为正篆；另五祀卫鼎作🔣，舒䇞壶作🔣，三体石经篆文作🔣。

尊（尊）：信阳楚简、三体石经古文与《说文》构似；毛公鼎作🔣，绎山碑作🔣、阜阳汉简《苍颉篇》26作🔣。

博（博）：《汉印征》3·2"路博士印"与《说文》同构；马王堆汉墓帛书《老子甲本卷后古佚书》195作🔣，《汉印征》3·2"博昌丞印"作🔣。

傲（傲）：《集韵·号韵》："傲，或从心。"阜阳汉简《苍颉篇》3作🔣。

疾（疾）：泰山刻石作🔣，与《说文》篆同；两诏椭权作🔣，《睡虎地秦简》10·17作🔣。

斯（斯）：开母庙石阙与《说文》篆同；泰山刻石作🔣。

和（和）：舒䇞壶与《说文》篆同构；更多为左声右形，如邵宫作🔣，袁安碑作🔣，后世隶楷承此。

遵（遵）：泰山刻石与《说文》篆似，声符下从🔣；另汉安残碑声符下从寸，作🔣。《说文》小篆尊下收或体作尊，可知确有另一异体从寸作。

徒（徒）：石鼓文作🔣，马王堆汉墓帛书《五十二病方》252作🔣，禅国山碑作🔣，此类写法为主。

上述字例为《说文》未收小篆异体的一部分。其中大多为秦篆，少数是汉篆。

6. 不合汉字演进序列（讹误或篡改）的小篆。

裘锡圭先生在《文字学概要》(商务印书馆 1988 年)中云:
"《说文》收集了九千多个小篆,这是最丰富最有系统的一份秦系文字资料。但是《说文》成书于东汉中期,当时人所写的小篆的字形,有些已有讹误。此外,包括许慎在内的文字学者,对小篆的字形结构免不了有些错误的理解,这种错误理解有时也导致对篆形的篡改。《说文》成书后,屡经传抄刊刻,书手、刻工以及不高明的校勘者,又造成了一些错误。因此,《说文》小篆的字形有一部分是靠不住的,需要用秦汉金石等实物资料上的小篆来加以校正。"接着裘先生列举了几个例子来说明以上观点:

(1) 戎——《说文》作戎,分析为"从戈,从甲"。这个字在西周金文里作戎、戎等形,峄山刻石作戎,汉印小篆以至隶书、楷书,也都从"十"而不从"甲"。《说文》的篆形显然是有问题的。在古文字里,"甲"本作"十",跟"戎"字所从的"十"的确没有什么区别。但是上引西周金文可以证明"戎"所从的"十"并不是"甲"字,而是毌(毌,音 guàn)的简化之形。"毌"本象盾牌。在古代,戈和盾分别是进攻和防卫的主要器械。兵戎的"戎"字由"戈"、"毌"二字组成是很合理的。大概某些文字学者误以为"戎"字所从的"十"是"甲"的古写(甲胄也是重要的戎器),所以把"戎"的篆文改成了戎。

(2) 早——《说文》作早,误与戎同。

(3) 卓——《说文》作卓,误与戎同。

(4) 走(走)——《说文》讹为走

(5) 欠(欠)——《说文》讹为欠

(6) 非(非)——《说文》讹为非(第 62 页)

赵平安在《〈说文〉小篆研究》第 9—25 页说:《说文》小篆有一些不合汉字演进序列,这一类字多半发生了讹误或篡改。裘锡圭先生在《文字学概要》中曾举过戎、早、卓、走、欠、非等例子。如果根据现有的古文字资料横向联系,就会发现循变的例子:

从早的——草;

从卓的——悼、淖、绰、逴、趠;

从走的——起、赶、趫、趬、赳、趣、赴、趌、趀、趍、赵、趋、越、趲、赳、趱、趙、趋、趨、越;

从欠的——歇、钦、欶、欢、欣、欶、欲、歌、欧、歔、歎、欧、欤、歔、欯、歇、欲、欿、歎、欬、歈、坎、涎、蘸、茨、资、姿、柔、既、懿、咨、㮣、次、恣、欺、歁、歈、歔、羡、盗、炊、吹、暨、槩、慨、溉、墍、瘭、厥、鱖、撅;

从非的——排、扉、靡、斐、匪、俳、菲、棐、背、罪、裴、蜚、斐、悲、辈、篚、孈。

赵平安以大量资料说明此类因讹变而循变的还有:

斗(叏)——《说文》讹作考,从斗的字有:斛、料、䰈、斡、魁、鹩、斜、斛、斟、科、料;

升(异)——《说文》讹作刋,从升的字有:抖;

朝(𩑛)——《说文》讹作翰,从朝的字有:庙;

镸(乎)——《说文》讹作髟,从镸的字有:髪、鬟、髻、髢、鬟、髦、聲、㐱部鬃;

卑(畁)——《说文》讹作甹,从卑的字有:椑、脾、鞞、粺、俾、埤、捭、䭷、稗、裨、錍、婢、庳、陴、萆;

婁(睪)——《说文》讹作婁,从婁的字有:數、樓、甕、薆、僂、缕、螻、鏤、簍;

喬(禽)——《说文》讹作乔,从乔的字有:驕、獢、僑、蟜、矯、橋、趫、撟、縞、鐈;

矛(月)——《说文》讹作吊,从矛的字有:矜、茅、懋、䅷、柔、衺、䩯、蟊、穛、務、稻、鍪;

賣(鬻)——《说文》讹作賣,从賣的字有:簧、續、瀆、犢、讀、讟、櫝、韇、儥、蠹;

㱿(殻)——《说文》讹作毃,从㱿的字有:殻;

芉(芉)——《说文》讹作芉,从芉的字有:華、曄;

弘(弘)——《说文》讹作弘，从弘的字有：强、繈、泓、𧆭；

贊(贊)——《说文》讹作贊，从贊的字有：酇、纘、鑽；

乏(乏)——《说文》讹作乏；

世(世)——《说文》讹作市；

牟(牟)——《说文》讹作牟；

皆(皆)——《说文》讹作皆，从皆的字有：偕；

鲁(鲁)——《说文》讹作鲁；

市(市)——《说文》讹作市；

冀(冀)——《说文》讹作冀；

柳(柳)——《说文》讹作柳；

裘先生在《概要》第63页指出：

"我们指出《说文》的篆形有不少错误，并不是想贬低它的价值。《说文》是最重要的一部文字学著作。如果没有《说文》，有很多字的结构就会弄不清楚，有很多字在古文字里的写法跟在隶、楷里的写法就会联系不起来，还有不少字甚至会根本失传。总之，要研究汉字的结构和历史，是离不开《说文》的。"

赵平安《〈说文〉小篆研究》（广西教育出版社1999）第六章专门谈到对传本《说文》小篆的校正，现转述如下：

唐宋以来历代学者校勘《说文》采用以下方法（例以大徐本为底本）：

(1) 据小篆系统校正

言部："諣 guà，相误也。从言，羈 jù 声。"（第54页下）钱坫《说文解字斠诠》："《玉篇》'欺也'。本书无羈字，当是羈 jù 之误，或省声，同诧。"徐灏《说文解字注笺》："钱说是也。"

齿部："齹 cuó，齿差跌貌。从齿，佐声。《春秋传》曰：郑有子齹。"（第44页）徐铉曰："《说文》无佐字，此字当从㐰 zuǒ，传写之误。"张舜徽先生曰："大徐说是也。㐰字隶变作㝈，遂讹为佐耳。"（《约注》卷四，第38页，河南人民出版社1983）赵平安云"佐字始见于睡虎地秦简，比较晚起，齹既已见于《春秋传》，不当从佐。"

玉部:"璏,剑鼻玉也。从玉,彘声。"(第11页)段玉裁改为璏,张舜徽云:"书家求字形匀美,讹从北,非也。"(《约注》卷一,第32页)匕 jǐ 部皀"从二匕",均右向。

(2) 据不同传本校正

艸部:"蘨,白蒿也。从艸,繁声。"(第26页)各本作蘨,释为"从艸,繇声"。大徐本应据以改正。

木部:"槩 gài,杚 gài 斗斛。从木,既声。"(第122页)唐写本作槩,与《汉印征》6·8结构同,大徐本应据改。

木部:"橛 jué,弋也。从木,厥声。一曰门梱也。"(第123页)唐写本作橛,所以厥与出土古文字结构同,大徐本应据改。

(3) 据文献所引《说文》校正

文献所引往往不指明出自何种版本。如:

言部:"諡,行之迹也。从言,兮皿阙。"《段注》:"按各本作从言兮皿阙,此后人妄改也。考玄应书引《说文》:'諡,行之迹也。从言,益声。'《五经文字》曰:'諡,《说文》也;謚,《字林》也。《字林》以謚为笑声,音呼益反。'《广韵》曰:'諡,《说文》作謚。'《六书故》曰:'唐本《说文》无諡,但有謚,行之迹也。'据此四者,《说文》从言益无疑矣。"(第101页)赵平安云:"此字鲁峻碑作謚。

艸部:"䓖,艸大也。从艸,致声。"严可均《说文解字校议》:"䓖篆体当作䓖,说解当作到声。经典䓖误从竹。'倬彼甫田',《释文》引《韩诗》作䓖。《释诂》:'䓖,大也。'《释文》及《疏》并引《说文》二:'艸艸大也。'《广韵》四觉引作'䓖,艸艸大也。'音到。则䓖即䓖之误。二徐于部末复出'䓖,艸木倒'。分为二字,非。"段注、钱坫《斠诠》、桂馥《义证》、朱骏声《通训定声》议同。

艸部:"蓝,瓜菹也。从艸,监声。"张次立曰:"前已有蓝,云:'染青艸也。'此文当从艸濫声,传写之误也。"张舜徽《约注》按:"《广雅》《玉篇》《类篇》字并作蘫。《御览》卷八百五十六饮食部引《说文》亦作蘫。今本误书脱去水旁,则与染青艸之字无别矣。

段玉裁、钱坫、王筠改篆为䇂,是也。"(卷二,第69页)

水部:"滇,饮歃也,一曰吮也。从水,算声。"《段注》:"各本篆作滇,解作算声。今按《玉篇》《广韵》皆作㵎,知古《说文》如此作。《集韵》《类篇》始误从俗本《说文》耳。"(第563页)赵平安云:"此字《原本玉篇残卷》亦作㵎,证段说可从。"

（4）据《说文》说解校正

壹部:"懿,专久而美也。从壹,从恣省声。"赵平安云:从说解看,懿当作懿。验之文物文字资料,如禾簋、《汉印征补遗》10·5、孔宙碑、鲁峻碑阴、杨震碑等,亦作懿。《类篇》说壹"或不省作懿",不省的写法始见于郭泰碑(公元172年),较晚出,故大徐本懿篆很可能受了隶书的影响而致误。

夒部:"夒 ruǎn,柔韦也。从北,从皮省,从夐省。凡夒之属皆从夒。读若耎,一曰若儁。阮,古文夒。㞋,籀文夒,从夐省。"段注改夒为夒,在"从皮省"下注曰:"谓㞋也。非耳,非瓦。今隶下皆作瓦矣。"(第122页)

艹部:"蒑 yín,艹多皃,从艹,狋声。江夏平春有蒑亭。"

艹部:"菰,艹多皃,从艹,狐声。江夏平春有菰亭。"

《段注》于蒑下曰:"凡云有某亭某县者,皆证其字形,不必名县名亭取字义也。今《说文》艹部末有菰篆,训释十四字全同。此因蒑误为菰,或妄附之部末也。"(第39页)赵平安云:"证之《玉篇》《广韵》未收菰字,知段说可信。"

（5）据传世文献校正

石部:"碫,厉石也。从石,段声。《春秋传》曰:郑公孙碫字子石。"段注改碫为碫,曰:"碫,篆书旧作碫。《九经字样》引《说文》已然,今依《诗》释文及《玉篇》正。"(第449页)

龍部:"龕,龍皃。从龍,合声。"段注改为龕,云:"各本作合声,篆体亦误。今依《九经字样》正。"赵平安云:"此字墙盘、眉寿钟均作龕,段改是。"

（6）据文物文字校正

矛部:"矜,矛柄也。从矛,今声。"段注:"各本篆作矜,解云今声,今依汉石经《论语》、溧水校官碑、魏受禅表皆作矜正之。《毛诗》与天臻民句填等字韵,读如邻,古音也。汉韦玄成戒子孙诗始韵心,晋张华《女史箴》、潘岳《哀永逝文》始入蒸韵,由是巨巾一反仅见《方言注》、《过秦论》李注、《广韵》十七真,而他义则皆入于蒸韵,今音之大变于古也。矛柄之字改而为𥎞,云古作矜,他义字义皆作矜,从今声,又古今字形之大变也。"(第 719—720 页)赵平安曰:"此字诅楚文、马王堆汉墓帛书《老子甲本》153、《老子乙本》237 皆作矜,段改正确。"

(7) 各种方法综合运用校正

火部:"燓,烧田也。从火棥,棥亦声。"段注:"各本篆作焚,解作从火棥,棥亦声。今正。按《玉篇》、《广韵》有焚无燓。焚,符分切。至《集韵》《类篇》乃合焚燓为一字。而《集韵》廿二元固单出燓字,符袁切。窃谓棥声在十四部,焚声在十三部。份 fēn 古文作彬,解云焚省声,是许书当有焚字。况经传焚字不可枚举,而未见有燓。知火部燓即焚之讹。玄应书引《说文》:'焚,烧田也。字从火,烧林意也。'凡四见。然则唐初本有焚无燓。不独《篇》《韵》可证也。"(第 484 页)此例用到了上述 2、3、4、5 共 4 种方法。

通过运用以上校正方法,前人作了大量研究,取得了巨大成绩,使《说文》逐渐恢复了其本来面目。我们研究《说文》小篆,应充分运用前人这些研究成果,剔除讹误,正本清源。

(三) 篆变规律初探

篆变指上古文字演变统一为小篆。

《说文解字》是公认的收释小篆的重要著作,因而是研究篆变规律的主要依据。现将《说文》小篆篆变规律总结如下:

1. 小篆对古文、籀文字形的继承与改变。(例中所标数字为大徐本页码)

(1) 简省

① 删除多余部件。例如:

登(登 p.38),籀文作䐴。意为两脚登乘石上车。籀文加牜,小篆删除。

喜(喜 xǐ, p.101), 乐也, 由壴(zhù 鼓之初文)由口会意。古文作㗱, 加欠符, 小篆删除。

② 删除重复部件, 只保留一个以显示事物特征。例如:

系(系 xī, p.270), 籀文作䋣, 作手持丝形, 小篆省去一个糸。

圥(圥 lù, p.15), 菌圥, 又叫地蕈(xùn)。籀文作𦭞, 小篆只保留其中一个圥。

䨺(䨺 zhé, p.56), 丧失胆气, 另一义为言语不停止。籀文作䨺, 小篆省去一个龍。

䙴(䙴 qiān, p.59)升高。古文作䙴。小篆省去一个屮。

融(融 p.62)炊气上出。籀文作䰣。小篆省去两个虫。

敗(败 p.68)毁也。籀文作贁。小篆省去一个貝。

副(副 p.91)判也。籀文作䨻。小篆省去一个畐, 且改为畐形。

卤(卤 tiáo, p.143)象果实下垂之形。籀文作𠧪。小篆省去两个卤。

次(次 xián, p.180)慕欲口液也。籀文作㳄。小篆省去一个水。

宜(宜 p.151)所安也。古文作𡨆。小篆省去一个宜。

車(车 p.301), 籀文作𨏱。小篆仅留一个車形。

③ 省去一些饰画符号。例如:

中(中 p.14), 籀文作中。考甲文作中、中。本义是中旗, 是氏族社会的徽帜。从𠃊, 表示有斿放的旗; 从口, 表示范围。建旗在口之中, 故引申为左中右之中。小篆省去了象旗之斿的符号。

工(p.100)象曲尺之形。古文作工。《段注》: "工有规榘, 而彡象其善饰。"小篆省去了彡形。

侖(侖 p.108)思理。《段注》: "聚集简册, 必依其次第, 求其文理。"籀文作𩰪。小篆省去⺮(竹)形。

肎(冎 kěn, p.90)骨间肉,一曰骨无肉。古文作肎。小篆省去一形。

(2) 变改

① 调整形符。例如:

𨒪(迹 p.39) — 𨕫(籀文):辵
徣(造 p.39) — 艁(籀文):舟
𧗟(速 p.40) — 警(古文):言
𨒰(遷 p.40) — 𢮆(古文):手
𨒽(道 p.42) — 𨗔(古文):首

脣(唇 chún p.87) — 𦠏(古文):頁
𦟝(脐 jì p.88) — 𦢖(古文):肉
𦞦(胗 zhěn p.88) — 𦠗(籀文):肉
胧(胧 p.88) — 𩪏(籀文):𣦵

徍(往 p.43) — 𨗈(古文):辵
復(復 tuì p.43) — 𨕥(古文):辵
後(後 p.43) — 𨒈(古文):辵
御(御 p.43) — 馭(古文):又

𧦝(謀 p.52) — 㭪(古文)：∀ ┐
譕(謨 p.52) — 蕪(古文)：∇ │
訊(訊 p.52) — 㱃(古文)：        ├ 音
訟(訟 p.56) — 諭(古文)：        ┘

仁(仁 p.161) — 忎(古文)：千 ┐
份(份 p.162) — 彬(古文)：彡 ┘

雞(雞 p.76) — 鷄(籀文)：     ┐
雕(雕 p.76) — 鵰(籀文)：     ┘ 隹

② 添加形符。例如：

得(得 p.43) — 㝵(古文)省 彳
雲(雲 p.242) — 云、𠃌(古文)省 雨
疾(疾 p.110) — 㽱(古文)省 疒
終(終 p.273) — 冬(古文)省 糸
箕(箕 p.99) — 其(籀文)省 竹

③ 改换声符。例如：

㺊（玕 gān P.13）— 琟（古文）从旱声
譙（譙 qiào P.57）— 誚（古文）从肖声
仿（仿 P.163）— 俩（籀文）从丙声，丙、方上古同属阳部。
頂（頂 P.181）— 䫲（籀文）从鼎声
綫（綫 P.275）— 線（古文）从泉声
勳（勳 P.292）— 勛（古文）从員声

④ 变改结构。例如：

諄（諄 P.54）从言𦤀声 — 𧧿（籀文）从二或。
歸（歸 P.38）从止从婦省，𠂤声 — 䢜（籀文）籀文省𠂤声。
邦（邦 P.131）从邑丰声 — 㞢（古文）易邑为田，丰省声。
嶽（嶽 P.190）从山獄声 — 岳（古文），仌象山高的样子。王筠《释例》："凹其上者，嶽为大山，大则丘壑必多。"《段注》："今字作岳，古文之变。"
姦（姦 P.265）从三女 — 𢙴（古文）从心旱声。
野（野 P.290）从里予声 — 埜（古文）从里省从林。

（以上参张晓星生的论文）

155

2. 小篆对甲骨文字形的继承与改变。

参考裘锡圭《文字学概要》及刘翔等编著《商周古文字读本》，将其规律总结如下：

(1) 外部形体的篆变

① 线条化

商代，毛笔是主要书写工具。甲骨文"聿"字作 ，正象手执毛笔形。金文基本上保持着毛笔字的写法。甲骨上刻字占卜，由于使用的工具改变为刀，甲骨又很坚硬，故字体某些笔法改圆形为方形，改填实为勾勒，改粗笔为细笔。这些写法基本为小篆所继承，而成为线条化的字体。

② 圆转化

小篆在甲骨文字的基础上，线条进一步变得圆转流畅，这是因为工具不再用刀刻，而又改用笔写的缘故。

③ 规范化

小篆是统一的文字，所以字体匀称、统一，表现出规范化的特点。甲骨文字则表现出较大的随意性，写法不固定。

(2) 字体内部的篆变

① 分化。指甲骨文中同一偏旁的字，后来分化成不同的偏旁，以求区别。如鲁、沓、曹、仓，甲骨文均从口，后来都变成"曰"了，这是为了与从口的字加以区别；又如偏旁"人"，在侧作 亻，在下作 儿（如见、兒、光、先等），在上作 勹（如匈、匍等）。

② 类变。指一些原来不同形的字，由于类属相同而统一归并。如甲骨文中凡是跟动作有关的字，往往加足、止、彳、辵，到小篆中统一定型为"辵"。

③ 定形。指一字多体定为一个形体。如甲骨文中"方"有三四个形体，在小篆中就只有一个形体了。

④ 统一。指不同的构形统一为一种。如"麓"，卜辞中可以"鹿"为声符，也可以"录"为声符，后代统一为"鹿"；又如"铸"，卜辞中有以"寿"为声符的，也有以"九"(肘)为声符的，春秋战国时又有以"寸"为声符的，而后归于一个声符"寿"。

⑤ 繁化。a. 表意的形体再加一个形符,如"ㄐ"卜辞中形体的表意不明显,后又加"糸"作纠。b. 表意的形体再加一声符。如"自"变为"鼻"。c. 为了表义及形符系统化而再加一个形符。如：匕—比—妣、巳—祀、云—雲等。

⑥ 简化。如"䖒"简化成"圅";又如"更",甲骨文上从丙下从攴,后繁化作上从两个重叠的"丙"下从攴,后简去一个"丙"而与初形相同。

⑦ 转化。a. 同形同音字向异体转化。如"小—少"、"正—征"、"史—事—吏—使"等在卜辞中分别使用同一形体,而后转化为不同形体。b. 形体易混的字向异形转化。如"十"(甲、七、在)在使用时不易分辨,而后转化成甲、七、在三种写法。

3. 篆变的总体规律:(1) 简化和繁化;(2) 循化和讹化;(3) 分化和整化。分述如下：

(1) 简化和繁化　这是汉字发展过程中彼此依存消长的一对矛盾。汉字必须便于学习和书写,这样符号的数量就不能太多,形体也不能过于复杂,这就使汉字具有归并、简化的趋向;汉字又必须便于识读和区别,这样符号的含义就要尽量单纯,形体之间更要避免混淆,这又使汉字具有分化、繁化的趋向。从古文字阶段看,汉字形体的简化和繁化两种趋向是互相交织,彼此消长的。根据实际需要亦简亦繁,历经变化,应视具体情况而论,不可简单笼统下结论。

① 简化　古文字形体简化有以下几种情况:

a. 图绘性减弱。例如:

首— 〔甲骨文〕乙三四○—　〔甲骨文〕前六·七·一
〔金文〕沈子簋
〔金文〕侯马盟书　〔楚帛书〕楚帛书
〔小篆〕小篆

馬 — 𩡡 菁3.1　𩡡 粹135
　　 𩡧 虢季子白盤
　　 馬 小篆

b. 笔画的简省
① 减少重复的部分，如：

關 — 關 閖 甲=00=
(见《王篇》)
　　 閗 婦關卣

星 — 㫳 前七·二六·三
　　 曐 麓伯星父簋
　　 埋 说文古文
　　 星 小篆

宜 — 宜 铁一六·三
　　 宜 般甗
　　 宜 中山王鼎
　　 宜 小篆

② 去除次要部分的形体。如：

家 — 𠖇 前·七·四·二
　　 𠖇 家戈父庚卣
　　 家 枚氏壶
　　 家 小篆

保 — 𠈃 父丁簋　𠈃 京津一一七
　　 𠈃 三体石经君奭
　　 保 小篆

c. 偏旁的归并（参见《汉语古文字字形表》）
① 归并义同形异者，如：

爿(丬) — 甲骨文：爿爿 乙七三八
　　　　 金　文：爿爿爿
　　　　 战国文字：丬爿爿爿爿
　　　　 小篆统一体：爿

氵(水) — 甲骨文：氵氵〻
　　　　 金　文：氵氵氵〻
　　　　 战国文字：氺氵〓氺氵
　　　　 小篆统一作：氵

159

② 归并形异义异者，如：

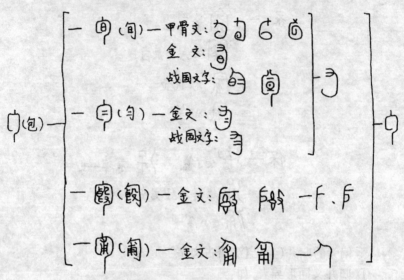

ヨ是"旬"的本字，作ヨ(勻)的声符(林义光《文源》)，厂是 ɾ 之省，"象腹形"(郭沫若《金文续考》)；勹"象人曲形"(《说文·九上》)，到小篆则一律归并为勹。

② 繁化

A. 笔画的增加。

a. 为小篆所继承者，如：

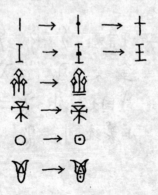

保：商代《父丁毁》作：[字形]
　　西周早期《保卣》作：[字形]、《大盂鼎》作：[字形]
　　春秋时期《鄘侯毁》作：[字形]
　　　　小篆作：[字形]

b. 不为小篆所继承者，如：
战国文字中有在字的某一部位加口或曰者，如：
業作[字形]　豊作[字形]　歈作歈　今作含　念作悥
又如：春秋战国时期某些地区(如吴、越、楚等国)有所谓"鸟书"，在字头以鸟形作装饰，如"戉(越)王"作[字形]。这类繁化未成为汉字形体发展的主流。

B. 新部件的增添。
a. 增加意符(形符)。如：

璋：由[字形]、[字形]、[字形]加王而为[字形]、[字形]
　　小篆作：璋

有：由[字形]、[字形]加肉而为[字形]、[字形]
　　小篆作：[字形]

b. 增加声符。

鳳：甲骨文 早期：[字形]　掇二·一五八
　　中期后即加声符"凡"：[字形]　後上一四·八
　　　　小篆：[字形]

161

寶：甲骨文： 𡧍 後下·一八·三　　𡩦 甲三三〇

金文增加缶声： 𤣩 庚嬴卣　𡪑 史頌匜

小篆： 寶

**小结**：从古文字发展的情况来看，结构上的加繁是普遍存在的现象。如：

時：甲骨文： 峕　　石鼓文： 時　　小篆： 時

朝：甲骨文： 𠦝 、 𣎜　　金文： 朝 、 朝

　　战国文字： 朝 、 朝　　小篆： 朝

命：甲骨文： 令 .　　金文： 令 . 命

　　战国文字： 命　　小篆： 命

古文字之所以存在大量加繁的现象，主要因为甲骨文为汉字的早期阶段，结构上以象形、会意为主，形声字在已识甲骨文中不到20％（邹晓丽《甲骨文字学述要》第12页），所以多数形体是到后世才外加形符或声符，即有所繁化的。

甲骨文也有少数简化的例证，如：

逐： 𧾷 前六·四六·三　 𧰼 粹九三一　 𧰼 甲六·一〇　 𧰼 前三·二·二

星： 𥤪 前七·六·三　 𥤪 存下·一四七　 𥤪 乙六六七二

車： 𨎌 前七·五·三　 𨎌 铁一一四·一　 車 乙三三四　 𨎌 甲一〇〇三

但多数甲骨文并不是由繁趋简的,如:

亭(郭):（甲骨文字形）前四·一·一 （甲骨文字形）粹六五二 （甲骨文字形）粹七·七 （甲骨文字形）京都三二四一
通:（甲骨文字形）粹一一九二 （甲骨文字形）京都一八五七 （甲骨文字形）京津三一三六
焚:（甲骨文字形）前六·二七·一 （甲骨文字形）後下一五·二 （甲骨文字形）戬四七·三 （甲骨文字形）京津三八七〇

所以陈炜湛在《甲骨文简论》中指出:"就单字结构而论,在二百七十三年之中甲骨文字逐渐趋向繁复,是由简到繁而不是由繁到简。"(见该书第四章)

甲骨文与金文相比,金文形体的繁化现象更是十分显明。在笔式方面如甲骨文用单细的线条勾勒轮廓,而金文则为图绘性的填实;在构造方面多增加意符或音符。

战国文字与西周春秋金文相比,主要显现出简化的趋向,结构简单,书写较为随意,尤其简帛文字更是如此。"简帛文字中篆、隶、楷、行、草五体咸备,风格各异,十分难得。"(钟明善《简牍帛书字典·序》上海书画出版社1991)战国秦的石鼓文被认为是籀文的代表。石鼓文与西周金文相比,文字的形体结构反而有繁化的现象。如"行"字,《虢季子白盘》作（字形）,而《石鼓文》作（字形）。秦始皇统一中国后推行小篆,小篆较之籀文有所简化,但与六国文字相比,更多的却是繁化。从结构上看小篆与西周金文的联系更为密切,多数字的结构从简,但有的趋繁。如"率"字,《大盂鼎》作（字形）,《毛公鼎》作（字形）,而小篆作（字形）,反而繁构。对于金文中存在的异体字,小篆也并不是都取简去繁,有时反而取繁。例如"寒"字,《克鼎》作（字形）,《寒姒鼎》作（字形）,而小篆作（字形）,显然取繁构者。

总之,对于古文字篆变过程中的形体繁化和简化现象,必须具体问题具体分析。但从总体看,当文字在日常频繁使用时,多从简且字体随便,如卜辞及简帛文字;而正式使用的场合,尤其是要千古流传时,则多从繁,字体庄重美观,如金文及石鼓文。

(2) 循化和讹化　从甲骨文、金文、战国文字到小篆,古文字的构造发生了变化。这种变化大致可分为两种:① 循化(或称"循变"），即正常循例的变化，到了小篆阶段仍然可以追寻其演变的线索轨迹从字形分析字义；② 讹化（或称"讹变"），即字形在演变过程中发生讹误，从而脱离了与字义的联系，使文字变得没有理据。下面分别论述。

① 循化

循化表现为字形的演变从整体及其部件来看，都是有理据的。有的在演变过程中，其结构有笔画繁简、形状、位置的不同，却始终保持着字形与字义的联系。如：

有些字的部件发生增减或更换，如象形字或会意字加义符或声符变为形声字，又如形声字更换义符或声符，这些变化虽然使字形发生了较大变化，但只要保留其部件与基本字义间的联系，那么这种演变仍然属于循化。

正是由于汉字遵循着循化规律演变，才形成了汉字的完整体系，汉字形体演变的轨迹乃可追寻。

② 讹化

讹化就是汉字形体的发展丧失了理据，脱离了造字本义。讹变可分为如下几种：

A. 简化形体而讹。如"员"字，甲骨文作 (佚一一)，金文作 (《员鼎》)，上为鼎口，下为鼎，乃"圆"的本字。《石鼓文》作 (《车工》)，圆口变形了，但下部仍从鼎；小篆将下部简化作贝成为 ，失去了造字理据，由字形已看不出造字本义，这就是讹化了。

B. 增繁笔画而讹。如"宾"字在甲骨文中初作 (甲一二二二)、 (前五·三〇·四)，象屋下有人；而后添"止"作 (佚八〇二)、⟨字⟩(後二·三〇·一四),表示屋中有来人,为"賓客"字之初文;金文则去"止"增繁为"贝",作⟨字⟩(《保卣》)、⟨字⟩(《頌毁》);小篆更讹化作⟨字⟩,字形基本与造字本义脱离。

C. 表义功能变异而讹。如"飲"字,甲骨文作⟨字⟩(菁四·一),表示人"俯首吐舌捧尊就飲之形"(董作賓说),为会意字,因为飲与今古音同属侵部,音相近,表口的⟨字⟩与甲骨文⟨字⟩(今)相近,因此口逐渐变成了声符。如《中山王壶》作⟨字⟩,小篆作⟨字⟩。"飲"字由会意字变成了"从酉从欠,今声"(朱骏声《说文通训定声》第三)的形声字。

D. 部件形近而讹。如:

服—甲骨文作⟨字⟩(林一·二四·五),象用手按人跪于肉(⟨字⟩)前,本义为服事。而到金文中⟨字⟩讹作⟨字⟩(舟)形,如《大盂鼎》作⟨字⟩,小篆从之作⟨字⟩。

得—甲骨文作⟨字⟩(菁五·一),从手持贝,象有所得。西周金文结构与甲骨文同作⟨字⟩(《㝬鼎》)、⟨字⟩(《克鼎》)。至战国"贝"讹为"目",如⟨字⟩(《中山王䡃壶》)、⟨字⟩(《十钟山房印举》)。小篆则作⟨字⟩,"贝"讹作"见","又"讹作"寸"。

曲—甲骨文作⟨字⟩、⟨字⟩、⟨字⟩,从册从⟨字⟩,象捧册形。金文有同甲文者,如⟨字⟩、⟨字⟩;亦有将⟨字⟩讹变为⟨字⟩(几案)者,如⟨字⟩召伯簋。战国文字加竹作⟨字⟩(说文古文)、⟨字⟩(三体石经多方)。小篆继承金文讹变字形作⟨字⟩,从册在⟨字⟩上,尊阁之也。

朝—甲骨文作⟨字⟩)、⟨字⟩,乃"日已出⟨字⟩(mǎng)中,而月犹未没,是朝也"(罗振玉说)。金文作⟨字⟩、⟨字⟩,"月"讹作"水"。战国文字有作⟨字⟩者,右"⟨字⟩"形与"舟"相类。小篆则讹作⟨字⟩形。

E. 不明字义而讹。如:

行—甲骨文作⟨字⟩,早期金文作⟨字⟩,象通衢之形。从甲骨文第二期始有写作⟨字⟩(粹一三六〇)的,西周《虢季子白盘》作⟨字⟩,已有误差。至战国多写作⟨字⟩、⟨字⟩,其讹更甚。小篆作⟨字⟩,许慎释为"人之步趋也,从彳从亍"(《说文·二下》),把引申义误作本义,把象形字误作会意字。这种误解正是由于字形的讹变致使本义隐晦难明而产生的。

東—甲骨文作 ❦、❦、❦，金文作 ❦、❦、❦。均不从日，"東，古橐字"（徐中舒说）。战国文字讹作 槀（楚帛书），小篆讹作 槀，释为"从日在木中"。木即樽木，樽桑，传说为日出之处。许慎释为东方。橐与東双声，借为東方之東。许慎是以假借义误作本义。

讹变是古汉字形体演变中较为多见的现象，是难以避免的。讹变使汉字变得没有理据，使字义无法从字形得到解说，因此如果根据讹变了的字形去追索字的本义，肯定会出错误。古文字形体的讹变往往有一个渐变的过程，而又往往在小篆中定型，所以如果仅仅依据小篆形体探求和分析汉字的本义，恐怕会出差错。因讹变为渐变，仍然可以上溯其源，参照甲骨金文，弄清它的本来面目。

讹变产生的原因，主要是因为文字是记录语言的符号，而语言的物质外壳是语音，所以当文字把记录并体现语音作为主要任务时，字形便成为次一等的因素，有时不被顾及或发生讹误，致使字形与造字本义脱离，而变得毫无理据。讹变是篆变中需引起特别注意的一种变化，因为它会将我们引入歧途，从分析讹变的字形入手分析字的本义，往往会造成错误，这是我们应特别注意避免的。

(3) 分化和整化

在汉字发展的过程中存在着分化和整化的现象。分化指在同一个历史时期内，某一个汉字分别具有若干异体字；整化指对汉字异体字的规范整理。

① 分化。一个汉字具有多个不同形体，或因为它们有不同的来源；或则虽是同一来源，但随着时间的推移，地域的扩展、运用场合的不同而使形体产生了分化。我们今天所能见到的最古老的文字是商代的甲骨文，但甲骨文已是比较成熟的文字，它并不是汉字的源头。在甲骨文之前，应该还有某种"源头文字"。甲骨文中大量异体字的存在，也可以证明源头文字确应存在。

② 整化。整化是对分化的一种节制。汉字的分化若不加限制，将会使文字符号数量无限扩张，势必带来记忆的困难，无法交流，难

于辨识,丧失其记录语言的社会功能而趋于死亡。所以古文字形体在分化的同时,又必然产生整化的趋势,即在众多的异体中,筛选出一个"通用字"作为正宗,这个通用字被逐渐广泛频繁地使用,成为比较规范、比较定型的形体,得到社会使用者普遍的认同。整化使文字的社会性和规范性得到了加强。在这种经过整化的通用字推广之后,在实际使用中,由于书写者的书写习惯、使用场合、所处地域的不同,新的形体分化又随即开始。如秦始皇做了"书同文"的工作,在国内推行小篆,但在目前所知的秦文字中,存在大量异体字,说明分化现象是明显存在的。因此,分化和整化是古文字形体发展中交替进行的又一规律。

以上谈了篆变的一些具体规律和总体规律。下面用图示说明一下古文字形体发展的主要线索:

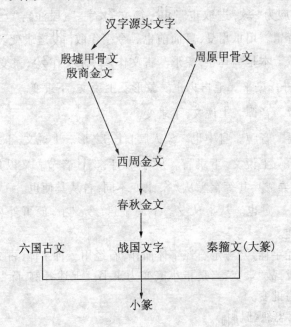

### 三、隶变

(一) 什么是隶变

赵平安著《隶变研究》(河北大学出版社 1993)中称,"隶变"一词见于三端：

1. 唐玄度《九经字样》

书中用到"隶变"者如下：

係保　养也。从人，从子，从八。上(字)说文，下(字)隶变。

莫莫　日冥也。从日在茻中，茻音莽，茻亦声也。上说文，下经典相承隶变。

乖乖　怪乎。戾也。从丫从㕣。㕣，古文别字。上说文，下隶变。

秊年　上说文。从禾从千声。下经典相承隶变。

敢敢　相取也。从𠬪。𠬪，上下相付也，持也。从古声。上说文，下隶变。

(按：应为"𢾿，进取也""𣪊，籀文𢾿字。"《段注》："𠬪 盖亦爪也。冃音冒。用爪用𠬪，冒而前也。今字作敢，𣪊之隶变。")

於於　本是乌鸟字，象形。古文作䳓，篆文作於，隶变作於。

冉冉　染乎。毛冉冉也。象形。上说文，下隶变。

覃覃　音谭。上说文，下隶变。

要要　音腰。身中也。象人腰自𦥑之形。上说文，下隶变。

承承　上说文，下隶省。从卩从手。卩音节。又以𠬪，捒手也。凡奉弄戒兵共等字悉从𠬪，隶变不同，各从其便也。

外外　远也。从卜从夕。卜尚平旦，今夕卜，於事外矣。上说文，下隶变。

《九经字样》乃考定石经字体而作，石经用三种字体(古文、小篆、隶书)写成，故"隶变"当是指小篆变为隶书。上述各例，除"外"字条外，余皆为讹变。

2. 郭忠恕《佩觿》

郭云："衞夢之字是谓隶省(本作衛𡫏，减省而成)，前宵之字是谓隶加(本作𦱴𠕔，增加而成)，词朗之字是谓隶行(本作𧥝𦝁，改变位置而成)，寒無之字是谓隶变(本作𡪘𠦝)。"

《佩觿》中的隶变指小篆变隶中的讹变现象。

3. 徐铉校注《说文解字》

(1) 徐铉运用"隶变"者：

吊下"今隶变作邦"

丘(坓)下"今隶变作丘"

尾(尾)下"今隶变作尾"

(2) 徐铉运用"变隶"者：

丵下"今变隶作卄"

𠦝下"今变隶作大"

亏下"今变隶作于"

网下"今经典变隶作冈"

先下"今变隶作无"

以上"变隶""隶变"均指小篆变成隶书，包括讹变、省变和一般的形变。

总之，以上三家均以讹变作为隶变的主要内容，兼及省变及一般的形变。

赵平安《隶变研究》认为"大约从战国中期开始，秦系文字的小篆（广义小篆）经由古隶到今隶的演变，就是隶变。"（第7页）"隶书包括古隶和今隶，隶变的下限当然应该在今隶。"（第11页）

与赵平安观点一致的有陆锡兴，他在《唐代的文字规范和楷体正字的形成》（《语文建设》1992年6期）一文中云："一般认为，隶定是由篆而隶的过程，完成于汉。这种误会来自对隶的理解。隶是与篆相区别的概念，它不仅包括了汉代隶书——分隶，也包括了汉以后楷书——今隶。事实上，从秦到汉，只走完了隶变的一半路程，还有一半路程就是由分隶到楷书，即从汉末始，中经两晋南北朝动荡、变异、融合，直到唐代的楷体正字。"（第11页）陆文意为：隶变应包括楷变，隶变的下限应到楷书。

赵平安云："隶变作为小篆到今隶的字体演变，中间经历了古隶阶段，因此隶变过程总体上可以分为两个阶段，第一阶段从小篆到古隶,第二阶段从古隶到今隶,这两个阶段自身和这两个阶段之间都具有渐次性和连续性。"(第31页)这是广义的隶变,包含楷化。

《辞源》《中华大字典》称隶变是"隶书变改篆法";《汉语大辞典》云"指汉字从篆书演化为隶书而产生的变化"。

**结论**:我们认为汉字字体从篆书到隶书的演变叫做"隶变"。不包含楷化,是狭义的隶变。

(二) 对隶变的研究

赵平安总结对隶变的研究有如下八端:

1. 杨振淑《隶变考》(《女师学院期刊》第1卷第2期,1933年7月)。本文通过360余个单字从小篆变为隶楷的具体描述,来说明汉字形体的变化。

2. 杜镇球《篆书各字隶合为一字、篆书一字隶分为数字举例》(《考古学社社刊》第2期,1935年)。本文以具体实例说明"隶合"和"隶分"的现象。

3. 蒋善国《汉字形体学》(文字改革出版社1959年9月第1版)。该书以一节的篇幅,通过小篆和汉碑隶(八分)字形的比较,归纳出一些隶变条例,并阐述了隶变对汉字的影响。

4. 蒋维崧《由隶变问题谈到汉字研究的途径和方法》(《山东大学学报》1963年3期)。该文着重说明隶变发生的原因为:形声字的增多和简化两个趋向共同作用的结果。

5. 裘锡圭《从马王堆一号汉墓"遣册"谈关于古隶的一些问题》(《考古》1974年第1期)作者提出:"隶书是在战国时代秦国文字的简率写法的基础上形成的。"

6. 吴白匋《从出土秦简看秦汉早期隶书》(《文物》1978年第2期),该文分析了小篆隶变的一些方法。

7. 姜宝昌《文字学教程》(山东教育出版社1987年9月第1版)。本书以一章的篇幅来研究隶变。书中把小篆与汉碑和部分简帛文字比较,以大量例子说明隶分隶合现象,并从三方面探讨了隶变的某些规律,即:① 表现在结构方面的变化;② 表现在笔划方面的变化;③ 表现在部件位置方面的变化。

8. 陆锡兴《论汉代草书》(载《汉代简牍草字编》,上海书画出版社1989年12月第1版)该文第四部分从草书的角度研究隶变。认为"隶变比较突出地反映在秦汉时期,而这段时期正是汉代草书的成熟时期,因此要弄清隶变,一定要研究草书作用。"由此,作者进一步从笔划形态、笔顺和文字结构等方面阐述了草书对隶变的重要作用。

(三) 对隶变的评价

汉字字体从篆书演变为隶书,在字形结构上发生了显著的变化,并且,从此奠定了现代汉字字形结构的基础。从篆书到隶书的变化,是汉字演变史上的一个重要转折点,是字形结构变化的一大飞跃,是古今汉字的一个分水岭。

一般认为汉字从甲骨文演变到小篆是一个阶段,这个阶段属于古文字的范畴,故称之为古文字阶段。从殷商甲骨演变到秦代小篆,前后历时约1160年;从秦汉时起,隶书的形成和使用,开始了今文字的阶段,也可以称做"隶楷阶段",这个阶段从秦代隶书至汉末兴起的楷书、至现代汉字,至今也已经历了约2200年。

从古文字到今文字,汉字在字形结构上发生了很大变化;而从隶书演变为楷书,到现代汉字,在形体上没有太大的变化。所以,"隶变"是汉字演变史上的一个重要的阶段。

(四) 隶变规律概述

隶书与小篆相比较,在字形上发生的主要变化大致有以下六个方面:

1. 隶书从小篆的圆转绵长的线条演变为平直方折的笔画;
2. 隶书的字形从小篆的竖长方形变为扁方形;
3. 古文字属于线条文字,隶书已演变成为初期的笔画文字,已具有横、竖、撇、捺、点、钩、折等笔画(楷书则是成熟的笔画文字);
4. 隶书的笔画,已从小篆的粗细一律演变为粗细不一;
5. 隶书的字形与篆书相比,已发生了显著的变化,字体结构比小篆简省;
6. 隶书已从根本上改变了汉字象形的特征,象形的特征在隶书中已完全消失。

一般又将"隶变"的特点归纳为形变、省变、讹变三种。

形变指字体的结构基本不变,仅从小篆的线条形状变为隶书的笔画形状；省变指在形变的同时，把小篆的繁复字体改造为隶书的简化字体；讹变指隶书的字形与小篆相比发生了无理据的变化。

"隶变"字形举例

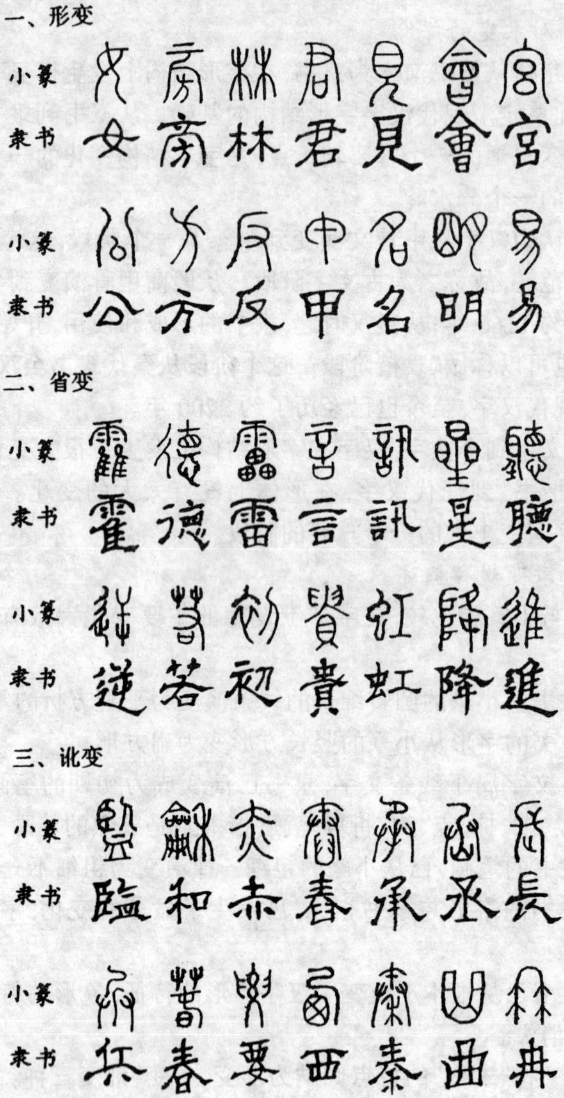

一、形变

| 小篆 | 隶书 |
|---|---|
| （女 房 林 君 見 會 宮） | 女 房 林 君 見 會 宮 |
| （合 方 反 中 名 明 易） | 合 方 反 甲 名 明 易 |

二、省变

小篆：靂 德 雷 言 訊 星 聽
隶书：霍 德 雷 言 訊 星 聽

小篆：逬 薦 初 賢 虹 歸 進
隶书：逬 荅 初 賁 虹 降 進

三、讹变

小篆 隶书：臨 和 赤 春 承 丞 長

小篆 隶书：兵 春 要 西 秦 曲 典

图 43

(五) 隶变规律详述

1. 隶书对篆文字形改造的主要表现

(1) 圆转线条变为平直笔画

从商代文字到小篆,汉字的象形程度在不断降低,但是象形的原则始终没有真正抛弃。隶书则不再顾及象形的原则,把古文字"随体诘诎"的线条分解或改变成平直的笔画,以便书写。如:

🅗 ⟶ 日　🅗 ⟶ 口　🅗 ⟶ 白

(2) 简并为新的结构

隶书往往把篆文的两笔并为一笔,或是把两个以上的偏旁所包含的部件合并起来,改成较简单的笔画结构。如:

🅗 ⟶ 者　🅗 并为 耂

🅗 ⟶ 鄂　🅗 并为 西

🅗 ⟶ 大　两臂并为 ナ

(3) 省略部分字体,如:

🅗 ⟶ 雷

🅗 ⟶ 屈

🅗 ⟶ 香

🅗 ⟶ 曹

🅗 ⟶ 夏

(4) 偏旁变形

在篆文中,偏旁的写法通常跟其独立成字时无显著区别,在隶变后则多有不同。如:

🅗 ⟶ 亻、人、⼂

🅗 ⟶ 水、氵

🅗 ⟶ 心、忄、⺗

🅗 ⟶ 火、⺀(察 燊)、灬、⺌(光 燊)、⺌(赤 燊)

🅗 ⟶ 手、扌、⺜(承 摩)

辶 → 辵、辶、彳(徒 徃)

勹 → 勹

虫 → 虫

艸 → 艹

皮 → 皮

攵 → 攵

丮 → 阝(在右)

疒 → 疒

网 → 网、四

衣 → 衣、衤

弓 → 弓

糸 → 糹

阜 → 阜、阝(在左)

(5) 偏旁混同为一

篆文隶变后，为求简便，用一个形体代替篆文原来的几个形体。如：

亣(奔 → 奕)  
犬(夋 → 奂)  
艹(莫 → 莫) ⎬ 大  
犬(樊 → 樊)  
兀(奠 → 奠)

(6) 偏旁易位

有些篆文隶变后，偏旁位置改变。如：

頫 → 朗

煉 → 秋

徃 → 徒

延 → 徙

🅂 ——→ 幓(jiān, 幡帜也)

2. 《说文》篆文与隶书字形之间的转变主要通过三种途径

(1) 同一

"同一"指篆文字形中同一部首的书写形式全部隶变为另一种相应的写法的隶变途径。如：

（篆隶对照字例图）

《说文》中按义类确立了540部首，这些部首字都相应地隶变成了另一种同一的现代汉字的部件。

(2) 合流

"合流"指篆文中不同的部首或部件隶变之后变为同一种形体的隶变途径。"合流"与"同一"相比，运用较少。现将大徐本《说文》中的合流之字例举如下：(所标页码为该字在大徐本《说文》中的页码)

（篆隶对照字例图，示"西"、"网"等合流字例）

爵(爵)p.106　　　　　　　　一 舟
四(四)p.307　牭(牭)p.29　　一 四　　　　
讀(讀)p.51　　　　　　　　一 四
雥(雥)p.20　鑼(鑼)p.296　　一 ㄨㄨ ┤四(四)
櫸(櫸)p.23　鐲(鐲)p.296　　一 四
鏝(鏝)p.296　　　　　　　　一 日

碧(碧)p.13　柏(柏)p.118　　一 白
瑎(瑎)p.13　榴(榴)p.115　　一 白 ┤白
喤(喤)p.30　　　　　　　　　一 白

美(美)p.78　袴(袴)p.275　翁(奄)p.213　一 大
棥(棥)p.59　螢(螢)p.280　　　　　　　一 大
奐(奐)p.59　奎(奎)p.287　　　　　　　一 大 ┤大
英(英)p.21　奕(奕)p.215　蟒(蟒)p.281　一 介
奠(奠)p.99　　　　　　　　　　　　　　一 兀
莫(莫)p.27　　　　　　　　　　　　　　一 艸

小(小) p.28　泉(泉) p.161
邋(邋) p.42　簒(簒) p.97
瑃(瑃) p.11
県(県 xiao 倒首也) p.184

眚(省) p.74　楷(楷) p.122
少(少) p.28

琫(琫) p.11
半(半) p.28

叢(叢) p.19
剄(剄) p.92
誣(誣) p.54

私(私) p.20
陰(陰) p.22
牟(牟) p.29
龍(龍) p.21　挨(挨) p.256　銳(銳) p.297
慘(慘) p.29
拼(拼) p.254
去(去) p.104

177

帅(咷)p.31　魦(鯎)p.245　挑(挑)p.253 ——〃〕
　　　　　　　　　　　　　　　　　　——〃〕兆
艸(㘅)p.70　　　　　　　　　　　　——兆〕

諄(諄)p.51　淳(淳)p.237 ——羊〕
諄(諄)p.54　　　　　　 ——乎〕
潮(潮)p.227　　　　　　——乎〕子
洳(洳)p.229　　　　　　——乎〕

萌(萌)p.22　簡(簡)p.95 ——月〕
禔(禔)p.7　　暑(暑)p.139 ——日〕
禮(禮)p.9　　暍(暍)p.139 ——日〕日(曰)
咺(咺)p.30　宣(宣)p.150 ——回〕
易(易)p.75　獌(獌)p.206 ——月〕
恒(恒)p.286　　　　　　——月〕

節(節)p.95　鄙(鄙)p.131 ——㔾〕阝
阪(阪)p.304　阞(阞)p.304 ——阝〕

訕(訕)p.54　岇(岅)p.136　　　　　—岇]
剙(剙)p.91　端(立端)p.216　　　—屶] 山

帝(帝)p.7　　　　　　　　　　　—产]
旁(旁)p.7　　　　　　　　　　　—方] 产

瑛(瑛)[新附]p.14　　　　　　　—穴]
瑛(瑛)p.10　　　　　　　　　　—穴] 穴

塞(塞)p.36　寒(寒)p.151　　　 —茻]
襲(襲)p.16　饢(饢)p.107　　　 —𢦏] 丼
簪(簪)p.96　　　　　　　　　　—丼]

熏(熏)p.15　烝(烝)p.207　　　　—火]
魚p.242　熊(熊)p.207　燕(燕)p.245 —火]
鳥(鳥)p.79　　　　　　　　　　—匕]
舄(舄)p.198　馬(馬)p.199　廌(廌)p.202 —彡、彡] ⺣
無(無)p.267　　　　　　　　　　—林]
聯(聯)p.249　　　　　　　　　　—𢖻]

179

𣗳 (春) p.148　秦 (秦) p.146
奉 (奉) p.59
奏 (奏) p.215
泰 (泰) p.237
萅 (春) p.27

标 (標) p.204
熛 (熛) p.208

判 (判) p.91
榆 (榆) p.118

范 (范) p.96
梋 (梋) p.118

敢 (敢) p.84
啟 (啟) p.67
鄭 (鄭) p.133
厭 (厭) p.193
致 (致) p.112

饇(馥)p.147　鰻(鰻)p.244　䪞(蝮)p.278　— 㡀
覆(覆)p.152　輹(輹)p.301　榎(榎)p.123　— 㡿 ] 复
履(履)p.115　　　　　　　　　　　　　— 复

昴(昴)p.138　卯(卯)p.311　　　　　　— 卯
卯(卯 qing)p.187　　　　　　　　　　— 卯 ] 卯
柳(柳)p.117　瘤(瘤)p.155　　　　　　— 卯

柱(柱)p.119　汪(汪)p.226　軭(軭)p.303 — 坒
隍(隍)p.306　王(王)p.9　閏(閏)p.9　　— 王 ] 王
望(望)p.267　　　　　　　　　　　　— 足

竺(笠)p.97　汢(泣)p.237　　　　　　 — 企
椄(接)p.123　瀁(瀁)p.235　　　　　　— 立 ] 立

炗(光)p.240　鋭(鋭)p.296　竟(竟)p.58 — 儿
夻(克)p.143　　　　　　　　　　　　— 几 ] 儿

肖(市)p.110　　　　　　　　　　　　— 肖 ⎤ 市
柿(柿)p.124　　　　　　　　　　　　— 柿 ⎦

叀(畀)p.99　緥(緤)p.274　　　　　　— ⊕ ⎤
納(細)p.272　罢(罢)[新湘]p.158　思(思)p.216　— ⊗ ⎥
緒(緒)p.272　　　　　　　　　　　　— ⊕ ⎥
絹(絹)p.273　　　　　　　　　　　　— ⊗ ⎥ 田
輻(輻)p.301　　　　　　　　　　　　— ⊗ ⎥
盧(盧)p.104　畚(畚)p.268　　　　　— 由 ⎥
魚(魚)p.242　　　　　　　　　　　　— ⊠ ⎥
巢(巢)p.128　　　　　　　　　　　　— ヨ ⎦

儿=(仁=)p.161　佼(佼)p.161　　　　— 儿 ⎤ 亻
崔(雀)p.76　　　　　　　　　　　　— ⺈ ⎦

从(从 yín 众立也)p.169　　　　　　— 从 ⎤
次(次)p.179　　　　　　　　　　　　— 尺 ⎥ 人
臾(臾, 从申从乙)p.311　　　　　　— 尺 ⎥
火(火)p.207　　　　　　　　　　　　— 人 ⎦

皓(皓)p.100　䜭(䜭)p.49　䞚(錫)p.49 ― 舌⎱舌
䒱(秳)p.145　䐓(䁥)p.164　禥(祜)p.9 ― 㗊⎰

岺(寺)p.67　　　　　　　　　― 寺⎱
儨(傳)p.167　　　　　　　　　― 尃⎱寸
譺(謝)p.53　　　　　　　　　― 矤⎰

屯(毛)p.173　　　　　　　　　― 毛⎱毛
屄(尾)p.175　　　　　　　　　― 夭⎰

𣎳(姉)p.140　　　　　　　　　― 朩⎱
㭘(柏)p.160　　　　　　　　　― 市⎰市

䨻(贔)p.130　　　　　　　　　― 兄⎱
梵(梵)[新附]p.126　尸(凡)p.286 ― 尸⎰凡

𤼪(登)p.102　䒑(卷)p.187 ― 癶⎱
膡(膡)p.54　　　　　　　　― 劵⎰关

183

櫾(櫌)p.119　　　　　　　　　―夕
顉(顉)p.182　气(受biào)p.84　―夕
爵(爵)p.106　　　　　　　　―木　⎫
舞(舞)p.113　　　　　　　　―炎　⎬ 灬
覩(覩,覓)p.240　　　　　　 ―灬　⎭
愛(愛)p.112　　　　　　　　―止

表(表)p.170　　　　　　　　―金　⎫
素(素)p.278　　　　　　　　―朿　⎬ 主
責(責)p.130　　　　　　　　―朿　⎭
精(精)p.147　毒(毒)p.15　　 ―生

檀(檀)p.125　　　　　　　　―亶　⎱ 享
稈(稈)〔新附〕p.146　　　　 ―早　⎰

日(曶)p.100　　　　　　　　―勿　⎱ 勿
物(物)p.30　勿(勿)p.196　 ―勿　⎰

溄(潢)p.225　　　　　　　──𦫳  
渮(洪)p.229　　　　　　　──𦭘 ]共  
濺(澱)p.236　　　　　　　──𠔏

洐(洐)p.232　　　　　　　──彳  
彳(亍)p.43　　亍(行)p.44　　──亍 ]亍  
𣘗(𧗁)p.312　　　　　　　──亍

苗(苗)p.23　　　　　　　──艸  
䖵(蚩)p.279　　　　　　　──艸 ]艸

米(米)p.147　　　　　　　──米  
鄰(鄰)p.131　　　　　　　──炎 ]米  
糞(糞)p.83　　　　　　　──米

繹(繹)p.271　牵(幸)p.214　　──牵  
縡(縡)p.272　　　　　　　──牵 ]幸

从(比)p.169　比(比)p.169　　──从  
麤(鹿)p.202　　　　　　　──𠃡 ]比

虎(虎)p.103
穴(穴)p.215 發(發)p.215
迩(迩)p.42 抗(抗)p.257

　　　　　　　　　　　一 刀
　　　　　　　　　　　一 几 ─ 几
　　　　　　　　　　　一 凡

婞(婞)p.263
地(地)p.286
時(時)p.291
轅(轅)p.302
走(走)p.35
去(去)p.104 赤(赤)p.212
志(志)p.247

　　　　　　　　　　　一 大
　　　　　　　　　　　一 土
　　　　　　　　　　　一 之
　　　　　　　　　　　一 火 ─ 土
　　　　　　　　　　　一 夭
　　　　　　　　　　　一 大
　　　　　　　　　　　一 之

永(永)p.240
冰(冰)p.240
泉(泉)p.239

　　　　　　　　　　　一 永
　　　　　　　　　　　一 冫 ─ 水
　　　　　　　　　　　一 川

泰(泰)p.237 滕(滕)p.230
黍(黍)p.128
彔(彔)p.144
隶(隶)p.65
康(康)p.145 暴(暴)p.139

　　　　　　　　　　　　　 ─ 水

𠕲 (巛 zāi) p.239　㬎 (㬎 yù) p.239
巢 (巢) p.128
㬎 (㬎 xiǎo) p.184　䜰 (䜰 qǐ) p.184　] 巛

宦 (官) p.304
遣 (遣) p.40　] 曰

泡 (泡) p.227　筍 (筍) p.95
濁 (濁) p.227
沟 (沟) p.230
枸 (枸) p.116　] 勹

嗑 (嗑) p.33　溢 (溢)[新附] p.238
层 (层) p.247　鈢 (鈢) p.298　陆 (陆) p.306　虤 (虤) p.103 ] 去

胆 (胆) p.90
朔 (朔) p.141　霸 (霸) p.141
朝 (朝) p.140　服 (服) p.176　前 (前) p.38 ] 月
青 (青) p.106
胄 (胄) p.157

弖 (巴) p.309  　　　　　　　　　　　　] 巴
㔾 (色) p.187

甾 (臽) p.148　𭃂 (色) p.187　𠂹 (危) p.194 ]
𠂤 (㠯/台) p.32
象 (象) p.198　　　　　　　　　　　　　　] 勹
兔 (兔) p.203
𠚣 (㕁 chuò) p.203

㝍 (妣) p.259
𠤎 (此) p.38　　　　　　　　　　　　　] 匕
𠩺 (死) p.86

昆 (昆) p.139　　　　　　　　　　　　] 比
𠩺 (𠩺) p.203

午 (午) p.311　缶 (缶) p.109　橆 (無) p.267
半 (牛) p.28
𥃢 (監) p.170　𥃤 (臨) p.170　𩚳 (飲) p.292 ] 亠
矢 (矢) p.110

韋(韋) p.113　員(員) p.129　回(回)　— 口  
曰(口) p.30　香(吞) p.30　吻(吻) p.30　— 廿  
向(向) p.150　　　　　　　　　　　— 冂  
別(別) p.86　　　　　　　　　　　— 冋  ] 口

冊(冊) p.196　　　　　　　　　　— 冊  
再(再) p.93　　　　　　　　　　— 冉  ] 冊

叏(友) p.65　支(支) p.65　　　　— ヨ  
䜤(双 zhuó) p.307　　　　　　　— 氺,大 又  
敘(敘) p.69　　　　　　　　　　— 身  ] 又

左(左) p.99　　　　　　　　　　— 屮  
右(右) p.32 p.64　灰(灰) p.208　— ヨ  
教(教) p.69　肴(肴) p.89　　　　— ×  
布(布) p.160　　　　　　　　　　— 彐  ] ナ

丞(丞) p.59　　　　　　　　　　— 卅  
水(水) p.224　　　　　　　　　　— 川  ] 水

189

芇(共)p.59 痈(兵)p.59        ─ 艹
兾(典)p.99 箕(箕)p.99        ─ 兀    ┐ 六
史(六)p.307                 ─ 卯    ┘

趀(远)p.42 鉑(迫)p.41        ─ 辵
遐(遐)p.42 亦作彳叚(假)p.43  ─ 彳    ┐ 辵

羊(羊)p.78 羡(羔)p.78        ─ 羊
羞(差)p.99                  ─ 麥    ┐ 羊

氾(范)p.26 茶(茶)p.26        ─ 艸
萬(萬)p.308                 ─ 㚔
苟(苟 jí)p.188 萈(莧 huán)p.203 ─ 廿   ┐ 艸
雈(萑 huán)p.77 雚(雚 guàn)p.77 ─ 廿   ┘

茲(兹)p.22                  ─ 艸
肯(前)p.38                  ─ 止    ┐ 之

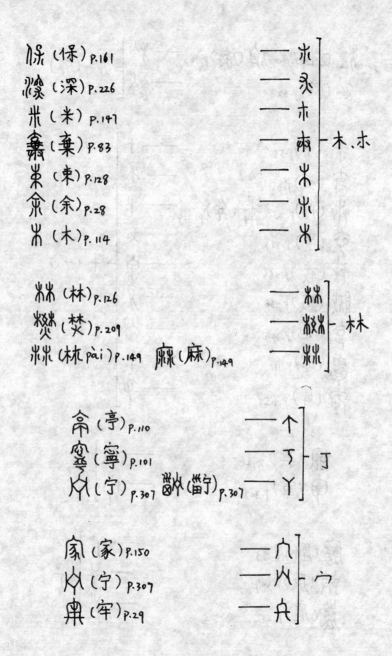

旌(旌)p.140　肯(肯)p.140　——牡
叙(於)p.82　　　　　　　　——牡　┤於(方)

十 (十) p.50　　　　　　　——十
肀 (支) p.65　　　　　　　——肀
艸 (卉) p.25　秦 (奔) p.214　——屮
交 (卒) p.173　　　　　　　——大
戒 (戒) p.266　　　　　　　——中　┤十(十)
賊 (賊) p.266　　　　　　　——彡
亨 (克) p.143　　　　　　　——人
覃 (覃) p.111　　　　　　　——ゆ
宋 (卑) p.65　　　　　　　——屮

鼎 (冥) p.141　　　　　　　——𠆢
車 (軍) p.302　　　　　　　——中 ┤⌐

廟 (廟) p.193　　　　　　　——广
庚 (庚) p.309　　　　　　　——中 ┤广
麗 (鹿) p.202　　　　　　　——丿

192

昔(昔) p.139　　　　　　　　　— 䒑  ] 卄
厲(展) p.174　　　　　　　　  — 䒑

晶(暑) p.139　　　　　　　　  — 米
敎(敎) p.69　　　　　　　　　— ××  ] 步
耂(老) p.173　　　　　　　　 — 耂

芳(芳) p.24  訪(訪) p.52　　　— 方
敫(敫) p.67　　　　　　　　　— 方
於(於) p.82　　　　　　　　　— 方  ] 方
旗(旗) p.140  斾(斾) p.140　 — 方

苟(句) p.50  拘(拘) p.50　　 — 句
苟(苟 jí) p.188  敬(敬) p.188 — 句  ] 句
巫(區) p.286　　　　　　　　 — 句

果(果) p.118　　　　　　　　 — 果
巢(巢) p.128　　　　　　　　 — 巢  ] 果

凷(曲) p.268  凷(豊 qū) p.268 — 凷
豊(豊) p.102　　　　　　　　 — 豊  ] 曲

193

(3) 分化

"分化"指在篆文中相同写法的部件,隶变后成为不同写法的部件的一种隶变途径。归纳总结如下:

火(火)p.207 煋(煋 huǐ,火也。)p.207
燚(然)p.207 烈(烈)p.207
黑(黑)p.211
灻(赤)p.212 赨(赨 tóng,赤色也。)p.212
尞(尞)p.207 熛(熛,火飞也。)p.209 尉(尉)p.208
舜(舜)p.210 燐(燐 lín,健也。)p.205

〕火〔— 火
      — 灬
      — 土
      — 小
      — 小
      — 米

江(江)p.224 河(河)p.224
泰(泰)p.237 滕(滕)p.230
益(益)p.104
水(水)p.224 冰(冫冰)p.240 浆(浆)p.236

〕水〔— 氵
      — 水
      — 氺
      — 水

川(川)p.239
巜(巜lìe)p.239 巟(巟 yù)p.239 巢(巢)p.128
侃(侃)p.239 巟(巟)p.239
県(県 xiāo)p.184 縣(縣)p.184
首(首)p.184

〕川〔— 川
      — 巛
      — 儿
      — 小
      — 丷

巜 (巜 kuài) p.239　巛 (巛) p.239
俞 (俞) p.176

　　　　　　　　　　　　　　　　　　　]巜[ — 巜
　　　　　　　　　　　　　　　　　　　　　 — 川

𠂤 (阜) p.304
𨸏 (陵) p.304　𨸏 (陂 bēi) p.304
遣 (遣) p.40

　　　　　　　　　　　　　　　　　　　]𠂤[ — 阜
　　　　　　　　　　　　　　　　　　　　　 — 阝(在左)
　　　　　　　　　　　　　　　　　　　　　 — 𠂤

人 (人) p.161　企 (企) p.161
仁 (仁) p.161　佩 (佩) p.161　眾 (眾) p.169
卧 (卧) p.169　咎 (咎) p.167
弔 (弔) p.167
危 (危) p.194　庆 (庆) p.110　及 (及) p.64
卬 (卬) p.168
死 (死) p.86
此 (此) p.38　比 (比) p.169　北 (北) p.169
監 (監) p.170

　　　　　　　　　　　　　　　　　　　　— 人
　　　　　　　　　　　　　　　　　　　　— 亻
　　　　　　　　　　　　　　　　　　　　— 卜
　　　　　　　　　　　　　　　　　　　　— 丨
　　　　　　　　　　　　　　　　　　　]— 𠂉、厂
　　　　　　　　　　　　　　　　　　　　— 乚
　　　　　　　　　　　　　　　　　　　　— 匕
　　　　　　　　　　　　　　　　　　　　— 七
　　　　　　　　　　　　　　　　　　　　— 𠂉

欠 (欠) p.179　吹 (吹) p.179
見 (見) p.177　兒 (兒) p.176　兄 (兄) p.177
頁 (頁) p.181　頌 (公頁) p.181

　　　　　　　　　　　　　　　　　　　]尺[ — 人
　　　　　　　　　　　　　　　　　　　　　 — 儿
　　　　　　　　　　　　　　　　　　　　　 — 八

195

亼(令) p.187
㔾(印) p.187　卲(卸) p.187　侖(命) p.32　　　⎡ マ
朖(服) p.176　　　　　　　　　　　　　　　⎢ 卩
𨏔(辟) p.187　　　　　　　　　　　　　　　⎢ 尸
𠂼(丞) p.59　　　　　　　　　　　　　　　㔾⎨ 了
𠂹(危) p.194　䊫(卷) p.187　　　　　　　　　⎢ 巳
𠂰(色) p.187　邑(邑) p.131　　　　　　　　　⎣ 巴

𠂹(危) p.194　豫(象) p.198　𩵋(魚) p.242　　⎧ ㄉ
𦦶(身) p.170　董(重) p.169　　　　　　　　㐄⎨ ノ

灾(大) p.213　奄(奄) p.213　　　　　　　　⎡ 大
亦(亦) p.213　　　　　　　　　　　　　　　⎢ 方
企(立) p.216　竝(並) p.216　　　　　　　大·立⎨ 立
𤈦(赤) p.212　去(去) p.104　　　　　　　　⎣ 土

𠚯(㘞 yì, 种也.) p.63　谷𠚯(谷㘞 jué) p.63　　⎡ 丮
𤍜(熱 rè) p.210　　𠚯刂(勢) p.293　　　　　　⎢ 丸
𩙿(凤) p.142　　　　　　　　　　　　　　㘞⎨ 凡
鬥(鬥) p.63　　　　　　　　　　　　　　　⎣ 丮

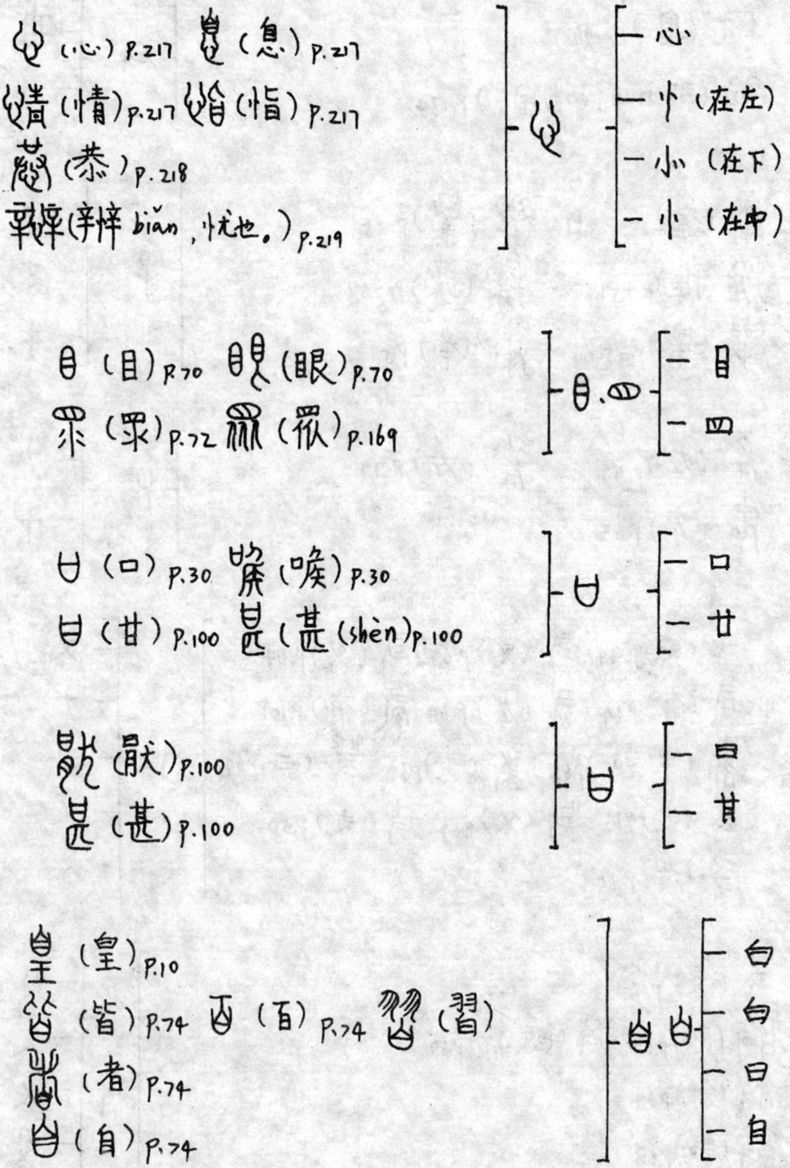

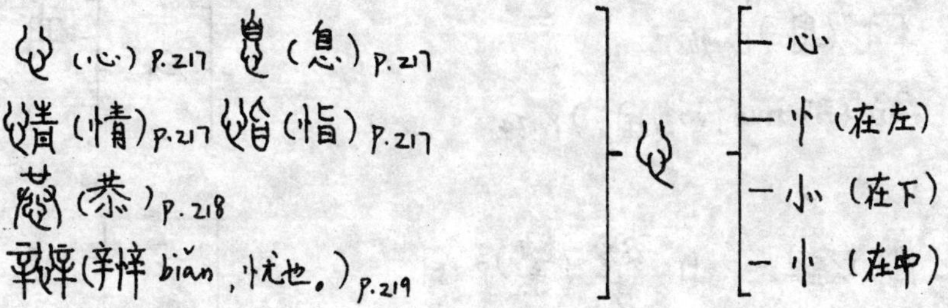
（心）p.217 （息）p.217
（情）p.217 （恉）p.217
（恭）p.218
（辡悴 biǎn，忧也。）p.219
心
忄（在左）
小（在下）
小（在中）

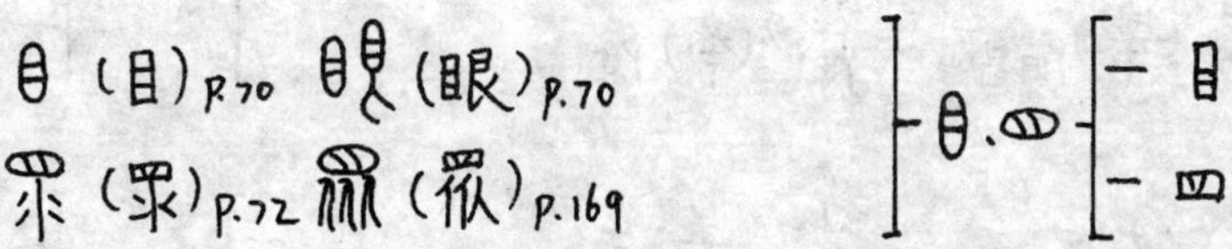
（目）p.70 （眼）p.70
（眔）p.72 （眾）p.169
目、罒
目
四

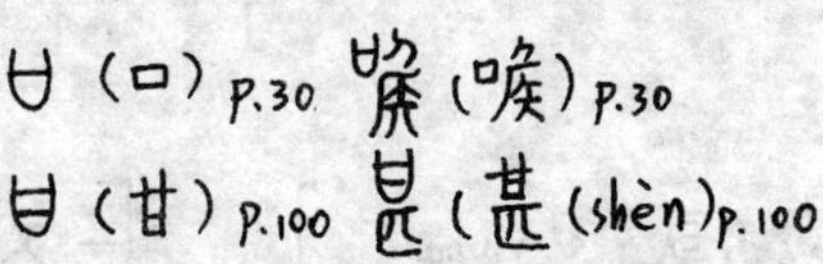
（口）p.30 （喉）p.30
（甘）p.100 （甚（shèn）p.100
口
廿

（猒）p.100
（甚）p.100
曰
甘

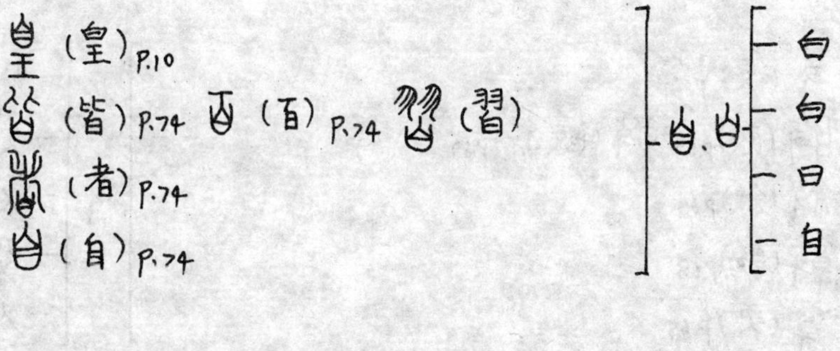
（皇）p.10
（皆）p.74 （百）p.74 （習）
（者）p.74
（自）p.74
白
白
日
自

林(冉) p.196
稱(那 nuó, 西羌国。) p.134

$$\begin{array}{c} 林 \end{array} \begin{cases} 冉 \\ 月 \end{cases}$$

拳(拳) p.251　勢(勢) p.251
摧(推) p.251　據(據) p.251
舉(舉) p.254　奉(奉) p.59

$$\begin{cases} 手 \\ 扌 \\ 丰 \end{cases}$$

左(左) p.99　差(差) p.99
卑(卑) p.65

$$\begin{cases} 屮 \\ 十 \end{cases}$$

ㄋ(又) p.64　彐(叉) p.64　ㄋ(叉) p.64
㠯(有) p.64　𠂇(𠂇) p.64　𠂇(有) p.141
聿(聿 yù) p.65　秉(秉) p.64　彗(彗) p.64
史(史) p.65　父(父) p.64　丈(丈) p.50
夬(夬) p.64

$$彐 \begin{cases} 又 \\ 𠂇 \\ 彐 \\ 乂 \\ 人 \end{cases}$$

支(支) p.67
毆(毆) p.67　姼(妓 shī) p.67
敘(敘) p.69
毅(毅) p.68
更(更) p.68

$$支 \begin{cases} 支 \\ 攵 \\ 又 \\ 殳 \\ 人 \end{cases}$$

198

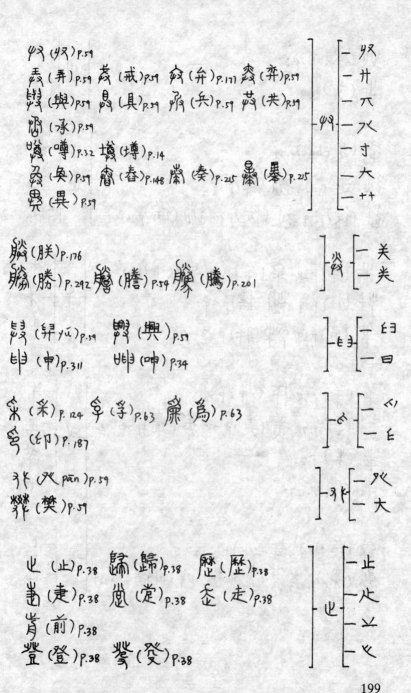

癶(癶 bō) p.38
步(步) p.38

辵(辵 chuò) p.39
迹(迹) p.39　述(述) p.39
徒(徒) p.39　徙(徙) p.40　從(從) p.169

半(牛) p.28　牟(牟) p.29　牢(牢) p.29
牡(牡) p.29　牿(牿) p.29
半(半) p.28　胖(胖) p.28

羊(羊) p.78　祥(祥) p.78
羨(羨) p.78　美(美) p.78　羌(羌) p.78
羋(羋) p.78
南(南) p.127

鵉(鵉 chuò, 兽也。) p.203
兔(兔) p.203　萈(萈 huán, 山羊细角者。) p.203

尤(犬)p.203　犮(犮bá，走犬皃。)p.205
尨(尨máng，犬之多毛者。)p.203
狐(狗)p.203　獀(獀sōu)p.203

$\Bigg]$ 犬 $\Bigg[$ 　犬
　　　　　　尤
　　　　　　犭

月(肉)p.87　戠(戠)p.90
順(肺,爛也。)p.89　胡(胡)p.69
骨(骨)p.89　脊(脊)p.89
炙(炙)p.212　膰(膰)p.212　醬(醬)p.313

$\Bigg]$ 月 $\Bigg[$ 　肉
　　　　　　月
　　　　　　月(在下)
　　　　　　夕

屮(屮chè)p.15　芔(芔)p.15　丯(丯)p.15
熏(熏)p.15
奏(奏)p.215
生(生)p.127
丰(丰)p.127

$\Bigg]$ 屮 $\Bigg[$ 　屮
　　　　　　千
　　　　　　丯
　　　　　　屮
　　　　　　才

光(光)p.15
莫(莫)p.15

$\Bigg]$ 八 $\Bigg[$ 　六
　　　　　　八

異(異)p.59
牟(牟)p.29

$\Bigg]$ 㠯 $\Bigg[$ 　巳
　　　　　　厶

201

訐 (訏) p.56
譚 (譚) p.56
講 (講) p.56

莒 (莒) p.16　嵒 (嵒) p.16
茲 (茲) p.84
蒻 (蒻) p.16

刀 (刀) p.91
削 (削) p.91
賊 (賊) p.266
班 (班) p.14

竹 (竹) p.95
筒 (筒) p.95

泡 (泡) p.227
細 (細) p.272

簫 (簫) p.95
冊 (冊) p.92

黎(棃) p.114　　　　　]勿[ ─ 勿
湯(湯) p.235　　　　　　　　─ 勿

縛(縛) p.274　　　　　]由[ ─ 田
軸(軸) p.301　　　　　　　　─ 由

束(束) p.143　　　　　]束[ ─ 朿
責(責) p.130　　　　　　　　─ 主

展(展) p.174　　　　　　　　─ 丗
塞(塞) p.288　　　　　]㦸[ ─ 井
寒(寒) p.100　　　　　　　　─ 㦸

溪(溪) p.232　　　　　]夫[ ─ 天
淡(淡) p.232　　　　　　　　─ 矢

月(月) p.141　　　　　]勿[ ─ 月
澗(澗) p.232　　　　　　　　─ 日

沒(沒) p.233　　　　　]囘[ ─ 刀
垣(垣) p.287　　　　　　　　─ 日

203

瞎 (聒 guō) p.250　　　　　氏 ┌ 千
巠 (氏) p.266　　　　　　　　└ 氏

拚 (拚) p.254　　　　　　　入 ┌ 厶
醶 (醶) p.313　　　　　　　　└ 亽

示 (示) p.7　　祟 (祟) p.9　　示 ┌ 示
祼 (祼) p.8　祠 (祠) p.8　　　　└ 礻

舟 (舟) p.176　　船 (船) p.176
服 (服) p.176　　俞 (俞) p.176　　月 ┌ 舟
履 (履) p.175　　　　　　　　　　　├ 月
　　　　　　　　　　　　　　　　　└ 旨

垂 (垂) p.289
䒑 (䒑) p.128
華 (華) p.128　　曄 (曄) p.128　　　┌ 乖
素 (素) p.278　　　　　　　　　　　├ 㳄
　　　　　　　　　　　　　　　　　├ 开
　　　　　　　　　　　　　　　　　└ 主

204

(六) 隶变的原因

篆书属于古文字,线条圆转,象形意味浓,不便于书写。由于社会的发展,用字越来越频繁,于是文字便开始趋向简便,由此篆书逐渐演变为隶书。隶变中圆转线条变为横直笔画,以及合流、分化都是适应社会的需求及人们的心理习惯。改为笔画便于书写;合流把几种篆书字符归于一种,便于记忆;分化则是为了字体更加明晰,加强区别性特征,避免芜杂的过度合流。

隶变中的讹变原因很多。有统治阶级根据本朝需要或个人好恶增减字的笔画或改变偏旁。另外《说文》成书后,屡次修改、辗转刊刻,因而造成流传之中形成的讹误。隶变是文字发展中重要的现象,有待更深入地研究探讨。除向下探究隶变之外,还应向上探究篆变,这样才能全面了解文字发展变化的全过程,弄清其来龙去脉,使我们更科学地认识和掌握汉字。

(王峥、陈志永、余冬松生参与总结)

## 四、楷化、草化和简化

(一) 楷化

古文字经过隶变而变为今文字。今文字包括隶书、楷书、草书和行书。汉字变为隶书以后,较小篆便于书写,但人们仍嫌不够,于是又进一步楷化,将隶书发展演变为楷书。

楷书的楷是规矩整齐、可为楷模的意思。楷书又叫正书、真书。过去也有人把楷书叫作隶书,如《晋书·王羲之传》称王羲之"尤善隶书,为古今之冠"。这里的"隶书"实指楷书。

楷书在汉末就有了,到魏晋时期,它代替了隶书的地位,逐渐成为普遍运用的文字。魏钟繇、晋王羲之是早期著名的楷书书法家。但所传已非真迹,均为唐代以来的摹刻品。

楷书同汉隶的基本结构相同,主要区别是笔形不同。汉隶的长横和撇有波势,楷书没有;汉隶的捺最后要上挑,楷书只是一般的捺。汉隶近于横宽的四方形,楷书一般是正方或长方形。楷书较隶书更便于书写。(参见图44)

欧阳询《九成宫醴泉铭》

颜真卿《多宝塔碑》

柳公权《玄秘塔》

赵孟頫《寿春堂记》

图44 欧阳询、颜真卿、柳公权、赵孟頫楷书字帖

(二) 草化

楷书是正式运用的字体。与之相伴相随的是辅助性字体草书和行书。

1. 草书　草书由汉隶草化而成。草书的形体比较潦草。据说因最初是打草稿运用的字体而得名,后来变成了艺术品。常见的草书有章草、今草、狂草。分别简述如下:

(1) 章草。一般指东汉章帝(公元76—88年)时盛行的汉隶的草率字体。它保存了汉隶的仰俯波势的笔形,虽有连笔,但仍能独立成字。相传第一个著名的章草书法家是杜度(字伯度),据晋卫恒《四体书势》载:"汉兴而有草书,不知作者姓名。至章旁时齐相杜伯度号称善作篇(作篇,指写章草)。"现在所能看到的章草,是三国时吴国皇象用章草写的《急就篇》。(见图45)

第一急就奇觚与众异罗列
诸物名姓字分别部居不杂
厕用日约少诚快意勉力务
之必有喜请道其章宋延年
释文

图45　皇象　急就篇

(2) 今草。今草产生于东汉末,由章草变化而来。其字形体连绵,字字相连,偶有不连,而气韵不断,世称一笔书。它没有章草的波势,笔形完全是楷书化的草写。今草著名的书法家是张芝(字伯英,东汉末人),晋卫恒《四体书势》云"韦仲将谓之草圣"。今草只能作为艺术品供人欣赏。(见图46)

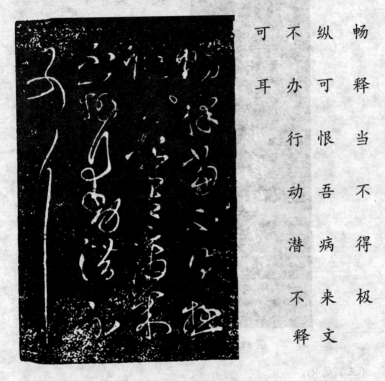

畅释当不得极
纵可恨吾病来文
不办可行动潜不释
可耳

图46 今草 冠军帖

(3) 狂草。唐代产生的一种比今草更草率的字体。由于任意增减笔画,随兴致而书写,变化怪异,变成了纯艺术品。张旭是狂草名家。张怀瓘(guàn)《书断·张旭》云,张旭"饮醉辄草书,挥毫大叫,以头揾(wèn)水墨中,天下呼为张颠。醒后自视,以为神异,不可复得。"

2. 行书  行书产生于东汉末,是一种介于楷书和草书之间的字体。它"近楷不拘,近草不放,笔画连绵,各字独立"。行书中,草书成分多的叫草行或行草;楷书成分多的叫真行或行楷。因为行书兼有楷书和草书的优点,易写易认,故自魏晋以来一直成为日常应用最广的一种字体。晋王羲之行书,历来为书法家所称道。(见图47)

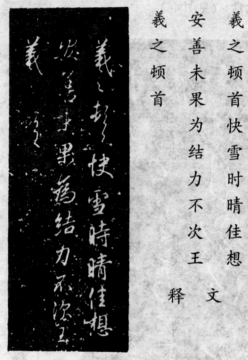

羲之顿首快雪时晴佳想
安善未果为结力不次王
羲之顿首

释文

图47 王羲之 快雪时晴帖

(三)简化

1. 简化概述

汉字在演变的过程中,产生了一些比原字在笔画和形体上简化了的字,称为简化字。简化字旧称破体、小写、简体字、简易字、简字、手写书、俗体字、俗字等。与之相对,原来字形繁复的字就称为繁体字。

汉字中的简体字由来已久,甲金文时期,金文为正体,甲骨文为俗体;春秋战国时期,简帛文字可视为俗体,而后隶书、草书、行书都可以看成俗体字。唐宋以后简体字更渐增多,因为简体字易于书写,故在民间尤为流行。在古代的字书、碑刻、书法、简牍、话本中都可以见到简体字。例如:师、万、国、云、礼、气、门、为、宝、罗、刘、欢、难、齐、当、会、风、乱、办、听、从、众、无等不少简体字,在古代早已出现。我国现行统一规定的简化字,就是在民间通行已久的简体字、俗字等的基础上,加以整理、改进而确定的。

近代一些学者如陆费逵、钱玄同、陆基、黎锦熙、杨树达、陈鹤琴、洪深、陈望道等,都为研究、提倡和推行简化字做了许多有益的工作,促使国民党政府教育部于1935年8月公布了《第一批简体字表》,列简体字324个,这是我国历史上官方首次正式颁行的简体字。但由于当时一些人士的反对,在公布后仅6个月,即于1936年2月,《第一批简体字表》即被废止。

中华人民共和国成立后,于1954年12月成立了直属国务院的中国文字改革委员会,(1985年12月16日又改名为"国家语言文字工作委员会")。简称文改会。文改会即重点研究汉字简化问题。概括起来说,汉字简化主要有两个内容:① 笔画的简化;② 字数的简化。

笔画的简化,指用简体字代替繁体字;字数的简化,指废除那些不必要的汉字(包括异体字和旧印刷体字)。

文改会于1955年1月拟订了《汉字简化方案草案》,分批试用之后,于1956年正式公布了《汉字简化方案》,又分四批逐步推行。在此基础上,文改会于1964年根据国务院指示编印了《简化字总表》。"总表"包括三个表,共有2238个简化字和14个简化偏旁,废除了2264个繁体字。

"文革"期间,文改会停止工作,至1972年恢复工作后,于1975年5月拟订出《第二次汉字简化方案(草案)》,试行后,因有些字的简化欠妥,于1986年6月24日国务院下达通知停止使用"二简"方案(草案)中的简化字。

2. 简化的方法

汉字笔画简化的方法,从不同角度,可以分成不同的类型。

从简化字的来源方面,可以分为:a. 古字,如:须(鬚)、礼(禮)、后(後);b. 俗字,如:体(體)、声(聲);c. 草书楷化字,如:书(書)、东(東);d. 新字,如:拥(擁)、灭(滅)等类型。

从字的形体方面，可以分为：a. 省略，如：声(聲)、录(錄)、开(開)；b. 改形，如：惊(驚)、尘(塵)、齐(齊)、区(區)、师(師)；c. 假借，如：几(幾)、表(錶)等类型。

文改会根据群众创造简化字的经验，总结出以下八种类型：

第一，假借字　指在现代汉语中，以不致使字义混淆为前提，借用笔画简单者代替笔画较繁者。可以分为两种：① 同音假借，指假借字与被代替字读音相同。如：面(麵)，脸面的面代替麵粉的麵；谷(穀)，山谷的谷代替穀子的穀。② 异音假借，指假借字与被代替字读音不同，假借后增加被代替字的读音。如：卜(蔔)，占卜的卜(bǔ)代替蘿蔔的蔔，增加 bo(轻声)读音；斗(鬥)，升斗的斗(dǒu)代替搏鬥的鬥，增加 dòu 读音。

第二，形声字　指用形声结构来简化的字。有以下三种情况：① 原字的形符笔画太繁，改成笔画较简的。如：肮(骯)、刮(颳)。② 原字的声符笔画太繁，改成笔画较简的，如：袄(襖)、坝(壩)、衬(襯)、础(礎)；或声符既繁又表音不准，改用既简又表音准的，如：偿(償)、担(擔)、递(遞)、钟(鐘、鍾)。③ 原字不是形声字而笔画较繁，改为笔画较简的新形声字。如：邮本为会意字，《说文》："邮，境上行书舍，从邑垂。垂，边也。"简化为邮，从阝(邑)由声。又如：窜本为会意字，简化为窜，从穴串声。

第三，草书楷化字　指把繁体字的行书、草书写法，改成楷书的形式而成的简化字。如：东(東)、车(車)、贝(貝)、讠(言)等。

第四，特征字　指用原字的特征部分来代替原字而成为简化字。有的取一角，如：声(聲)、医(醫)；有的取一半，如：录(錄)、号(號)、丽(麗)、处(處)；有的取大部分，如：垦(墾)、阳(陽)、际(際)。

第五，轮廓字　指省略原字部分笔画，保留其轮廓而成的简化字。如：卤(鹵)、鸟(鳥)、龟(龜)等。

第六，会意字　指用笔画少的常用字或偏旁构成一个新会意字而成的简化字。如：尘(塵)、泪(淚)、笔(筆)等。

第七，符号字 指用简单的笔画或字代替原字的繁难部分，它既不表音也不表意，而只起符号作用而成的简化字。如：又—汉(漢)、叹(嘆)、艰(艱)、难(難)、欢(歡)、观(觀)、劝(勸)、仅(僅)、鸡(鷄)、戏(戲)、邓(鄧)、树(樹)、对(對)。又如：乂—区(區)、赵(趙)；不—环(環)、还(還)、坏(壞)、怀(懷)；ㄡ—枣(棗)、搀(攙)。

第八，偏旁类推字 指用已简化的字或偏旁类推出来的简化字。如：車简化为车，可以类推简化：轨(軌)、军(軍)、阵(陣)、连(連)、浑(渾)等。

### 五、结合文献语言看汉字形体演变的几种趋势

文字是记录语言的，具有形音义三个方面。汉字形体的演变还应结合音义来加以研究，也就是说应结合文献语言看汉字形体演变的趋势。李荣撰文《汉字演变的几个趋势》(《中国语文》1980 年 1 期)提出若干有意义的看法，现吸收其观点总结如下：

（一）稳定与变动

汉字的历史既有稳定的方面，又有变动的方面。文字具有传统特性，今天的汉字，不独与近年发现的两千年前的秦汉竹简和帛书，有很多共同之处，即使是与三千年前的甲骨文，也有很多相同之处。文字又是人们沟通使用的信息媒介，不能轻易改变。这说明汉字有稳定的一面。但是，人们在学习汉字、使用汉字的过程中，不只是模仿、守旧，还有创新、改进的一面。这就使汉字又具有变动的一面。例如：

铝—①金文铝也作吕：《邾公牼钟》："隹正月初吉，辰在丁亥，鼄(邾)公牼择氒吉金，玄镠鐈吕，自作龢钟。"《邵钟》："玄镠鐈铝"。《儠兒鐘》："吉金鑄铝"。可见"铝"或"吕"为铸铜器的原料。上古青铜为铜锡合金。

② 又：《方言》卷七："燕齐摩铝谓之希"。《广雅》卷八《释器》："铝谓之错"。"铝"是磨错的意思，与金文有别。

③ 现代"铝"指金属元素。

周代人,汉代人,现代人分别造从金从吕的形声字,但字义不同,可说明汉字既有稳定的一面,又有变动的一面。

后人抄写古书或刻印古书,有时无心写了错字,有时有意了改古书,要求书上的文字符合其当代的习惯和本人的看法。由此,书籍传抄刻印的过程,也就是文字不断"当代化"的变动过程。例如:

聽—廳—《北史》[通行本]传第七《彭城王勰传》"乃夜进安车於郡廳事。"第五十六《豆卢勣传》"有白乌飞上廳前。"[信州路刊本]两"廳"字均作"聽"。

馬瑙、馬腦—瑪瑙—《北史》[通行本]传第二十四《薛端传》"梁主萧察曾献瑪瑙锺。"第四十一《鲜于世荣传》"及周武帝入代,送瑪瑙锺与之。"[信州路刊本]两"瑪瑙"字,一作"馬瑙",一作"馬腦"。

(以上二例取自张元济《校史随笔》)

传世古籍屡经抄刊,屡经"当代化"变改,演变始自何时往往难以查考。后人只能参照前人记载,再据文献来检验补充。例如:

辠—罪—《说文》十四下辛部:"辠,犯法也,从辛从自,言辠人蹙鼻苦辛之忧,秦以辠似皇字,改为罪。"徐铉校曰:"自,古者以为鼻字,故从自。徂贿切。"段注:"此志改字之始也。"又七下"罪"字段注:"按经典多出秦后,故皆作罪。"《睡虎地秦墓竹简》"辠"字常见,均作"辠"。《马王堆汉墓帛书[壹]》"罪"字常见,均作"罪"。可见确有改字。《汉书》"辠、罪"两见,为古今字并用。

(二) 简化与繁化

汉字为了便于书写,要求形体省略,有简化的趋势;汉字为了便于理解,要求音义明确,又有繁化的趋势。这两种趋势皆古已有之。

1. 简化

(1) 形体的简化

从大篆到小篆,从篆书到隶书,大多都是从繁到简。例如:

《说文》第25页下云:"左文五十三,重二。大篆从茻。"桂馥《义证》:左文五十三,"谓下文自'芥'以下至'莿'五十三字也。"重二,

"谓藻荤两字也。"大篆从茻,"谓此五十三字在大篆皆从茻也,今茻部莫莽葬三字,小篆之从茻者也,五十三字则小篆从艸、大篆从茻也。"王国维《史籀篇疏证》:"案许叙云:'周宣王太史籀,著大篆十五篇。'是许君固以籀文为大篆。然说解中皆云籀文,不云大篆。惟艸部末独言大篆。盖此五十三字不出《史籀篇》,……故不谓之籀文,以其体系秦之大篆,故谓之大篆;以史篇中字有与之异者,故重以籀文。"

又如:《第141页》

曐—星 震—晨

禪—單(第172页) 薑—薑(第16页)

又如:

昏—昏—昏 甲骨文"昏"字从"氏"。秦汉时出现从"民"的"昏"。马王堆帛书《老子》甲本41行:"民多利器而邦家兹昏"。《说文》第138页:"昏,日冥也,从日氏省。氏者,下也。一曰民声。""昏"字唐代避李世民讳改作"昏"。避讳的结果改字倒成了简化和复古。

鍼
  >针 《说文》:"鍼,所以缝也。"(第295页)"箴,缀衣箴
箴
也。"(第98页)现在合并简化为"针"字。"箴"用在"箴言、箴规"等处。

鑯—尖—《说文》:"鑯,铁器也。"(第295页)段注:"盖锐利之器,郭注《尔雅》用为今之尖字。"

櫼—闩—《广韵》删韵:"櫼,关门机,出通俗文,数还切。"范成大《桂海虞衡志》说临桂"櫼"字俗书作"閂"(《知不足斋丛书》本页引),现在各地通行。

文字简化有一定的限度,为了避免混淆,有时要舍简就繁。如:

屮—艸、草—《说文》:"屮,……古文或以为艸字。"《汉书》五八上页1"朱屮生",页3"朱草生"(百衲本影印景祐本)。现用草或

艸。

巛—坤—《广雅》卷一释诂："巛,顺也",卷四释诂："巛,柔也。"《汉书》九七上页1"故易基乾坤",九九下页4"乘乾車,駕巛馬。"(版本同上)现代"坤"行,"巛"废。

句勾〈勾曲 章句　《说文》："句,曲也。"(第50页)段注:"后人句曲音鉤,章句音屨,又改句曲字为勾。此浅俗分别,不可与道古也。"现在勾曲之"勾"与章句之"句"加以区别,形音义分化,虽于古不合,却是个进步。

沿—㳂　见于《广韵》

鉛—鈆　见于《广韵》

船—舩—舡　见于《广韵》《集韵》。

以上口简化作厶的,未能通用。

《说文》雞籀文作鷄。把奚旁简化作又,只能从鸟旁作鸡,避免与难(難)相混。

蒋斧本《唐韵》翰韵:"歎,歎息,或作嘆,他案切。"把堇旁简化成又,只能从口作叹,以免与欢(歡)相混。

《说文》兒,或作䫁,籀文作貌。(第177页)现在采用籀文"貌",弃简用繁,似免与"兒"字相混。

(2) 形体合并

｛胄(第88页)—胄,胤也(后代子孙)。从肉,由声。
｛胄(第157页)—冑,兜鍪也。从冃由声。韋司马法冑从革。

二字今混而无别。

賣｛賣(mài)(賣)(第127页),出物货也。从出从買。
　　鬻(yù)(賣)(第131页),衒也(衒的或体,行且卖也)。从贝㱃声。㱃,古文睦。读若育。段注:"《玉篇》云:'賣或作粥,鬻'。是賣,鬻为古今字矣。鬻隶变作賣,易与賣(mài)相混。"

音育的"賣"作为偏旁,在《广韵》里与买賣的賣字不分,如"讀(讀)、櫝(櫝)、牘(牘)"。音育的賣,古籍用"鬻"的较多,现在又不用于口语,跟买賣的賣合并,在实际使用上并无影响。

市 ⎧ 朩 ⎨ 柿(柿 shì),赤实果。从木 朩声。(第 114 页)
       ⎩ 姉(姊 zǐ),女兄也。从女 朩声。(第 259 页)
    ⎧ 市 ⎨ 杮(杮 fèi),削木札樸也(木片)。从木 市声。(第 124 页)
       ⎩ 肺(肺 fèi),金藏也。从肉 市声。(第 87 页)

以上声符均与市场的市(巿)不相干,可是在全本《王韵》中楷书形体不分,反切有异:"柿,木名,锄里反。""杮,木片,芳废反。""市,时止反,塵。"今北京音柿子的柿正好和市场的市同音,无意中造成了新形声字。

(3) 同音替代

同音替代是简化的主要原因之一。同音字的合并可以造成字数的减少,同时选用笔划少的字替代繁者,又造成笔划的减少。例如:

落 ⎧ 落《说文》:"落,凡艹曰零,木曰落。"(第 23 页)
   ⎩ 零《说文》:"零,雨零也。"(第 241 页)段注:"此下雨本字,今则落行而零废矣。"

娘 ⎧ 孃《说文》:"孃,烦扰也,一曰肥大也。"(第 264 页)段注:"《广韵》[阳韵]孃,女良切,母称。娘,亦女良切,少女之号。唐人此二字分用畫然,故耶孃字断无有作娘者,今人乃罕知之矣。"
   ⎩ 娘,段注:"少女之号。"如西厢记人物红娘的"娘"。

才 ⎧ 纔《说文》:"纔,帛雀头色,一曰微黑色如紺,纔浅也。"(第 274 页)《原本玉篇》卷第二十七糸部第四百廿五:"纔,……犹仅能、劣能也。郑玄注《周官》《礼记》亦为裁字。《东观汉记》及诸史,贾逵注《国语》,并为财字也。"
   ⎩ 才《说文》:"才,艹木之初也。从丨上贯一,将生枝叶。一,地也。"(第 126 页)

饥 { 饑,《说文》:"饑,穀不孰为饑。"(第108页)
    饥,《说文》:"饥,饿也。"(第108页)

以上落代替零、娘代替孃、才代替纔、饥代替饑。

(4) 同义替代

同义字互相替代就是训读。日本使用汉字,有音读,有训读。福建省、台湾省和广东省有一些训读字,如"田"字训读为"塍"。(《说文》:"塍(chéng),稻田畦也。"(第286页)"黑"训读为"乌";"香"训读为"芳"之类。

又如:

憨(《广韵》呠韵丁来切)训读为"獃""呆",读dāi,作傻,不聪明义。

獃(《广韵》呠韵五来切)训读为"呆"(ái)。

楜(hú)《广韵》没韵"楜,果子楜也。"户骨切。训读为"核"。

数目字也有同义替代现象。如:二说成两,一说成幺(yāo),七说成拐,九说成钩,零说成洞。

同义字互相替代,有时减少字数,付出的代价是增加多音字。

2. 繁化

(1) 形体的繁化

数目字可以繁化,如:一二三四五六七八九十百千万,写作:壹贰叁肆伍陆柒捌玖拾伯仟萬。数目字繁化是为了防止篡改而有意繁化。

(2) 多音字分化

多音字的分化有加形旁和改形体两种方式。例如:

分 { 分 fēn / 份 fèn    莫 { 莫 mò / 暮 mù    责 { 责 zé / 债 zhài    贾 { 贾 jiǎ、gǔ / 价 jià

沈 { 沈 shěn / 沉 chén    刀 { 刀 dāo / 刁 diāo    遮 { 遮 zhē / 這 zhè    者 { 者 zhě / 這 zhè

著 { 著 zhù / 着 zhuó / 招 zhāo }　　那 { 那 nà / 哪 nǎ }　　臧 { 臧 zāng / 臟 zāng / 藏 cáng、zàng / 臟 zàng }　　塗 { 塗 tú / 搽 chá }

比 { 比 bǐ / 枇(篦)bì }　　夯 { 夯 hāng / 笨 bèn }　　家 { 家 jiā / 各(岳各庄)、郭、格 }

(3) 多义字分化

多义字的分化是文字增加的最主要的原因。可以分为三类：

① 加形符。如：

般—搬　甘—柑　然—燃　聽—廳　段—缎　利—痢

师—狮　牙—芽　衘—風—疯　孰—熟　时—鰣　子—仔、籽

马—蚂(蚁)、码(头)、玛(瑙)　果—菓　虎魄—琥珀

韭—菲　畫—劃

② 改形旁。如：

版—板　蒲桃—蒲萄、葡萄　箱—廂　鳳皇—鳳凰

倚—椅　消遥—逍遥　卓—桌

③ 其他。如：

叠—碟　等—戥　角—饺　替—屉　围—圩(wéi)

下—嗄　指麾—指挥　上—绱、鞝

(4) 功能再分配

文字形体的演变，有时涉及到若干个字之间功能的再分配。于是形成古今用字不同，使同一个字在古今表示不同的意义，这也可以看作文字使用中的繁化。例如：

竭—渴—㵣

《说文》：　　　 "竭，负举也。"(第235页)

《说文》：jié { "渴，尽也。"(第235页)《切韵》作"竭"。

《说文》：kě "㵣，欲㵣㵣也。"(第180页)《切韵》作"渴"。

《段注》："渴者，水尽也，音同竭。水渴则欲水，人㵣则欲饮。其意一也。今则用竭为水竭字，用渴为饥㵣字，而㵣字废矣，渴之本义废矣。"

219

师—率

《说文》:"帅,佩巾也。帨,帅或从兑声。"(第158页)

《段注》:"后世分文析字。帨训巾;帅训率导,训将帅,而帅之本义废矣。率导将帅字,在许书作達作衛,而不作帅与率。六书惟同音假借之用最广。"

《说文》:"率,捕鸟畢也。象丝网,上下其竿柄也。"(第278页)

贾昌朝《群经音辨》指出"帅、率"作动词时为"所律切";"帅"作名词时为"所类切"。这个分别和现代方言符合。(见《四部丛刊续编本》卷六页5下/卷五页12上。)

策一册

《说文》:"策,马箠也。"(第98页)"册,符命也。"(第48页)"敇,击马也。"(第69页)

《说文》中策、敇有别,古籍均为"策"。而"计策"的"策"古代也作"册"。如《汉书》(百衲本影印景祐本)卷六八:"贵徙薪曲突之册,使居焦發灼烂之右。"卷六九:"故臣愚册/此全师保胜安边之册/失此二册。"

很—狠

《说文》:"很,不听从也。一曰行难也。一曰盭(lì,戾也)也。"(第43页)"狠,犬鬥声。"(第204页)

《段注》:"今俗用狠为很,许书很狠义别。"

元—原

由于政治原因造成文字功用的再分配。

元—元官、元籍、元来,明朝取代元朝后,写作原官、原籍、原来。(见顾炎武《日知录》卷三十二)元字一部分功能改由原字担任了。

(5) 创造新字

新字的不断产生,也是增繁的一个方面。有以下几种情况:

① 由两个字合音造成新字。汉字是一个字一个音节,当两个音节合并为一个音节之后,就需要造新字来表示那个音。例如:

叔 ⌄ 母

嬸 ——叔、嬸双声,均为审母三等,"母字"的声母是"嬸"字的韵尾,并且均为上声。

舅　母
　　妗——舅、妗双声,均为群母三等;"母"字的声母是"妗"字的韵尾,"妗"原为上声。

又如新起的北京话:

不　用
　　甭(béng、bíng)

苏州话:

勿　要
　　覅[fiævɪ]阴去

② 新事物需造新字。如:

氢的三种同位素分别为:

氕(piē)——氢最通常的同位素;

氘(dāo)——重氢

氚(chuān)——超重氢

③ 译名有时也造新字。如:

啤(酒)、咖啡、吗啡、嘅咭唎(19世纪 English 译名)

④ 大部分新字由分化造成。如:

他 < 他
　　她

(6) 由同音假借而产生字形的转变

这种文字的演变情况,牵涉到本字的考证。例如:

阬—倾—坑

阬——《说文》第 305 页:"阬,门也。"徐铉曰:"今俗作坑,非是。"

从沈约《宋书》到宋元,"倾"的用例常见。如:

"湛(刘湛)常欲因宰辅之权以倾之"(《宋书》卷六十八《彭城王义康传》)

"主上荒毫骄纵,诸子朋党相倾"(《晋书》卷一二九《沮渠蒙逊载记》)

"今又乞放颜章,以此见[贾]易之心,未尝一日不在倾臣。"(《四部备要》缩印本《[苏]东坡七集·东坡奏议》卷九页470上,《乞外补回避贾易劄子》)

"如此设计倾陷,甚是不便。"(影印元本《元典章》卷四十八,刑部卷之十,页12上,"罗织清廉官吏"条)

倾陷的"倾"写成"坑",宋元代少见,明代以来见常。例如:

"我这行院人家,坑陷了千千万万的人,岂争他一个!"(容与堂刻本《水浒传》六九回)

"此是何等东西,却把做礼物送人!坑死了我也。"(影印天启甲子序本本《警世通言》卷三十五页10上)

"倾"为本字承先,"坑"为同音假借字启后。

**小结:**

文字的演变有简化有繁化。简化繁化通常就笔划而言,其实文字的合并减少字数,文字的分化增加字数,可以说是另一种意义的简化繁化。

汉字增加主要原因是加偏旁,非形声字转化为形声字。例如:"块"取代"凷"字,"亦"分化出"腋"字。所以汉字绝大多数为形声字。后起的会意字较少,往往是简化字。如:"鐵"简化成"尖","竈"简化成"灶"。

语言是交际工具,文字记录语言,也是一种交际工具。交际双方要求简单明白。有时过于简单会影响明白,因此文字要有适当的羡余率。例如:

慈石——磁石——磁石

《吕氏春秋》卷九《季秋纪·精通》:"慈石召铁",用"慈爱"之"慈"。

《广韵》平声之韵分作二字:

> 慈,爱也。
>
> 磁石,可引针也。

《集韵》有:"磁、磁"二形。

从"慈"到"磁"的演变,先繁化后简化,是文字分化、归并的过程,也是文字进步的过程。

## 参考文献

1. 林成滔著:《字里乾坤》,中国档案出版社1998年10月第1版。
2. 董琨著:《汉字发展史话》,商务印书馆1991年11月第1版。
3. 何九盈、胡双宝、张猛主编:《中国汉字文化大观》,北京大学出版社1995年1月第1版。
4. 汪宁生:《从原始记事到文字发明》,《考古学报》1981年1期。
5. 詹鄞鑫著:《汉字说略》,辽宁教育出版社1991年12月第1版。
6. 聂鸿音著:《中国文字概略》,语文出版社1998年4月第1版。
7. 徐德江著:《索绪尔语言理论新探》,海潮出版社1999年6月第1版。
8. 苏新春主编:《汉字文化引论》,广西教育出版社1996年8月第1版。
9. 李敏生著:《汉字哲学初探》,社会科学文献出版社1997年11月第1版。
10. 刘庆俄著:《汉字学纲要》,中国和平出版社1994年6月第1版。
11. 陈秉新、黄德宽著:《汉语文字学史》,安徽教育出版社1990年11月第1版。
12. 裘锡圭著:《文字学概要》,商务印书馆1988年8月第1版。
13. 陆锡兴:《近年来关于汉字性质的讨论》,《语文导报》1985年第10期。
14. 吉林大学古文字研究室:《古文字研究的现状及展望》,《古文字研究》第一辑,中华书局1979年8月版。
15. 姚孝遂:《古汉字的形体结构及其发展阶段》,《古文字研究》第四辑,中华书局1980年12月版。
16. 《出土文献研究》(第三辑),中华书局1998年10月第1版。
17. 李圃著:《甲骨文字学》,学林出版社1995年1月第1版。
18. 李运富著:《楚国简帛文字构形系统研究》,岳麓书社1997年10月第1版。
19. 滕壬生著:《楚系简帛文字编》,湖北教育出版社1995年7月第1版。
20. 赵平安著:《说文》小篆研究,广西教育出版社1999年8月第1版。
21. 汤可敬撰:《说文解字今释》,岳麓书社1997年7月第1版。
22. 邹晓丽、李彤、冯丽萍著:《甲骨文字学述要》,岳麓书社1999年9月第1版。
23. 刘翔、陈抗、陈初生、董琨编著,李学勤审订:《商周古文字读本》,语文出版社 1989 年 9 月第 1 版。
24. 蒋善国著:《汉字形体学》,文字改革出版社 1959 年 9 月第 1 版。
25. 高更生、王立廷、王淑潜编写:《汉字知识》,山东教育出版社 1982 年 3 月第 1 版。
26. 王鼎吉编著:《字的基本知识 60 题》,中国和平出版社 1996 年 4 月第 1 版。
27. 孙中运著:《汉字的分化同化与讹化》,大连海运学院出版社 1992 年 12 月第 1 版。

# 第三章 汉字各论

## 第一节 古 文 字

### 一、甲骨文

(一) 甲骨文是一种什么样的文字

甲骨文是迄今发现的我国最古老、而且是已经比较成熟的一种文字,由于这些文字契刻在龟甲兽骨之上,故称之为甲骨文,又叫"契文"。

甲骨文的最早发现地在今河南省安阳市城西北五里的小屯村,这里就是《史记·殷本纪》引自《竹书纪年》所载"盘庚迁殷,至纣之灭,二百七十三年,更不徙都"的商代后期都城故地。商之年代不可确考,一般认为约在公元前 1700 年至公元前 1100 年。商原为夏的属国,约在公元前 1700 年商王汤打败了夏王桀,夏灭商立。商从建立到灭亡长达 500 多年。商原建都于亳(bó,今山东曹县南),后多次迁徙。最后一次迁徙是商汤的第 9 代孙、商的第 19 个王盘庚迁都至殷(今河南安阳小屯村),至殷纣灭国前后共 273 年,历经 8 世 12 王,即盘庚、小辛、小乙、武丁、祖庚、廪辛、康丁、武乙、文丁、旁乙、帝辛(纣)。

殷商时期使用甲骨来占卜记事。"甲"即龟甲,主要用龟的腹甲;"骨"即兽骨,主要是用牛的肩胛骨。占卜用的甲骨在占卜前要磨刮平整,然后在甲骨的背面钻凿出一些凹穴,占卜时烧灼甲骨钻凿处,其正面就会出现不同形状的裂纹,其竖者称之为"兆干",其横者称之为"兆枝",这些横竖裂纹很像个"卜"字,故又称之为"卜兆"。占卜者据此判断吉凶祸福,并将占卜内容用文字契刻在甲骨上,这种文字被称作甲骨文,又称作"甲骨卜辞"。至秦汉时期,殷都遗址已成为一片废墟,故又将这一地区称为"殷墟",将在此发现的甲骨文称作"殷墟甲骨文"或"殷墟卜辞"。1954年又在山西洪赵县坊堆村周代遗址发现了契刻有甲骨文字的甲骨,而后在其他周代遗址续有发现,研究者称其为"西周甲骨文"。

甲骨文字已基本具备了许慎在《说文解字·叙》中所说的指事、象形、形声、会意、转注、假借等"六书"的造字、用字法则,足见甲骨文字的成熟程度及先人的智慧。甲骨文字是中华文明的代表之一。

(二) 甲骨文的发现情况

1. 殷墟甲骨文的发现

殷墟甲骨文字的发现是近百年的事。但是古籍中很早就有关于殷商和西周文字的记载。例如《尚书·多士》:"惟尔知惟殷先人,有册有典,殷革夏命。"(你们的先人,是有册书典籍的,记载着殷革夏命的道理。)这证明殷商时期已有了"册""典"。又如《诗经·大雅·緜》:"周原膴膴,堇荼如饴。爰始爰谋,爰契我龟。曰止曰时,筑室于兹。"(译文:周原肥沃又宽广,堇葵苦菜像饴糖。大伙计划又商量,刻龟占卜望神帮。神灵说是可定居,此地建屋最吉祥。"周原"指今陕西岐山下的平原。该诗记载了周代用龟甲占卜之事。典籍中有关古代文字的记载已被近百年来大量的考古发掘所证实。)

殷商甲骨文字发现于清光绪二十四年(1898)。当时,河南省安阳县城西北五里小屯村的农民,在翻地时于黄土层下发现了一批甲骨,误认为是"龙骨",卖给药铺作为药用。后来流入北京药铺。清光绪二十五年(1899),清内阁学士、古文字学家王懿荣(1845—1900),从药中发现作为药引的"龙骨"上刻有文字,经仔细研究,确认此乃商代卜骨,所刻文字远在大篆(籀文)之前。王懿荣是我国历史上第一个发现和确认商代甲骨文字的人。后据近代学者王国维(1877—1927)进一步考证,小屯一带"盖即盘庚以来之旧都"。王国维是第一个确认小屯为殷商都城故地的人,并进一步证实所发现的甲骨乃殷商时代的遗物。

这一重大发现,开启了百年来对甲骨文的发掘和研究。通过对甲骨文字的研究,人们对汉字的产生及发展演变有了新的认识,并为商周社会的历史研究提供了十分丰富的资料。

2. 西周甲骨文的发现

(1) 西周的时代

周代有西周东周之分。周武王约在公元前 1100 年灭商建周，是为西周。西周建立之前，周文王将都城从岐山南边的周原迁至丰水以西的丰城。武王灭商之后，又在丰水以东建立了新都，称之镐(hào)京，是为西都。武王病逝后，武王之子成王继位，武王之弟周公旦摄政，辅助年幼的成王，又于洛邑(今河南洛阳)建一新都，是为东都。成王仍居镐京，东都由周公旦代治。至公元前 770 年，第 13 代周平王又将都城从镐京迁至东都洛邑。史称周平王东迁以前为西周，东迁以后为东周。西周约在公元前 1100 年至前 771 年；东周从公元前 770 年至前 256 年，大致为春秋战国时期。

(2) 西周甲骨文的发现

新中国的考古工作者于 1954 年在山西洪赵县坊堆村周代遗址发现了有字甲骨，卜骨正面刻一行八个文字(畅文斋、顾铁符《山西洪赵县坊堆村出土的卜骨》，《文物参考资料》，1956 年第十一期)，经学者李学勤考证为西周时期的甲骨(李学勤：《谈安阳小屯以外出土的有字甲骨》，《文物参考资料》，1956 年第十一期)，陈梦家也将其定为殷末周初之物(陈梦家：《殷墟卜辞综述》，第 28 页)。

1956 年又在西周丰(丰城)镐(镐京)遗址的张家坡发现了有字甲骨三片，合文五字。其中一片用牛肩胛骨制成，正面卜兆附近有刻划极细的文字两行(《长安张家坡村西周遗址的重要发现》，《文物参考资料》，1956 年第 3 期)，经鉴定为西周甲骨。

1975 年在北京昌平白浮村西周燕国墓地发现有字甲骨(参见：《北京地区的又一重要考古收获》，《考古》，1976 年第 4 期)四片，共 11 字。

1977 年春和 1979 年，又先后在周原遗址陕西岐山县凤雏村和扶风县齐家村发现西周有字甲骨。(参见《陕西岐山凤雏村发现周初甲骨文》，《文物》1979 年第 10 期；陈全方《陕西岐山凤雏村西周甲骨文概论》，《古文字研究论文集》1982 年第 5 期；《扶风县齐家村西周甲骨发掘简报》，《文物》1981 年第 9 期)凤雏出土 289 片，共计 903 字，合文 12 个；扶风齐家出土 6 片，共 102 字。

以上五处已公布的西周有字甲骨共 302 片，总字数 1041 个。西周甲骨上的文字一般都很少,有些字体十分纤细,小如粟米,需 5 倍放大镜方能辨识。

(三)学术界对甲骨文的研究情况

1. 殷墟甲骨文研究

自甲骨文字发现以来,研究者对其进行了深入的考证研究。

著录甲骨拓本的第一部专书是《铁云藏龟》,其作者乃《老残游记》一书的作者、古文字学家刘鹗(字铁云,1857—1909),他将当时收集到的甲骨拓本编集成书出版。

对甲骨文字进行考释研究的第一部专著为《契文举例》,该书在 1904 年由孙诒让(1848—1908)根据《铁云藏龟》一书的资料写成,但当时并未付印,原稿于 1913 年被王国维(1877—1927)在上海发现,1917 年被收入罗振玉(1866—1940)刊行的《吉石庵丛书》第三集中。

随着甲骨文的不断出土,研究也更加丰富,陆续出版的各种专著主要有：

罗振玉著《殷虚书契前编》、《殷虚书契后编》、《殷虚书契续编》、《殷虚书契菁华》、《殷虚书契考释》、《增订殷虚书契考释》;

王国维著《戬寿堂所藏殷虚文字考释》、《殷卜辞中所见先公先王考》及《续考》;

容庚(1894—1983)著《殷契卜辞》;

郭沫若(1892—1978)著《卜辞通纂》、《殷契萃编》、《中国古代社会研究》、《甲骨文字研究》;

郭沫若主编、胡厚宣总编辑的《甲骨文合集》;

唐兰(1901—1979)著《殷虚文字记》、《古文字学导论》、《天壤阁甲骨文存》;

杨树达(1885—1956)著《积微居甲文说》;

李孝定著《甲骨文字集释》;

于省吾(1896—1984)著《殷契骈枝》初、二、三编,《甲骨文字释林》;

董作宾(1895—1963)著《殷虚文字甲编》、《殷虚文字乙编》、《甲骨文断代研究实例》、《新获卜辞写本》;

王襄著《簠室殷契类纂》;

商承祚(1902—　)著《殷虚佚存》、《殷虚文字类编》；

孙海波(1910—1972)著《甲骨文编》、《诚斋殷虚文字》；

董作宾、胡厚宣著《甲骨年表》；

胡厚宣著《殷虚发掘》、《战后宁沪新获甲骨集》、《甲骨续存》、《五十年甲骨文发现的总结》、《八十五年来甲骨文材料之再统计》、《五十年甲骨学论著目》；

王宇信著《建国以来甲骨文之研究》、《甲骨学通论》、《西周甲骨探论》；

陈梦家著《殷墟卜辞综述》；

李圃著《甲骨文文字学》、《甲骨文选注》；

邹晓丽等著《甲骨文字学述要》；

陈炜湛著《甲骨文简论》；

丁山著《甲骨文所见民族及其制度》；

徐中舒主编《甲骨文字典》；

宋镇豪主编《百年甲骨学论著目》等。

日本、美国、加拿大等国的学者也出版了各种研究专著。各种甲骨文论著在3000种以上。甲骨文研究学者最为著名者，当推学术界号称为"四堂"的四位学者，他们是：罗振玉(号雪堂)、王国维(号观堂)、郭沫若(号鼎堂)、董作宾(号彦堂)。

各种著作中，特别要提出的是郭沫若主编、胡厚宣总编辑的《甲骨文合集》(中华书局出版)，该书乃商代殷墟甲骨文资料的汇编，是自甲骨文发现以来，收集资料最全面、最丰富，并经过科学整理的一部集大成的甲骨著录。全书共13册，收甲骨文41956片，按甲骨刻辞中所反映的商代社会历史面目，参照前人著录的分类经验，将所收甲骨文分为4大类31小类，基本上包括了政治、经济、文化等三个方面。

自1898年发现甲骨文以来，已出土甲骨约15万片，已发现甲骨文的单字总数有4500多个，其中已识者近2000字，常用而无争议的达千余字，甲骨文字的研究取得了很大成就。

2．西周甲骨文研究

(1) 萌芽时期(1950—1956)

1950年在河南安阳殷墟范围内的四盘磨村西地发现了卜骨，主持发掘者注意到"内有一块卜骨横刻三行小字，文句不合卜辞通例"。（郭宝钧：《一九五〇年春殷墟发掘报告》，《中国考古学报》第五册，1951）1954年山西洪赵坊堆村有字甲骨文发现后，学者们见到了整治和文字契刻与殷墟甲骨文不同类者。李学勤首位指出坊堆甲骨"应当是西周的"。（《谈安阳小屯以外出土的有字甲骨》，《文物参考资料》1956年第11期）这是甲骨学研究领域的一个突破，此阶段的研究为西周甲骨学的草创时期。

（2）形成时期（1956—1982）

西周甲骨被认识之后，随着材料的增多，研究进入第二阶段，主要研究成果有以下几个方面：

① 材料的及时公布

丰镐地区张家坡遗址1955—1957年大规模发掘所得甲骨，已在《沣西发掘报告》（文物出版社1962年，第111页）中公布。北京昌平白浮周初燕国墓中所出甲骨，于1976年《考古》第四期上发表。1977年春在周人发祥地——周原凤雏出土的17000余片甲骨也先后相继发表如下：

1979年《文物》第十期上刊出31片有字甲骨；徐锡台的《陕西岐山县凤雏村发现周初甲骨文》、《探讨周原甲骨文中有关周初的历法问题》（均载《古文字研究》第一辑，中华书局1979），《周原卜辞十篇选释及断代》（载《古文字研究》第六辑，中华书局1981）；陕西周原考古队的《岐山凤雏村两次发现周初甲骨文》及徐锡台的《周原出土卜辞选释》（均载《考古与文物》1982年第3期）；陈全方的《陕西凤雏村西周甲骨文概论》（《古文字研究论文集》，《四川大学学报丛刊》第十辑，1982年第5期）将岐山凤雏所出全部有字甲骨289片，分10类发表。

1981年出版的《文物》第九期刊《扶风县齐家村西周甲骨发掘简报》，将1979年发现甲骨全部公布。

② 文字释读

文字考释是西周甲骨研究第二阶段的主要工作之一。王宇信《西周甲骨汇释》（《西周甲骨探论》第二篇，中国社会科学出版社

1984年版)全面汇辑各家对历年出土西周甲骨文字的考释和解说。

③ 周原所出甲骨的时代及族属问题的探索

主要有下述几种意见:

a. 周原甲骨(主要指凤雏所出)不是周族而是商王室的。(王玉哲:《陕西周原所出甲骨文的来源试探》,《社会科学战线》1982年第1期)

b. 周原甲骨绝大部分是文王时代遗物,但也应有成王遗物在内。(徐中舒:《周原甲骨初论》,《古文字研究论文集》1982年第5期)

c. 周原甲骨从字体和内容看,似可分为前后两期,即武王克商以前和克商以后。(徐锡台:《陕西岐山凤雏村发现周初甲骨文》、《周原出土的甲骨文所见人名、官名、国名、地名浅释》,《古文字研究》第一辑,中华书局1979年;李学勤、王宇信:《周原卜辞选释》,《古文字研究》第四辑,中华书局1980年版)李学勤论断"凤雏甲骨的年代上起周文王,下及康、昭"。(《西周甲骨的几点研究》,《文物》1981年第9期)

d. 周原甲骨最早当属于周文王早期,或王季晚期作品,即相当于殷墟卜辞第三、四期,属于廪辛、康丁、武乙时卜辞。(徐锡台:《周原卜辞十篇选释及断代》,《古文字研究》第六辑,中华书局1981年版)

④ 西周甲骨的特征及与殷墟卜辞关系的认识

有人认为二者为两种不同传统的卜法,西周甲骨不是殷墟甲骨的直接延续。(参见李学勤《西周甲骨的几点研究》,《文物》1981年第9期)王宇信则认为二者有许多共同性,正说明它们是一脉相承的。(参见《西周甲骨探讨》中国社会科学出版社1984年版)

⑤ 对甲骨上一种异形文字讨论的深入

所谓"异形文字",指文句不合卜辞通例的由数字组成的一种特殊形式的文字。李学勤在1956年率先提出联想到《周易》的"九""六"。1978年张政烺提出这种由数字组成的符号是"八卦",而后论证这类奇字就是"易卦"。(《试释周初青铜器铭文中的易卦》,《考古学报》1980年第4期)而后又有学者沿此不断深入探索。

⑥ 商周历史文化的考索

我国古代典籍中有关周初史迹记载很少,而西周甲骨,特别是周原凤雏所出甲骨,内容较为丰富,为研究商周历史文化提供了宝贵的资料。有学者不断撰文加以考证,成果颇丰。

(3) 发展时期(1982—　)

1982年陈全方《陕西凤雏村西周甲骨文概论》一文将发掘出土有字甲骨全部公布以后,西周甲骨研究开始进入第三阶段——全面深入研究时期。1984年王宇信出版《西周甲骨探论》一书。书中首先介绍了30多年来西周甲骨的发现和研究情况,其次汇集历年各家有关文字的考释,此外,对当时学术界争论较多的问题,诸如西周甲骨的特征、西周甲骨与殷墟甲骨的关系、西周甲骨的分类与用途、西周甲骨的分期及其科学价值、今后研究中尚需深入探索的问题等,做了专门论述。还将各地所出西周有字甲骨汇摹聚集。附有重要文字索引及论著简目等。是一部很重要的承上启下的著作。

(四) 甲骨文的分期断代研究

1. 为什么要作此项研究

从殷墟出土的10万多片甲骨文,是商代盘庚迁殷以后的文字。商代从盘庚14年迁殷至纣之灭亡,中间经历8世12王,历时273年之久。对于一片具体的甲骨文,应首先辨明它是属于这273年中哪一个时期的,是早期、中期还是晚期,这一片甲骨文究竟相当哪一位商王时期? 这种对每一片具体的甲骨文判断其具体时期和时代的工作,便叫作"甲骨文的分期断代"。只有将每片甲骨文的具体时代判明,才能分门别类地对甲骨文进行研究,才能从15万片甲骨文里钩稽出商代信史,才能对其进行文字、文法、词汇等方面的深入研究。总之,分期断代乃是甲骨文研究的基础。

2. 商代甲骨文的分期

关于殷墟的时代,王国维认为商自"盘庚以后、帝乙以前,皆宅殷虚"。(《古史新证》第五章)经历年考古发掘的资料证明,王氏之说基本与史实相符。商朝在此居住了273年之久,是商最后一个国都,甲骨文即这一历史时期的遗物。

1917年2月,王国维曾在《殷卜辞中所见先公先王考》和《续考》

中首先利用卜辞中的称谓来考定甲骨文的年代。

继王国维"称谓"说之后，董作宾又提出"贞人"说，他认为"凡见于同一版上的'贞人'，他们差不多可以说是同时。"(《大龟四版考释》，安阳发掘报告第三期，1931年6月)

1932年董作宾的《甲骨文断代研究例》问世，将商代甲骨文分为五个时期：

第一期　盘庚　小辛　小乙　武丁　(二世四王)
第二期　祖庚　祖甲　(一世二王)
第三期　廪辛　康丁　(一世二王)
第四期　武乙　文丁　(二世二王)
第五期　帝乙　帝辛　(二世二王)

这五个不同时期，是用下述十项标准研究甲骨文得出的：

一、世系，二、称谓，三、贞人，四、坑位，五、方国，六、人物，七、事类，八、文法，九、字形，十、书体。

这十项标准使15万片甲骨按时代先后划归五个不同时期，隶属八世十二王的名下。初学甲骨文者应首先习练之。现分别简介如下：

(1) 所谓"世系"，即商人祖先的世次。世次就是位次，包括直系和旁系，由此可知商先王之间的远近亲属关系。

① 先公远祖时期——公元前16世纪左右，商汤灭夏，建立了商王朝，故后世称商汤(即大乙、唐)以前为"先公远祖"时期。这一时期又可细分为二段：即自帝喾至振的各祖先为"先公远祖"；自上甲微至示癸的各祖先为"先公近祖"。

商人的先公远祖契曾佐禹治水有功，被舜命为司徒，封于商，赐姓子氏。契以下至主癸(示癸)，基本上与历史上的夏王朝同时，为公元前21世纪—公元前16世纪，此期又称为"先商时期"。

② 先王前期——自商汤(大乙、唐)到祖丁，为先王前期，为历史上商王朝的前期和中期。

③ 先王后期——自盘庚到帝辛，后世称为先王后期，为历史上商王朝的后期。殷墟出土15万片甲骨文，即为此间占卜的遗物。

下列商王世系表(图48)以备参考：

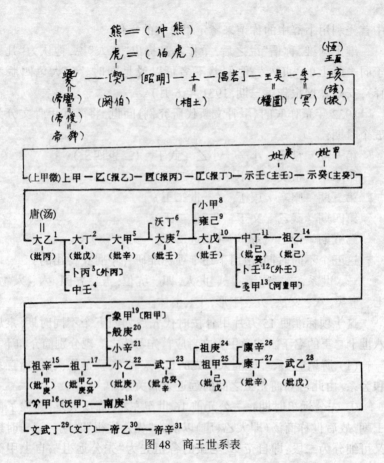

图 48 商王世系表

(2)"称谓"是占卜时的王对自己亲属的称呼。卜辞中对所祭祖先的称谓,以时王与其关系的亲疏远近而定。时王称自己所祭的父辈为"父某",母辈为"母某",兄辈为"兄某",子辈为"子某";祖父、祖母以上亲属均称之为"祖某"、"妣某";辈次更远者,则径称其名谥。据此,可以推断出这个占卜的王在商世系表上所处的位置,由此断定甲骨文的时代。

(3)"贞人"是商王朝代表时王占卜并记事的史官,不同的贞人供职于不同的商王。贞人的时代是由甲骨上的称谓决定的,同时出现于一版上的贞人可定为同一时代,这就是"贞人同版"。再将具有"共版"关系的贞人与其他贞人系连起来,就可以找出每一时期的贞人组。由此，可以根据甲骨上出现不同时期的贞人，判定甲骨为该贞人所属时期之物。现将董作宾和陈梦家分别确定的各期贞人列表如下(表49、50)，以备参考：

### 表49 董作宾所定贞人表

**第一期**

(宾)(殼)(争)(互)(告)(品)(章)(永)
(内)(甘)(旅)(共)(允)(山)(掃)(史)

**第二期**

(大)(旅)(即)(行)(兄)(出)(先)(宾)
(喜)(尹)(自)(逐)(洋)

**第三期**

(尤)(宁)(狄)(得)(口)(彭)(卯)
(右)(頒)(亭)(鹿)(定)(敎)(逆)

**第四期**

(歴)(萬)(中)(車)(狐)(獅)(枓)(史)
(余)(子)(医)(祉)(取)(我)(扶)
(自)(幽)(叶)(勺)

**第五期**

(黄)(冰)(緇)

(参见《甲骨文断代研究例》和《殷墟文字乙编序》)

表50　陈梦家《殷墟卜辞综述》所定贞人表

武丁

宾组　(宾)　(殻)　(争)　(亘)　(古)　(品)　(韦)
　　　(永)　(内)　(努)　(出)　(允)　(卋)　(甘)
　　　(箙)　(㧑)　(共)

附属　(勹)　(彶)　(邑)　(琢)　(己)　(㷱)
　　　(亚)　(允)　(中)　(徙)　(韦)　(䏁)
　　　(戉)　(何)　(名)　(耳)　(御)　(乐)
　　　(偶)　(卯)　(离)　(箒)　(昰)　(黍)

午组　(午)　(允)


武丁晚期

自组　(自)　(勺)　(扶)

附属　(徙)　(辛)　(丁)　(㠱)　(由)　(取)
　　　(界)　(勿)　(叽)

子组　(子)　(余)　(我)　(㠯)　(㠯)　(史)　(齝)

附属　(系)　(車)　(衕)

不附属　(史)　(衒)　(陟)　(定)　(㚇)　(㞢)
　　　　(望)　(正)　(享)

236

祖庚
出组兄群　　（兄）　　（出）　　（逐）

出组大群　　（中）　　（冉）　　（足）

祖甲
出组大群　　（喜）　　（羑）　　（大）

出组尹群　　（門）　　（尹）　　（行）　　（旅）

　　附属　　（即）　　（洋）　　（犬）　　（涿）

　　不附属　　（先）　　（坙）　　（寅）　　（杰）　　（山）

廪辛
何组　　（何）　　（宁）　　（酉）　　（燊）　　（彭）　　（豆）　　（口）

　　　　（狄）　　（徝）　　（逆）　　（叩）　　（纹）　　（右）

不附属　　（教）　　（弔）　　（眹）　　（大）　　（朡）

武乙
　　　（歷）

帝乙帝辛
　　（黄）　　（派）　　（韜）　　（个）　　（立）　　（女）

（参见《殷墟卜辞综述》第 205—206 页）

(4) 坑位，董作宾在《甲骨文断代研究例》中实际上是指甲骨出土地区。甲骨出土的坑位对甲骨断代的研究，只能提供"有限度的启示"，因为甲骨在地下埋藏的情形颇复杂，而民间所得甲骨无从得知其坑位关系，即使科学发掘所得甲骨的坑位关系也只公布了一部分，所以应用坑位断代时需要特别谨慎。

(5) 方国，即甲骨文上所记商王朝各个不同时期与周围方国的关系。董作宾云："方国本来不能算作标准，因为在殷代诸侯方国大都是世袭的，名称也是始终一致的，我们不能说在某一王的时期有此国，以后或以前就没有了它，我当时列为标准，只是因为殷王室在某一个时期和某一方国的交涉特别之多而已。"(《甲骨学五十年》第122页)

(6) 人物，即甲骨卜辞中出现的史官、诸侯、臣属等人名，可作为断代时的辅助标准。卜辞中出现人物最多的，当推武丁卜辞。但卜辞中又有异代同名现象(参阅张永山、罗琨《论历组卜辞的年代》，刊《古文字研究》第三辑)，故运用这一标准时，仍需慎重。

(7) 事类，即占卜的事情。诸如祭祀、征伐、卜旬、卜夕、田游等等。占卜事类对于判别甲骨的年代有一定作用，但要慎用。各个时期占卜或记录的内容不尽相同，有些为某一时期所特有，而有些则为各个时期所共有，故此项标准仅为断代的辅助手段。

(8) 文法，即卜辞的语法、常用语及文例。卜辞的文法各种形式往往同时并存，很难区分出时代的先后。而辞例则不失为判别时代的一种辅助标准，因为每个时期都有一些特殊用语，成为该期卜辞的一种特色。例如：二告(或释上吉)、三告、不玄**冥**、**娩㚯**、有子、王**聑**(**聑**，即聽)、使人、下上弗若、**㞢**人、登人、古王事(古朕事)、左王等，皆为武丁时特殊用语；有来**艱**、在正月、王曰贞等，为祖庚祖甲时的特殊用语；湄日、奉禾、受禾、弗每、其每、大吉、大吉兹用、多**嬖**臣、多方小子小臣等，为**廩**辛康丁以至武乙文丁时期的特殊用语；**寧**、王**凷**(占)曰大吉、王**凷**(占)曰弘吉、其牢兹用、今夕**自**不震等，则为帝乙帝辛时的特殊用语。根据卜辞中出现的一些特殊用语，可推断该甲骨的年代。

(9) 字形,即甲骨文中一些常用字字形,在各期之中有所不同。如"干支"字,几乎每片甲骨均出现,而又富于时代的变化(如下列图51"干支字演化表"所示各期干支字变化情形),故可用来判定甲骨时代。

| 字形变化\干支期别 | 甲 | 乙 | 丙 | 丁 | 戊 | 己 | 庚 | 辛 | 壬 | 癸 |
|---|---|---|---|---|---|---|---|---|---|---|
| 第一期 武丁 | 十 | ∫ | 内 | □ | ⊁ | 己 | 角 | ▽ | エ | ✕ |
| | 十 | ⌇ | 内 | □ | ⊁ | 弓 | 角 | ▽ | | |
| 第二期 祖甲 | 十 | ∫ | 内 | □ | ⊁ | 己 | 角 | ▽ | エ | ✕ |
| 第三期 廩辛康丁 | 十 | ∫ | 内 | □ | | 己 | 角 | ▽ | エ | ✕ |
| | 十 | ∫ | 内 | □ | ⊁ | 弓 | 角 | ▽ | | |
| 第四期 武乙 | 十 | ∫ | 内 | □ | ⊁ | 己 | 角 | ▽ | エ | ✕ |
| | | | 内 | □ | ⊁ | 弓 | 角 | ▽ | | |
| 文丁 | 十 | ∫ | 内 | □ | ⊁ | 己 | 角 | ▽ | エ | ✕ |
| | | | | □ | ⊁ | 弓 | 角 | ▽ | | |
| 第五期 | 十 | ∫ | 内 | □ | ⊁ | 弓 | 角 | ▽ | エ | ✕ |
| 帝乙帝辛 | 十 | ∫ | 内 | □ | ⊁ | 己 | 角 | ▽ | エ | ✕ |
| | 十 | ∫ | 内 | □ | ⊁ | 己 | 角 | ▽ | エ | ✕ |

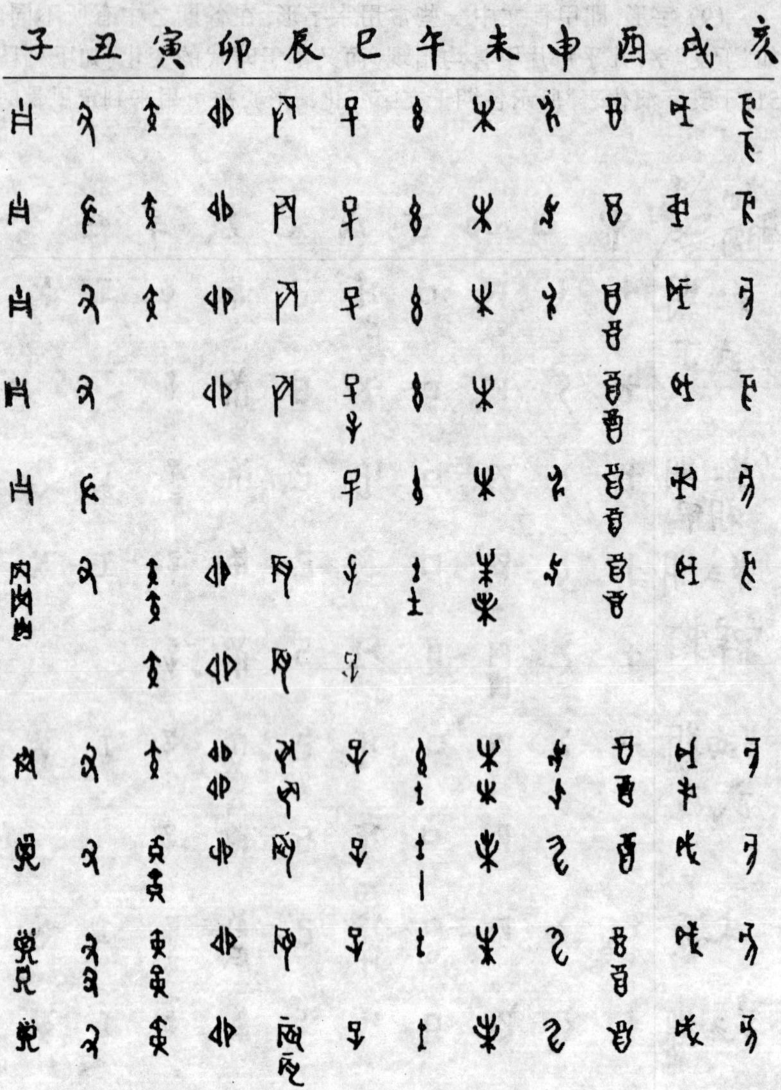

子 丑 寅 卯 辰 巳 午 未 申 酉 戌 亥

图51 干支字演化表

(10) 书体,即甲骨文的书写风格。各期特点如下:

第一期 雄伟。有的字形体较大,笔力遒劲;有的字形体较小,但刚劲。(图52《甲》3339)

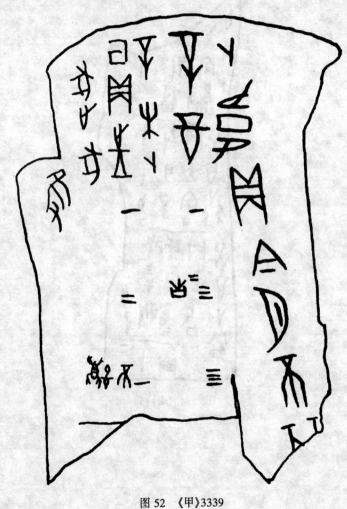

图52 《甲》3339

第二期　谨饬。文字大小适中,行款均匀整齐,疏密有致。(图 53《通》75)

图 53　《通》75

第三期 颓废。多有文字错讹、行款散乱之作。(图 54《甲》2605)

图 54 (《甲》2605)

第四期　劲峭。文字峭拔耸立、粗犷豪放,有"铜筋铁骨"之称。(图55《甲》635)

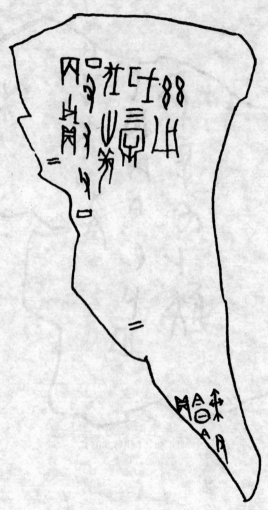

图55　(《甲》635)

第五期　严整。文字细小,结构严整浑厚;行款排列有序,多有方整段落。(图 56《通》571)

图 56　(《通》571)

总之,以上世系、称谓、贞人,是甲骨文分期断代的基本根据,亦被称为"第一标准"。而三者之中,贞人最为重要。因为贞人在卜辞中署其私名,可据此与称谓联系起来断代。其他诸如坑位、方国、人物、事类、文法、字形、书体,则为分期断代的辅助依据,可称为"第二标准"了。

董作宾的"五期"说和"十项标准",在其后几十年甲骨文分期断代研究的实践中,一直行用不衰,至今仍为国内外甲骨学界分期断代的依据,还没有任何一个新的方案可以取而代之。后来胡厚宣主张并为四期,陈梦家主张扩为九期,但与董氏五分法并无实质不同,且均是以董氏说为依据的,故略而不论。

3. 西周甲骨文的分期

周原凤雏和齐家有字甲骨大量出土以前,对于零星出土的西周甲骨,很难分期断代。而后,特别是凤雏所出甲骨,数量既多,且内容丰富,故作为分期断代研究的重点。一般认为,西周甲骨(主要是周原甲骨)基本可分为三个不同时期,即:

① 文王时期(主要是凤雏所出文王"受命"前、"受命"后,及与文王同时的帝乙、帝辛卜辞);

② 武成康时期(包括凤雏及洪赵坊堆村所出甲骨);

③ 昭穆时期(包括周原齐家及北京昌平白浮所出)。

对于西周甲骨的分期断代研究,是从下述几个方面进行的:

① 西周甲骨中"王"字的变化

西周甲骨中没有象殷墟甲骨文中的世系、贞人、称谓作为分期断代的依据,却有一个经常出现,且字形富于变化的"王"字,对于此项研究有重要意义。西周甲骨文中"王"字的横向差异与纵向变化,如下表(图57)所示:

| 字型\项目 | 字型 | 时代 | 备考 |
|---|---|---|---|
| I | 王1式 王2式 | 文王(受命前) | I型1式为帝乙、帝辛甲骨,与文王时期相当。 |
| II | 王1式→王2式 | 文王(受命后) | |
| III | →王 | 武成康 | |
| IV | 王 | 昭穆 | |

图 57 周原甲骨王字字形演化表

② 根据甲骨所载史迹判断时代

周初不少重大历史事件,都在西周甲骨上有所反映。将其与古文献结合进行考证,可将一部分没有"王"字的甲骨时代确定下来(每片的具体考证,参见王宇信《西周甲骨探论》第四篇、第五篇)。现将各片主要内容及各家所定时代列表如下(图58):

| 片号 | 内容 | 《探论》所定时代 | 《概论》所定时代 | 《两次发现》所定时代 | 《十篇选释》所定时代 |
|---|---|---|---|---|---|
| H31:5 | 密卣(斯)郭(城) | 文王受命后 | 文王时代 | | |
| H11:31 | 于密 | 同上 | 同上 | 文王时代 | |
| H11:68 | 伐蜀 | 文王时代 | 同上 | | |
| H11:110 | 征巢 | 同上 | 成王时代 | | |
| H11:232 | 其于伐㺇(胡) | 同上 | 同上 | 文王时代 | |
| H11:4 | 其微楚伞㺇师氏受㺇 | 武王时代 | 同上 | | |
| H11:117 | 祠自蒿(镐)于周 | 成王时代 | 武、成时代 | | |
| H11:20 | 祠自蒿(镐)于壹 | 同上 | 文王末武王初 | | |
| H11:37 | 戚(廊)叔弗用,兹㤅 | 武王时代 | 武、成时代 | 武王时代 | |
| H11:116+175 | 戚(廊)叔族 | 同上 | 同上 | 同上 | |
| H11:278 | 戚(廊)叔 | 同上 | 同上 | 同上 | |
| H31:2 | 唯衣,鸡(箕)子来降,其执眾其史 | 同上 | 同上 | 同上 | |
| H31:3 | 隻其五十人,往、卣(斯)亡咎 | 同上 | 同上 | 同上 | |
| H11:9 | 大出于河 | 同上 | 疑武王时代 | | |

| 片号 | 内容 | 《探论》所定时代 | 《概论》所定时代 | 《两次发现》所定时代 | 《十篇选释》所定时代 |
|---|---|---|---|---|---|
| H11:115 | ……于商其舍若 | 同上 | 成王时代 | 武王时代 | 文王晚(与殷帝乙帝辛相当) |
| H11:27 | 于洛 | 成王时代 | 文王时代 | 成王时代 | |
| H11:102 | 见工于洛 | 同上 | 成王时代 | 同上 | |
| H11:42 | 新邑……迺……用牲 | 同上 | 同上 | 同上 | |
| H11:83 | 曰今秋楚子来告父后哉 | 同上 | 同上 | 同上 | 文王晚(与殷帝乙帝辛相当) |
| H11:8 | 六年史乎(呼)宅商西 | 同上 | 同上 | | |
| H11:164 | ……氒商 | 武成时代 | 文王时代 | | |
| H11:15 | 大保今二月往 | 武成康时代 | 疑成王时代 | 成王 | |
| H11:50 | 大保 | 同上 | 约武成康时代 | | |
| H11:45 | 毕公 | 同上 | 文王时代 | | |
| H11:86 | 毕公 | 同上 | 疑武成时代 | | |
| H11:22 | 虫(崇)白(伯) | 同上 | 文王时代 | | |

表中论著简称注

《概论》——《陕西岐山凤雏村西周甲骨文概论》,《古文字研究论文集》,一九八二年。

《两次发现》——《岐山凤雏村两次发现周初甲骨文》,《考古与文物》,一九八二年,第三期。

《十篇选释》——《周原卜辞十篇选释及断代》,《古文字研究》第六辑,一九八一年。

《探论》——《西周甲骨探论》,一九八四年。

图58 岐山凤雏甲骨文时代表

③ 西周甲骨的字形书体与分期断代

文王时期甲骨文总的书体作风为严整、谨饬;武、成、康时期则劲遒、豪放;昭、穆时代字体显得圆润、飘逸。(参见王宇信《西周甲骨探论》第四篇)

**结论**:周原凤雏出土289片有字甲骨,除去文字不能辨识的49片,有字可识者为240片。根据上文三个方面对其作分期断代,认为:文王时期(包括同时的帝乙、帝辛时期)甲骨共有23片(据"王"字判定15片、据事类判定5片、据书体判定3片),其余大部分应为武、成、康时代物,而不是有学者所论"绝大部分都是文王时代遗物"。文王时代的23片甲骨中,帝乙、帝辛甲骨只有8片,故认为凤雏甲骨主

要为周人之物,而不是有学者所云"绝大部分是商王室卜辞。"(王宇信《西周甲骨探论》第四篇)

(五)甲骨文例

甲骨上刻有"兆序"、"兆记"和"卜辞"。表示占卜次数的数目字,即为"兆序";记有关占卜情况的为"兆记",或称"兆辞",有"×告"、"吉"、"不玄冥"(即不模糊)、"兹用"(用,即施行)等;卜辞是贞人灼龟命卜之后,在甲骨上契刻的有关占问的内容。一条完整的卜辞包括:叙辞(又称前辞,即占卜的时间和贞人)、命辞(又称贞辞,即此次占卜所问的内容)、占辞(即商王看了卜兆后所下的判断)、验辞(即征验之辞)。

刻辞在甲骨上的刻写部位(即分布情况)及行(háng)款,是有一定规律的,这就是甲骨文例。甲骨文例含两种类型:① 卜辞文例;② 非卜辞的记事文例。现简述如下。

1. 卜辞文例

研究卜辞文例最初之探索者为胡光炜《甲骨文例》(1928)。对其作爬梳整理、发凡启例的则为董作宾。(见《商代龟卜之推测》,载《安阳发掘报告》1929 年第 1 期;《骨文例》,《史语所集刊》七本一分,1936)依甲骨所在部位推断其文例的方法,即所谓"定位"法,为董氏的天才发现,对通读卜辞十分有益。而后又有胡厚宣《卜辞杂例》(载《史语所集刊》八本三分)、《卜辞同文例》(载《史语所集刊》九本)。

(1) 龟腹甲上卜辞的分布及行款走向

龟甲各部位及名称如下图(图 59):

现依照图 59 各部位的序号,举例说明龟腹甲上卜辞的分布及行款走向。

① 中甲。《铁》5·1 片(图 60),片上两条卜辞,以中缝"千里路"为界,左右对贞。

右辞下行而右,从中缝千里路向外转行,即:"[辛]亥卜,王,贞[乎]🦕🦕[狩]擒。"

左辞下行而左,从中缝千里路向左转外行,即:"[辛]亥卜,王,贞乎🦕🦕弗[狩擒]。"

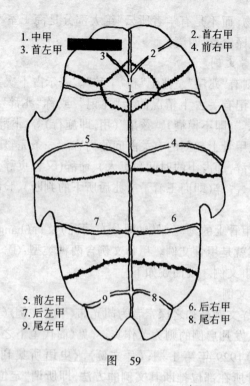

图 59

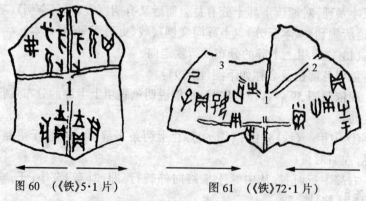

图 60 (《铁》5·1 片)　　图 61 (《铁》72·1 片)

② 左右首甲。《铁》72·1 片(图 61)。片上之 1 为中甲,2 为右首甲,3 为左首甲。上刻二辞。右首甲乙上一辞下行而左向内,即"贞侑于庚三十小宰。"左首甲 3 上一辞下行而右向内,即:"己巳[卜],

250

□,贞好祸凡有[疾]。"

③ 右前甲。《铁》261·3（图62）。片中之1为中甲，2为右首甲，3为左首甲残去处示意，4为右前甲。中甲处刻二辞，左右对贞。右边一辞下行而右，辞为"弜其擒"。左边一辞下行而左，辞为"丙□[卜]，□，[贞]弜弗其擒。"右前甲上刻一辞，下行而左向内，辞为"庚申卜，王，[贞]往来亡祸。"

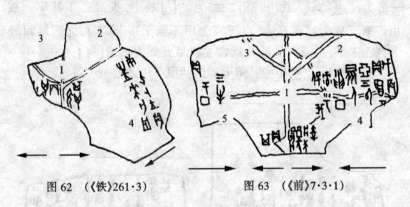

图62　（《铁》261·3）　　　图63　（《前》7·3·1）

④ 左、右前甲。《前》7·3·1（图63）。1为中甲，2为右首甲，3为左首甲，4为右前甲，5为左前甲。左、右前甲均有二条刻辞。右前甲4二辞，第一辞近外缘，自上而下，自外而向内左行，辞为："戊辰[卜]，□，贞翌[辛]□亚乞氏众人
丁录乎保我。"第二辞近中缝千里路，自上而下向外右行，辞为："丁亥卜……复……片祟……幸。"左前甲5亦二辞，第一辞近外缘处自上而下，自外向内右行，辞为："贞……于丁三牛。"第二辞近中缝千里路，自上而下，自内向外左行，辞为："贞……其……。"

⑤ 前左甲上部。《前》4·30·2（图64）。片上共三辞。第一辞近外缘处，自上而下，自外而内右行，辞为："贞

图64　（《前》4·30·2）

宙小臣,令众黍。一月。"第二辞近中缝千里路,辞自上而下,自内向外左行,辞为:"贞王心……亡自□。一月。"第三辞在外缘与千里路中间,辞自上而下,自内向外左行,辞为:"己[丑卜],□,贞……倗。一月。"

⑥ 前右甲上部。《前》2·25·5(图 65),此为五期卜辞。片上计上部一辞,中部三辞,下部三辞。各辞均自上而下,自内向外右行。第一辞为:"叀羍。兹用。"第二辞为:"□辰卜,贞武乙丁其牢。兹用。"第三辞为:"辛巳卜,贞王宾上甲不至于多毓衣亡尤。"第四辞为:"乙未卜,贞王宾武乙升伐亡尤。"第五辞为:"壬[寅]……妥……羊。"第六辞为:"叀……。"第七辞为:"甲……武乙……宰。"

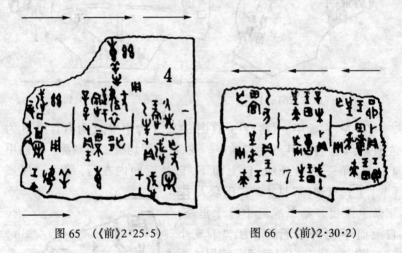

图 65　(《前》2·25·5)　　图 66　(《前》2·30·2)

⑦ 后左甲上部。《前》2·30·2(图 66),第五期物。上部三辞,下部三辞。辞皆自上而下,自内向外左行。第一辞为:"丁卯卜,贞王毫往来亡灾。"第二辞为:"辛未卜,贞王田䅆往来亡灾。"第三辞为:"乙亥卜,贞王田宫往来亡灾。"第四辞为:"壬子[卜],[贞]王田□[往]来[亡灾]。"第五辞为:"戊午[卜],[贞]王田□往[来亡灾]。"第六辞为:"壬□[卜],[贞]王[田]□[往]来[亡灾]。"

⑧ 后右甲上部。《前》2·9·3 (图67),第一期物,本片共三辞。第一辞近中缝千里路,辞自上而下,自内向外右行,辞为:"乙未卜,宾,贞今日其延雨。"第二辞自上而下,自内向外右行,辞为:"乙巳卜,争,贞㷇于河五牛沉十牛。十月。"第三辞近外缘处,辞自上而下,自外向内左行,辞为:"□□[卜],□,贞……臣在斗。"

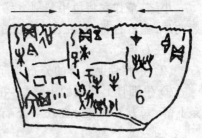

图67 (《前》2·9·3)

⑨ 后左甲下部。《前》2·4·3(图68),第一期,本片共三辞。第一辞自上而下,自内向外左行,辞为:"丙戌卜,贞弜邑在先不水。"第二辞自上而下,自外向内右行,辞为:"丁亥……。"第三辞仅余一字,走向亦应自内向外而左。

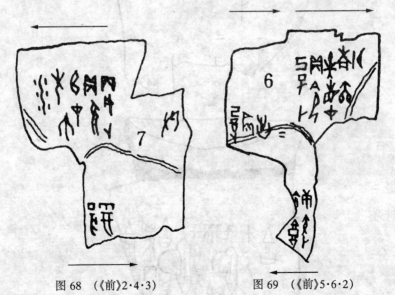

图68 (《前》2·4·3)　　图69 (《前》5·6·2)

⑩ 后右甲下部。《前》5·6·2(图69),第一期,共三辞,均自上而下。第一辞自内向外右行,辞为:"己巳卜,贞令吴省在南廩。十月。"第二辞自外向内左行,辞为:"庚寅卜……[令]墉……。"第三辞自内向外右行,辞为:"己酉卜……出。"

**小结**:董作宾将龟甲契刻卜辞文例的规律总结为:沿中缝而刻辞者向外,在右右行,在左左行;沿首尾之两边而刻辞者向内,在右左行,在左右行。

(2) 牛胛骨上卜辞的分布及行款走向

① 牛胛骨上契刻的卜辞,多在正面。在上部近骨臼处,常有两条卜辞,每从中间起,在左者下行而左;在右者下行而右。如图70

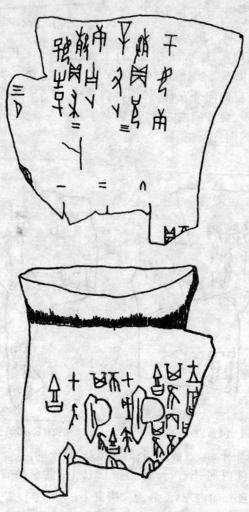

图70 (《甲》13926)

(《甲骨文合集》13926)此片上第一辞自上而下,自内向外右行,辞为:"辛丑卜,㱿,贞兄于母庚。三。"第二辞自上而下,自内向外左行,辞为:"庚子卜,㱿,贞妇好有子。三月。二。"反面是验辞,辞为:"王占曰:其……其惟丙不吉。其惟甲戌亦不吉。其惟甲申吉。"(参见《古文字研究》第三辑载松丸道雄《散见于日本各地的甲骨文字》三八七号;《文物与考古》1985 年第 6 期载胡厚宣《记日本京都大学考古研究室所藏一片牛胛骨卜辞》)

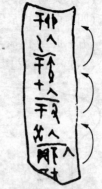

图 71 (《合集》5157)

② 又如图 71(《合集》5157)共四辞:其一为:"贞[辛]亥王入。"其二为:"于癸丑入。"其三为:"于甲寅入。"其四为:"于乙卯入。"各辞自下而上,排列有序。

③ 图 72(《萃》1345)则先自下而上,再自上而下排列,为第二期甲骨。此当为一右肩胛骨,外缘处(左侧)共五辞,自下而上排列;内缘处(右侧)仅余三辞(下残),时间上接外缘第五辞,自上向下分段排列。此版卜辞当读为:

(一) 己亥卜,旅,贞今夕亡祸。在十二月。一
(二) 庚子卜,旅,贞今夕亡祸。在十二月。一
(三) 辛丑卜,旅,贞今夕亡祸。在十二月。一
(四) 壬寅卜,旅,贞今夕亡祸。在十二月。一
(五) 癸卯卜,旅,贞今夕亡祸。在十二月。一
(六) 甲辰卜,旅,贞今夕亡祸。在十二月。一
(七) 乙巳卜,旅,贞今夕亡祸。在十二月。一
(八) 丙午[卜],[旅],贞今夕亡祸。在□□[月]。

④ 有被称为"相间刻辞"者(胡厚宣《卜辞杂例》,《史语所集刊》八本三分,1939),即内容不同的卜辞交错契刻在一骨。如图 73(《合集》9465)为一期甲骨,共有六辞,卜问三种不同内容。此版卜辞一、二、三辞与四、五辞相间。应读为:

(一) 乙卯卜,亘,贞勿锡牛。

(二)贞锡牛。
(三)贞锡牛。
(四)贞翌丙辰不雨。
(五)贞翌丙辰其雨。
(六)……[我]史步[伐]工方[受有祐]。

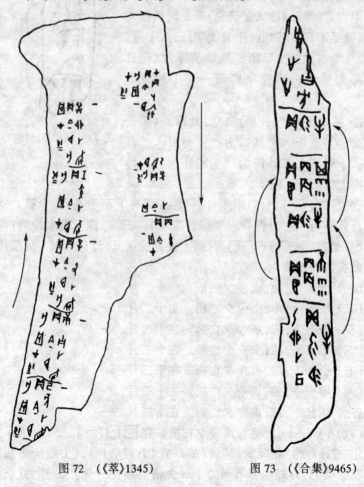

图72 (《萃》1345)　　　图73 (《合集》9465)

⑤ 也有左右对贞者,如图74(《佚》52),此版共七辞,一、二为一组,三、四为一组,五、六为一组,其辞为:

(一) 戊子卜,沐,翌己丑其雨。一

(二) 戊子卜,沐,翌己丑不雨。一

(三) 己丑卜,沐,翌庚寅其雨。一

(四) 己丑卜,翌庚寅不雨。一

(五) 庚寅卜,沐,翌辛卯不雨。一

(六) 翌辛卯其雨。一

(七) 丙戌……

⑥ 有的甲骨刻辞为正反面相接者。如:

图75(《合集》5298)正面为命辞,反面为叙辞,为一期卜龟。正面二辞为:

(一) 贞王听惟祸。一

(二) 贞王听不惟祸。一

图74 (《佚》52)

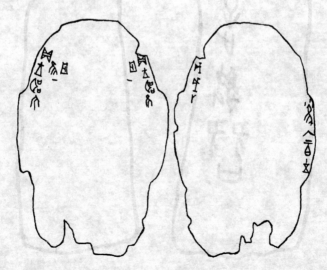

图75 (《合集》5298)

反面二辞为:

(一) 戊戌卜。(此辞的正面部位刻第一辞,故此当为"贞王听惟祸"的叙辞)

(二) 雀入二百五十。

图76(《合集》5951正、反),为一期甲骨。正面为命辞:"贞勿乎

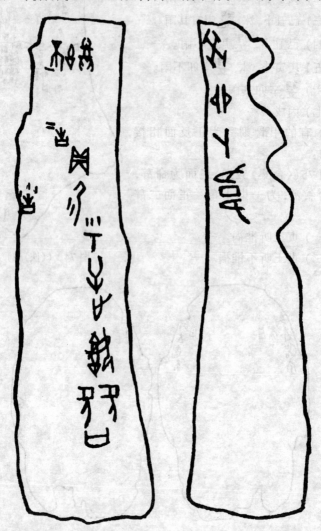

图 76　(《合集》5951正、反)

逆执㒷。"反面为叙辞:"癸卯卜,韋。"应与正面命辞相接。

图77(《丙》207正、208反)为一期卜龟。正面为叙辞、命辞、占辞,与反面的验辞相接。正面辞为:"丙申卜,殼,贞来乙巳酒下乙。王占曰:酒惟有祟其有毁。乙巳酒,明,雨。伐既,雨。咸伐。亦雨。饮卯鸟星。"接反面验辞:"九日甲寅不酒,雨。乙巳夕有毁于西。"

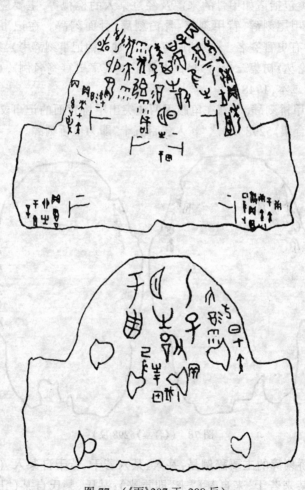

图77 (《丙》207正、208反)

2. 非卜辞记事文例

在龟甲和牛骨上刻写的记事文字包括有关准备卜材的记事刻辞、表谱文字和记事文字等;非甲骨上的记事文字包括人头刻辞、鹿头刻辞、牛头刻辞、骨柶刻辞、虎骨刻辞等。分述如下:

(1) 有关准备卜材的记事刻辞

此类包括诸如甲骨的来源及经过某人的检视等,主要应包括甲桥刻辞、甲尾刻辞、背甲刻辞、骨臼刻辞、骨面刻辞。在记事文字之末,还常有史官签名。(参胡厚宣《武丁时五种记事刻辞考》,载《甲骨学商史论丛》初集三册,1944;《卜辞记事文字史官签名例》,《史语所集刊》十二本,1948)

① 甲桥刻辞,即刻在龟腹甲两边突出甲桥背面的记事文字。如图78(《合集》5298反)之"雀入二百五十"即为甲桥刻辞。

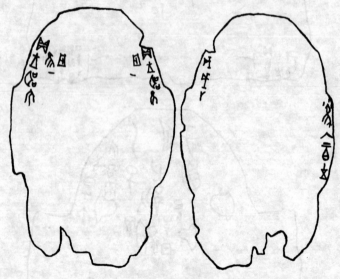

图78 (《合集》5298反)

甲桥刻辞的主要辞例是:某入、某入若干、若干自某入、("入"即贡纳);某来若干、来自某("来"即贡来);某氏、某氏自某("氏"即致送)。所记内容是占卜用龟由何处进贡而来。也有辞例为:自某乞、乞自某、乞自某若干、某取自某("乞"即征收、收取之意),记述龟甲乃为某人从某地征收而来。还有为：某示、某示若干("示"即检视)，记述龟甲整治后，经由某卜官检视验收之事。

② 甲尾刻辞

一般刻在龟甲的右尾上。其辞例为：某入、某来。("入""来"即贡纳、贡来之意)见图79(《合集》9334)，记某人贡"入二百二十五"。

图79 (《合集》9334)

③ 背甲刻辞

即在龟背甲反面近中间剖开处常刻之一行记事文字。如图80(《甲》2993)记丙寅日由某人检视四屯。

背甲刻辞的辞例为：某乞自某、某乞自某若干、某乞自某若干屯、某入若干、某来若干、某示、某示若干、某示若干屯。("屯"即一对，当指左、右背甲为一屯。)

④ 骨臼刻辞

其辞例为：自某、自某乞、乞自某若干屯、某乞自某若干屯、某自某乞若干屯、某示、示屯若干、某示若干屯、某示某若干屯、某示若干屯又一(即若干对零一)、某示若干屯又一凸，有的并注明日期干支。如图81(《合集》9408)。

⑤ 骨面刻辞

如图82(《佚》531)、图83(《合集》9386)

骨面刻辞的辞例为：自某、自某若干屯、乞自某、乞自某若干屯、某乞自某、乞于某若干屯、自某乞、乞若干屯、某示、某示若干、某示若干屯。

261

图 80　(《甲》2993)

图 81 (《合集》9408)

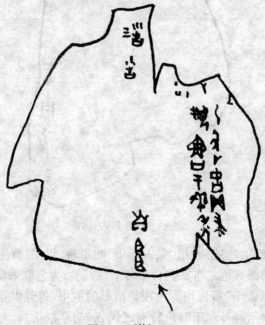

图 82 (《佚》531)

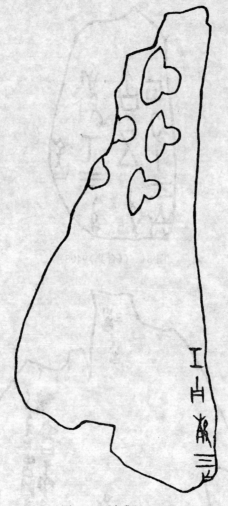

图 83 （《合集》9386）

**小结**：综上所述，凡记"某入若干"的甲桥、甲尾、背甲等刻辞，所记均为向商王贡龟之事；"乞自某若干"所记当为乞取采集龟甲、兽骨之事；"某示若干"所记均为检视整治好的龟甲、兽骨以备卜用之事。此五种记事刻辞乃武丁时所特有之风气（胡厚宣语）。与此同时，亦有记史之签名于末。

(2) 表谱文字

表谱文字或杂刻于卜辞中间,或刻于甲骨较偏僻处,也有刻于废弃甲骨之上者。

表谱刻辞有"干支表",见图 84(《合集》11730)

图 84　干支表(第一期武丁时代)

家谱刻辞所记为商王家系。图85(《契》209)

图85 (《契》209)

(3) 与卜事无关的记事文字,多刻在与卜辞有一定距离处,也有刻在甲骨反面者。参见图86(《前》6·2·3)辞为:"己未宜于羲京羌三卯十牛。中。"

图86 (《前》6·2·3)

(4) 其他骨头上的与占卜无关的记事文字,包括:人头骨刻辞、鹿头刻辞、牛头刻辞、骨柶刻辞、虎骨刻辞等。

与占卜无关的记事文字,实际上是殷商时代的"应用文"。

(六) 甲骨文字与六书

六书是古人分析汉字结构后提出的一种造字理论。所谓六书,也就是六种造字方法。六书这个名称最早见于《周礼·地官·保氏》:"保氏掌谏王恶,而养国子以道乃教之六艺。一曰五礼,二曰六乐,三曰五射,四曰五驭,五曰六书,六曰九数。"(保氏,掌管教育的官;国子,公卿士大夫的子弟。)《周礼》只提到六书,但未述及其详细内容。《周礼》一书的成书年代及内容,历代都有争议。目前中国学术界比较通行的观点,认为它是战国时代儒者根据当时各国政治制度而提出的一种理想制度,并未真正实行过。此书虽写定于春秋战国之际,但却涉及和依据了周代旧制,并且只能是以恢复周礼为己任的孔门弟子所作,而传世于刘向、刘歆父子。(参见《中国儒学百科全书》,中国大百科全书出版社1997年版)可见,早在战国时期,已研究归纳出了汉字构造的理论。

六书的具体名称,最早见于班固的《汉书·艺文志》:"古者八岁入小学,故周官保氏掌养国子,教之以六书,谓象形、象事、象意、象声、转注、假借,造字之本也。"《汉书·艺文志》是班固据西汉末刘歆的《七略》写成,由此可以推断,六书的具体名称,至少在西汉就有了。

和班固同时的郑众,在给《周礼》作注时,写出六书的具体名称为:象形、会意、转注、处事、假借、谐声。郑众为郑兴之子,郑兴乃刘歆的弟子。看来,郑众的注和班固《汉书·艺文志》对六书具体名称的提法虽略有不同,但均来源于西汉古文经学家刘歆。

许慎《说文叙》则对六书的内涵作了扼要的说明。许慎以后,六书便成为中国文字学的基础理论,分析字形,总离不开六书。甲骨文出土后,学者自然也用六书理论分析字形结构。由于小篆由商周文字演变而来,属于同一个文字系统,所以六书理论对甲骨文字基本适用,当然,具体说来在六书的分析上,甲骨文字与小篆又有某些不同。分述如下:(引书有时用简称,可互见。)

1. 象形

《说文·叙》:"画成其物,随体诘诎",带有图画性质的象形字在

267

甲骨文中表现得较小篆更为明显。如:(前者为甲骨文,后者为小篆)

卜: —— 卜 (象龟兆纵横之形)
牛: —— 牛
羊: —— 羊
豕: —— 豕
象: —— 象
馬: —— 馬
鹿: —— 鹿
犬: —— 犬
魚: —— 魚
貝: —— 貝
隹(zhuī): —— 隹
虎: —— 虎

龜: —— 龜
虫(huǐ): —— 虫 (象蛇形)
兔: —— 兔
眉: —— 眉

| | | | | | | |
|---|---|---|---|---|---|---|
| 屮(chè): | 丫 | 丫 | | — | 屮 | |
| 木: | 木 | 木 | 木 | — | 木 | |
| 禾: | 禾 | 禾 | 禾 | — | 禾 | |
| 來: | 來 | 來 | 來 | — | 來 | (象麦杆上长有麦穗形，假借为往来的来字。) |
| 米: | 米 | 米 | | — | 米 | (罗振玉《增考》："象米粒琐碎纵横之状。") |
| 爻: | 爻 | 爻 | 爻 | — | 爻 | (宋芳圃《释丛》："象织文之交错。甲文网字从此。") |
| 山: | 山 | | | — | 山 | |
| 川: | 川 | 川 | 川 | — | 川 | (罗振玉《增考》："象有畔岸，而水在其中。") |
| 日: | 日 | 日 | 日 | — | 日 | |
| 月: | 月 | 月 | 月 | — | 月 | |
| 星: | 星 | 星 | 星 | — | 星 | |
| 雨: | 雨 | 雨 | 雨 | — | 雨 | |
| 雷: | 雷 | 雷 | 雷 | — | 雷 | (高鸿缙《中国字例》：申即古電字，丶丶、○○为雷声之意象，雷依電字而作。) |
| 泉: | 泉 | 泉 | 泉 | — | 泉 | |
| 雲: | 雲 | 雲 | 雲 | — | 雲 | (王筠《释例》："借为'云曰'，乃加'雨'别之。") |
| 火: | 火 | 火 | 火 | — | 火 | |

羽: 𦫳 𦫳 — 羽

刀: 𠂊 𠂊 — 刀

弓: 弓 弓 弓 — 弓

矢: 矢 矢 矢 — 矢

車: 車 車 車 — 車

血: 血 血 血 — 血

角: 角 角 角 — 角

豆: 豆 豆 豆 — 豆

爵: 爵 爵 爵 — 爵 (礼器)

酉: 酉 酉 酉 — 酉 (象酒壶之形，用为地支之一。)

壺: 壺 壺 壺 — 壺 (《说文》："昆吾，圜器也。"昆读如浑。急言曰壶，缓言则曰昆吾。见张舜徽《约注》。)

斤: 斤 斤 — 斤 (唐兰《古文字学导论》："甲文象曲柄斧形。")

戈: 戈 戈 戈 — 戈

丮(jí): 丮 丮 丮 — 丮 (林义光《文源》："象人伸两手持物形。")

人: 人 人 人 — 人

女: 女 女 女 — 女 (李孝定《甲骨文字集释》："象跽而两手有所操作之形。女红之事，多在室内也。")

270

大： 𗀀 𗀁 —— 大 （饶炯《部首订》："象人正面形，而扬其两手，张其两足。"）

目： 𐦂 𐦃 —— 目

自： 𐦄 𐦅 —— 自 （象鼻形。）

又： 𐦆 —— 彐 （高鸿缙《中国字例》："象右手形。"）

首： 𐦇 𐦈 𐦉 —— 首

耳： 𐦊 𐦋 𐦌 —— 耳

𠂇(zuǒ)： 𐦍 —— 𠂇 （象左手形）

爪： 𐦎 —— 爪

鬲： 𐦏 𐦐 —— 鬲 （《说文》：鼎属。）

甗(yǎn)： 𐦑 𐦒 —— 甗 （高鸿缙《字例》："字象器形……初 要作鬳，从鬲虍省声，后又加瓦为 意符作甗。"）

臣： 𐦓 𐦔 𐦕 —— 臣 （郭沫若《甲骨文字研究》："象一竖目之 形。人首俯则目竖。""臣民均古 之奴隶也。"）

爾： 𐦖 𐦗 —— 爾 （林义光《文源》："实欄之古文，络 丝架也。象形，下象丝之纠绕。" 存参。）

雈(huán)： 𐦘 𐦙 𐦚 —— 雈 （象一种头上有簇毛如角的鸟）

鳥： 𐦛 𐦜 𐦝 —— 鳥

271

鳳： 🅰 🅱 —— 鳳

幺(yāo)： 8  8  ——  8  (李孝定《甲骨文字集释》："系之初文。"引申为细小。)

叀(zhuān)： ●  ●  ●  ——  叀  (象纺專形，为塼的本字)

歺(è)： 🅰 🅱 🅲 🅳 —— 占  (《说文》："𠛱[列]骨之残也。")

冎(guǎ)： 乙 —— 冎  (于省吾《释林》：本象骨架相支撑之形。)

肉： D  🅳  ——  肉  (象牲肉体中有肋骨形)

箕： 🅰 🅱 🅲 🅳 —— 箕

工： I —— 工  (象曲尺之形)

乃： 𠃌 🅱 🅲 🅳 —— 弓  (《段注》："气出不能直遂，象形。"郭沫若认为是奶的初文。)

丂(kǎo)： 丁 丁 丁 —— 丂  (《甲骨文字诂林》："当为'柯'之本形。甲文'斤'、'老'诸字均从'丂'可证。")

壴(zhù)： 🅰 🅱 🅲 🅳 —— 壴  (郭沫若《卜辞通纂世系》："乃鼓之初文，象形。")

皀(xiāng)： 🅰 🅱 —— 皀  (李孝定《集释》："象嘉谷在簋中形。""谷之馨香乃其引申谊。")

丹： 曰 目 —— 曰  (曰象采掘朱砂的井，一象朱砂形。)

井：井 井 —— 井（水井）

食：㞢 㿝 㿝 —— 食（上象器盖，下即盛食物的圆形器具。见汤可敬《说文解字今释》）

合：合 合 合 —— 合（余永梁《殷虚文字考》："象器盖相合之形。"）

仓：倉 —— 倉（孔广居《疑疑》："象仓形。"）

矦：厈 厈 厈 —— 矦（杨树达《积微》："盖象射侯张布著矢之形。"）

高：高 高 高 —— 高（孔广居《说文疑疑》："象楼台层叠形。△象上屋，冂象下屋，口象上下层之户牖也。"）

臺(郭)：臺 臺 臺 —— 臺（象城郭之两重亭或四重亭两两相对之形，为郭之本字。）

京：京 京 —— 京（字象重屋之形，当与高同意，亦有高大之义。见《常用古文字字典》）

亯(享)：亯 亯 亯 —— 亯(亯)（吴大澂《古籀补》："象宗庙之形。"宗庙为祭享之所，故用为祭享字。）

畐(fú)：畐 畐 畐 —— 畐（朱芳圃《殷周文字释丛》："字象长颈、鼓腹圆底之器。"卜辞中用为福。）

靣(lǐn)：靣 靣 —— 靣（陈梦家《殷虚卜辞综述》："象露天的谷堆之形。"）

麥：麥 麥 麥 —— 麥（李孝定《甲骨文字集释》："来、麦当是一字。夊本象倒止形，于此但象麥根。以来假为行来字，故更制繁体之麥以为来麰之本字。"）

夊(suī)：夊 夊 —— 夊（李孝定《集释》："象倒止形，意与止同。"）

夒(náo)： [图] —— [图] （长臂猿的一种。）

夔(kuí)： [图] —— [图] （传说中的山怪名。）

果： [图] —— [图] （象果生于木之形。罗振玉说）

朵(铧)： [图] —— [图] （《段注》："从木，谓柄；从灬者，谓两刃，如羊两角之状。"）

東： [图] —— [图] （丁山《说文阙义笺》引徐中舒说："東，古橐字。"字原象两端无底以绳束之之形，后世借为東西之東，而另造橐字。）

叒(若)： [图] —— [图] （李孝定《集释》引叶玉森说："契文若字並象一人跪（跽）而理发使顺形。"叒、若古本同字。）

桑： [图] —— [图] （罗振玉《增考》："象桑形。"）

𠂤(师)： [图] —— [图] （吴其昌《殷虚书契解诂》：𠂤为古文师字。"孙海波《文录》：𠂤之本意为小阜，古者都邑必资附丘陵，都邑为王者之居，军旅所守，故𠂤有师意，更引申而有众意，古言某邑或言某师以此也。"）

索： [图] —— [图] （象绳索形。另有加双手者。于省吾说。）

南： [图] —— [图] （瓦制之乐器也。见唐兰《殷虚文字记》。）

丰：❦ ❦ ❦ —— 丰 （郭沫若《甲骨文字研究》："即以林木为界之象。"汤可敬《今释》：丰同封，象植树为界且加土堆形。"）

㪤(chuí)：❦ ❦ —— 㪤(坓) （象華木生土上而華叶下垂之形。去土存㪤，亦足以見意。㪤、坓，古只是一字。見李孝定《甲骨文字集釋》。坓今写作垂。）

束：❦ ❦ ❦ —— 束 （李孝定《集释》："象橐橐括其兩立端之形。""引申为凡束縛之稱。"）

回：ᗡ ᗡ —— 回 （高鸿缙《字例》："象渊水回旋之形。"）

囿：❦ ❦ ❦ —— 囿 （高鸿缙《字例》："字原倚四屮或四木，画其圜垣之形。"戰国时改为形声字，作囿，从囗，有声。"）

因：因 因 —— 因 （象茵席编织纹。見《汉语古文字字形表》。）

旦：旦 旦 旦 —— 旦 （容庚《金文编》："旦象日初出未離于土也。"）

㫃(yǎn)：❦ ❦ —— 㫃 （罗振玉《增考》："㫃象木杆与首之饰，~象游形。"为旗之初文。）

晶（星）：❦ 晶 —— 晶 （徐颢《段注笺》："晶即星之象形文。"）

囧(jiǒng)：❦ ❦ ❦ —— 囧 （林義光《文源》："象窗牖中有交文之形。"）

盟（盥、盟）：（象以皿盛血，举行约盟。）

夕：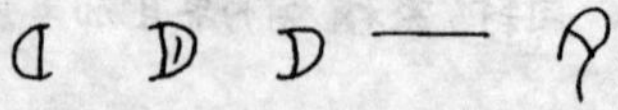（孙海波《甲骨文录考释》："卜辞月夕同文，惟以文义别之。"）

函：（吴大澂《说文古籀补》："器中容物谓之函。"王国维《海宁王静安先生遗书》："象倒矢在函中"，"函本藏矢之器"，"即古文函字"。）

卣（卣 tiáo）：（高鸿缙《中国字例》："此盛酒之器，有提梁，象形。其加皿者，加意符耳。或于字下加凵者，王静安以为皿之省，是也。《尔雅》：卣，中尊也，是其本意。"）

㮚（栗 lì）：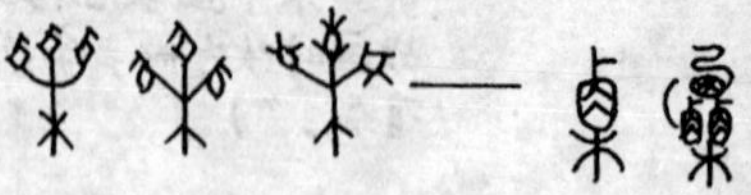（李孝定《集释》："契文象木实有芒之形，以其形与卣近，故篆误从卣。"张文虎《舒艺室随笔》："卣与𠧪[西]之古文卤形近，因卣讹为卤，再讹为𠧪。"后省作栗。见汤可敬《说文解字今释》）。

㮚（栗）：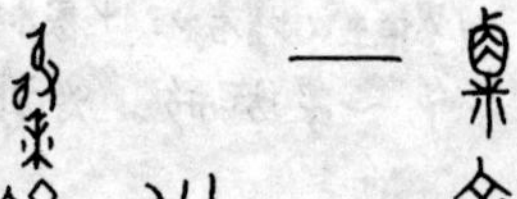（汤可敬《说文解字今释》："今作栗。误以卣为𠧪，因变作西。"）

齊：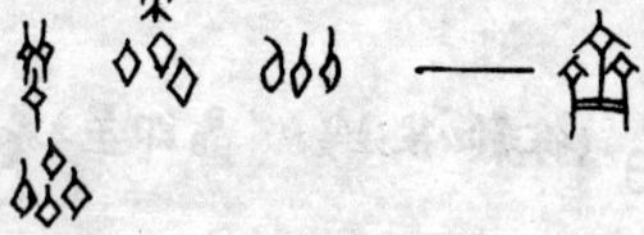（高鸿缙《字例》："象禾麦吐穗上平之形。""周人加二为意符，以至少必有二物方可比齐也。秦以后各体具沿此形。"）

朿(cì)：  ᴪ  ᴪ  ᴪ  ᴪ  ——  朿  （高鸿缙《字例》："此有刺之木也，字倚木画刺形。"）

鼎：  𤖅  𤖅  ——  鼎  （象鼎形。于省吾说。）

克：  𠬝  𠬝  𠬝  ——  克  （罗振玉《增订殷虚书契考释》："象人戴冑形。""克本训胜，许训肩，殆引申之谊矣。"）

彔：  ᴪ  ᴪ  ᴪ  ——  彔  （李孝定《集释》："此为井鹿卢之初字，上象桔槔，下象汲水器，小点象水滴形。"）

穆：  ᴪ  ——  穆  （汤可敬《今释》："象向日葵。"）

禾：  ᴪ  ᴪ  ——  禾  （《段注》："下象其茎叶，上象其采[穗]。"）

秋：  𤇾  𤇾  𤇾  ——  秋  （汤可敬《今释》："象蟋蟀形。"）

黍：  ᴪ  ᴪ  ᴪ  ᴪ  ——  黍  （林洁明《金文诂林》："黍字初本为象形，殷人尚酒，始创以黍酿酒，故字又改为从黍入水，至金文则又简化为从禾入水。"）

臽(xiàn)：  ᴪ  ——  臽  （象人落入坎中）

耑(duān)：  ᴪ  ᴪ  ᴪ  ——  耑  （罗振玉《增考》："卜辞耑字增'ᴪ'，象水形，水，可养植物者也。从凵，象植物初茁渐生歧叶之状。"）

宀(mián)：  ∩  ∩  ——  宀  （上象屋顶，两竖象墙壁。）

向: 𤰞  —— 向  （象屋开牖之形。）

宜: 𠀾 𠀾  —— 宜  （象置肉于且上之形，即俎字。《一切经音义》引字书："俎，肉几也。" 置肉于几有安之义，故宜引申有安义。）

宫: 吕 吕 呂 —— 宫  （罗振玉《增考》："从吕，从宀，象有数室之状；从囗，象此室 
向 宫 宫   达于彼室之状。"李孝定《集释》："宀象正视之形，囗若吕，则象俯视之形。"）

网: 网 网 𠔼 —— 网  （罗振玉《增考》："象张网形。"）

巾: 巾 —— 巾  （林义光《文源》："象佩巾垂形。"）

帚(zhǒu): 帚 帚  —— 帚  （象长叶植物之形，可作帚用。唐兰 
帚 帚 帚   说，卜辞中用为妇，作人名。）

白: 白 白 ◇ —— 白  （商承祚《说文中之古文考》："从日 
◇    锐顶，象日始出地面，光闪耀如尖锐。天色已白，故曰白也。" 甲文借白为伯。）

乍: 乍 乍 乍 —— 乍  （乍是农作之意，似为较耒更早的 
乍 乍 乍   耕作农具。姜亮夫说，见《甲骨 文字诂林》。甲文不从人，假为则。）

矣(yǐ): 矣 矣 —— 矣  （罗振玉《增考》："象人仰首旁顾 
矣    形，疑之象也。"又象一人扶杖 行于歧路，侧首疑思之形。）

匕(bǐ): 匕 匕 —— 匕  （象柶形。柶，勺匙。）

丘：M M —— M̈ （商承祚《殷契佚存》："丘为高阜，似山而低，故甲骨文作两峰以象意。"）

身：丫 ⱷ —— 亨 （从人而隆其腹，象人有身孕之形。见李孝定《集释》。）

衣：佥 佥 佥 —— 仚 （象领襟袖之形。）

裘：쇼 —— 裊 （字象衣毛在外之形。卜辞中作地名。）

老：𦥒 𦥒 𦥒 —— 耆 （商承祚《殷虚文字类编》："象老者倚杖之形。"汤可敬《今释》："考老本一字，手杖曳匕者为老，变匕并且表声则为考。"）

考：𦥒 𦥒 𦥒 𦥒 —— 考 （象老人柱杖形。）

尸：𝈍 𝈍 —— 尸 （林义光《文源》："象人箕踞形。"尸亦用为夷，卜辞为方国名。）

尾：𠂊 —— 尾 （象人身后系有尾饰之形。见《常用古文字字典》。）

尿：𠂊 𠂊 —— 尿 （李孝定《甲骨文字集释》："象人遗溺形。"）

舟：目 目 月 —— 舟 （字象船形。）

方：方 方 方 方 —— 方 （于省吾《朱耜考》："方象耒之形制。""古者東耒而耕，起土曰方。""古者耦耕，故方有并意。"）

儿：𠑹 𠑹 𠑹 —— 兒 （象小儿头囟(xīn)未合。见《说文》。）

| 允: | 弓 | 孓 | — | 亂 | (高鸿缙《中国字例》:"倚人画其点，首允许之形。""后人每借用果然意") |
| 覍(弁biàn): | 闪 | | — | 覍(兌) | (汤可敬《今释》:"象两手扶冠形。") |
| 欠: | 𠂉 | 𠂉 | — | 殳 | (象人张口昂首气解之形。) |
| 旡(jì): | 𠂉 | 𠂉 | 𠂉 | — | (从反欠。徐灏《段注笺》:"气申为欠，气屰为旡。故从反欠。") |
| 頁(xié): | 甹 | 甹 | | — | 頁 | (李孝定《甲骨文字集释》:"古文夏、頁、首当为一字。頁象文反身，百但象头，首象头反其上发，小异耳。") |
| | 甹 | | | | |
| 彡(shān): | 彡 | | — | 彡 | (《说文》:"毛饰画文也。象形。") |
| 卩(jié): | 𠂉 | 𠂉 | — | 卩 | (象跪坐形，乃跽之初文。《说文》以为瑞信者，盖后起之义也。见罗振玉《增考》及屈翼鹏《殷虚文字甲编考释》。) |
| 苟(jì): | 苟 | 苟 | — | 苟 | (徐中舒《甲骨文字典》:"象狗两耳上耸、蹲踞警惕之形，为儆（警）之初文。") |
| 鬼: | 鬼 | 鬼 | 禮 | — | 鬼 | (象人戴有奇异之面具。卜辞作方国名，亦作人名。见《常用古文字字典》。) |
| 石: | 石 | 石 | | — | 石 | (象山崖下之石块) |
| 長: | 長 | 長 | 长 | — | 長 | (实象人髪长貌。引申为长久之义。见余永梁《殷虚文字续考》。) |
| | 长 | | | | | |

勿：彡 彡 彡 ― 彡 （象以耒翻土，土粒箸于刃上。土色黧黑，故勿训杂色。见《甲骨文编》。）
彡

易：旱 旱 旱 ― 易 （李孝定《集释》："象日初昇之形。"《段注》："此陰陽正字也。"）

冉：伙 伙 ― 冄 （髯之本字。）

豭(jiā)：𢓳 𢓳 ― 豭 （唐兰《天壤阁甲骨文存考释》："象牡豕之形，故并绘其势，当为豭（公豬）之本字。"）

豨(sī)：𦏲 𦏲 ― 豨 （长毛兽类动物。）

豸(zhì)：𠂇 𠂇 ― 豸 （一种野兽。）

兕(sì)：𠂉 𠂉 ― 兕 （唐兰《获白兕考》："一角之兽而其角又特大者，当为兕之形。"）

廌(zhì)：𠂇 ― 廌 （一种野兽。）

麋(mí)：𢓳 𢓳 ― 麋 （李孝定《集释》："盖它兽无眉而麋独有，故作字象之耳。"）

麑(ní)：𠂇 𠂇 ― 麑 （一种野兽。无角，象形。）
𠂉

尨(máng)：🐕 🐕 — 尨 （犬之多毛者，见《说文》。罗振玉《增考》："象犬腹下有毛垂状，当为㞋字。"）

幸(niè)：🔶 🔶 — 幸 （象手铐形。见于省吾《甲骨文字释林》）

渊：▣ — 渊 （《说文》："回水也。"段注释▣："囗其外，而水其中。"）

巛(zāi)：〰〰 〰〰〰 — 巛 （罗振玉《增订殷虚书契考释》："象水壅之形，川壅则为巛也。其作〰等状者，象横流泛滥也。"李孝定《甲骨文字集释》："冉从丨丨乃巛之变，从水，才声。"）

州：川 — 州 （罗振玉《增考》："州为水中可居者，故此字旁象川流，中央象土地。"）

泉：𤽄 𤽄 𤽄 — 泉 （象水从石缝中流出。罗振玉说。）

冬(终)：⋂ ⋂ ⋂ — 冬 （下垂者为纺专，象绕丝[缠紧丝]形。古冬终本同字。本义为"终"，借为冬夏之冬。《说文》："终，绞[qiǎo]丝也。从糸冬声。𠔽，古文终。"初形皆作八或⋂。其后复增攵为冬，增糸为终。见《甲骨文字诂林》。）

霝(零)(líng)：▦ ▦ ▦ — 霝 （象雨零零[líng]形。今经传有作"零"者。）

龍：🐉 🐉 🐉 — 龍

燕：𪉖 𪉗 — 鷰

不：𡘻 𣎵 不 — 帀 （罗振玉《增考》："象花不(柎)形,花不为不之本谊。"高鸿缙《中国字例》："按《诗·常棣》'常棣之华,鄂不韡韡。'郑笺：'承华者曰鄂,不当为柎,柎、鄂足也。'不,原意为鄂足,象形字,名词。后借用为否定副词,日久而为借意所专,乃另造柎字以还其原。"）

西：𠧢 𠧤 𠧥 𠧦 — 㢴 （王国维《观堂集林》："正象鸟巢。"）

户：戶 戶 — 戶 （《说文》："护也。半门曰户,象形。"）

門：門 門 門 — 門 （罗振玉《增考》："象两扉形。"李孝定《集释》："或象加键,或象上有楣。"）

聞：𦕁 𦕂 𦕃 — 聞 （高鸿缙《中国字例》："其初形当为倚耳画人掩口,屏息静听之状。由文耳生意,故托以寄聽聞之聞意。"）

乂(yì)：乂 — 乂 （徐锴《系传》："象刈艸之刀形。"）

弋(yì)：弋 — 弋 （朱芳圃《殷周文字释丛》："字象橛形,今呼木椿。"）

氏：氏 — 氏 （本义为根柢,姓氏之氏由根柢引申,见林义光《文源》。）

𥎦(jué)：𥎦 𥎦 𥎦 — 𥎦 （𥎦乃矢栝(kuò)之栝的初文。《说文》："栝,櫽也。从木,昏声。一曰：矢栝,櫽弦处。"古矢栝之形始为罗振玉所发现。又即矫正竹木的器具,又为箭末扣弦之处的象形。郭沫若说。）

戈：戈 戈 戈 戈 — 戈 （兵器。）

戌：戌 戌 — 戌 （兵器,大斧。）

我：我 我 我 — 我 （兵器。朱芳圃说。）

乍(zuò)： 𡳿  ᴡ  —  ᵾ  （丰为农具，其形状如刺齿，音读若介。乍象犁头。谚云"日出而作，作为乍也、𡳿也。乍为农具，引申而有作义。金祥恒说。参见《甲骨文字诂林》）

匚(fāng)： ⊂  ⊐  —  ⊂  （象正方之器。自借方为匚，则匚废矣。见张舜徽《约注》。）

甾(zī)： ⛝  ⛝  —  ⛝  （《说文》："东楚名缶曰甾。象形。"）

糸(mì)： 8  ⚮  —  ⛥  （《说文》："细丝也。象束丝之形。"）

絲： 𢇲  𢇲  —  絲  （罗振玉《增考》："象束丝形，两端则束余之绪也。"）

轡(pèi)： 𢇲  —  轡  （《说文》："马辔也。从丝，从軎（similar）。"徐中舒《甲骨文字典》："象兼数束丝而总之之形。其所总之结作者，其下所连之束丝或简化作𠃌，故与𢇲形近。"）

率(𢇲、繂、𢇲 shuài)： —  率  （《甲骨文字诂林》："率为𢇲之本字，亦作繂、作𢇲。"徐灏《说文解字注笺》云：戴氏侗曰：率，大索也。上下两端象所用续率者，中象率，旁象麻枲之余。又为率帅之率，别作繂、𢇲。灏按：……率、𢇲古今字。……率有牵引义，故引申为表率、为率循，为率从，为轻率，别作逮，先道也。又作循行，将衔也，古通作帅。索有约束义，故又为约计之称。凡言大率，犹大约也。"卜辞率用作副词者，金祥恒以为'悉、皆之意'，其说可从。）

蜀(shǔ)： 〔古文字形〕 — 蜀 （象虫形。）

虹： 〔古文字形〕 — 虹 （为虹之象形。）

蠶(cán)： 〔古文字形〕 — 蠶 （为蚕之象形。）

它(蛇shé)： 〔古文字形〕 — 它 （为蛇之象形。）

凡： 〔古文字形〕 — 凡 （郭沫若《卜辞通纂》："凡字，槃之初文也。象形。"）

封： 〔古文字形〕 — 封 （郭沫若《甲骨文字研究》："即以林木为界之象形。"）

堇(qín)： 〔古文字形〕 — 堇 （徐中舒《甲骨文字典》："其象两臂交缚的人形，为献祭之人牲，堇象焚其以祭之形。皆为熯[hàn,乾燥]之原字。"）

田： 〔古文字形〕 — 田 （象田地形。）

畴： 〔古文字形〕 — 畴 （徐锴《系传》："𤰒象耕田沟诘屈也。"）

黄： 〔古文字形〕 — 黄 （郭沫若《金文丛攷》："黄即佩玉。后假为黄白字，卒至假借义行而本义废，乃造珩若璜以代之，或更假用衡字。"）

且(祖)： 〔古文字形〕 — 且 （高鸿缙《中国字例》："象祖庙之形。庙为祖宗之鬼所居，故与人居之亼无不同，字只分详略之异而已。后起字为祖。"）

俎(zǔ)： 〔古文字形〕 — 俎 （象祖庙中有祭肉形。卜辞为祭名。）

斝(jiǎ)：（象以手持酒器形。罗振玉说，斝为酒器。）

𠂤(duī)：（《说文》："小𠂤也。象形。"卜辞皆假为师。）

𠂤(fù)：（象山形。）

宁(貯zhù)：（橱的象形。）

亞(yà)：（徐中舒《甲骨文字典》："盖象古代家族而居之大型建筑平面图形。"即《周礼·考工记》所谓之殷人四阿重屋。阿、亚古音同，故通用。"亚形建筑，既便于合族共处，又使各户皆得独立，故同代兄弟并列同傍而复可叙以位次。"故贾侍中以为"次弟"之义。）

六：（徐中舒《甲骨文字典》："介象两壁架有一极两宇之棚舍正视形，此为田野中临时寄居之处……即古之所谓庐。"庐、六古音近，故介得借为数词六。）

九：（丁山《数名古谊》："九本肘字，象臂节形。臂节可屈可伸，故有纠屈意。"李孝定《集释》："既假肘之象形字以为数名之九，遂不得不别制形声之肘以代之。"肘，以又为声。）

禽(拘)：（即捕取动物之工具，故实为擒之初文。后以所获为禽，又于禽字增之手旁作擒，以当本谊。参观《常用古文字字典》，李孝定《甲骨文集释》。）

萬：（象蝎形。因为数名所专，又加虫作蠆，遂歧而为二。见徐灏《说注笺》、罗振玉《增订殷虚书契考释》。）

兽(chù)： 兽 — 嘼 （为捕兽器。叶玉森说。见《甲骨文字诂林》。）

乙(yǐ)： — 乙 （或体为鳦字，《说文》："乙，玄鸟也。齐鲁谓之乙。取其鸣自呼。象形。"后借为甲乙字。唐兰说。）

丙： — 丙 （于省吾认为是物之底座形。卜辞习见 字，象两手奉牲首置于座上之形，是丙何置物之证。见《殷契骈枝》。借为天干第三。）

丁： ● ｜ ○ — 个 （徐灏《段注笺》："疑丁即今之钉字。"卜辞多借作天干之名。）

戊(wù)： — 戊 （郭沫若《甲骨文字研究》："戊象斧钺之形。"卜辞用作天干之名。）

己： 己 — 己 （朱骏声《通训定声》："己即纪之本字。古文象别丝之形，三横＝纵，丝相别也。"朱芳圃《殷周文字释丛》："余谓己象绳索诘绌之形，弟从己作，是其证矣。孳乳为纪。《说文》糸部：'纪，别丝也。从糸，己声。'别丝谓别理丝缕，系之以绳，使不纷乱也。"）

庚： — （郭沫若《甲骨文字研究》："观其形制，当是有耳可摇之乐器。"卜辞作天干之名。）

287

辛: ▽ ▼ —— 辛　　（郭沫若《甲骨文字研究》:"当象古之剞劂〔jī jué，曲刀〕。高亨《文字形义学概论》:"古代一种刑具，两边有刃可以割，尖端锋锐可以刺，有柄。割人之鼻耳，刺人之面额皆用之。"卜辞多作干支名。）

壬(rén): 工 工 —— 壬　　（于省吾《甲骨文字诂林》:"疑'壬'即'絍'之初形，'絍'乃'壬'之孳乳。《说文》'絍，机缕也'，与'綜'同训。'壬'字即象经缕在'壬'之形。"林义光《文源》:"壬即縢之古文，机持经者也，象形。〔𦎫〕古作𦎫，正象縢持丝形，从壬。《说文》:'縢〔shèng〕，机持经者。从木，朕声。'壬，卜辞多用作天干之名。）

癸(guǐ): ✕ ✕ —— 癸
　　　　　 ✕　　　（朱骏声《通训定声》:"戣〔kuí〕即癸之后制字。"徐灝《段注笺》:"戴氏侗曰:'癸，鼎文作❀，似三歧矛。'"卜辞用为天干之名。）

子: 𣦵 𣦸 𣦹 𣦺 —— 𣦻　　（徐中舒《甲骨文字典》:"甲骨文地支之子作𣦸𣦹𣦵𣦺等形，地支之巳作𣦻𣦼𣦽等形，𣦸 𣦻实为一字，皆象幼儿之形，惟表现各异耳。"）

孕: 𠠕 —— 孕　　（商承祚《殷契佚存》:"唐氏〔指唐兰〕谓当孕之本字，象子在腹中也。"）

丑: 彐 ヨ ⺕ 彐 —— 丑　　（叶玉森《殷虚书契前编集释》:"实象手形，其指或屈或伸，似即手之古文。"用为地支之一。）

寅：🔸 🔸 🔸 —— 寅　（郭沫若《甲骨文字研究》："均象矢，若弓矢形。"《甲骨文字诂林》："按：寅之初形与矢无别，即借'矢'为'寅'，进而加'一'作寅以为区分。其作寅，不得谓为从弓，乃区别之文。"）

辰：🔸 🔸 🔸 —— 辰　（徐中舒《甲骨文字典》："商代以蜃壳为镰，即蚌镰"，"甲骨文辰字正象缚蚌镰于指之形"，"故辰之本义为蚌镰，其得名乃由蜃后世遂更因辰作蜃字。""用为地支之一"）

巳：🔸 🔸 🔸 —— 巳　（田倩君《中国文字丛释》："象胎儿形。"徐中舒《甲骨文字典》："卜辞以早子为地支之巳，复以早之省形巳为祭祀之祀。"）

㠯(以)：🔸 🔸 🔸 —— 以　（徐中舒《甲骨文字典》："甲骨文㠯字作🔸，为耜之象形字，即耜之本字。""㠯为用具，故卜辞借为以字。又甲骨文🔸 🔸 象人用耜形，金文讹为🔸 🔸，篆文㠯以即从此出。"）

午：🔸 🔸 🔸 🔸 —— 午　（徐中舒《甲骨文字典》："🔸象束丝交午之形，为午字初形。其后或填实作🔸，复省简为🔸。"用为地支之一。）

申：🔸 🔸 🔸 —— 申　（叶玉森谓象电燿曲折。象电形为初谊，神乃引伸义。见《殷虚书契前编集释》。）

戌(xū): （罗振玉《增考》:"象戊[yuè]形，与戊殆是一字。"用为地支之一。）

亥: （吴其昌《金文名象疏证》:"亥字原始之初谊为豕之象形。"卜辞用为地支之一。）

口:

止: （为趾之初文。）

齿:

足: （此亦为"正"字。）

疋: （象连腿带脚的整个下肢，此为"足"字。）

龠(yuè): （郭沫若《甲骨文字研究》:"象编管之形也。"）

册: （象编简之形。）

舌: （象舌头从口中向外伸出的样子。）

干: （象有桠杈的木棒形。）

屰: （象倒人形，人倒当然不顺。）

囟: （张舜徽《约注》:"囟[tiǎn]象舌出之皃……其音为忝。""囟则簟之初文，亦省作因，象竹席之文理，与舌出之囟，形音俱近，许君遂误合为一。"此为簟之初文。）

丩: 㠯 㠯 —— 㠯   (象交结之形。)
妾: 萎 萎 —— 妾   (象头戴饰而跪之女子。)

十: | | —— 十   (于省吾《甲骨文字释林》："数至十复反为一，但既已进位，恐其与'一'混，故直书之。")

2. 指事

在象形的基础上添加一定的符号以表达较为抽象的概念，反映无法直接象形的事物，这便是"指事"。许慎云："视而可识"，类似象形，"察而见意"，近于会意(本王筠《文字蒙求》语。)甲骨文中指事字有：

母: 毋 —— 母

上: 二 —— 上

下: 二 ㄨ —— 下

亦: 夾 夾 —— 夾   (李孝定《甲骨文字集释》："大象人正立之形，八者示两亦之所在也。其用为重累之辞者，假借也。")

夨: 矢 矢 矢 —— 矢   (象人倾侧着头)

夭: 大 大 —— 夭   (象人走时两臂摆动之形)

交: 交 交 交 —— 交   (《说文》："交胫也。"即交互着小腿。)

天: 吴 大 禿 —— 頁

元: 亓 亓 亓 —— 元

刃: 𠛜 ── 刃

甘: 曰 曰 ── 曰

辛: 🙵 🙵 ── 辛 （王襄《簠室殷契徵文考释》："爻×均象其衣之题识。"）

屮: 屮 屮 屮 ── 屮

才: ✝ 中 中 ── 才 （中上加一指地面）

尤(尤): 才 才 ── 𠃌 （手上加一指疣瘤）

次: 㳄 㳄 ── 㳄 （象人张口唾液外流之形，当为次字，即涎之初文。赵诚说）

言: 舌 舌 舌 舌 ── 言 （象舌出前加一横，表示声音是通过舌尖发出的。）

面: 𥄫 𥄫 ── 面 （李孝定《甲骨文字集释》："契文作目，外象面部匡廓之形。"）

叉: 叉 ── 叉 （《说文》："手足甲也。"从又，（二）象指甲之形。）

厷(gōng): 又 又 ── 厷 （又象臂形，c指示臂的上部。）

父: 父 ── 父 （象右手持棒之形。徐锴《系传通论》："举而威之也。"）

尹: 𠃑 𠃑 ── 尹 （父是手举杖，杖在上方；尹手持笔本，尹之意主于治事，故于笔形略而作丨也。见李孝定《甲骨文字集释》）

曰: 曰 曰 曰 ── 曰 （表示人嘴出声气）

乎: 乎 乎 ── 乎 （"呼"的本字。从丂，丨象声气上升越扬的形状。）

亏： 丂 丂 丂 于 —— 亏　（王筠《释例》："当为吁之古文。"桂馥《义证》："半从)，故声越扬。亏从一，故气平。"）

彭： 㲃 㱿 —— 彭　（从壴，即鼓之初字；彡为鼓声之标帜。见李孝定《甲骨文字集释》）

血： 𥁃 𥁃 —— 𥁓　（从皿，丨象血形）

入： 人 人 —— 入　（林义光《文源》："象锐端之形，形锐乃可入物也。"）

央： 夬 —— 夬　（高鸿缙《字例》："按字侣大[人]画其肩担物形。由物形冂[象扁担及其所担之物]生意。担物处在扁担之中央，故托以寄中央之意。"）

弟： 𢎨 𢎨 —— 弟　（朱芳圃《释丛》：弟象绳索束弋之形。绳之束弋，展转围绕，势如螺旋，而次第之义生焉。弋为竖木橛于地上之形。）

朱： 朱 朱 —— 朱　（从木，一标志着树木的中心）

之： 㞢 㞢 —— 止　（高鸿缙《中国字例》："从止从一，一为出发线通象，止为足，有行走意，自出发线而行走，故其意为往也。"）

帀(zā)： 不 不 —— 帀　（高鸿缙《字例》："按之，往也。舒倒之，不前往则必周帀。"）

生： 土 土 —— 生　（从屮从一，一地也。象艸木生出地上。见李孝定《集释》）

毌(guàn)： 毌 毌 中 毌 —— 毌　（饶炯《部首订》："外象宝货之体，中象罅隙，一象贯以穿之。"）

293

片：爿 爿 —— 片　（徐锴《系传》："木字之半也。"）

穅：甫 甫 甫 —— 穅　（汤可敬《今释》：本义为和乐，甫象一种乐器，∴象乐器发出的声音。见郭沫若《甲骨文字研究》。后借康乐之康为穅皮之穅，因加禾以区别。）

仲：中 —— 仲　（罗振玉《增考》："古伯仲但作白中，然与中正之中非一字。后人加人以示别。"）

位：亣 仌 —— 位　（象人立地上之形。古立位同字，位为后起字。）

并：幷 幷 —— 并　（林义光《文源》："从二人并立，二并之之象。"）

文：文 文 —— 文　（即文身之文，象人正立胸前有花纹。见朱芳圃《殷周文字释丛》）

旬：勹 勹 旬 勹 —— 旬　（徐中舒《甲骨文字典》："从勹上加一指事符号，勹象迴环之形，乃囗亘立省变，或省作丨，同。故以表示由甲至癸十日匝匝循环而为旬。"）

屵(yán)：屵 屵 —— 屵　（山字上加指示符号，表示山巖崖连属。）

厥(jué)：弋 —— 厥　（《说文》："厥，发石也。从厂，欮声。""发石也"，即发射石块。郭沫若《金文余释之余》以为古文字"厥"作"弋"，乃矢栝（kuò）之初文也。
甲文乂即弋，弋矢栝之初文，今写作厥。）

294

夫: 夫 才 —— 夫 （高鸿缙《中国字例》："夫,成人也。童子披发,成人束发,故成人戴簪,字倚大画其首发戴簪形。"）

需: 夵 夻 夵 —— 需 （此象一正面人形沾有水点,似为沾濡本字,后借作需,又加水旁为濡。）

非: 非 —— 非 （《说文》："违也。从飞下翅,取其相背。"徐灏《段注笺》："从飞下翅,谓取飞字下体而为此篆耳。""凡鸟飞,翅必相背,故因之为违背之称。"）

至: 至 至 —— 至 （罗振玉《雪堂金石文字跋尾》："至乃矢之倒文,一象地,至象矢远来降至地之形。"）

弗: 弗 弗 —— 弗 （李孝定《甲骨字集释》："象矫箭使直之形。""己实象以绳约箭榦使直之形。")(实箭榦之形。"）

直: 直 直 —— 直 （徐中舒《甲骨文字典》："从目上一竖,会以目视悬,测得直立之意。"一竖表示勘测之悬锤。）

亾(亡): 亾 亾 —— 亡 （高鸿缙《中国字例》："乚,为甲壳之边形,字倚卜画其兆徜边形。"白玉峥《契文举例校读》："今考龟甲或牛胛骨之兆,并皆兆坼向内,……而字之结体,迎作兆坼向外。""意为类此之贞兆,官为错误者,废而无用也。""是亡字之初义为误,久之,辗转引申为无。甲骨卜辞中之亡字用法,皆此义也。"）

295

弘: 弓 弓 —— 弘  (于省吾《甲骨文字释林》:"在弓背隆起处加一邪画以为标志,弓背隆起处是弓之强有力的部分,故弘之本义为高为大。高与大义相因。")

弹(tán): 弓 弓 —— 弹  (弓上有弹丸)

绝: 絲 —— 絕  (《说文》:"象不连体,绝二丝。")

二(èr): 二 二 —— 二  (李孝定《甲骨文字集释》:"纪数名之字,一二三亖为指事,皆以积画为数。")

亟(jí, qí): 亟 亟 —— 亟  (于省吾《殷契骈枝三编》:"亟古极字。亟又为亟之初文,中从人而上下有二横画,上极于顶,下极于踵,而极之本义昭然可睹矣。"徐中舒《甲骨文字典》:"亟训敏疾乃假借义,亟字既为敏疾义所专,后世乃以极字表顶极之义。")

恒: 亘 亘 —— 恒  (月在天地之间,后"月"讹作舟。《诗·小雅》:"如月之恒",毛传:"恒,弦也"。殆本半月称弦之初谊矣。弦本弓上物,故字又从弓。参见王国维《观堂集林》卷九,董作宾《殷历谱》下编卷六"朔谱"第一页下。)

亘(xuán): 回 回 —— 亘  (杨树达《积微居小学述林》:"亘者,漩之初文也。今字皆作漩。")

土: 土 土 土 —— 土  (高鸿缙《中国字例》:"殆象土块形,一则地之通象也。土本地之初文,秦汉以后始分为二,土为泥土,地为土地。")

升： 灵 兵 — 秉 （林义光《文源》："升、斗所象形同，因加一画为别耳。"张舜徽忽约注："挹水之器，有大有小，小者为升，大者为斗，古皆读登，即今语所称水登子也。太古以此挹水，亦以此量物，挹水量物，皆自下而上，故引申之上登为升。至于十合为升，十升为斗，乃后起之制。"）

四： 三 — 四 （丁山《数名古谊》："积画为三者，数名之本字。四从口象口形，或作囗者，兼口舌气，象之也。"盖自周秦之际借气息之四为数名之三，别增口四旁以为气息字。"口四以，《说文》："东夷谓息为呬。"）

五： 五 乂 — 又 （林义光《文源》："本义交午，假借为数名。"交午，交错也。）

七： 十 — 七 （丁山《数名古谊》："考其初形，则七即切字。""十本象当中切断形，自借为七数专名，不得不加刀于七，以为切断专字。"）

甲： 十 十 田 — 中
田 （高亨《文字形义学概论》："甲当为盔甲之甲。"古甲字作十，正象甲形，又作田者，象藏甲于箱中，实即古匣字也。篆文之甲由田变出。）

未： 木 木 木 — 未 （徐中舒《甲骨文字典》："《说文》谓象木重枝叶形，可从。""用为地支之一。"）

### 3. 会意

甲骨文中会意字很多，凡属以两个或两个以上的独体字组成者，大都是会意字，盖合数文以成一字，而义在其中也。《说文叙》谓"会意者比类合谊,以见指㧑(挥),武信是也。"甲骨文"武"作 🧍、🧍,从戈从止会意,本义当为"征伐示威"(于省吾《释武》)。甲骨文未见"信"字。

甲骨文中会意字的意思是通过组成该字的各部分象形字(王宁称之为表形部件,《论甲骨文构形的分析与描述》,《语言》第一卷,第151页,首都师范大学出版社 2000 年版)汇合起来表现的。这种表现方式是约定俗成的。如以 ∪ 代表洞穴,则以 ∀ 的进退表示"各"(🧍,人足走下坎穴,表示到达、进入。杨树达《卜辞求义》)与"出"(🧍,李孝定《甲骨文字集释》:"古人有穴居者,故从止从凵,而以止之向背别出入也。")的概念;以 🧍、🧍 表示山阜,乃以两足(∀)之上下表示"陟"(🧍)、"降"(🧍、🧍)的概念;以 🧍 代表树木,乃以人对树木的不同位置表示"休"(🧍、🧍)与"乘"(🧍、🧍)的概念。会意字在甲骨文中占的比例最大。

甲骨文字象形意味很浓,即使是会意字,也多为形合,汇形构意,表现得比小篆具体。如"祝"字,甲骨文作"🧍",表示一个人张着口向木主祝祷,"示"是木主加酒滴的形象;而在小篆"祝"(🧍)中"示"只提供与祭祀有关这一意义信息,已失去表形作用,成为表义部件。小篆的构形系统就是通过这种把表形部件义化的方法而比甲骨文简化的。

形合是指字的部件组合采用上下左右的相对位置来反映事物的实际关系,从而体现构意。如"浴":🧍,"沬(hui)":🧍、🧍。这样组合完全体现了事物的本来情境,属形合会意。下面是一些甲骨文会意字:

步: 🧍 🧍 —— 步

涉: 🧍 🧍 🧍 —— 涉

陟: 🧍 🧍 🧍 —— 陟 (《说文》:"登也。从𨸏,从步。")

降: 𨸏 ― （罗振玉《增考》："从𨸏，示山陵形；𠁥象两足由上而下。"）

陵: ― （甲文从𨸏从夂，象人由𨸏下堕之形。见《常用古文字字典》。）

執: ― （李孝定《甲骨文字集释》："象一人两手加梏之形。"）

承: ― （李孝定《甲骨文字集释》："契文象两手捧大之形，奉之义也。篆文又增之'手'形，于形已复矣。"）

丞: ― （罗振玉《增订殷虚书契考释》："象人臽阱中有拯[拯]之者。"）

弄: ―

戒: ―

兵: ―

具: ―

異: ― （杨树达《积微居金文说》："甲文異字作人头上戴物，两手奉[捧]之之形。"）

興: ―

晨(chén): ― （杨树达《积微居小学述林·释辱》："农民两手持蜃往田，为时甚早，故以两手持辰表昧爽之义。"）

反: ―

秉: ―

反： —— （杨树达《积微居小学述林》："谓人以手攀厓也。"）

及： —— （商承祚《福氏所藏甲骨文字考释》："从手而抚其背，所谓中心悦而诚服也。"）

取：

友：

史：

聿（笔）： —— （罗振玉《增订殷虚书契考释》："象手持笔形。"）

尹：

益：

盡： —— （罗振玉《增订殷虚书契考释》："从又持木，从皿，象滌器形。食盡，器斯滌矣，故有终盡之意。"）

盥： —— （罗振玉《增订殷虚书契考释》："象仰掌就皿以受沃。"）

吹： —— （象人张口咳气之形，由欠由口会意。）

名： —— （会在黑夜里以口自名之意）

启：

啟： —— （商承祚《殷契佚存》："戶为开户之本字。以手启户为初意。或增口作啟，或省又作启。"）

徹: 𠬝 𠬝 𠬝 — 徹　（徐灝《段注笺》引戴侗说："屏去釜鬲，徹僕〔撤去饭食〕之谓。"）

敗: 𣪊 𣪊 — 敗　（从攴从貝，或从貝从口。为敗之初文。于省吾说）

䅆(xī): 𣂪 𣂪 — 䅆　（李孝定《甲骨文字集释》："象一手持麥，攴击而取之之形，乃获麥之象形字。䅆下小徐曰'攴击取也'，是也。攴击所以脱粒，故引申训'坼'。"）

畋: 𤰞 𤰞 — 畋

牧: 𤘘 — 牧

受: 𠬪 𠬪 𠬪 — 受

爭: 𠂇 — 爭　（徐灝《段注笺》："爭之本义为两手爭一物。"）

死: 𠒁 𠒁 — 死　（罗振玉《增订殷墟书契考释》："生人拜于朽骨之旁。"）

鬥: 𠁁 𠁁 — 鬥

爯: 𠂇 — 爯

射: 𢎪 𢎪 𢎪 — 躲 (射)　（罗振玉《增考》："为张弓注矢形。"）

即: 𠄎 𠄎 𠄎 — 即　（林义光《文源》："象人就食之形。"）

既: 𠄎 𠄎 — 既　（李孝定《集释》："契文象人食已，顾左右将去之也。"）

韋: 𢧜 𢧜 — 韋　（李孝定《甲骨文字集释》："二止則象二人，或象多人。"韋实即古圍字也。"）

望: 🖼 🖼 🖼 —— 望  (商永祚《说文中之古文考》:"象人登高举目远瞩。")

见: 🖼 🖼 🖼 —— 见  (从人从目)

先: 🖼 🖼 🖼 —— 先  (人举足则前进)

得: 🖼 🖼 🖼 —— 得  (从又持贝,会得之义。篆文见则为贝之讹。)

羌: 🖼 🖼 🖼 —— 羌  (罗振玉《增订殷墟书契考释》:"罪隶为羌之本义,故从手持蒙以拘罪人。其从女者与从大同。")

祭: 🖼 🖼 🖼 —— 祭

疒(niè 或 nè): 🖼 🖼 —— 疒  (象人卧床上。于省吾说)

疾: 🖼 🖼 —— 疾  (王国维《观堂集林》:"象人亦[腋]下着矢形。古多战事,人着矢则疾矣。")

保: 🖼 🖼 🖼 —— 保  (唐兰《殷墟文字记》:"负子于背谓之保,引申之则负者为保,更引申之则有保养之义。")

企: 🖼 🖼 🖼 —— 企  (林义光《文源》:"人下有足迹,象举踵形。")

何: 🖼 🖼 🖼 —— 何  (李孝定《集释》:"象人负戈形。"借为谁何。今给别作担荷。)

伐: 🖼 🖼 🖼 —— 伐  (李孝定《甲骨文字集释》:"象戈刃加人颈,击之义也。非从人持戈。")

俘: 🖼 🖼 —— 俘  (李孝定《集释》:"象以手逮人之形。增亻,示于道中逮人。")

弔: 🖼 🖼 🖼 —— 弔  (《说文》:"从人持弓,会驱禽。"《汉语古文字字形表》:"象人持弋射矰缴之形。")

从： 𰅼 𰅼 𰅼 —— 𢓅　（饶炯《部首订》："象人在前，一人在后，则相听从之义自见矣。" 孙海波《甲骨文编》："卜辞比从同字。"）

北： 𰅽 𰅽 𰅽 —— 𠨧　（唐兰《释四方之名》："北由二人相背，引申而有二义：一为人体之背，一为北方。"）

臭： 𮤶 —— 臭　（由犬由自会意。自，古鼻字。）

獸： 𭥠 𭥠 𭥠 —— 獸　（朱芳圃《殷周文字释丛》："獸即狩之初文，从嘼从犬，会意。"）

蠱： 𧓳 𧓳 𧓳 —— 蠱

買： 𱃓 𱃓 𱃓 —— 買　（商承祚《殷契佚存考释》："象以网取贝之形。"）

寶： 𡧙 𡧙 𡧙 —— 寶　（贝与玉在宀内）

宋： 宋 宋 宋 —— 宋　（从宀，从木。徐铉："木者所以成室以居人也。"）

宗： 宗 宗 宗 —— 宗　（李孝定《集释》："示象神主，宀象宗庙，宗即藏主之地。"）

集： 𩁶 𩁶 —— 集

羴(shān)： 𦍌𦍌𦍌 —— 羴
　　　　 𦍌𦍌

初： 初 初 —— 初　（裁衣之始）

多： 多 多 —— 多　（象两块肉形）

夙(sù)： 𠙹 𠙹 —— 夙　（胡小石《说文古文考》："象人执事于月下，侵月而起，故其谊为早。"隶变作夙。）

疐(zhi): 𠂤 𠂤 — 𥏙 （罗振玉《增订殷虚书契考释》："从矢,身矢,乃疐字也。疐殆野豕,非射不可得。"）

畕(jiang): 田田 — 畕 （《说文》："比田也。从二田。"《殷注》："比,密也。"）

畺: 畕 — 畺 （《说文》："界也。"常用古文字名米："从弓者,古代以弓纪步。"）

男: 𠢧 — 男 （徐中舒《甲骨文字典》："象原始来形。从田从力会以来于田中从事农耕之意。农耕乃男子之事,故以为男子之称。"）

劦: 劦 劦 劦 — 劦 （李孝定《甲骨文字集释》："象三耒并耕。"）

莫: 茻 茻 — 莫

葬: 㫃 — 葬 （李孝定《甲骨文字集释》："象残骨置茻上会意也。"）

朝: 朝 朝 朝 — 朝 （罗振玉《增订殷虚书契考释》："日已出茻(mǎng)中,而月犹未没,是朝也。"）

元: 元 元 元 — 元 （本义为人头。由二[上]、由人会意。）

祈: 祈 祈 祈 — 祈 （孙海波《甲骨文编》："从斾,从单。(单象兵器)盖戎时祷于军旗土下,会意。"罗振玉说。王国维《戬寿堂所藏甲骨文字考释》："假借为祈求之祈。"）

無(舞): 舞 舞 舞 — 舞 （人持牛尾之类跳舞,为"舞"的本字。）

夹: 夹 — 夹 （林义光《文源》："象=人相向夹一人之形。"）

卿：𗂰 𗂱 —— 鄉　（羅振玉《增訂殷虛書契考釋》："象饗食時賓主相嚮之狀，即饗字也。古公卿之卿、鄉黨之鄉、饗食之饗，皆為一字。"）

隻：𗂰 𗂱 —— 隻　（李孝定《甲骨文字集釋》："捕鳥在手，獲之義也。""小篆作獲者，后起形聲字也。""鳥一枚者"，隻之別義也。"）

毓(育)：𗂰 𗂱 𗂲 —— 毓　（羅振玉《增訂殷虛書契考釋》引王國維說："從女從㐬[t丑，倒子形]或從母從㐬，象產子之形。從人與從母從女之意同。"）

棄：𗂰 —— 棄　（李孝定《甲骨文字集釋》："字象納子於中棄之之形。"）

燮(奚)：𗂰 𗂱 —— 燮

正：𗂰 𗂱 —— 正　（口代表目的地。從"征"的初文，借為正直的正。）

逐：𗂰 —— 逐

相：𗂰 —— 相

監：𗂰 𗂱 —— 監　（林義光《文源》："監即鑒之本字，上世未制銅時，以水為鑒。"）

飲：𗂰 𗂱 —— 飲　（董作賓《殷曆譜》："象人俯首吐舌捧尊就飲之形。"李孝定《甲骨文字集釋》："以[㱃]音近於今，而到舌形又與今字形似，故篆文遂訛從今耳。"）

聖：𗂰 𗂱 𗂲 —— 聖　（李孝定《甲骨文字集釋》："象人上著大耳；從口會意。聖之初誼為聽覺官能之敏銳，故引申訓通；賢聖之義，又其引申也。聽、聲、聖三字同源，其始當本一字。"）

305

鸣: 𤀹 𤂖 𤊀 —— 鳴

林: 𣏟 —— 林

蜫(kūn): 𦕤 𦕧 𦕩 —— 𧎅 (从二虫,为"昆虫"本字。)

剸: 𠚤 𠚲 —— 剸

邑: 𠂤 𠂤 —— 邑 (罗振玉《增订殷虚书契考释》:"邑为人所居,故从口从人。")

啚(鄙bǐ): 𠙹 𠚀 —— 啚 (罗振玉《增订殷虚书契考释》:"此即都鄙之本字。"口,都邑;面象露天的谷堆。)

丝(yōu): 𢆶 —— 丝 (甲文即丝字)

丧: 𣦻 𣦼 𣦾 —— 喪 (本义为采桑,口代表器具。)

咸: 𠙴 𠙵 𠙶 —— 咸 (从戌从口,戌是长柄大斧,口为人口,在这里表示人头。咸本义为杀,见王延林《常用古文字字典》)

前: 𠒇 𠒈 —— 歬 (人脚[止]穿了鞋子[舟]在大路[彳]上走,乃为前的本义,见王延林《常用古文字字典》。)

登: 𠭔 𠭕 𠭖 —— 登 (会捧豆升阶以敬神祇之义。见徐中舒《甲骨文字典》)

𣥺(chuǎn): 𣥺 𣥻 —— 𣥺 (王筠《象传校录》:"𣥺者两人之足也,故倒上两足以见意。四足相违,岂能行哉?故𣥺即遄也。")

辵(chuò): 𠌤 𠌥 —— 辵 (从行,从止)

進: 𨾗 —— 進 (隹脚能进不能退,故用以会意。见王延林《常用古文字字典》)

逆: 𣥂 𧗟 𣥏 —— 逆 （罗振玉《增订殷虚书契考释》："象(倒)人自外入，而足以迎之，或省彳，或省止。"）

遘: 𩵋 𩵋 𩵋 —— 遘 （象二鱼相遇之形。见汤可敬《说文解字今释》）

追: 𠂤 𠂤 —— 追 （从𠂤从止）

德: 𢔬 𢔬 —— 德 （从彳从直。《说文》："直，正视也。"甲文值有巡视意。金文加心为德。见王延林《常用古文字字典》）

御: 𢒈 𢓃 𢔣 —— 御 𢔜 𢕎 （罗振玉《增订殷虚书契考释》："此从彳从卸。𠂤与午字同形，始象马策。人持策于道中，是御也。"或又从又从马，与许书同。"）

延(chān): 𢓊 𢓋 —— 延 （从彳，从止。缓步兒。）

衛: 𠁣 𠁥 𠁧 —— 衛 （商承祚《十二家吉金图录》："罗叔蕴师谓从足绕口，有守御意。"）

品: 品 品 —— 品

廿: ∪ ∪ —— 廿 （由两个十字合成）

卅(sà): 𠦃 𠦃 —— 卅 （由三个十字合成）

訊: 𠱠 —— 訊 （吴大澂《古籀补》："从系从口，執敵而訊之也。"）

評: 𠮧 —— 評 （杨树达《积微居小学述林》："呼召必发高声用力，故字形象声上越物，犹'曰'字表人发言，字形象气上去也。"）

307

諩: 𣦵𣦵 — 諩 （由两个"或"字相背会意）

竟: 𩑋 — 竟 （从音从人）

孚: 𥝃 — 孚 （林义光《文源》："象爪持子。"）

爲: 𠂇象 𠂇象 — 爲 （罗振玉《增订殷虚书契考释》："卜辞作手牵象形。"意古者役象以助劳，其事或尚在服牛乘马以前。）

執(yì): 𡖊 𡖊 — 執 （象人双手执一棵树苗。见王延林《常用古文字字典》）

孰(shú): 𩙿 — 孰 （林义光《文源》："象两手持亯[xiǎng]。亯，荐熟物器也。"《殷法》：孰与谁双声，故一曰谁也。后人乃分别熟为生熟，孰为谁孰矣。晋宠曰："顾野王《玉篇》始有熟字。"）

蒯(huái): 𢦏 𢦏 — 蒯 （《说文》："击踝也。"汤可敬《说文解字今释》："象双手持戈之形。"）

叟(sǒu): 𠂇 𠂇 — 叟 （朱骏声《通训定声》："即搜之古文。从又持火，屋下索物也。会意。"借为尊老之称。）

㩜(lí): 𥝃𥝃 — 㩜 （象手持持物脱粒之形，是收获麦子的会意字。见王延林《常用古文字字典》）

祟(zhuì): 𥝃 𥝃 — 祟 （王国维《戬寿堂所藏殷虚文字》："从又持木于禾前，亦祭之名。"）

事: 𠁁 𠁁 — 事 （史、吏、事实为一字。手事柯楂当武器从事狩猎，作战是当时的大事。徐中舒说）

畫(chuà): 𦔮 𦔮 — 畫 （林义光《文源》："从聿，古笔字。𦔮象所画之形。"）

臧(zāng): 𨈾 — 臧 （李孝定《甲骨文集释》："盖象以戈盲其一目之形，其本义为奴隶。"）

殳(shū)： ![] ![] —— ![]　（手持捶物。由殳组成的字多有打击之义，如：殿、毂。）

叴(jiù)： ![] ![] —— ![]　（李孝定《甲骨文字集释》："契文从臼，象食器之形，从殳象持匕柶〔bǐ sì，勺匙〕，所以报之者也。"）

役： ![] ![] —— ![]　（从人从殳，象手持殳击人。《段注》："与戍从人持戈同意。"）

専： ![] ![] —— ![]　（象用手转动纺専之形。）

攴(pū)： ![] —— ![]　（象手执物敲击之形。）

敏： ![] ![] —— ![]　（象手理妇女长发，为妻的本字。卜辞中敏可用作妻。见王延林《常用古文字字典》）

攸： ![] ![] —— ![]　（象手持物打人之形。其造字法与役作𠈌相同。见王延林《常用古文字字典》）

改： ![] ![] ![] —— ![]　（象执鞭打一跪着的小孩之形。会教子归正改错之意。）

占： ![] ![] ![] —— ![]　（林义光《文源》："卜象兆文，从口临其上。"）

甫： ![] —— ![]　（罗振玉《增订殷虚书契考释》："象田中有蔬，乃圃之最初字。后又加囗，形已复矣。"）

庸： ![] —— ![]　（《说文》："从用，从庚，庚，更事也。"于省吾《甲骨文字释林·释庸》："甲骨文庸字作𤰾，只一见。"）

箙、葡(bèi)： ![] ![] ![] —— ![]　（象矢在箙中，本义是盛矢之器，因能盛多矢，引申为具备[备]之意。见王延林《古文字常用字典》）

眔(dà)： 𥃲 𥃸 𥃻 — 眔 （象眼睛流泪之形，似为泪的初文。）

睼(dié)： 𥄉 𥄊 — 睼 （《甲骨文字诂林》：当隶定作眣，即《说文》睼字之初形。又《说文》䁵字，从目从寅，亦当是睼字之异，古矢与寅为同源字，每相混。今字则作瞬。）

省(xǐng)： 𣎵 𣎶 𣎷 — 省 （作物初生，必数数视之，故从中。张舜徽说。）

鲁： 魯 魯 — 魯 （林义光《文源》引阮元说："鲁本义盖为嘉，从鱼入口，嘉美也。"）

习： 習 習 習 — 習 （郭沫若《卜辞通纂考释》："从羽从日，盖谓禽鸟于晴日学飞。"）

雀： 雀 雀 — 雀 （由小、隹会意）

雉： 雉 雉 雉 — 雉 （象箭射鸟之形，卜辞中可训杀伤。见王延林《常用古文字字典》）

离： 离 离 离 — 離 （用𢾈捉鸟）

羔： 羔 羔 羔 — 羔 （从羊在火上。徐灏《段注笺》："疑羔之本义为羊炙，故从火，小羊味美，为炙尤宜，因之羊子谓之羔。"）

美： 美 美 美 — 美 （大是正面人形，美象人头上有毛羽装饰，有的头上加䇂作美，故有美的意义。见王延林《常用古文字字典》）

羌： 羌 羌 羌 — 羌 （象一个头戴羊角的人，或象用绳索缚羌羌人。卜辞中多作人牲或俘虏。见王延林《常用古文字字典》）

雗(huò)：䨮 䨮 — 䨺 （象众鸟在雨中飞）

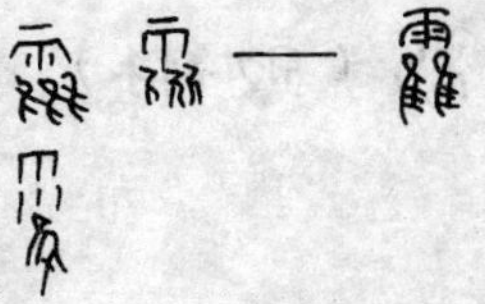

隹
隹隹(zá)：雧 雧 — 雥 （《说文》：群鸟也。从三隹。）

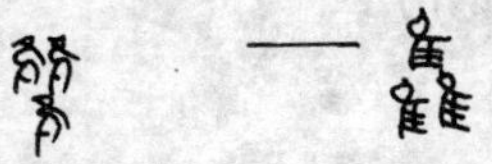

再：���� — 再 （从二从𩵋，为两条鱼，引申为两、重复之义。见《常用古文字字典》）

爯(chēng)：𤔲 𤔲 𤔲 — 爯 （象手提鱼之形。见《常用古文字字典》）

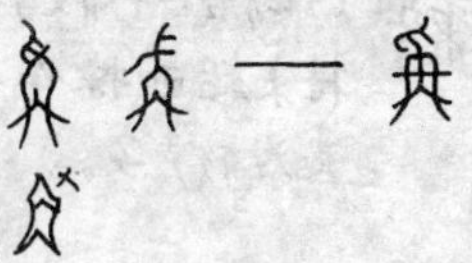

幼：𢆶 𢆶 — 幼 （象手臂上挂根细小丝线，以示手力之小。《常用古文字字典》）
幽：𢆶 𢆶 𢆶 — 幽 （从火从兹，即不亮的微小之火。《常用古文字字典》）

爰：𤔸 𤔸 — 爰  （李孝定《甲骨文字集释》："象二人相引之形。自爰假为语词，乃复制从手之援以代爰字。"）

奴(cán)：𣦼 𣦼 𣦼 — 𣦼 （《说文》："残穿也。从又从歹[è]。"）

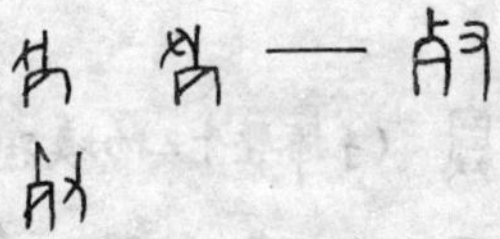

剮(bié)：𠚣 — 𠛱 （《说文》："分解也。从冎，从刀。""冎[guǎ]，剔人肉置其骨也，象形。头隆骨也。"）

311

利：𣏟 𥝤 𥝢 —— 粅（用刀割禾）

剛：𠚣 𠚠 個 —— 𠛙（林義光《文源》："从刀断网。"）

𥝢(qià)：𥝢 —— 粅（从刀，丰象所刻之齿。说见戴侗《六书故》）

耤(jí)：𦔼 𦔻 —— 耤（郭沫若《甲骨文字研究》："象人持耒耜而操作之形。"后演变为形声字。）

解：𦝢 —— 解（象两手解牛角。）

簋(guǐ)：𣪘 —— 簋（象手持物从豆中取食之形。）

典：𠕁 𠕁 𠕁 —— 典（象双手捧册放于基上。）

奠：𠠇 𠠇 𠠇 𠠇 —— 奠（象酒尊在荐〔垫物〕之上。本义为置酒食而祭也。）

寔(sè)：𣪘 —— 寔（手捧整齐之物填在屋中）

巫：十 玉 —— 巫（汤可敬《今释》："象两玉交错形。古代巫师以玉为灵物。"）

曹：棘 棘 —— 曹（卜辞棘字当为曹之初形。丁山《说文阙义笺》："棘之本义为曹偶。"罗振玉《增订殷虚书契考释》："𣍘从口与从曰同意。"）

宁: ꔜ ꔜ ꔜ —— 寧 （象室内桌上安放器皿，以表安定、安宁。见《常用古文字字典》）

兮: ㄍ ㄍ ㄍ —— 兮 （《说文》："语所稽也。从丂，八象气越亏也。"稽，留止也。越亏[yuè]，舒扬。）

喜(xǐ): 莒 莒 莒 —— 喜 （置鼓于口中，因是古乐器，故《说文》训"樂也"。）

鼓: 豈 鼓 鼓 —— 鼓 （象手持桴击鼓。）

卷(juǎn): 㲃 㲃 —— 卷 （以豆盛米两手奉而进之之形。卜辞中有的作地名，有的作祭名。）

舁(dēng): 㲃 㲃 —— 舁 （从𠬞持豆）

豊(lǐ): 豊 豊 —— 豊 （王国维《观堂集林》："象=玉在器之形。古者行禮以玉。"）

豐(fēng): 豐 豐 —— 豐 （容庚《金文编》："豐与豊为一字。"李孝定《集释》："豆实豐美，所以事神。以言事神之事則为禮，以言事神之器則为豐，以言牲牲玉帛之腆美則曰豐。"）

虤(yán): 虤 虤 —— 虤 （《说文》："虎怒也。从二虎。"）

鬯(chàng): 鬯 鬯 —— 鬯 （象器中有实）

313

養: 𣂚 —— 養（商承祚《说文中之古文考》："读作牧，象以手持鞭而牧羊，牧牛字则从牛，鞭羊则字从羊也。后以从牛之字为牧，而以𣂚为養矣。"）

飤(sì): 𩚀 —— 飤（由人、食会意，给人吃的意思。）

饗(xiǎng): 𨤋 𨤊 —— 饗（罗振玉《增订殷虚书契考释》："皆象饗食时宾主相向之状，即饗字也。古公卿之卿、乡党之乡、饗食之饗，皆为一字，后世析而为三。"）

内: 𠆢 —— 内（林义光《文源》："𠆢象屋形，入其中，为内象。"）

亳(bó): 𠅃 𠅇 —— 亳（象艸生台观之下形。丁山说。卜辞中用作地名。）

𦎧(chún): 𦎧 𦎧 —— 𦎧（《说文》："孰也。从𠅃，从羊。"汤可敬《今释》："𠅃有熟义。字从烹羊，故训熟。"）

啚(bǐ): 啚 啚 —— 啚（罗振玉《增考》："此即都鄙之本字。"□都邑，𠙴象露天的谷堆。）

啬(sè): 啬 啬 —— 啬（罗振玉《增考》："卜辞从田与许书啬之古文合，从二禾与许书穑字从禾形合。穑训收歛，从秝[禾的繁文]从田，禾在田可敛也。"朱骏声《通训定声》："此字本训当为收谷，即穑之古文也。"）

乘(桑)： ——  （王国维《戬寿堂所藏甲骨文字考释》："象人乘木之形。"）

般： —— （凡为盘之初形，因与舟形近讹作舟。般手拿匕是从盘中取物之形。槃或盘乃后起孳乳字。见《甲骨文字诂林》）

臬(niè)： —— （从木，从自，《说文》云"射准的也"，即射箭的靶子。朱骏声《通训定声》："从自者，鼻于面居中挺出之形，凡臬似之。"）

樂(yuè)： —— （罗振玉《增订殷虚书契考释》："从丝坿木上，琴瑟之象也。或增白以象调弦之器。"）

采： —— （从木，从爪）

析： —— （象斤〔斧头〕伐木之形。）

休： —— （从人依木）

森： —— （三木表多木）

出： —— （李孝定《集释》："以内字作回观之，凵∩疑为坎陷之象，古人有穴居者，故从止从凵，而以止之向背别出入也。"）

315

囚(nà)：㘝 —— 㘝（林義光《文源》："象手取物藏口中形。"）

囚：𠆢 𠈌 —— 囚（从人在口中）

困：困 —— 困（俞樾《兒笘[shān]錄》："困者，梱[門橛，门槛]之古文也。"）

豢(hùn)：圂 圂 —— 豢（《说文》："廁[猪圈]也。从口，象豕在口中也。会意。"）

員(圓)：𩵋 𩵋 —— 員（林義光《文源》："从口从鼎，实圆之本字。○，鼎口也。鼎口，圆象，古文字鼎貝相近，故小篆讹从貝。"）

貯(zhù)：㝉 㝉 —— 貯（罗振玉《增考》："象内[纳]貝于宁[象贮物之器]中形，或貝在宁下，与许书作貯貝在宁旁意同。"）

寅(mián賓)：𠆢 𠆢 𠆢 𠆢 𠆢 𠆢 —— 賓（王国维《观堂集林》："上从屋，下从人从止，象人至屋下，其义为賓。"后起字从貝，因古者賓至必有物以贈之。寅賓为古今字。）

嚣(邻 xiàng)：𨞜 —— 嚣（《甲骨文编》："象二人相向之形。"后隶变作邻。）

啟(qǐ)：启 启 —— 啟（叶玉森《说契》："象推户见日。"）

晨：昍 昍 —— 晨（董作宾《殷历谱》："卜辞晨字从日从夕，为会意字。"日晨则人影倒也。"）

昏：昏 昏 —— 昏（《说文》："从日，氏省。氏者，下也。"）

昔：昔 昔 昔 —— 昔（从巛从日，会意。巛象洪水，为古灾字。古人不忘昔日洪水之灾而制字。见叶玉森《说契》）

316

游: 𓂇 𓂇 𓂇 — 游 （从子执㫃，子即人也。斿当为本字。见徐灏《段注笺》）

旋: 𓂇 𓂇 𓂇 — 旋 （汤可敬《今释》："上从㫃，下从足，或从止，表示人足随旋旗而转动。"）

旅: 𓂇 𓂇 — 旅 （徐灏《段注笺》引戴侗说："並人在㫃下，以旗致民之义也。"）

族: 𓂇 𓂇 𓂇 — 族 （丁山《甲骨文所见氏族及其制度》："字从㫃从矢。矢所以杀敌，㫃所以标众。其本义应是军旅的组织"）

龓(笼): 𓂇 — 龓 （陈邦怀《殷虚书契考释小笺》："卜辞从龍，从又，象人手牵龙头形，牢笼之谊昭然。小篆从有，殆以又、有通用而然欤?"）

明: ☽ ☽ ☽ — 明 （从日从月，或为"月照窗牖形"。）

梦(寢): 𓂇 𓂇 — 梦 （孙海波《甲骨文编》："象人依爿而睡，寢之初文。"）

年: 𓂇 𓂇 — 年 （叶玉森《说契》："疑从人戴禾。""禾稼既刈，则捆为大束，以首戴之归。"董作宾《卜辞中所见之殷历》："到了周代，才把禾谷成熟一次称为一年。"）

秦: 𓂇 𓂇 𓂇 — 秦 （徐中舒《耒耜考》："秦象抱杵舂禾之形。"）

稱: 𓂇 𓂇 𓂇 — 稱 （字象以手提魚，《说文》："爯，并举也。"爯、稱为古今字。）

317

秫(朮)：朮 朮 —— 朮

舂：𣪊 𣪊 —— 舂　（如人用两手持杵在臼中舂粟之形，小点，似溢出之米。见《常用古文字字典》）

家：𠈌 𠈌 𠈌 —— 家　（象豭在宀中。见唐兰《天壤阁甲骨文存考》）

室：室 室 —— 室　（从宀从至）

宣：宣 宣 —— 宣　（曰为云气之形。宣为通光透气之室。）

宓(寍)：宓 宓 —— 宓　（象室内桌上安放器皿，以表安定。见《常用古文字字典》）

定：定 定 —— 定　（从宀从正）

安：安 安 —— 安　（从女在宀下）

宰：宰 宰 —— 宰　（从宀从辛，辛表示罪人。）

宿：宿 宿 宿 —— （囚是簟席的初文。人在席上或人在席旁宀下，皆示宿意。见罗振玉《增考》）

寑(qǐn)：寑 寑 —— 寑　（就寝前以帚除尘。见张舜徽《约注》）

宕(dàng)：宕 宕 —— 宕　（从宀石，会洞屋意。）

同：同 同 —— 同　（林义光《文源》："从口凡，与咸同意。"）

帥：帥 帥 帥 —— 帥　（甲文象以手擦拭簟席形，周人加巾为意符，簟席形简为丨遂成帥字，小篆讹变为𠂤，后人借为率字。参见高鸿缙《中国字例》）

敝: 㡀 㡀 —— 敝 （从攴从巾，巾象敗巾之形，㸃其破敗处也。见李孝定《集释》。）

伊: 伊 伊 伊 —— 伊 （从人从尹。尹，正[天下]。）

依: 依 依 —— 依 （汤可敬《今释》："人在胞衣中形。胞衣为胎儿所依托。"）

偁: 偁 偁 偁 —— 偁 （《说文》："揚也。"象人以手舉魚之形。）

敟: 敟 敟 —— 敟 （高鸿缙《散盘集释》："从攴从長会意。長为鬘字之最初文。"鬘旣細小矣攴之則斷，而更敟也。）

侵: 侵 侵 —— 侵 （象持帚扫牛之形。持帚渐进，侵追人也。参见林義光《文源》）

俔(qiàn): 俔 —— 俔 （从人从见。《说文》："间見"[于空隙中作見之意。]参见朱骏声《通训定声》）

使: 使 使 使 —— 使 （甲文不从人，以吏[事]为使。从又持笔。）

咎: 咎 咎 咎 —— 咎 （象人为足所践踏，卜辞有灾祸作祟之意。許进雄说，见《甲骨文字诂林》）

化: 化 化 —— 化 （朱芳圃《殷周文字释丛》："象人一正一倒之形。"）

卓: 卓 卓 —— 卓 （象以畢罩罩鸟之形，卜鸟之省形。当为罩之本字。篆文将早下之十讹作甲，与戎字误同。《汉语古文字形表》）

從：𣥏 —— 𠈇 （从、從古今字）

比：𠈔 —— 𠈉 （孙海波《甲骨文编》：卜辞比、从同字。）

㐱 (yín)：𠈌 —— 𠈌 （《说文》："众立也。从三人。"）

眾 (zhòng)：𥅫 𥅫 —— 眾 （从三人在日下会意）
𥅫 𥅫 𥅫

壬 (tǐng)：𡈼 𡈼 —— 壬 （徐锴："人在土上，壬然而立也。"李孝定《集释》："壬然而立，英挺劲拔，故引申之得有'善也'之谊也。"）

朕：𦩎 𦩎 —— 朕 （象两手捧器敉舟身之形。敉，涂缝也。后多借作第一人称代词。见《常用古文字字典》）

兑 (duì)：𠔃 𠔃 —— 兑 （㕣、兌、悦乃一字之累加。㕣、倚口画其两旁纹理形，故托以寄喜悦之意。后㕣(yǎn)渐失其本意，而只为船、铅、沿等字之音符。㕣又加人，加心表喜悦意。周人或假說字以代之。见高鸿缙《中国字例》）

兄：𠑷 𠑷 𠑷 —— 兄 （此乃祝之初文，以人跪而以口祷告会意。后借为兄长字，乃加示为祝。见高鸿缙《中国字例》）
𠑷

飲(yǐn)：𩰻 𩰽 ᄉ — 飲

頮(mèi)：𩠐 𩡦 — 頮

后：𠂕 𠂕 𠂕 — 后
　　居
（梁東漢《汉字的结构及其流变》："象人散髮兩手捧水洗头之意。"）

（象人产子之形，典籍中君主及后妃皆可称后，而后产子之字专用毓育二形，繼体君之字专用后形，又讹作后。王国维说。见罗振玉《增考》）

司：𦣞 司 𠯮 — 司
（从口从又省，会掌管意。高鸿缙说，见《颂器考释》）

令：𠆢 𠆢 𠆢 — 令
（林义光《文源》："从口在人上，象口发号，人跽伏以听也。"）

卯(zhuān)：𠨍 𠨍 — 𠨍
（罗振玉《增订殷虚书契考释》："从二人跽而相从之状。疑即古文撰[恭顺]字。"）

印：𨒪 — 𨒪
（罗振玉《增考》："从爪从人跽形，象以手抑人而使之跽。其谊如许书之抑，其字形则如许书之印。"
李孝定《集释》："玺秫印者，盖用玺时必按抑之，其义始亚，遂即以动词之印(yì)为名词矣。"）

归(yì)：𨒪 𨒪 — 𨒪
（𨒪）（罗振玉《增考》："许书印抑二字古为一字。""反印为抑，始出晚季，所以别于印信字也。"）

卯(qīng)：𠨍 — 𠨍
（罗振玉《增考》："从二人相向。""此为嚮背之嚮字。"）

畏：𤰻 𤰻 — 畏
（罗振玉《增订殷虚书契考释》："从鬼，手持卜。鬼而持攴，可畏孰甚。"）

磬(qìng)：䇂殳 —— 磬
（罗振玉《增考》："从卢象虡饰，卢象磬，手持殳所以击之。形意已具，其从石者，乃后人所加。"虡(jù)，悬磬的木架。）

豢(huàn)：𤣥𤣥 —— 豢
（罗振玉《增考》："从豕从丱。以谷饲豕，故从丱豕。腹有子，象孕豕也。"）

豩豕(bīn、huān)：𧰲𧰲 —— 豩
（汤可敬《今释》："象猪相追逐的样子。"）

豛(zhì)：𤣥𤣥𤣥𤣥 —— 豛
（罗振玉《增考》："从豕，身着矢，殪豕字也。盖殆野豕，非射何得。"）

豚：𢑖𢑖𢑖𢑖 —— 豚
（从肉豕，供祭祀用的猪）

易(yì)：𤣥𤣥𤣥 𤣥𤣥𤣥 —— 易
（徐中舒《甲骨文字典》："象两酒器相倾注承受之形，故会赐与之义，引申之而有更易之义。"）

麤麤：𤣥𤣥 𤣥𤣥 —— 麤
（《说文》："行超远也。从三鹿。"《段注》："俗作麁。今人概凡用粗，粗行而麤廢矣。"）

狩：𤣥 𤣥𤣥 𤣥 —— 狩
（朱芳圃《殷周文字释丛》："獸即狩之初文，从單从犬，会意。"單为猎具，所以捕禽兽。）

獲：𤣥 —— 獲
（罗振玉《增考》："从隹从又，象捕鸟在手之形。与许书训'鸟一枚'之雙字同形。"李孝定《集释》："鸟一枚者，雙之别义也。"）

322

獻: 𤔔 𤔕 𤔖 —— 獻 （徐中舒《甲骨文字典》：从犬从鬲，或从虎从鬲，告为獻之初字。皆会意为鼎实。）

犾(yín): 𤝤 —— 犾 （《说文》："两犬相齧也。从二犬。"）

尞: 𤇾 𤇿 —— 尞 （罗振玉《增订殷虚书契考释》："从木在火上，木旁诸点象火焰上腾之状。"后小篆讹作"尞"，又相承增火旁作"燎"。）

焣(jiāo): 𤈦 𤈧 𤈨 𤈩 —— 焣 （叶玉森《殷虚书契前编集释》："象投交脛人于火上，八象火焰。"卜辞作焚人祈雨之祭名。见《常用古文字字典》）

炮(jiāo): 𤉥 𤉦 —— 炮 （从火从龟）

燼(爐 jìn): 𤋲 —— 燼 （罗振玉《增订殷虚书契考释》："此从又持丨以拨余火。"今字作爐，简化作烬。）

樊(fán): 𤕻 𤕼 𤕽 𤕾 —— 樊 （《殷注》："作'焚'。焚，烧田也。字从火烧林意也。"）

灾: 𡨥 𡨦 —— 灾 （从宀[mián]从火。商承祚《福氏所藏甲骨文字释文》："甲骨文有𡿩、𡿪、𡿫，从水、从戈、从火，以其义言之，水灾曰𡿩，兵灾曰戈，火灾曰𡿫。后孳乳为𢦏、灾、灾……"）

光: 𤉸 𤉹 𤉺 —— 光 （从火在人上）

323

燮（燮 xiè）： ᵚᵚ ── 燮 （罗振玉《增考》："从又持炬，从三火，象炎炎之形。许之辛殆炬形之讹。"徐灏《段注笺》："戴氏侗曰：'燮、燮、燮，实一字，羊之讹为辛，辛之讹为言是也。'"）

炏： 焱 ── 火火

赤： 𠆢 焱 ── 炎 （从大火）

执(zhí)： 𦥑 𦥑 ── 執 （《说文》："捕罪人也。从丮从幸，幸亦声。"李孝定《甲骨文字集释》："象一人两手加梏之形。"）
𦥑
𦥑

圉(yǔ)： 囚 囚 ── 圉 （从執从囗。囗古圍字。捕罪人而拘于圉中。见王襄《簠室殷器类纂》。）
囚

立： 𠂇 𠂇 𠂇 ── 立 （林义光《文源》："象人正立地上形。"）

竝(bìng)： 𠂇𠂇 ── 竝 （林义光《文源》："象二人並立形。"）

衍(yǎn)： 𣲍 𣲍 ── 衍 （《说文》："水朝宗于海也。从水从行。"朝宗，诸侯朝见天子，春天叫朝，夏天叫宗。此喻水归海。）

泅(qiú)： 𣱵 𣱵 ── 泅 （《说文》："浮行水上也。从水，从子。"）

氼(溺nì)： 𣱵 ── 氼 （《说文》："没也。从水，从人。"《段注》："此沉溺之本字也。今人多用溺水水名字为之，古今异字耳。"）

沈(沉)：（甲骨文字形）——沈　（罗振玉《增订殷虚书契考释》："此象沈牛于水中，殆即貍沈之沈字。"此字亦有沈羊于水中者，今俗作沉。卜辞为用牲之法。）

溼(濕 shī)：（甲骨文字形）——溼　（叶玉森《殷虚书契前编集释》：从水，从㠯，即丝〔即绝之古文〕，表水绝流处。今字作濕。）

沬(靧、頮 huì)：（甲骨文字形）——沬　（罗振玉《增考》："象人散发就皿洒面之状。"今作靧，从面贵声；又作頮，从两手匊水而洒其面。参见《殷注》）

浴：（甲骨文字形）——浴　（罗振玉《增考》："注水于般〔盤〕而人在其中，浴之象也。"）

水(zhuǐ)：（甲骨文字形）——沝　（《说文》："二水也。"）

涉水(涉)：（甲骨文字形）——涉　（王襄《簠室殷契类纂》："象两足跡在水旁。"表人步行过河。）

永：（甲骨文字形）——永(泳)　（高鸿缙《中国字例》："此永字，即潜行水中之'泳'字初文。原从人在水中行，由文'人''彳'生意，故讬以寄游泳之意。后人借用为长永，久而为借意所夺，乃加水旁作'泳'以还其原。"）

谷(gǔ)：（甲骨文字形）——谷　（《说文》："泉出通川为谷。从水半见，出于口。"由水〔二〕字显现一半而出现在谷口上面。）

325

雪(雪 xuě)：羽 羿 —— 雪 （唐兰《殷虚文字记》："〔ヨヨ〕即小篆彗字。"朱骏声《通训定声》："雨而可彗埽者，雪也。"今经传作"雪"。）

澫(漁)： —— 漁 （《说文》："捕魚也。"从魚，从水。）

乳： —— 乳 （李孝定《甲骨文字集释》："象怀子哺乳之形。从子与篆文同，从母，篆[攵]讹为从爪乙耳。"）

聽： —— 聽 （郭沫若《卜辞通纂》："古聽、聲、聖乃一字，其字作㥁，从口耳会意，言口有所言，耳得之而为聲；其得聲之动作则为聽。聖、聲、聽均后起之字也。"）

耴(tiè)： —— 耴 （《说文》："安也。从二耳。"《段注》："凡帖妥当作比字，帖，其假借字也。"）

執(zhí)： —— 執 （《说文》："捕罪人也。从丮，从幸。"孙海波《甲骨文编》："象罪人被執〔桎梏捕捉〕以手抑之之形。"）

丞： —— 丞 （李孝定《集释》："契文象两手捧一人之形，丞之义也。篆文又增之'手'形，于形已复矣。"）

媚(mèi)： —— 媚 （李孝定《甲骨文字集释》："女之美莫如目，故契文特于女首着一大目，又並其眉而象之。"）

好：𢀩 𡥜 𡥜 —— 好 （从女子。唐兰《天壤阁甲骨文存考释》："好为女姓。"）

委：𡥜 𡥜 —— 委 （《说文》："委随也。从女，从禾。"徐颢《段注笺》："委盖妇女委婉逊顺之义，故从女。"徐铉注："取其禾谷垂穗，委曲之皃。故从禾。"）

如：𡥜 𡥜 —— 如 （林义光《文源》："口出令，女从之。"）

奻(nuán)：𡥜 —— 奻 （《说文》："讼也。从二女。"讼，争吵。）

妥(绥)：𡥜 𡥜 —— 妥 （见《尔雅》。段玉裁补入《说文》女部曰："安也。从爪女。妥与安同意。"罗振玉《增考》："古绥字作妥。"）

肈(zhào)：𡥜 𡥜 —— 肈 （丁山《甲骨文所见氏族及其制度》："象以戈破户之形。使户为国门之象徵，则戉之本义应为攻城以战之朕兆。"）

戎：𢦏 —— 戎 （罗振玉《增考》："从戈从十，十，古文甲字。"）

戍：𢦏 —— 戍 （从人持戈）

或(yù)：𢦏 𢦏 𢦏 —— 或 （孙海波《卜辞文字小记》："口象城形，从戈以守之，国之义也。古国皆训城。"见《考古》三期60页）

戔(jiān)：𢦏 𢦏 —— 戔 （林义光《文源》："从戈戳𠆢，𠆢，人多之象。"汤可敬《今释》："有灭绝众人之意，当为'殲'古字"）

327

武: 𣥠 𣥠 —— 𣥖 （于省吾《释武》："武从戈从止，本义为征伐示威。"）

戠(zhī): 𢧐 𢦏 —— 戠 （林義光《文源》："从戈从言，即題識本字。言在戈上者，戈有識記们也。亦作'戠'。"）

義: 羊戈 羛 —— 義 （《说文》："己之威仪也。从我羊。"）

匃(gài): 勹亡 勹亡 —— 匃 （从刀从亡，为"害"的意思。用其声假借为乞求字。参见《甲文字诂林》）

區(ōu): 品 嵒 品 —— 區 （朱芳圃《殷周文字释丛》："區当为甌之初文。品象其形，匚所以藏之。"）

弜(弼jiàng): 弓弓 弜 —— 弜 （为"弼"的本字，为校正弓弩的器具。凡弛弓则縛于里，以备损伤，用竹若木为之。后增西声。引申为辅，为重，又引申之则为彊。参见王国维《观堂集林·释弜西》。）

系(xì): 𢆶 𢆶 —— 系 （手持丝形）
      𢆶 𢆶

孫: 𡥀 𡥀 —— 孫 （《说文》："子之子曰孫。从子，从系。系，续也。"）

續(xù): 𩷍 𩷍 —— 續 （《说文》："连也。"古文續从庚貝。"《段注》："庚貝者，貝更迭相联属也。庚有续义。"罗振玉《增考》："庚训更，亦训续，犹乱亦训治矣。"）

绍: 〔李孝定《甲骨文字集释》:"象以刀断丝之形,与绝古当为一字,初谊为绝而许训继者,亦犹治之训乱也。"〕

编: 〔《说文》:"次简也。"即依次排列竹简。由象由册会意。册象编简之形。〕

缰: (手执缰绳)

彝(yí): 〔李孝定《甲骨文字集释》:"均象两手捧鸡或鸟之形。古者宗庙祭祀以鸡鸟为牲,乃习见之事实,于是制为彝器时遂有饰鸡鸟取象者矣。"〕

蚩(chī): 〔徐中舒《甲骨文字典》:"从又从虫,象蛇啮足趾之形,引申之故有灾祸之义。"〕

蛊(gǔ): (象虫在皿中)

圣(kū): (象两手在土上有所作为。杨树达《卜辞求义》:"实掘或揢之初文。"）

尧(yáo): 〔《说文》:"高也。"甲文从二土一人。见商承祚《说文中土古文考》〕

艰(jiān): 〔甲文艰与《说文》籀文同。似为人牲献祭时以鼓乐相伴之形,引申而有难义。〕

野: (从林从土。)

畯(jùn): 〔《说文》:"农夫也。"李孝定《集释》:"从田,从允。允、夋之异在足之有无,实一字也。"〕

畜(xù)： 𦈢 —— 畜 （《说文》：「田畜也。」《淮南子》曰：「玄田为畜。」周谷城《古史零证》：「一串一串悬在田中的东西就是畜。」）

鑄： 𩰫 𩰫 𩰫 —— 鑄 （徐中舒《甲骨文字典》：乙象水流，借以表示铜液等；曰为陶范之通气孔；皿为铸造所用之器；中从𦈢从口，疑𦈢为曰形之讹而为𦈢之省形，上象两手持倒皿，持销金之液倾入范中。）

輿(yú)： 𦦥 𦦥 —— 輿 （罗振玉《增考》：「此象众手造车之形。」「举𦈢则造车之事可概见矣。」）

官： 𡧑 𡧑 —— 官 （徐灏《段注笺》：「官为官舍。从宀在𦤣上。」）

𠶷(qiǎn)： 𠶷 𠶷 —— 𠶷 （甲文象双手取𦤣，小篆讹作𠶷。卜辞中用为「遣」。）

陴(pí)： 𨹼 —— 陴 （《说文》：「陴，城上女墙俾倪也。从𨸏，卑声。」𨹼，籀文陴从𩫖〔guō〕。女，小者谓女。叶玉森《说契》：「从𩫖，象城𩫖之重，两亭相对；从𤰔，象手持一物，盖古兵器，持之以守𩫖者。」甲为古盾牌。）

獸： 獸 獸 獸 獸 獸 —— 獸 （从單，从犬，本义为狩猎，古与狩通。引申为所猎获之物。）

季(稺、稚)： 季 季 季 —— 季 （林义光《文源》：「季与稺同音，当为稺(《冫门》之古文，幼禾也。从子禾，古作季，引申为叔季之季。」稺今字作稚。）

330

羞: [甲骨文字形] — [篆] （《说文》：进献也。从羊，羊，所进也；从丑，丑亦声。"罗振玉《增考》："从又持羊是进献之象。"李孝定《集释》："许君云从丑，正以手谊说丑。从丑、从又意同也。"）

卯（刘）: [甲骨文字形] — [篆] （吴其昌《殷代人祭考》："卯象双刀并植。"王国维《戬寿堂所藏甲骨文字考释》谓古音卯刘同部，疑卯即刘之假借字。《释诂》："刘，杀也。"按：卯、刘古今字。卯假借为地支字，用刘以别之。）

尊: [甲骨文字形] — [篆] （徐中舒《甲骨文字典》："从酉从廾，象双手奉尊之形。或从启自，则奉献登进之意尤显。"酉本为酒尊，因用为地支名，遂以尊为器名矣。""疑有奉献登进之意，用为祭名。"）

封（对）: [甲骨文字形] — [篆] （李孝定《甲骨文字集释》："象以手持丵〔zhuó，丛生的草〕树之之形，其下亦从土。""其意当同标识之物，旨在明显示人。""左对文盖假借字。"）

僕: [甲骨文字形] — [篆] （商承祚《说文中之古文考》："象人冠首而两手奉箕，为僕之初字。"）

廾（gǒng）: [甲骨文字形] — [篆]

畀（qí）: [甲骨文字形] — [篆] （林义光《文源》："象两手奉〔捧〕出〔zī〕出，缶也。"《说文》："举也。"）

畀（kuí）: [甲骨文字形] — [篆] （汤可敬《说文解字今释》："象双手持肉馈赠形。"）

331

### 4. 形声

《说文叙》谓"形声者以事为名,取譬相成"。与会意一样,其也为在象形、指事基础上创造新字的方法。一个声旁(以事为名),与一个形旁(取譬相成),结合在一起,就构成一个形声字。(顾实语,参见白兆麟"再论传统'六书'之真谛",载李兴禄主编《汉字书同文研究》鹭达文化出版公司2003年7月出版)以原有的形声字作形旁或声旁,再另加声旁或形旁,又可造出新的形声字。而且,同一形旁可组成一系列不同声旁的形声字,同一声旁也可组成一系列不同形旁的形声字。如此"形声相益",不断孳乳,汉字数量便愈益增多。形声字发展到现代,在汉字总数中占绝对优势。但在甲骨文中,这种优势尚未显示出来。其所占比例远不如象形和会意。常见的形声字如下:

旁: (杨树达《增订积微居小学金石论丛卷一·释旁》:"旁者,今言四方之方之本字也。曰井胥象东西南北四方之形,方则加声旁也。省形作冂,四方缺一,犹受物之器作匸,亦四方缺其一也。《说文》八篇下方部云:'方,船也。象两舟省总头形。'字无四方之义。其用为四方之义者,实假作旁字用耳。")

祉:

祐:

祜:

禦:

萑(zhuī): (甲文用作地名,不详其义。)

蒿:

春: (从艸,从日,屯声)

牲：牪牲 ——牲（从牛，生声）
問：𝅳問問 ——問（从口，門声）
唯：𠭯唯 ——唯（从口，隹声）
唐：庚庚 ——唐（从口，庚声）
吝：吝吝 ——吝（从口，文声）
趄(yuán)：昏昱 ——趄（从止，亘声）

歷：秝秝 ——歷（从止，秝声）
歸：歸歸歸 ——歸（从㠯[婦]，㠯声）
延(zhēng)：征征 ——征（从彳，正声）
逄(hé)：逄逄逄 ——逄（从辵，合声。行走相反。）
通：甬甬甬 ——通（从辵，甬声）
達：达达 ——達（从辵，大声）
邇(rì)：邇邇邇 ——邇（从辵，爾声。近也。）
途：余余余 ——途（从止，余声。为途之本字。于省吾说。《说文》所无。）
復：復 ——復（从止，复声）
往：圭 ——往（从止，王声）

彶(jí)： 彶 彶 — 彶 （从彳，及声。《说文》：急行也。）

徣(fēng)： 徣 徣 — 徣 （从彳，夆声。《说文》：使也。）

遅(chí)： 遅 遅 — 遅 （从彳，犀声。刘心源《奇觚室吉金文述》："以籀文遲作遲推之，知遅即遲。"《说文》："久也。"）

律： 律 — 律 （从彳，聿声）

蹍(zhěn)： 蹍 蹍 — 蹍 （从止，辰声）

龢(hé)： 龢 龢 — 龢 （从龠，禾声）

嚚(yín)： 嚚 — 嚚 （从品[jí]，臣声）

句(gōu)： 句 — 句 （从口，丩声）

千： 千 千 — 千 （从一，人声。见孔广居《疑疑》。千、人上古同属真部。）

龏(gōng)： 龏 龏 — 龏 （高鸿晋《颂器考释》："恭字初原作龏，从𠬞，龍声。从廾变为共，故有龔字，音义不别。秦以后有恭字，从心，共声，音义仍同。"）

鬺(shāng)： 鬺 鬺 — 鬺 （从皿，羊声。罗振玉《增订殷虚书契考释》："此从皿与从鬲同。"《说文》："煮也。"）

載(zǎi)： 載 載 — 載 （林义光《文源》："象两手持食，才声。"《说文》："设饪[chún]也。"摆设酒席。"章炳麟《新方言·释言》："石鼓以齎当载。今人留客为设酒食谓之待。凡相承作待，其字当作齎矣。载本音戴。"）

334

虘(zhā): 䖒 虐 —— 虘 （从又虘声。用手又取下面之物。卜辞中常用作方国之名。）

尃: 尃 尃 —— 尃 （声符为甫）

效: 𢽦 —— 效 （从攵,交声）

政: 政 —— 政 （从攵,从正,正亦声）

更: 更 更 —— 更 （从攵,丙声）

叙: 叙 —— 叙 （从又,余声）

教: 教 —— 教 （高鸿缙《中国字例》:"字原从尹子会意,爻声。"）

斆(xiào): ×× ×× 爻 —— 學斆 （甲文爻盖象织文之交错,甲文网字从此。朱芳圃说。
卜辞中學作爻,殆古音同相假借。罗振玉说。
古文字施受无别,教人者谓之斆,受教者亦谓之斆。据甲骨文,不仅李、教、學、斆同字,而且其最初之形体为爻,为爻。其演化当如下：〔见《金文诂林》〕）

335

雞：🔣 🔣 🔣 —— 雞（从隹，奚声）

雛：🔣 🔣 —— 雛（从隹，芻声）

雝：🔣 🔣 🔣 —— 雝（从隹从水呂[宮]声）

雇：🔣 —— 雇（从隹，户声）

隹：🔣 🔣 —— 隹（从隹工声。罗振玉秫隹、鸿古为一字。）

雚(guàn)：🔣 🔣 🔣 —— 雚（从隹，吅[xuān]声）

舊：🔣 🔣 —— 舊（从雚臼声。雚舊即猫头鹰。今借为新舊字。）

蔑：🔣 🔣 🔣 —— 蔑（从苜从戈，苜[眉]亦声。在卜辞为祭祀之对象。见《甲骨文字诂林》）

鳳：🔣 🔣 —— 鳳（从鳳,凡声）

鶾(hàn)：🔣 —— 鶾（见《汉语古文字字形表》《说文》：从鸟，倝声。）

膏：🔣 🔣 —— 膏（从肉，高声）

刐(剝)：🔣 —— 刐（从刀，卜声。见《段注》）

刜(fú)：🔣 🔣 —— 刜（从刀，弗声。《说文》：击也。）

册(cè)： 册 册 —— 册 （徐灏《段注笺》："册册盖本一字。"后册行而册废。）

可： 可 可 可 —— 可 （《说文》："肯也。从口己[hē]，己亦声。"林义光《文源》："从口丂，与号同意，当为訶之古文，大言而怒也。"）

盛： 盛 盛 —— 盛 （李孝定《集释》："窃疑盛之朔谊为满，与益同谊，此殆象水外溢之形。盛为形声，益则为会意。"盛甲文从皿戍声。）

卢： 卢 卢 卢 —— 盧 （从皿，虎声）

缶： 缶 缶 —— 缶 （王延林《常用古文字字典》："∪象器形。"上"为午字，此为缶字声符。"）

牆(qiáng)： 牆 —— 牆 （字亦可作"墙"，乃"墙"之初文。在卜辞为人名。见《甲骨文字诂林》。《说文》："从嗇，爿声。"）

夏(复)： 夏 夏 —— 夏 （上象器形，下从夂，有行义。从夂，亞声。）

杜： 杜 —— 杜 （从木，土声）

柳： 柳 —— 柳 （从木，卯声）

杞： 杞 杞 —— 杞 （从木，己声）

櫟(lì)： 櫟 —— 櫟 （从木，樂声。樂："从絲附木上，琴瑟之象也。或增白以象调弦之器。"见罗振玉《殷释》）

柏：𣏟 𣏟 —— 柏 （从木，白声）

杕(dì)：𣎵 —— 杕 （从木，大声）

𣎵(máng)：𣎵 —— 𣎵 （从木，亡声）

柄：丙 丙 丙 —— 柄 （从木，丙声）

杞(qǐ)：𣏟 𣏟 —— 杞 （见唐写本《说文》木部，从木，巳声。训枸也。为木制农具。卜辞用作地名或人名。）

楚：𣏟 𣏟 𣏟 —— 楚 （《说文》："从林，疋声。"甲文从足，古文足、疋同字。见李孝定《甲骨文字集释》）

麓：𣏟 𣏟 𣏟 —— 麓 （从林，鹿声或录声）
　　𣏟

𡳿(往)：𡳿 𡳿 —— 𡳿 （从止，王声。其或体从土，小篆復讹变为从之在土上。卜辞中用
　　𡳿 𡳿　　　作往来之往。）

剌(là)：剌 剌 —— 剌 （于省吾《殷契骈枝》："剌系形声字。应从刀，朿[là]省[声]。"）

國：𢍻 —— 國 （高鸿缙《中国字例》："國之初字，从口，一为地区之通象，合之为有疆界之地区之意"，"益之以戈声。"周时借用为或然之或，乃加口为意符作國。"）

责：责 责 —— 责 （从贝，朿声）

旹(時)：旹 旹 —— 旹 （从日，之声）

昱(yù)：昱 昱 —— 昱 （林洁明《金文诂林》："从日，羽声。"经典作翌，后为从日，立声。）

星：星 星 星 —— 星 （从晶，生声）

親(qīn)： 宀 新 —— 親 （从宀，新声。新、親同为親之古文。见《甲骨文字诂林》）

容： 🈳 🈳 —— 容 （从宀，公声）

宄(guǐ)： 宀 宀 —— 宄 （卜辞𡧑为宄之古文。从宀从殳，九声。见《甲骨文字诂林》）

宙： 宙 —— 宙 （从宀，由声。《淮南子》高诱注："宙，栋梁也。"宙为屋宇覆盖的栋梁。见汤可敬《今释》。）

寮(liáo)： 宀 宀 宀 —— 寮 （从宀，尞声。）

帛： 帛 —— 帛 （从巾，白声）

倗： 倗 倗 —— 倗 （罗振玉《增考》："贝五为朋，故友朋字从之。后世友朋字皆借朋贝字为之，废本字而不用。"《说文》："辅也。从人，朋声。"容庚《金文编》："倗，金文以为倗友之倗。经典通作朋贝之朋，而本字废。"）

任： 任 任 —— 任 （从人，壬声）

傅： 傅 傅 —— 傅 （从人，尃声）

褘： 褘 —— 褘 （《说文》："蔽膝也。从衣，韦声。"）

耊： 耊 —— 耊 （从老从至，至亦声。）

服： 服 服 —— 服 （郭沫若释凡为槃。服字甲文象人捧盘服侍之形，亦有省形者。及亦表声。参见林洁明《金文诂林》）

视：菛 —— 視 （从目，示声）

旡阝(chuò)： 旡 —— 䚔 （从旡，从冎，冎亦声。冎象白骨相支撑之形。人见白骨而气逆惊呼。）

厂(lǐ)： 厽 厽 —— 厤 （从厂，秝声。《说文》：治也。）

駁(bó)： 駁 駁 —— 駁 （从马，爻声。）

騱(xí)： 騱 騱 —— 騱 （从马，習声）

麇(jūn)： 麇 麇 —— 麇 （从麂，囷省声。麂，无角鹿类。）

𧳦(xiě)： 𧳦 𧳦 —— 𧳦 （从㚔[chuò]，吾声，兽名。见《说文》）

狺(yín)： 狺 —— 狺 （《说文》：犬吠声。从犬，斤声）

狂： 狂 狂 —— 狂 （从犬，㞷声。《说文》：狾[zhì]犬也。"即疯狗。假借为人病之称，如"疯狂"。卜辞用为往来之往。见《常用古文字字典》）

猶(yóu)： 猶 猶 —— 猶 （从犬，酋声。本为兽名，卜辞中作方国名。后世多借作"如同"意，作"尚且"义。见《常用古文字字典》）

狼： 狼 —— 狼 （从犬，良声）

340

狐: 🐚 🐾 —— 狐 （从犬亡声。亡古读无,无与瓜古音同在鱼部,后亡渐入阳部,后世遂以瓜代亡为声符。见 徐中舒《甲骨文字典》）

狙: 🐾 🐾 —— 狙 （从犬,且声。见《玉篇》）

閵(lín): 𨳝 𨳝 —— 閵 （《说文》：火兒。从火雨(zhěn)省声。《甲骨文字诂林》：閵为地名。）

熹(xī): 喜 喜 —— 熹 （商承祚《殷虚文字类编》："此从喜省声,𤆍象火上燃。"《说文》："炙也。从火喜声。"）

烖(zāi): 𢦏 —— 烖 （从火,才声）

河: 𣲺 𣲺 𣲺 —— 河 （《说文》："从水,可声。"李孝定《甲骨文字集释》："丂为柯之初文,象枝柯之形。"）
𣲺 𣲺

沮(jǔ): 𣳫 —— 沮 （从水,且声）

涂(tú): 涂 涂 —— 涂 （从水,余声）

洛: 洛 洛 —— 洛 （从水,各声）

汝: 汝 汝 汝 —— 汝 （从水,女声）

淮: 𣲺 𣲺 —— 淮 （从水,隹声。朱芳圃《甲骨学文字编》引罗振玉说："从𠂤即水省。"）

濼(luò): 濼 —— 濼 （从水,樂声）

洹(huán): 𠅃 𠅃 —— 洹 （从水,亘声）

341

泽(jiāng)： — 泽 （从水，夆声）

況(xuàng)： — 況 （《说文》："寒水也。从水，兄声。"）

沖(chōng)： — 沖 （《说文》："涌摇也。从水，中声。"）

滋： — 滋 （从水，丝[丝之省]声。卜辞假兹为滋。见李孝定《集释》）

沚： — 沚 （从水，止声）

汜(sì)： — 汜 （从水，巳声）

溪(guǐ)： — 溪 （《说文》："溪辟，深水处也。从水，癸声。"张舜徽《约注》："溪辟，自是深水处之殊号。"）

濘(níng)： — 濘 （从水，寧省声。《说文》："荥濘也。"朱骏声《通训定声》："荥濘，叠韵连语，小水之皃。"）

潢(huáng)： — 潢 （《说文》："积水也。从水，黄声。"）

湄： — 湄 （《说文》："水艸交为湄。从水，眉声。"）

砅(濿lì)： — 砅（濿）（罗振玉《增考》："从水从萬，石鼓文'濿有小鱼'，殆即许书之砅字。砅或作濿，考魅厲之厲，粗糲之糲，蚌蠣之蠣，许书皆从萬作砺、糲、蠣。以此例之知濿即濿矣。……濿为浅水，故有小鱼。许训履石渡水，亦谓浅水矣。"卜辞中作地名。按萬即蠆，毒虫，此为声符。参见《常用古文字字典》）

潦(lǎo)： ▱ —— 潦 （《说文》："雨水大皃。从水,尞声。"）

濩(huò)： ▱ ▱ —— 濩 （《说文》："雨流霤下[皃]。从水,蒦声。"《段注》："今俗语呼簷水溜下曰滴,濩乃古语也。"）

涿(zhuó)： ▱ ▱ —— 涿 （《说文》："流下滴也。从水,豖声。"）

瀧(lóng)： ▱ ▱ —— 瀧 （《说文》："雨瀧瀧皃。从水,龍声。"徐锴《系传》："犹言濛瀧也。"）

涵(涵 hán)： ▱ ▱ —— 涵 （《说文》："水泽多也。从水,圅声。"▱,古圅字,象圅矢之形。《玉篇·水部》："涵,或作涵。"）

洎(jì)： ▱ ▱ —— 洎 （《说文》："灌釜也。从水,自声。"）

洒(xǐ)： ▱ ▱ —— 洒 （《说文》："涤也。从水,西声。古文为灑[sǎ]埽字。"《段注》："今人假洗为洒。"）

濤： ▱ —— 濤 （《说文新附字》："涛,大波也。从水,壽声。"卜辞作地名。）

㱲(liè)： ▱ ▱ —— 㱲 ▱ ▱ （李孝定《甲骨文字集释》："契文从水","从歺[列]为声。"）

雒(luò)： 雒 —— 雒 （《说文》："雨零也。从雨各声。"）

霖： 霖 —— 霖 （《说文》："雨三日以往[下雨三天以上]。从雨,林声。"）

霋(qī)： 霋 —— 霋 （《说文》："霁谓之霋。从雨,妻声。"）

343

霾(mái)： 〔甲骨〕 — 霾 （孙海波《甲骨文编》："《说文》：霾，风雨土也，从雨貍声。'此即古文霾字。从罔即貍之省。"）

雩(yú)： 〔甲骨〕 — 雩 （《说文》："夏祭，乐于赤帝，以祈甘雨也。从雨，于声。"）

龓(jiān)： 〔甲骨〕 — 龓 （张舜徽《约注》："盖龓之言坚也，谓龙背上鬣甚刚坚也。"从龙，开声。）

聲： 〔甲骨〕 — 聲 （李孝定《甲骨文字集释》："从耳口聽，从殸，殸亦声。篆文特省'口'耳。从耳，从口，其意一也。"）

聾： 〔甲骨〕 — 聾 （从耳，龍声）

姓： 〔甲骨〕 — 姓 （《说文》："人所生也。""从女，从生，生亦声。"）

姜： 〔甲骨〕 — 姜 （从女，羊声）

姬： 〔甲骨〕 — 姬 （从女 匠声。于省吾《殷契骈枝三篇》："匠，本象梳比之形。"《说文》："笸[jī]，取蚔比[篦]也。从竹，匠声。"李孝定《集释》："从䒼与从女同。"）

娶： 〔甲骨〕 — 娶 （从女，从取，取亦声）

妊(rèn)： 〔甲骨〕 — 妊 （《说文》："妊，孕也。从女，从壬，壬亦声。""妊本义当为人姓，后世壬、任、妊、姙四字并从壬声，义得互通，皆假为怀孕之义。"见《常用古文字字典》）

妹： 〔甲骨〕 — 妹 （从女，未声。卜辞中有假为昧者。）

女以(sì)：𡛼 𡛼 — 姒（《甲骨文字诂林》："字当释'妣'。《说文》无妣字，但女部'威'篆下引《诗》：'赫赫宗周，襃姒威之'；又邑部'䣝'篆下云'姒姓国，在东海'，是《说文》偶遗漏耳。"卜辞'䲵妣'为人名，仅见于宁组卜辞。"前此多释为妃，今正。从女，巳声。）

姪： 𡛼 𡛼 — 姪（从女，至声）

姼(chǐ)： 𡛼 𡛼 — 姼（《说文》："美女也。从女，多声。"）

嫛(xī)： 𡛼 𡛼 — 嫛（《说文》："女幸也。从女，美声。"）

婢(bì)： 𡛼 𡛼 — 婢（《说文》："女之卑者也。从女，从卑，卑亦声。"）

娥： 𡛼 𡛼 𡛼 — 娥（从女，我声。𢦏，古文我。）

婀(ē)： 𡛼 𡛼 — 婀（《说文》："女字也。"即女人名称的表字。从女，可声。唐兰《天壤阁甲骨文存考释》："疑当释𠱏，即婀字。"于省吾《甲骨文字类》："丂为声符，丂、可音同，从丂与从可同）

娳(rǎn)： 𡛼 𡛼 — 娳（《说文》："弱长皃。从女，冄声。"）

妌(jìng)： 𡛼 𡛼 — 妌（《说文》："静也。从女，井声。"）

婡(chuò)： 𡛼 𡛼 — 婡（《说文》："谨也。从女，束声。"）

嬪(pín)： 𡛼 𡛼 𡛼 — 嬪（从女，賓声。朱骏声《通训定声》："谓服侍人者。"）

妝: 牌 —— 妝 (从女,爿声)

婪: 棥 —— 婪 ("《说文》:贪也。从女,林声。")

媿(kuì): 畏 畏 —— 媿 (从女,鬼声。吴大澂《古籀补》:"媿,姓也。后世借为惭愧字,而媿之本义废。")

戕: 戕 —— 戕 (从戈,爿声)

𢦏(zāi): 𢦏 𢦏 —— 𢦏 (《说文》:"伤也。从戈,才声。")

甗(yǎn): 甗 甗 —— 甗 (此本为鬳,鬲属。从鬲,虍[hū]声。见《说文》。高鸿缙《字例》认为鬳为从鬲,虍省声。甗为鬳的后起增偏旁字。)

彊(qiáng): 彊 —— 彊 (《说文》:"弓有力也。从弓,畺声。")

紊(wèn): 紊 —— 紊 (《说文》:"乱也。从糸,文声。")

緣: 緣 —— 緣 (《说文》:"帛青黄色也。从糸,彔声。")

䋙(见《玉篇》): 䋙 䋙 —— 䋙 (从糸,耳声)

紷(见《玉篇》): 紷 紷 —— 紷

鑊(huò): 鑊 鑊 —— 鑊 (罗振玉《增考》:"从鬲,蒦声。殆即许书之鑊。")

鑪(lú)： 甬肯 —— 鑪 （郭沫若《殷契粹编考释》："下象鑪形，上从虍声也。"）

斧： 𠂇 —— 斧 （从斤，父声）

斫(zhuó)： 阝 阷 —— 斫 （以斤击石，石亦声。石、斫上古同属铎部。）

新薪： 釆 新 新 —— 薪 （从斤，辛声。后借为新旧字，乃造薪字。）

陽： 旳 —— 陽 （从𨸏，昜声）

陸(lù)： 陸 —— 陸 （《说文》："陸，高平地。从𨸏，从坴，坴亦声。𨹓，籀文陸。"中初生之草；米，草芽，借为数字六。甲文陸从𨸏，从二尖。不从土，从𨸏而土见矣。）

隹(duī)： 𨹟 𨸏 —— 隹 （《说文》："隹，隹隗{wěi}，高也。从𨸏，佳声。"）

戍： 𢦔 戎 —— 戍 （从戍，丁声。戎为兵器，形同斧钺。见王延林《常用古文字字典》）

巽(jì)： 𢍰 —— 巽 （《说文》："长踞也。从已，其声。"徐灝《段注笺》："从已者，盘屈之义。"）

辥(辪 niè)： 𨐨 辪 —— 辥 （《说文》："辠也。从辛，𡴎声。"𡴎，niè。徐灝《段注笺》："此盖即辠[罪]辪本字。"）

酒： 酉 —— 酒 （《说文》："从水，从酉，酉亦声。"朱骏声《通训定声》："酉即酉字之小篆，因酉为十二支借义所专，又加水旁以别之。"）

### 5. 假借

《说文叙》谓"假借者，本无其字，依声托事"。所谓"本无其字"，即在语言中有些词只有音而无其字，将其记录下来时，便借用读音相同的字来表示，也就是采用"依声托事"的方法。从古代文字资料来看，假借字出现的时代较早，在形声字产生之前主要是利用假借同音字来调济文字之不足，借其形而作它义用。孙诒让在《与王子壮论假借书》中说："天下之事无穷，造字之初，苟无假借一例，则逐事而为之字,而字有不可胜造之数,此必穷之数也,故依声而托事焉。视之不必是其字,而言之则其声也,闻之足以相谕,用之可以不尽,是假借可以救造字之穷而通其变。"象形、指事、会意三说阐述了个体的汉字字形直接表现意义的方式,形声说阐述了其曲折表现意义的方式,假借说阐述了其间接表现意义的方式。有些词其意义非常抽象、虚泛,是汉字的形体所无法直接表现的,为了准确记录汉语,就采用了变通的方法,假借它字来记录此词,其结果是使一部分汉字形体与意义之间失去了一致性。(参见叶斌《〈说文解字〉的形训理论》,刊《古汉语研究》2000 年第 3 期)

下面是甲骨文中一些常用的假借字：

杀:　　　——　　（甲文象一禽兽之形,即希字。卜辞假借为杀、蔡、祟。见王延林《常用古文字字典》）

贞:　　　——　贞　（郭沫若《卜辞通纂考释》:"古乃假鼎为贞,后益以卜而成鼎字,以鼎为声。""鼎贝形近,故鼎乃讹变为贞也。"）

用:　　　——　用　（为鐘的象形,假作施用之用。见王延林《常用古文字字典》）

迺:　　　——　卤　（朱骏声《通训定声》:"假借为乃。"）

在:　　　——　杜　（象屮在地下初出地上之形。见李孝定《集释》。卜辞均假作"在"。）

有:　　　——　有　（之、又假借为有）

妇:　　　——　婦　（《甲骨文诂林》:"卜辞假箒帚之'帚'为'妇',金文犹然。其从女作'婦'者,乃其孳乳字。《说文》以'婦'为会意,实当为形声。"）

屯： —— 屯 （张舜徽《约注》："皆象艸木萌芽出土之形。"卜辞假借为"昏"，金文假借为"纯"。）

風： —— 鳳 （假凡、鳳为風）

錫： —— 錫 （李孝定《甲骨文字集释》："卜辞假易为之，不从金。"徐中舒《甲骨文字典》："易象两酒器相傾注承受之形，故会賜与之义，引申之而有更易之义。"彡为酒，𠂤乃酒器之柄形，为器柄。）

妣： —— 妣 （林義光《文源》："象栖形。"金甲文皆用为祖妣字。"从"与"比"之分不在于反与正，而在于从"人"与从"匕"之别。见《甲骨文字诂林》）

毋： —— 毋 （李孝定《甲骨文字集释》："契文假母为毋。"汤可敬《今释》："毋、母古本一字，后分化为禁止之词，于是加一画用以区别。"加一画后成为指事字。）

6. 转注（从略）

（七）甲骨文识读

1. 甲骨文字歌

《甲骨文字歌》是四川大学历史系古文字研究室的何崝先生特为学习古文字者编写的，由巴蜀书社1986年出版。现转录如下：

## 甲骨文字歌

甲骨文字歌

洹(huán)水東流平無波,有時水漲齧(niè)岸過,頹岸往往出鼎彝,呂氏大臨曾摩挲,山川效靈地獻寶,惟有甲骨藏

考古图作者
北宋人

深窠三千年来不肯出，忍將光燄暗銷磨，孔壁古文何在哉，汲冢竹書点塵埃，二物問世非其時，空令後人長悲哀，農夫力田水之曲，爲求深耕奮大钁，此時

范维卿

范估偶携向京华,福山病叟正怫鬱,一见此物沈疴

王懿荣

偶有甲骨出纷纷碎作刀伤药,有字反比无字贱,鬻向药肆充龙骨,可怜农夫不识字,讵知此物是灵物。

失驚呼此字何奇崛、愛奇不惜傾千金、珍護枯骨逾球琳、夏耶商耶恩未得、須奧此志成古今、銕雲好古成癖購來相伴無弦琴、上虞羅子稱博識、驚謂不

羅振玉 前編續編
殷墟書契 菁華
考釋 劉鶚

鐵雲藏龜

四

曾見此寶德惠劉君為拓墨、勿令劇蹟沈幽、吾瑞安
孫氏作舉例、十失八九、獲者少筆路椎輪非易事、一
泓未足稱浩淼、所釋難厭雪堂意、親捉牛刀為一試。

升諸社

契文舉例

羅振玉

發憤鍵戶四十日竟能識得五百字恍悟小屯是殷虛甲乙皆爲殷王諡,更將私藏廣刊布以明學術乃公器,因謂海寧王靜安何不同探此中秘觀堂毅然
王國維

棄文辭盡傾叡智向卜龜、先公王考稱力作、所論允
成一代規、首據卜辭證古史：公所記不吾欺、聞有
錯簡皆釐正、鐵案如山不可移、孔子昔歎殷文闕、王

公直將三代追遺著集林垂永久哲人早逝我心悲、
羅王之學動區宇、甲骨紛：亂出土、李董諸公肩鋤
至、始用科學事考古、地層一二皆著錄、殷商文化漸

李濟 董作賓

可觀小屯東北大連坑大龜四版矇然聚彥堂先生心忭然雙手捧起軾：撫始知貞人多署名驗之他霧無諄午契學至此破鴻蒙年代秩：今期五、戈焉

董作賓字

書生郭鼎堂一夕卜命走扶桑、十年心事寄遠古，故向卜骨問行藏殷王世系多補綴文字考釋時有匡甲骨學成古史就、氣象博大稱決三懷寧徐氏最樸

郭沫若

徐中舒

醇,窮究三代考初文釋字多方求實證,碩學讀來耳
目新,風興于叟曰劬三,提要鈎玄勤著書,騈枝釋林
垂典則,蜚聲海外非虛譽,立庵治學稱博洽,偏旁推

于省吾

唐蘭亭

号風兴叟

殷虛卜辭綜述

陳夢家:

勘立諸法,天壤文存,殷文記,契學奇峰,高叒業,諸氏凡三,以窮年博采,通人成一編,陳氏總括甲骨學,綜述洋三百萬言,學者於此得津梁,義明何曾忘言筌。

孫海波:
甲骨文編

契文之學何浩瀚，研契羣星耀河漢八十餘年賴衆力此學至今愈燦爛，吳朱胡商張柯戴各騁心力探驪珠，李来表姚林稱後進皆向契學獻奇謨屈李嚴饒

李學勤：殷代地理簡論

求其璏主：文字形成問題の初步探索

姚孝遂：從甲骨刻辭文字人體与人頭

徐中舒說文

吳其昌：論雍己

朱芳圃：甲骨學文字編

岱政焕：殷契侠存

胡厚宣：甲骨學商史論叢

阿昌祈：殷虛书契补释

商承祚：〈殷虛文字類編〉

戴家祥：〈释禾〉

饒宗頤：殷代貞卜人物通考

屈萬里：甲骨文字集释

李孝定：甲骨文字集释

一三

居港台長年探索建樹殊爲學要須派畦畛如切如
磋誠可翰時有所獲公諸世友于何須較錙銖甲骨
十有五萬片二十五省皆散見港台十國數尚多學

郭沫若

胡厚宣

者覽之難，周遍科學院中定宏猷，甲文合集謀編纂、鼎堂躬親為指劃，歷史所中聚羣彥，望都胡氏有令名、披刪衆稟總其成，率衆寰宇殷勤覓，裒成巨帙盡

菁英功著學林稱盛事，契學愈益見恢宏殷契璀璨
如朝暾，周甲又出鳳雛村細字精刊如粟米，鬼斧神
工難比倫殘灘能補周史闕學者珍之如璵璠殷人
yú fán

西來任作冊、殷契周甲寶同源、周因殷禮更張大、遂有金銘耀乾坤、嗚呼甲骨文字寶為中華文化之奇葩、九州萬國學人心折歎嗟、西人聯翩至探奇不懼道路賒、東鄰好尤切、神州時來問字車各騁奇想、窮奧賾著述多逾恒河沙甲骨文字令屬全人類、吁嗟乎誠足自豪于我中華誠足自豪于我中華、

## 2. 甲骨文选读

《甲骨文选注》,李圃选注,上海古籍出版社 1989 年 8 月第 1 版。该书选录殷墟甲骨文共 60 篇,首列甲骨文摹片,次以释文、说明、注释和今译。释文部分首先用甲骨文字书写,并用标码和箭头符号指示行文次第及阅读方向。甲骨文断代,该书概称前期(武丁、祖庚)、中期(祖甲、廪辛、康丁、武乙、文丁)、后期(帝乙、帝辛)。现选录若干如下。

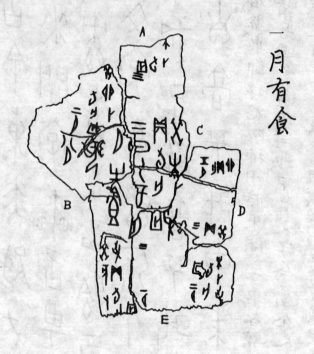

一月有食

## 释文

癸未卜，爭貞：
旬亡囚（禍）？三
日乙酉夕，月
坐（有）食。聞。八
月。

**今译**

癸未占卜，争问道：未来十天内有没有灾祸？第三天乙酉晚上，发生了月食。是闻报机构报告的。时间是在八月。

**说明**

本篇甲骨文为五片龟甲残片之缀合，最早著录于董作宾《小屯·殷虚文字·甲编》一一一四、一二八九、一七四九、一一五六、一八〇一版，后经缀合由严一萍编入《甲骨缀合新编》〇〇一版，现收入《甲骨文合集》一一四八五版。本篇文辞为该版中间六行大字。以本篇出现的卜人争断之，当为前期武丁时期卜辞。本篇记述了殷商武丁时期的月食现象,是我国古代最早的月食记录。

## 釋文

王占曰：业(有)希(祟)！八日庚戌业(有)各(格)雲自東，宣(晷)母(晦)。昃，亦有出虹自北，飮于河。

**今译**

时王(武丁)视兆以后认为：有灾祸出现！占卜以后的第八天庚戌日，从东方涌来一片乌云，天空东北方阴暗了下来。太阳偏西的时候，从北方上空也出现了虹(龙吸水)，在黄河里喝水。

**说明**

本篇甲骨文最早著录于罗振玉《殷虚书契菁华》第四页，现收入《甲骨文合集》一〇四〇五版反面。以原版左上一节卜辞中之卜人殸断之，此篇当为前期武丁时期卜辞。本篇文辞为本版右下角三行大字。本篇卜辞从时间和空间上准确地记录了彩虹的形成条件和出现过程,是我国古代关于天象虹的最早的最完整的记录。

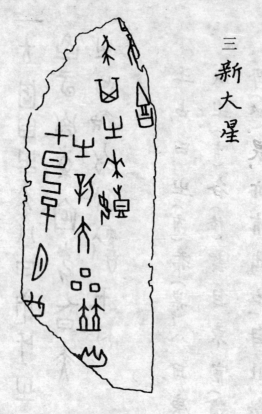

三 新大星

釋文

① ……不吉。보(有)希(祟)!
其보(有)來媷(艱)。
七日己巳夕㬎(鼒)
보(有)新大星並火。

② ……

**今译**

……不吉利。有灾祸出现,很可能数日内有灾祸降临!

……第七天己巳晚上,天空有云气。一颗新的大星出现在大火星旁边。

**说明**

本篇甲骨文最早著录于罗振玉《殷虚书契后编》下九、一版,现收入《甲骨文合集》一一五〇三版。以辞例和书体例之,本篇当为前期武丁时期卜辞。本篇卜辞记录了武丁时期新发现的一颗大星,其部位靠近二十八宿之一的心星。

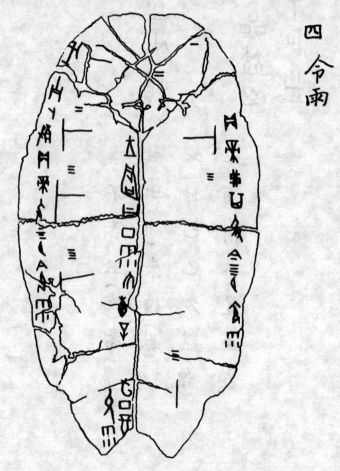

四 令雨

釋文

[甲骨文]

① 戊子卜，㲆貞：帝及四夕令雨？
貞：帝弗其及今四夕令雨？
王占曰：丁雨，不隹辛。
旬丁酉，允雨。

**今译**

戊子占卜，殻问道：上帝到第四天晚上允许下雨吗？又问道：上帝到第四天晚上不允许下雨吗？时王(武丁)占视兆象认为，丁酉日下雨，辛卯日不下雨。第十天丁酉日，果然下雨了。

**说明**

本篇甲骨文最早著录于董作宾《小屯·殷虚文字·乙编》三〇九〇版，现收入《甲骨文合集》一四一三八版。以卜人殻断之，本篇当为前期武丁时期卜辞。这是一篇殷人祈雨的完整的记录：时间，戊子、丁、辛、四夕等；人物，殻、王；事件，帝是否命雨；经过，殻贞、王占；结果，旬丁酉允雨；地点，因于殷国都内占卜，故省而不书。显然，本篇卜辞又是典型的记叙文体。

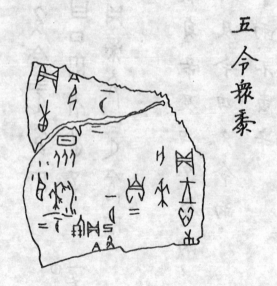

釋文

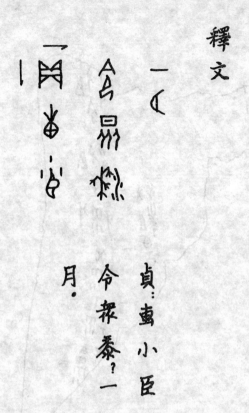

貞：叀小臣
令眾黍？一
月。

**今译**

卜问：唯小臣驱使众庶去种植粘谷吧？时间是在一月。

**说明**

本篇甲骨文最早著录于罗振玉《殷虚书契前编》四卷三〇页二版，本篇文辞为该版左上三行。以书体例之，本篇当为前期武丁时期卜辞。本篇记载了殷代众人从事农业生产的情况。

六百工

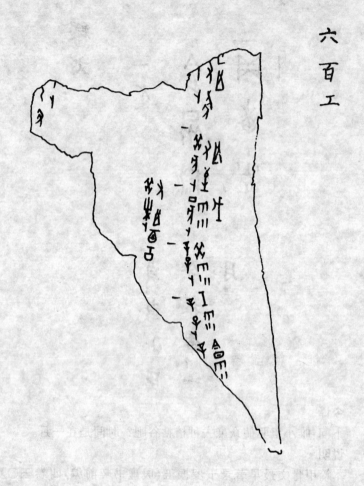

　癸未卜，又（有）
　　　　　 𡆥（禍）百
　　　　　 工。

**今译**

癸未日占卜，有灾祸加害百工吧？

**说明**

本篇甲骨文著录于中国社会科学院考古研究所编《小屯南地甲骨》二五二五版，断为中期文丁时期卜辞。本篇文辞为该版左边二行。本篇是甲骨文中惟一的一篇有关殷商时代百工的记录。

七 旦至食日

## 釋文

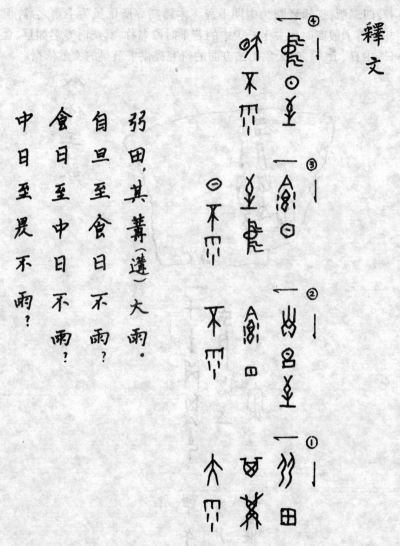

弱田，其冓（遘）大雨。
自旦至食日不雨？
食日至中日不雨？
中日至昃不雨？

**今译**

不能出猎,大概将遇到大雨。从日出到吃早饭时该不会下雨吧？从吃早饭到中午该不会下雨吧？从中午到太阳偏西时该不会下雨吧？

**说明**

本篇甲骨文著录于中国社会科学院考古研究所编《小屯南地甲

骨》四二版，编辑者断为中期卜辞。本篇刻辞所记虽为卜雨之辞，但却透露了殷商时代关于一天中的若干时段名称，其纪时专名如旦、食日、中日、晨等，为天象历法方面的研究提供了最早的文献依据。

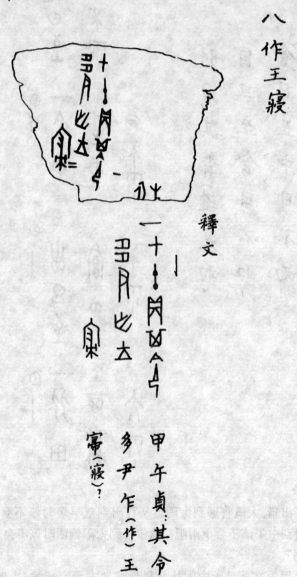

八作王寝

释文

甲午贞：其令多尹乍（作）王寓（寝）？

**今译**

甲午日卜问道:该是责令多尹营造王寑宫吧?

**说明**

本篇甲骨文最早著录于罗振玉《殷虚书契续编》六卷一七页一版,现收入《甲骨文合集》三二九八〇版,并断为中期武乙、文丁时期卜辞。本篇是营造商王寑宫的记录。

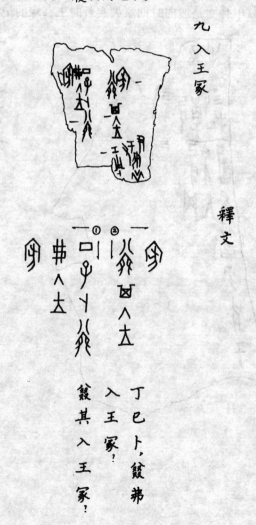

九 入王家

释文

丁巳卜,馘弗入王家?
馘其入王家?

**今译**

丁巳日占卜,𢌿不到时王墓塚里去呢?𢌿还是到时王墓塚里去呢?

**说明**

本篇甲骨文著录于中国社会科学院考古研究所编《小屯南地甲骨》三三二版。本篇文辞为该版上部五行。以书体例之,本篇当为中期卜辞。本篇甲骨文是殷商时期冢人察看时王墓塚的记录。

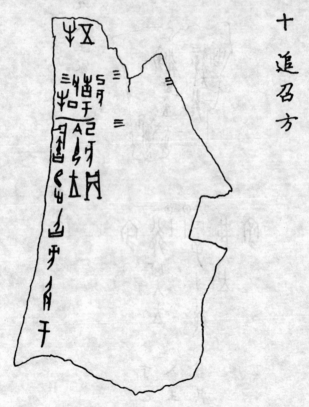

384

釋文

己亥貞：令王族追召
方，及于……

**今译**

己亥日卜问：命令王族追赶召方，在[某地]追赶上了。

**说明**

本篇甲骨文著录于胡厚宣《战后南北所见甲骨集》南明六一六版，现收入《甲骨文合集》三三〇一七版。本篇文辞为该版下部三行。以辞例和书体例之，当为中期武乙时期卜辞。本篇记述了商王征伐召方国的军事行动。

十一 受年

## 釋文

己巳王卜,貞:今歲商受[年]!
王占曰:吉。
東土受年[吉]。
南土受年,吉。
西土受年,吉。
北土受年,吉。

**今译**

己巳日王卜问道：今年商获得大丰收吗？王占卜以后认为，卜兆现出好兆头。

东土获得大丰收？〔卜兆现出好兆头。〕

南土获得大丰收？卜兆现出好兆头。

西土获得大丰收？卜兆现出好兆头。

北土获得大丰收？卜兆现出好兆头。

**说明**

本篇甲骨文最早著录于郭沫若《殷契粹编》第九○七版，现收入《甲骨文合集》三六九七五版。以辞例和书体例之，本篇当为后期帝乙帝辛时期卜辞。本篇是殷人向上帝祖先神灵祈求丰收的占卜记录。

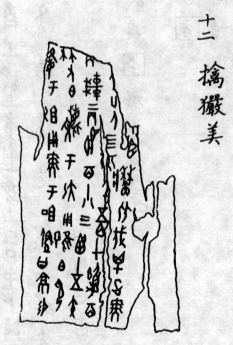

## 釋文

……小臣牆从伐，禽(擒)獵美……廿(二十)人，
(馘)一千五百七十，(俘)一百……丙(輛)，
車二丙(輛)，弩一百八十三，函五十，矢……
又(祐)白(伯)(犧)于大乙，用雕白(伯)印
……(訊)于且(祖)乙，用美于且(祖)丁，傅曰，
京易(賜)。

**今译**

小臣墙跟随时王出征，擒获了狝狁首领美，俘获敌军二十四人，斩杀敌兵一千五百七十，俘虏敌兵一百……辆，战车二辆，弩机一百八十三，箭袋五十，箭……用方伯犧祭祀先王太乙，用雕方伯印祭祀……杀死俘虏祭祀先王祖乙，杀死狝狁首领美祭祀先王祖丁。傅说，大赐。

**说明**

本篇甲骨文最早著录于胡厚宣《甲骨续存》下九一五版，现收入

《甲骨文合集》三六四八一版。此版摹片又据《殷虚卜辞综述》图版十六和《甲骨文合集》三六四八一版校摹。以书体例之，本篇当为后期帝乙、帝辛时期卜辞。本篇刻辞记录了殷商后期一次大规模战争的俘获及封赏情况。这次战争规模之大，为殷虚甲骨文所仅见，堪同西周金文《多友鼎》媲美。

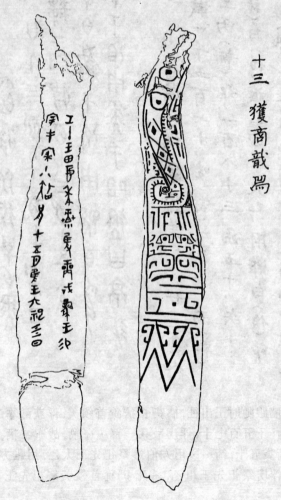

十三　獲商㦰爲

## 釋文

壬午王田于麥麓，隻（獲）商戠兕。
王賜宰丰寑（寝）小䚘兄，才（在）五月．
隹（唯）王六祀彡（肜）日。

**今译**

壬午日，时王在麦麓打猎，捉到一头身上带有花纹间杂着小斑点儿的兕。时王帝乙赐给宰丰寝官（或寝宫），赐给小䚘祝官（或很多财物）。时间是在五月，时王在位的第六年，举行肜祀典的日子里。

**说明**

本篇甲骨文为兽肋骨刻辞，最早著录于商承祚《殷契佚存》五一八版。以辞例和书体例之，本篇当为后期帝乙、帝辛时期刻辞。本篇记述了时王田猎擒获商（章）戠兕并进行赏赐的情况。

## 二、金文

### (一) 金文是一种什么样的文字

金文旧称"钟鼎文"。泛指铸造或刻写在殷周乃至秦汉时期各种铜器上的文字。"金"在古代泛指各种金属。商周时期，王室和贵族使用的器皿和祭祀用的礼器多用青铜铸成。青铜是铜、锡的合金，主要成分是铜，因铸造出来的器物呈青灰色，故称之为青铜。青铜当时称为"吉金"（优良的金属），铸刻在青铜器上的文字习称"吉金文字"，简称"金文"。青铜器中钟和鼎最有代表性，故前人把"钟鼎"作为青铜器的代称，铸刻其上的文字也就称为"钟鼎文"。

金文又称为"铜器铭文"。《礼记·祭统》："夫鼎有铭。"郑玄注："铭，谓书之刻之，以识事者也。"

金文又称为"彝器款识"。古代青铜器中的礼器又通称为"彝器"或"尊彝"；某些不能恰当定名的青铜器，也往往泛称为"彝"。"款识"见于《汉书·郊祀志下》："今此鼎细小，又有款识，不宜见荐于宗庙。"颜师古注："款，刻也；识，记也。"

金文经历了较长的发展阶段，从商代中期，直至秦灭六国后用小篆统一中国文字，历经1200余年。商代和西周早期的金文，许多笔画呈块面状，后逐渐演变为线条笔画。总体看来，金文字形屈曲圆转，线条丰满粗壮，风格圆润浑厚，质朴自然。

有学者认为商代中期的金文资料不多，但年代都比甲骨文早。商代铸刻在青铜器上的金文文字数量较少，例如《司母戊鼎》，是迄今为止发现的最大的青铜器，是商王丁为祭祀他的母亲而铸造的，仅在其腹部铸刻"司母戊"三个金文。据目前资料来看，商代晚期的金文最长的也不超过50个字。

进入周朝后，铜器铭文加长，内容多为有关祀典、锡（赐）命、征伐、约契等的记录。如西周时的《散氏盘》，又称《散盘》、《矢人盘》，为周厉王时器，刻金文19行，350字。内容为记载矢人将田地移付于散氏时所订的约契。西周时期的《毛公鼎》，铸铭文32行，497字，记述了周宣王诰诫和褒赏其臣下毛公厝之事。西周时期的《盂鼎》，也称《大盂鼎》，为康王钊时物，铸刻铭文19行，291字。记载康王策命其臣盂,并给予赏赐之事。

商、周以后,青铜器上铸刻文字多的尚有春秋时代的《齐侯钟》,有铭文492字;《镈》有铭文498字。总体看来,进入春秋时期,铭文字数略有减少。战国以后的铭辞多为记录督造者、铸工和器名等,字体也渐近小篆而草率。但在楚国和吴越的铭文却别具一格,笔画大都纤细娟秀而多曲折,结构繁缛,尤其吴越一带的铭文还带有装饰性笔画。

秦以后,以刻石为主,在青铜器上铸刻的金文字数少了起来。

宋代人创立金石学,之后著录金文的著作不断增多,到目前为止,收金文单字最多的著作当推容庚编著的《金文编》,共收3772字。

### (二) 铜器铭文的发现情况

青铜器的出土历代有之。西汉时代,古文献中开始记载了有关商周铜器的出土情况。《史记》《汉书》《后汉书》有若干宝鼎发现的记载;一些文人笔记杂录中也偶见这方面材料。《汉书·武帝纪》记汉武帝非常重视"宝鼎"的发现,"因得鼎于汾水上",于是年号都改成了"元鼎"。《汉书·郊祀志》记汉武帝时发现了一件铜器,一般人都不知是何时的器物,当时一个叫李少君的,认为此器是"齐桓公十年陈于柏寝"的器物,"已而按其刻,果齐桓公器。一宫尽骇,以为少君神,数百岁人也。"《汉书·郊祀志》还记汉宣帝时美阳(今陕西武功县)出鼎一件,常人均不识其上之字,当时研究古文字的张敞释读了其铭,为:"王命尸臣:官此栒邑,赐尔旗鸾䎽藃琱戈。尸臣拜手稽首曰:敢对扬天子丕显休命。"张敞认为:"此鼎殆周之所以褒赐大臣,大臣子孙刻铭其先功,藏之于宗庙也。"又《后汉书·窦宪传》记载和帝永元元年秋(公元89年)七月,"南单于于漠北遗宪古鼎,容五斗,其傍铭曰'仲山甫鼎,其万年子子孙孙永保用',宪乃上之。"许慎于《说文解字·叙》云:"郡国亦往往于山川得鼎彝,其铭即前代之古文。"

汉以后有关青铜器的记载虽偶一有之,但缺少有价值的重要材料。宋以前的零星记载多偏重于铭文。

青铜器出土的原因有所谓"地不爱宝"的自然暴露,也有掘土时的偶然发现,更有盗墓者蓄意盗掘,有计划地发掘是近代才开始的。

随着文物考古发掘的开展,目前已出土铜器万件以上,其中有铭文的已超过 1100 件。其较著者有:

安阳妇好墓铜器群,

喀左数处窖藏出土的大量商末周初铜器,

临潼出土的记载武王灭商的利簋,

宝鸡出土的记成王初迁于成周的何尊,

丹徒出土的记康王封宜侯的矢簋,

房山琉璃河西周前期燕国墓出土的铜器,

扶风庄白一号窖藏出土的墙盘等微氏家族铜器群,

长安张家坡窖藏出土的孟簋、师旋簋等器,

蓝田出土的记赐田之事的永盂,

岐山董家村窖藏出土的裘卫诸器和𤼈匜等器,

扶风张家村窖藏出土的师𩰫鼎等器,

眉县出土的盠诸器,

蓝田出土的询簋,

扶风齐家村出土的厉王㝬簋,

宝鸡出土的秦公钟、镈,

寿县蔡侯墓铜器群,

淮南蔡家岗蔡侯墓铜器群,

随县曾侯乙墓铜器群,

寿县出土的鄂君启节,

平山中山王墓铜器群,

新郑兵器坑出土的大量韩国兵器,等等。

另外在流散文物征集中也有重要发现。如北京市有从废铜中拣回的班簋,乃《西清古鉴》著录后便不知去向的西周重要铜器;上海有 1969 年在废品中拣出的无𢑘鼎,曾著录于《尊古斋所见吉金图》卷一、《三代吉金文存》卷三。

### (三) 金文的著录

金文的著录始于宋代,第一个将收藏的古器物著录成书的人是刘敞。刘敞将自己收藏的11器著成《先秦古器图》一书,书内附有图录、铭文、说赞。

刘氏之后有欧阳修集录金石铭刻编成的《集古录》,该书尚未将金文从金石学中分离出来。

而后吕大临著《考古图》十卷,收铜器224件,石器一件,玉器13件。分类编次,每器摹写器形,款识俱全。铭文一般附释文。该书以铜器为主,在铜器著录的方法和体例上富有开创性。

又宋徽宗敕撰、王黼编纂的《博古图录》,又名《宣和博古图录》30卷,收839器,各器分类编排,每器有图形,并载有铭文及考说。该书为宋代金文著录书中收器最多,保存资料最丰富的一部。

又赵明诚编《金石录》30卷,收集上自商周,下至隋唐五代金石拓本共2000卷,按时代顺序编次,较有系统。

据翟耆年《籀史》载,宋代与铜器铭文有关的书籍,至南宋初年便已有34种之多,惜多已失传。1914年王国维据传世的11种著作,编成《宋代金文著录表》一书。

清代的金文著录书约30余种,大体分为两类:① 以记录铜器图形为主,并附以铭文和考释;② 只录铭文,不绘器形,专以考释彝铭为主。清代金文著录可由王国维1914年编的《国朝金文著录表》一书知其概貌。王氏所据著录书共16种,著录商周铜器32类,3164件,除去伪器135件,宋拓49件,实有2980件。之后,鲍鼎、罗福颐分别在王表的基础上作了增补。鲍氏作《国朝金文著录表补遗和校勘记》,罗氏作《三代秦汉金文著录表》。

民国以后,罗振玉在金文的搜集、著录方面作出了巨大贡献,除早年编撰多种著录书外,晚年又编著《三代吉金文存》20卷,于1937年影印出版。这是一部当时铜器铭文拓本集大成的巨著,全书收集商周铭文4800余件,拓本材料多为精品。是商周铭文研究者的案头必备之书。其不足之处在于只收铭拓,除器名之外,不加任何说明。1983年中华书局影印出版此书时,卷末附孙稚雏《三代吉金文存辩证》,可供参考。

在罗氏前后相继出版的其他著录书有:

容庚:《颂斋吉金图录》(1933)

《海外吉金图录》(1933)

于省吾：《双剑誃吉金图录》(1934)

《双剑誃古器物图录》(1940)

商承祚：《十二家吉金图录》两册(1935)

刘体智：《善斋吉金录》二十八册(1934)

《小校经阁金文拓本》十八卷(1935)

陈梦家：《海外中国铜器图录》第一集二册(1946)

新中国成立后，重要的著录有：

于省吾《商周金文录遗》一册(1957)科学出版社出版，收录以前未经著录的拓本616种，主要为近二、三十年所出土，补充《三代吉金文存》未收者。此书以拓本为主，未及文字考释。

中国科学院考古研究所《美帝国主义劫掠的我国殷周青铜器集录》(1963)科学出版社出版。收铜器照片845件，铭文500余件。

徐中舒主编《殷周金文集录》(1984)四川人民出版社出版。收解放以来已著录和部分未著录的铜器铭文973件，兼有索引之用，适于初学者。

上述罗氏的《三代》、于氏的《录遗》、考古所和徐氏的《集录》，这四本书大体上包括了流传于世的金文资料。

考古研究所编辑的《殷周金文集成》更是一部集大成的巨著。该书收录金文资料，包括宋代以来各家著录和国内外博物馆、单位和个人藏品，加之各地历年考古发掘和采集的铜器铭文，总数超过万件。内容含铭文、图象、释文和索引，而以铭文为主体。铭文部分各册的说明，逐一交代所收器物的字数、时代、著录、出土、流传、现藏、资料来源，及其他需说明者。全书共18册。

（四）金文的工具书

有关金文的工具书，重要的有如下几种：

1. 容庚《金文编》初版于1925年，1939年再版，1959年第三版时作了修订、补充。1985年由中华书局出版第四版，为张振林、马国权摹补。全书分正编14卷，按《说文》分部编次，《说文》所无之字附于各部。另将不识之字写入附录。全书正编字头为2420个，重文共19357个，附录1351个，重文1132个。1993年中国社会科学出版社出版陈汉平《金文编订补》,对《金文编》订补和提出修改意见两千余条,并破译出许多未经前人认识的古代汉字,极有参考价值。

2. 高明《古文字类编》(中华书局 1980 年版),徐中舒《汉语古文字字形表》(四川人民出版社 1980 年版),以收录金文字形为主,上及甲骨文,下及战国文字,并附小篆,便于进行比较研究。

3. 周法高主编《金文诂林》16 册 1975 年香港中文大学出版。《序》云:"金文诂林以容庚增订三版金文编为据,而罗列诸家之说于每字之下。"并多加按语品评各说,又于每字下备注所出铜器,兼录文句。之后,周氏又与李孝定、张日升共同编著了《金文诂林附录》(上、下卷),于 1977 年复由该社出版。后周氏又撰《金文诂林补》14 卷,连同附录、补遗及别册,共 8 册,于 1981 年由台湾历史语言研究所出版。

4. 索引类工具书有 30 年代柯昌济《金文分域编》20 卷、《续编》14 卷;中国社会科学院考古研究所编辑《新出金文分域简目》(中华书局 1983 年版);孙稚雏《金文著录简目》(中华书局 1981 年版),《青铜器论文索引》(中华书局 1986 年版)。

(五) 金文的研究

金文研究从宋代算起,大致分为四个时期。分述如下。

1. 宋代——滥觞时期:

薛尚功《历代钟鼎彝器款识法帖》,按时代前后分类编次,摹写器铭,附以释文,并简要考证史籍中的有关问题。

吕大临《考古图释文》,依《广韵》韵目编次,按韵部列字。所收字凡与《说文》同者,训以隶字及加反切;其不同者,略以类例文义解于下;所从部居可别而音读无传者,各随所部收之,以备考证。"(见该书《序》)该书名曰:"释文",实际相当于一部汇集吕大临《考古图》所释文字的字典。

2. 清代(乾嘉—清末)——奠基时期:

孙诒让《古籀拾遗》(原名《商周金文拾遗》)成书于 1872 年。此书旨在订正前人铭文考释之误,集中反映了孙氏古文字研究的重要成果。上卷订正宋薛尚功《历代钟鼎彝器款识法帖》14 条,中卷订正阮元《积古斋钟鼎彝器款识》30 条,下卷订正吴荣光《筠清馆金石文字》22条,书末附《宋政和礼器文字考》一篇。他用比较法和偏旁分析法考释金文,较前人大有进步,对后世影响颇大。

吴大澂《说文古籀补》14卷,收字3500余,以金文为主,兼及石鼓、古陶、古玺、泉币文字,实为综合性古文字工具书的雏形。《字说》一卷,共收说字短文32篇,与《说文古籀补》互为表里。《愙(kè)斋集古录》26卷,集晚清各家所得金文之精华于一书,拓本数量可与吴式芬《捃(jùn)古录金文》相比,而文字考释成就则出于其右。

3. 民国初年至今——发展时期：

(1) 前期：

王国维金文方面的著述有《观堂吉金文考释五种》,以及收在《观堂集林》中的《生霸死霸考》《说𦥑》《说觥》《说盉》《说彝》《毛公鼎考释序》《释觶觚卮甒𤭯》《商三勾兵跋》《北伯鼎跋》《散氏盘跋》《克钟克鼎跋》《铸公簠跋》《夜雨楚公钟跋》《䣄钟跋》《邾公钟跋》《遹敦跋》《庚嬴卣跋》《齐国差𦉢跋》《故吴王大差鉴跋》《王子婴次卢跋》《秦公敦跋》等。王氏的主要成就在于利用金文资料研究商周历史和古代制度,在考释文字和通读铭文方面也有精辟的见解和突出的成果。

(2) 新发展时期：

① 郭沫若　其主要成就在于利用金文资料研究商周历史,尤其是创立了标准器系联法,奠定了青铜器断代的基础。其主要著作有：

《殷周铜器铭文研究》(1931)

《金文丛考》(1932)

《古代铭刻汇考》(1933)

《古代铭刻汇考续编》(1934)

《两周金文辞大系考释》(1935)

其中《考释》一书被认为是划时代的臣著,郭氏的"标准器系联法"就是在此书中提出的。

② 唐兰　唐氏着力于探讨研究古文字的科学方法,其观点主要见于《古文字学导论》(1934)。对铭文的研究主要论著为《西周铜器断代中的"康宫"问题》《论周昭王时代的青铜器铭刻》(《古文字研究》

第二辑)和《西周青铜器铭文分代史征》(中华书局1986年版)。

③于省吾 其金文考释的专著主要有:《双剑誃吉金文选》二卷(1934),选收殷周彝铭469篇,多有创见。此外还有《井侯簋考释》(1936)、《读金文札记五则》(1966)等论文20余篇,通过对文字形音义的精辟分析,解决了不少铭文中的疑难问题。于氏继《甲骨文字释林》之后,又撰《吉金文字释林》,惜未完稿而逝。

④杨树达 杨氏撰《积微居金文说》7卷和《积微居金文余说》2卷。科学出版社1959年合为《积微居金文说》增订本出版。全书381篇,解释了314器的铭文,均以跋语的形式探讨那些争议最大和最难解释的词语。在卷首"新识字之由来"一章中,概括总结出一套古文字的考释方法。另有《积微居小学金石论丛》5卷,《积微居小学述林》7卷,均为研究金文的重要著作。

(六)与金文有关的其他专题研究

1. 青铜器的断代研究

郭沫若对金文研究的重要贡献之一,是发明"标准器系联法",奠定了青铜器断代的基础。郭氏的断代研究主要反映于其《两周金文辞大系》一书。1931年郭氏撰《金文辞通纂》,乃《大系》的前身。1932年在《通纂》的基础上撰《两周金文辞大系》,又于1934、1935年先后改编为《两周金文辞大系图录》和《两周金文大系考释》。1958年重印时将二书合并,题为《两周金文辞大系图录考释》共8册。在《大系》中,郭氏运用标准器系联法研究铜器断代问题,有重大突破。该法先从铭文入手,以个别有年代可考的铜器为标准,再串联其他无年代可考的铜器,然后对各期铜器的铭文、形制、花纹进行综合研究。

此后陈梦家的《西周铜器断代》(《考古学报》9—14册,1955—1956),唐兰的《论周昭王时代的青铜器铭刻》(《古文字研究》第二辑,1981)、《西周青铜器铭文分代史徵》(中华书局1986年版),在断代研究上都基本采用郭氏的方法而更趋精密。

随着大批窖藏青铜器的出土,断代研究有了新的材料,许多学者开始用其进行铜器断代研究。如郭宝钧的《商周铜器群综合研究》(文物出版社1981年版),李学勤的《西周中期青铜器的重要标尺——周原庄白、强村两处青铜器窖藏的综合研究》(《中国历史博物馆馆刊》1979年第1期)、刘启益的《微氏家族铜器与西周铜断代》(《考古》1978年第5期)等,均选择具有标尺作用的铜器群,通过各器间的纵横联系来考察同一时期或不同时代的铜器是怎样发展变化的。这一方法可以说是"标准器系联法"的扩大,它把出土于同一窖穴或墓葬的器物作为一个整体,不但把铭文的研究同铜器自身的形制、花纹结合起来,而且同一起出土的其他器物及其组合联系起来,是一种比较科学的断代方法。(曾宪通《建国以来古文字研究概况及展望》,《中国语文》1988年第1期)

利用金文的记时资料进行断代研究,是另一种有益的尝试。那些具备王年、月份、月相和干支记日的铭文可与历法研究相结合来推断相关铭文的年代。刘启益这方面的论文有:《西周纪年铜器与武王至厉王的在位年数》(《文史》第13辑1982)、《西周夷王时期铜器初步清理》(《古文字研究》第7辑1982)、《西周金文中的月相与共和宣幽纪年铜器》(《古文字研究》第9辑1984)、《再谈西周金文中的月相与西周铜器断代——读〈西周金文和周历的研究〉后记》(《古文字研究》第13辑1986)。马承源的《西周金文中的月相研究》(古文字研究会第四届年会论文,1981)亦作了探索。

张振林《试论铜器铭文形式上的时代标记》(《古文字研究》第5辑,1981),"从铜器有无铭文、族氏文字情况、文字的点画结体、章法布局、文辞的常见格式等方面,对商周一千多年的标准器和关联器进行了粗略的分析,认为可以分成九期",他的研究不失为一种新的探索。容庚《商周彝器通考》(哈佛燕京学社1941年版)、《殷周青铜器通论》(科学出版社1958年版)也是铜器断代研究的重要参考著作。

2. 族氏文字的研究

族氏文字是早期铜器铭文中一类象形意味特别浓厚的文字。清代以前的学者对其均无有价值的释说。近人沈兼士称之为文字画(《从古器款识上推寻六书以前之文字画》,《辅仁学志》一卷一期,1928)。郭沫若认为:"此等图形文字乃古代氏族之名号,盖所谓'图腾'之孑遗或转变也"。"凡图形文字之作鸟兽虫鱼之形者乃图腾之转变,盖已有相当进展之文化,而脱其原始畛域者之族徽也。"(《殷彝中图形文字之一解》,《殷周青铜器铭文研究》,1931)郭氏"族徽说"是一种有影响的说法。于省吾认为这类文字是"氏族标志",是"象征性的文字",并以古文字资料和古代文献及美洲印第安人的图腾互相印证,对一些族氏文字进行了考释。(《释羲》,《考古》1979年4期)林沄认为这种文字符号"在作为构成'族徽'的成分时,在使用方式上是有特色的","近似于我们今天用文字符号加以图案化而构成商标、厂徽等的做法。"(《对早期铜器铭文的几点看法》,《古文字研究》第5辑,1981)李学勤认为这种"族氏的字每每写得很象形","这只是为了把族氏突出出来而写的一种'美术字'。"(《古文字学初阶》,中华书局1985年版,第34页)

总之,研究者认为早期金文中的这类象形性很强的符号是一种写法比较特殊的、成熟的文字。

(七)殷周古文同源分化现象

字原的研究始于唐代,而后宋、元均有著作问世,至清代研究字源的著作颇多。"字原的研究,应以古文字资料为依据,广泛收集独体初文,排列出独体初文与孳乳字的谱系,从中发现独体初文与孳乳字的关系,总结出文字孳乳繁衍的规律。"(陈秉新、黄德宽《汉语文字学史》第160页)对这一问题进行系统研究的是王蕴智,他著《殷周古文同源分化现象探索》(吉林人民出版社1996年版)。他在该书"绪论"中云:"所谓殷周古文同源分化现象,是指那些在殷周时期已经形成的诸种同源母体,在其自身发展过程中所出现的孳生演化情况。"其师姚孝遂云:"文字是约定俗成的产物,具有极其广泛的社会性。文字形体的发展演变过程,是一个不断孳乳分化、同时又不断规范化的过程。""文字只有在长期的发展演变过程中,才能逐步完成其规范化的改造。"(《甲骨文形体结构分析》,中国古文字研究会成立十周年研讨会论文,1988)王蕴智云:"纵观汉字发展史,文字符号的孳乳分化、优胜劣汰现象时有发生,而在汉字开始成熟的殷周时期,其同源分化现象尤为突出。""由不同字源孳化出来的一组组同源字,各含有它们的同源母体及其可以系联的派生体,具备一定的分化特征和演变途径。""分析整理这些同源字形,可谓汉字的一种寻根活动。"(均见"绪论")

王蕴智认为同源字的定义应为:"凡具有同一形体来源和字形分

化关系的字叫同源字。"(第15页)具有分化特征的殷周古文同源母体,包含如下三个特点:

① 就文字符号的功能来看,它们是一字多义的,也就是说,随着语言中词的发展和因文字符号的供不应求,同源母体在不同的环境中,往往是利用同一形体来记录不同的词义;

② 就文字的自身价值来看,它们是汉字体系里成熟较早的形体,具有形音义三维结构关系,文字符号的多义性与它们的本来读音存在着辩证统一的内在联系;

③ 就文字的演变过程来看,人们曾有意对这批早期字形进行了整理和规范工作,借助它们的本形,孳乳分化成后来的若干字,从而使记词上的兼职现象得到一定的控制。(第42—43页)

归纳起来,其分化途径大致可以分为三种:

① 由文字符号的异义同形通过追加偏旁部件达到异字异形,简言之,即增加偏旁而分化;

② 由文字符号的异义同形,通过追加区别符号或变写原形而达到异字异形,此即借体变形而分化;

③ 由原来的异义同形与同字异体的交互作用,通过利用异体字专职以达到异字异形,这是利用异体而分化。(第43页)

下面分别加以叙述:(第44—62页,带※号者不见于《说文》)

1. 追加偏旁而分化

(1) 同义相承

"卸"组字演化谱系:

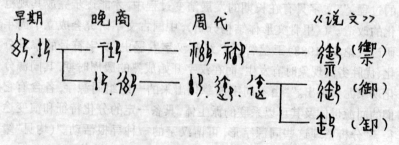

此类大体上如同"卸"组字,其派生字与原篆初谊总是同义相

承：

卩※卸御禦　　入内納　　泉原源※　　壴喜鼓
罙探深　　　　冓遘媾　　夆捧棒　　　虏虤獻
丰刦契挈鍥　　爯偁稱　　土社杜　　　𠂇左佐
芍※苟敬　　　斿游遊　　𠦒※禽擒　　𤉲猒饜
网罔網　　　　冔(𠬪)宀※宓宲　　启改※啓嗀
乎呼摴　　　　𠂤師官　　子好字　　　勹包匍　立位垃
易揚陽　　　　册典𠕋　　韋違圍　　　司嗣䛀　正征政
帝啻禘蒂　　　妥※綏　　尊𢍜※樽(樽)　匀均
囗※邕洍雝(雍)　令命　　見現　　　　从從縱　監鑑
晶星　　　反返　　受授　　卬仰　　尹君　　永羕　　中仲　　生姓
止趾※　　放旅　　吏使　　𢇇(絕)𣃔　黑墨　　廷庭　　叜搜
臭齅(嗅)※　　𧾷徙　　不否　　州洲　　后始　　貴遺　　死屍
印抑　　昏婚　　取娶　　田甸甸　　丞拯※　　奉捧　　便鞭
甫圃　　𠬪共拱　　主宝　　穌蘇　　夨走　　劦協恊
𩫖(郭)齎※(墉)　　刅刑(荊)　　　　　皀殷簋
㞋犀※(㚎)遲　　㪐散　　康糠　　舁※禩登䏝※叢※
夕夜　　各佫格　　复復𠣵　　及彶逮

(2) 循音统形

"或"组字演化谱系：

早期　　周代　　战国　　　　《说文》
戓 ──┬── 或、或 ──── 或、或 ───── 或(或)
　　├── 或、𢦏 ──── 或鰄畖𩔉𥁰 ── 域(域)
　　└── 或、國國 ── 或 國匫 ───── 國(國)

此类大体上与"或"组字的情况相当，即在本组里总有一种字形

沿袭的是同源母体的假借义,可用循音统形的方法去系联它们:

| | | | | |
|---|---|---|---|---|
| 或域國 | 申電伸神 | 冎骨祸 | 余舍 | 今含 |
| 凡般盤槃 | 乞※(气)迄訖 | 隻獲穫 | 章敦孰熟 | |
| 县縣懸※ | 又右佑有 | 女汝如 | 易賜賜錫 | |
| 叀専惠 | 㒸遂隊墜 | 寺持侍 | 鼎貞 某楳(梅) | |
| 朱株 帚婦 | 且祖 亦腋※ | 萬蠆邁 | 莫暮※ 自鼻 | |
| 乍作 酉酒 | 來麦秾 | 北背 冬終 | 它蛇 須鬚 | |
| 于雩 | 歲劌 其箕 | 白伯 無舞 | 者諸 卜外 | |
| 免冕 | 桑喪 采番 | 云雲 才在 | 卯劉※ | |
| 卿饗嚮※ | 隶隸棣(隸隷) | 戠襄 | 朢※望 | |
| 蜀蠋 | 辟※辝薛 | 谷峪 | 兌悅※説 | |
| 弟第※ | 夒憂 | | | |

因假借关系而分化字形的此类字在古文字里不乏其例。其中有许多这样的情况,即一部分母体只是一时被用来借为人名、地名、国名、或某一种特定的记词意义,后在借字基础上追加偏旁而产生新字。这种关系的字如:

倝—韓 刀—召 屯—萅 龍—龏(龔) 内—芮

尚—賞 每—悔晦誨敏 巳—祀 ……

又如从邑之字象"鄂、郜、邛、邾、廓、鄭、邗、鄹、鄲、鄙"等,亦多与其声符有过假借关系,但这些派生字的用法比较单纯,且与母体的字形借贷关系不甚密切,被借字未能形成较为固定的假借义项,故类此者兹不备举。

2. 借形变体而分化

在殷周时期,因构成文字的基本部件并不如后世那样齐全和规范,一形多义现象尚不能都用追加偏旁的方式来加以解决,而自觉通过借体变形的方式来分化新字,亦就不失为一种行之有效的途径。

"女"组字的分化谱系:

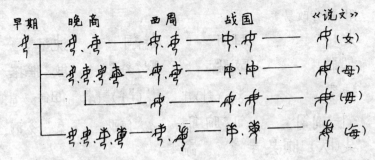

姚孝遂在他的著作里对变体字形成的原因、分化特征以及分化字形间的关系诸问题均有述及。他曾指出：借形变体"是为了适应文字孳乳分化在形态上产生的一种变化。有些文字，在最初是用一个形体表示不同的概念，后来为了避免在表达概念上的混淆，就在原有文字形体的基础上附加一些符号，以示区别"。"概念上的分化，导致了形态上的变化，任何简单的附加符号都足以实现这种文字形态上的分化，适应区别概念的需要"。这种文字的分化现象为"不可逆性"。（姚孝遂《说一》，香港中文大学《第二届国际中国古文字学研讨会论文集》第49—50页，问学社有限公司，1993年10月；《再论古汉字的性质》，《古文字研究》第17辑。）

借形变体分化亦可分为两类：

(1) 同义相承

女母　　　言音　　　言䇂(意)　　木本末　　高京

京亭　　　高乔　　　丩句勾※　　巾巿　　　大夫

大天太　　言(享)亨※　束橐　　　止之　　　示主

耒力　　　小少　　　疋足　　　　宜俎　　　月夕

斗升　　　幺玄　　　坏坯※　　　征延延　　口曰

九亢　　　子孔　　　欠旡　　　　眚省　　　又手

丂兮乎　　兟兟　　　么幻　　　　老考　　　攴父

兔象　　　亘囬　　　㞢※(邦)甫　骨肎　　　刐(别)剮※

405

附：偏旁改易

攴扑※　　　珏朋　　　辭嗣　　　沈沉※
聖聽　　　敺驅　　　獸※狩獸　　　攲※推摧
棘棗　　　※(封)邦　　　陳(陣)※陳　　　佃甸　常裳
訇※詢詾　　　旬※昫旬　　　丂※何吹　　　泉※氵洌
昊(昳)※矏臭皋睪　　　霝零

(2) 循音统形

| | | | | |
|---|---|---|---|---|
| 女(母)毋每 | 子巳 | 巳已※了 | 矢寅 | 寅黃 |
| 辛亏 | 衣卒 | 刀刁※ | 辛亲 | 木朱 |
| 又丑 | 又尤 | 丑叉叉 | 又术 | 壹豈 |
| 幺玄玄(兹) | 人千 | 人仁 | 白百 | 壺壺※ |
| 七甲 | 又寸 | 余佘※ | 丂亏 | 不丕 |
| 否音 | 向尚 | 云匀 | 合公 | 谷谷 |
| 气乞※ | 囚西卤 | 冢豕 | 兩兩兩 | 氏氐 |
| 元兀 | 竿久 | 黑莫※ | 朿東 | 牙与 |
| 角甪※ | 虫禹 | 虫禺 | 禽离 | 萬禼 |
| 能熊 | 弋必 | 吕予 | 干單 | 又右 |
| 殳殷 | 羌丐※ | 用甬 | 豸先希 | 早皁 |
| 雩粵 | 酉酋 | 竹竺 | 亼今 | 木未 |
| 皀艮 | 口甘 | 支丈 | 鄉鄉 | 眉首 |
| 尸尺 | 犀犀 | 北非 | 能赢 | |

3. 利用异体而分化

在殷周古文中，有些同源字本来是异义同形的，但它们同时或受到文字简化、异变、繁化等因素的影响，又不同程度地出现同一字形的不同写法。于是，一字多义与一字多形的特点对它们交互发生作用。后来人们为了避免这种文字使用上的混乱现象，便有意识地利用不同的异体固定搭配一定的义项,经过约定俗成,形成了异体字各守其职的局面,从而达到了文字分化和规范化的目的。

下面举"兹"组字谱系为例,来说明异体分职对文字分化的作用:

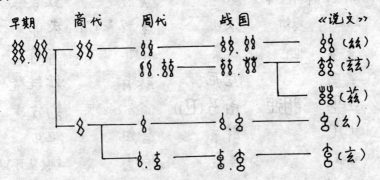

具有异体关系的同源字亦可分为两类:

(1) 同义相承

兹幺  玄玆  絲糸  史事吏  聿肇肈

盇※益易  斅學敩斈  毓育玄(㐬)

止夂夊  薅晨農  貯買宁(《说文》十四下部首)

頁百首  行彳亍  艸屮  粖米  降夅

盡妻爐  競誩競  子孑孓  鼓皷  ※(封)丰

顯㬎  匽㫃  㫃軓  卯卯(《说文》九上部首)

穆㣎  畾厸(晶畾)  虎虍  辛干  鬼甶

希夕  雧(集)雈  ��咎  夒兕凶  枼世

厂广  宀冂  身孕  敇肖  智知  尹聿

卬印  無无  姤姛※  素索  老尤

雁雕(鷹)  戎戒  麗丽※  堯垚  獸兽

丞(拯)承  𠂤疑  化匕  比𠤎  猶猷※

(2) 循音统形

桑 𦥑 号　　聿 隶 聿

奊※（嚴）品（《说文》品部）品（《说文》山部）

𥹥 肂 肆 㣇（聿）　须而　　　耎需　　　叔奈崇

以台　姒始　次次　　章※（䵼）亯　朿市

萑蒦　也它　霸䨣　　府負　鳥於　　宁丏万※

盡盡　　　　　卮厄　　猒肙　　　𥹭枂賛

豆亞　𭁊䀠　㐁弓（巳）　龠尔　器哭　兌合

其兀　　　　羴省　　　智㕙　　　𠚣丸

衛韋　　　　若奻　　　自卤　　　舁（从牙）与

由※甾　　　涉兆　　　卬巽　　　壽曷昌

具有异体关系的同源字,《说文》中还有一些,如弼部"𡿨"字下或体作"餗",𡿨、餗二形可溯见于殷墟甲文、金文,乃同字异文。《说文》正篆与不少籀文、古文、或体字形或存在这种情况。另如部首字大介、自𦣻、月𠫓、羊𢆉、禾禾;又如品畾、止𡳿、丂己、印归、南羊、网从(《说文》入部)、身㐆、彡𠃉、爪爫、人𠆢(儿)、改攺等组字皆一字之变体形式,各组内部分化特征不甚显著,类此者兹不赘举。

有些同源字的分化既是多途径的,又是多层次的。如"子"追加偏旁分化出"好"和"字";变体作"巳"和"孔",异体分化还有:"孑"和"孓"等,这是初步的分化。子的分化字"巳"则又通过变体关系分出"已"和"了",这当属再次的分化。

总之,殷周古文的同源分化现象发生率比较高,随着战国秦汉之世大量形声字的出现,早期同源母体一字多用的情况逐渐受到抑制。《说文》对萌芽于殷周时期的同源字大都作了分化处理,但其中有不少乖戾于古,文字之派衍脉络尚待进一步疏通。有关的著作尚有尹黎云著《汉字字源系统研究》(中国人民大学出版社 1998 年版)

(八) 殷周金文选读

1. 商代金文选读

(1) 我作父己殷(guǐ)

图一　我作父己殷

释文：隹十月又一月丁亥，我乍御祟且乙妣乙，且己妣癸，征祤叔二母，咸。与遣祼，□休贝五朋，用乍父己宝障彝，亚若。

译文：十一月丁亥日，我初御祭且乙、妣乙、且己、妣癸四人，又举行叔祭于妣乙妣癸二母，完毕，又举行祼祭……得贝五朋，用来制作纪念父己的宝贵彝器。亚若(签名)。

简注：祟，从血从示，象荐血于神前，盖"祭"字也。(杨树达说)

409

彵同延,读为诞,训大。礿,yuè,夏祭也。(《说文》)

参见刘体智《小校经阁金文拓本》卷三;郭沫若《周彝中之传统思想考》(《金文丛考》第一册);杨树达《我作父已甗跋》(《积微居金文说》增订本卷六)。

(2) 䎽作父乙殷

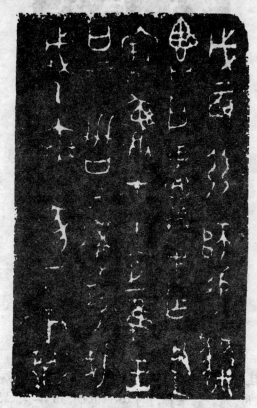

图二　䎽作父乙殷

释文:戊辰,弜师易誉冃齿贝,用作父乙宝彝,才十月一,隹王廿祀,祷日,遘于妣戊武乙奭,甗一,旅。

译文:戊辰日,弜师赏赏……贝,用来制作纪念父乙的贵重彝器。在十月一日,在王廿年,举行祷日祀典,妣戊与武乙婚媾,用㲃一。旅记。

简注：弜jiàng，经典作强。弜师，人名。遘，通媾。爽，爽，爽。旅，作器者本族徽号。

参见吴式芬《捃古录金文》二之三；郭沫若《戊辰彝考释》(《殷周青铜器铭文研究》卷一)。

(3) 四祀邲(bì)其卣

图 三

释文：乙巳，王曰："𢂷文武帝乙宐。"才䜌大廙，遘乙羽日。丙午，𥏻。丁未，㸚。己酉，王才㯱，邲其易贝。才三月，隹王三祀羽日。

译文：乙巳日，王说："祭祀文武帝乙用宜祭。"在召(shào)大庭，恰好遇到大乙的翼祭之日。丙午日，寫(xiè)。丁未日，肇。己酉日，王在柒地，卬其被王赏赐了贝。时在四月，这是王(帝辛)即位的第四年的翼祭之日。

简注：牌，同"尊"，祭祀。室，"宜"之初文，此用为祭名。才，通"在"。蛊 shào，地名，经籍通作"召"。庙，通"庭"。羽 yì，祭名，经籍通作"翼"。鲁 xiè，通"寫"，一种仪式。卬 bǐ其，作器者名。隹，语气词，经籍通作"唯"。祀，年。

参见董作宾《殷历谱》；于省吾《商周金文录遗》275；丁山《卬其卣三器铭文考释》；郭沫若《金文余释之余》。

2. 西周金文选读

(1) 利殷(guǐ)

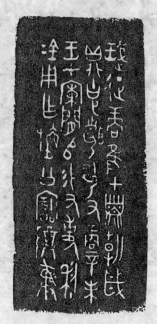

图四　利殷

412

释文：武王征商，隹甲子朝，岁鼎，克䎽夙，有商。辛未，王才
𣄰𠂤，易又事利金。用乍䇉公宝障彝。

译文：周武王征伐商纣王，在甲子日的早晨。岁星正当其位(宜
伐商纣)，克胜昏庸腐旧则占有了商都。辛未日，武王在管𠂤，赐给
右史利青铜。(利)用其制作了纪念先祖檀公的宝贵彝器。

简注：𣪘 guǐ，器名，同"簋"。鼎，当。䎽，"闻"之初文，此通
"昏"，指暮。夙，早晨。𣄰𠂤，地名。易，通"赐"。利，人名。乍，
"作"之初文，制作。障彝，祭祀所用礼器的通称。

参见唐兰《西周时代最早的一件铜器利𣪘铭文解释》(《文物》
1977年第8期)；于省吾《利𣪘铭文考释》(《文物》1977年第8期)；
张政烺《利𣪘释文》(《考古》1978年第1期)。铭文最早著录于《文
物》1977年第8期。

(2) 天亡(wú)𣪘

图五　天亡𣪘

释文：乙亥，王又大**豐**，王凡三方，王祀于天室，降。天亡又王，衣祀于王。不显考文王，事喜上帝。文王德才上。不显王乍省，不**肆**王乍庹，不克气衣王祀。丁丑，王**鄉**，大宜，王降，乍勋爵**後橐**。**隹**朕又蔑，每扬王休于**陴殷**。

译文：乙亥日，武王举行大丰之祀，武王凡祭四方，武王又于天室祭祀，降阶。天亡助王祭祀，在武王所居之处举行殷祀。功德显赫的先父文王，在天庭事奉皇天上帝，并使上帝欣喜。文王的威德随其英灵在天庭之上。武王正务求丕显，祈请上帝和文王在天之灵多加惠顾；武王正力求博大，祈请上帝和文王在天之灵助其成功。有周一定能永远终止殷商王朝的禋礼。丁丑日，武王举行宴**饗**，非常适意。武王降阶，举行赏勋封爵、键**橐**(gāo)息武的仪式。我获得了武王的嘉奖，于是恭敬地把武王的休美标扬在这尊贵的宝**殷**上。

简注：凡，祭名。又，读为"佑"。衣，祭名。不，读为"丕"，训大。省，视，引申为惠顾。**肆**，**豨**，通"肆"。气，读为"讫"，终止。衣，读为殷，指殷商。**鄉**，"饗"字初文。**後**，函有缠系之义，此有收藏义。**橐** gāo，兵甲之护衣。後**橐**即《礼记》所云"建**橐**"，闭藏兵甲。每，读为敏，训敬。休，美。

参见郭沫若《大丰**殷**韵读》(殷周青铜器铭文研究)，《两周金文辞大系图录考释》；于省吾《双剑**誃**吉金文选》上三，《关于"天亡**殷**"铭文的几点论证》(《考古》1960 年第 8 期)；闻一多《大豐**殷**考释》(《古典新义》下)；孙稚雏《天亡**殷**铭文汇释》(《古文字研究》第三辑)；吴闿生《吉金文录》；刘心源《奇觚室吉金文述》卷四。

(3) 何(hé)尊

图六 何尊

释文：隹王初**遷**宅**于**成周，復**亯珷**王豐，禪自天。才三月丙戌，王**誥**宗小子**于**京室，曰："昔才爾考公氏，克**逑玟**王，**肆玟**王受**兹因图**。隹**珷**王既克大邑商，則廷告**于**天，曰：'余其宅**兹**中或，自之**辥**民。'烏虖，爾有唯小子，亡**戠**，**視于**公氏，又**勞于**天，**徹**令。苟**亯戈**！"叀王**龏**德谷天，順我不每。王咸**誥何**易貝**卅**朋。用**乍囗**公寶**隨彝**。隹王五祀。

译文：周王开始**遷**宫室于成周，再次禀承武王的祭祀，承受来自上天的福祐。在四月丙戌日，周王在京室**诰**训同宗的子弟。（王）说："从前在你们父辈的时候，他们能辅佐文王，文王受此天命。武王已经战胜了商国，就向天神占卜祭告，(武王)说：'我要居住在这中心地区，从这里**乂**(yì)治民众。'呜呼！你们虽然是同宗子弟，但缺乏知识,你们要效法父辈,为上天建立劳绩,要贯彻使命。敬慎地祭享呀!"王恭崇道德,豐裕地祭享天神,训诫我等不敏之人。王训诰完毕,㫃被赐予贝卅朋。因而制作了这个用来祭祀祖先□公的珍贵礼器。这是周王即位的第五年。

简注:䙴 qiān,经籍通作"遷",今作"迁"。㐭,通"稟",稟承。福,同"福"。𧫡,同"誥",诰训。𢻻 bì,通"弼",辅佐。肄,经籍通作"肆"。兹,"兹"之初文。則,同"则"。廷,通"筳",折竹占卜。或,國之初文。㐰,通"乂"yì,治理。敃,通"識"。苟,"敬"之初文。㐭,同"享",祭享。叀,语气词。龏,恭敬。谷,通"裕"。顺,通"训",训诫。咸,完毕。用,因而。

参见李学勤《何尊新释》(《中原文物》1981 年第 1 期);唐兰《何尊铭文解释》、张政烺《何尊铭文解释补遗》、马承源《何尊铭文初释》(均载《文物》1976 年第 1 期)。铭文最早著录于《文物》1976 年第 1 期。

(4) 大盂鼎

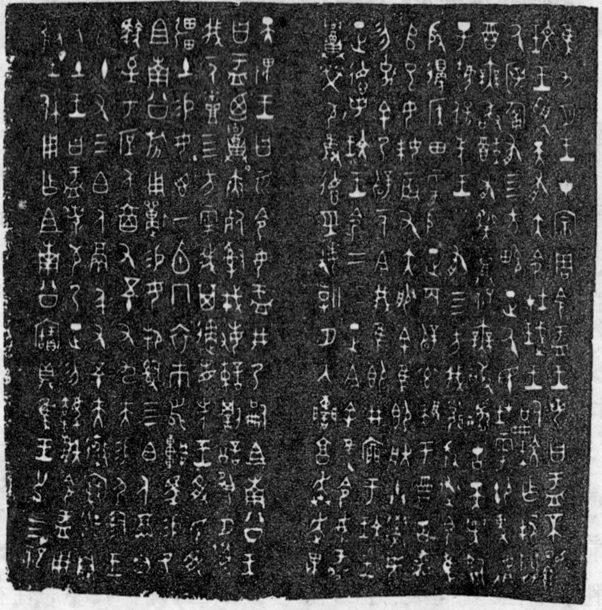

图七　大盂鼎

释文：佳九月，王才宗周，令盂。王若曰："盂，不顯玟王受天有大令，在珷王，嗣玟乍邦，闢氒匿，匍有三方，畯正氒民。在雩卸事，虡，酉無敢酖，有髮蒸祀，無敢醸，古天異臨子，雩保先王，囗有三方。我聞殷述令，佳殷邊侯、田，雩殷正百辟，率肄于酉，古喪𠂤、巳。女妹辰又大服，余佳即朕小学。女勿斨余乃辟一人。今我佳即井㐭于玟王正德，若玟王令二三正。今余佳令女盂鹽燚，芍雍德巠，敏朝夕入讕，宫，奔走，畏天畏。"王曰："盂，令女盂井乃嗣且南公。"王曰："盂，迺鹽夾死嗣戎，敏諫罰訟，夙，鹽我一人登三方，雩我其遹省先王受民受疆土。易女鬯一卣、冂衣、巿、舄、車、馬。易乃且南公旂，用邁。易女邦嗣三白，人鬲自馭至于庶人六百又五十又九夫。易尸嗣王臣十又三白，人鬲千又五十夫。極冥囗自氒土。"王曰："盂，若芍乃正，勿廢朕令。"盂用對王休，用乍且南公寶鼎。佳王廿又三祀。

译文：九月，王在宗周命令盂。王这样说："盂，伟大英明的文王承受了上帝佑助的重大使命。到了武王，继承文王，建立了周国。排除那些奸恶，广有天下，长久地治理百姓。（武王之所以成功）在于办事的人手中有酒而不敢酖醉，即便是逢有蒸丞一类（允许饮酒）的祭祀也不敢多饮。所以天帝临保天子，佑护先王拥有四方。我听说殷纣之所以会坠失天命而亡国，是因为殷王在边疆的侯、甸与在朝中执政的文武百官都相率恣意饮酒，所以丧师灭国。你年幼时就承继了要职，我曾让你就读于我的王室贵冑小学。你不能背离我，而要辅佐我。如今我要效法、禀承文王的政令和德行，犹如文王命令他那两三位执政大臣那样，如今我也要命令你盂辅佐我。你要恭敬地谐调德行的纲纪，勤勉地早晚入谏，进行祭祀，奔走于王事，敬畏上天的威严。"王说："乌！命令你雩效法你的嫡祖南公。"王说："盂，你要辅佐我主管军队，勤勉而及时地处理狱讼案件，从早到晚都应辅佐我治理四方。你将要替我去巡视先王从上天所接受的人民和疆土。赏赐你一卣香酒、头巾、蔽膝、木底鞋、车、马。赐予你先祖南公的旂帜，用以巡狩。赐给你邦国有司四个正长，人鬲自车御至步卒六百五十九人,赐给你异族的王臣十三名,人鬲一千零五十人。要尽量让这些人众在他们所耕作的土地上努力劳动。"王说:"盂,你要恭谨地对待你的职事,不可背弃我的命令。"盂颂扬王的美德,制作了纪念先祖南公的宝鼎。时在康王在位的第二十三年。

简注:丕通"不",大。 卒,代词,经籍通作"厥"。

匿,即愿,恶也。 䀣同"峻",长久。

卸,"御"之初文。 虘 zhā,语气词。

酘,王国维认为是"醓"的异体,经籍通作"湛"。湛通"耽",此指沉湎于酒。

嚛 chái 通"柴"。 羮通"烝"。

醳,于省吾说是"擾"的异文。

䎙,"闻"本字。 述读为"坠"。

䵴,经籍通作"肆",此指耽酒。

妹,通"昧"。 㐬,多释为"剋"。此应读为𠂇,谓弃君而去。

井𡧰,刑宾,即法范。 盨 zhāo,通"诏",辅佐。

㷭 yíng,与"诏"义相通。 𠀎,铭文作𠀎,郭沫若释敬,可从。

雔,和也。 巠"经"之初文,纲纪。

諫,此读为速。 瞢,羮的省形,也是烝字。此为君临之意。

遹 yù 省,巡视。 冖 mì 衣,头巾。

市 fú,礼服的蔽膝。经籍或作"韨"。

舄 xì,木底鞋。 遄 shòu,巡狩。

極,"極"本字,至也。

最早著录于吴式芬《攟古录金文》三之三。参见王国维《盂鼎铭文考释》(《国学月报》第二卷 1927 年第 8、9、10 期合刊);郭沫若《两周金文辞大系考释》;吴闿生《吉金文录》;于省吾《双剑誃吉金文选》。

(5) 颂鼎

图八 颂鼎

释文：隹三年五月既死霸,甲戌,王才周康卲宫。旦,王各大室即立,宰引右颂入门,立中廷。尹氏受王令書。王乎史虢生册令颂。王曰："颂,令女官嗣成周,貯廿家,監嗣新廂,貯用宫迎。易女玄衣、黹屯、赤市、朱黄、䜌旂、攸勒用事。颂拜𩒨首,受令册佩以出,反入堇章。颂敢對揚天子不顯鲁休,用作朕皇考龏叔、皇母龔妙寶障鼎,用追孝,祈匃康虩、屯右、通录、永令,颂其萬年𦣞壽,畯臣天子霝终,子子孙孙寶用。

译文：在周恭王三年五月月底甲戌之日,王在宗周的康昭宫。一

419

早，王来到太庙太室就位。宰官引助导颂进入太庙大门，站立在庭中。尹氏接受王命书写册命。王叫内史虢生册命颂。王说："颂，我命令你主管成周洛邑之事，赐与你隶人二十家。你要监理新宫的营造，准予你使用宫中办事的人。赐给你玄衣、黹纯、赤市、朱珩、銮旂、鋚勒，用以履行你的职责。"颂再拜稽首，接受了册命，捧册佩玉走出了太庙。后又返回太庙，施行纳瑾报璧之礼。颂冒昧称扬天子伟大的美名，因而制作了祭奠我先父恭叔、先母恭姒的尊贵宝鼎，用以追养继孝，并祈求其在天之灵赐予我康和、奄祐、通禄、永命。颂希望能万年眉寿，永远臣侍天子善始善终。此鼎传至子子孙孙，永世宝用。

简注：各，"佫"字初文，来到之义。

即立，即位，就位。上古立位同文。

宰，职官名。　　　　　—引，人名。—右，导引。

廷，"庭"的初文。　　　—册令，即册命，后世也作策命。

官嗣，主持，主管。　　—庴，"造"之本字。

宫迎，宫中执事之人。

黹zhi，刺绣。　　　　—屯，当读为纯，即丝衣。

赤巿，红色蔽膝。　　　—黄，读为珩，佩玉。

銮，读为銮，即銮铃。

攸勒，即鋚勒，有铜饰的马络衔。

龏，即龏字，音义与恭字同。

𰀁，当读为勤，通"祈"，求也。

屯右，当读为奄祐，大的祐助。

䀘，读为允，信也，诚也。

霝，读为令，美善之义。

参见郭沫若《两周金文辞大系图录考释》；赵英山《古青铜器铭文研究》；秦永龙师《西周金文选注》。

(6) 静簋

图九　静簋

**释文**：隹六月初吉，王在莽京。丁卯，王令静嗣射学宫。小子眾服、眾小臣眾尸僕学射。雩八月初吉，庚寅，王以吴来、吕剛卿燹蓋邑、邦周射于大池，静学無罪。王易静鞞剢。静敢拜稽首，對揚天子不顯休，用作文母外姞隣殷，子子孙孙其萬年用。

**译文**：六月月初，王在镐京。丁卯之日，王命令静在学校主持射箭的教学。王让他身边的小子、服、小臣、夷僕都来学习射箭。于八月初，庚寅之日，王率领吴来、吕𤉥会同燹盖两地的驻军以及巡守京城的将帅到大池比赛射箭。比赛结果证明静教射箭勤而不息。王赐给静皮护臂。静下拜叩首，颂扬天子伟大显赫的美德，因而制作祭奠有文德的先母外姞尊贵的宝殷，子子孙孙万年享用。

**简注**：莽京，郭沫若释为豐京，吴大澂释为镐京。

嗣，后代作司，主持，总领。　　眾，及，和。—服，君主近臣。

雩，同"于"。　　学，此读为"教"。

鞞剢，皮制的护臂。　　外，地名。—姞，姓也。

参见吴大澂《愙斋集古录》第11册，《静敦》；郭沫若《两周金文辞大系图录考释》第6册，《静敦考释》；于省吾《双剑誃吉金文选》；赵英山《古青铜器铭文研究》。

(7) 牆盘

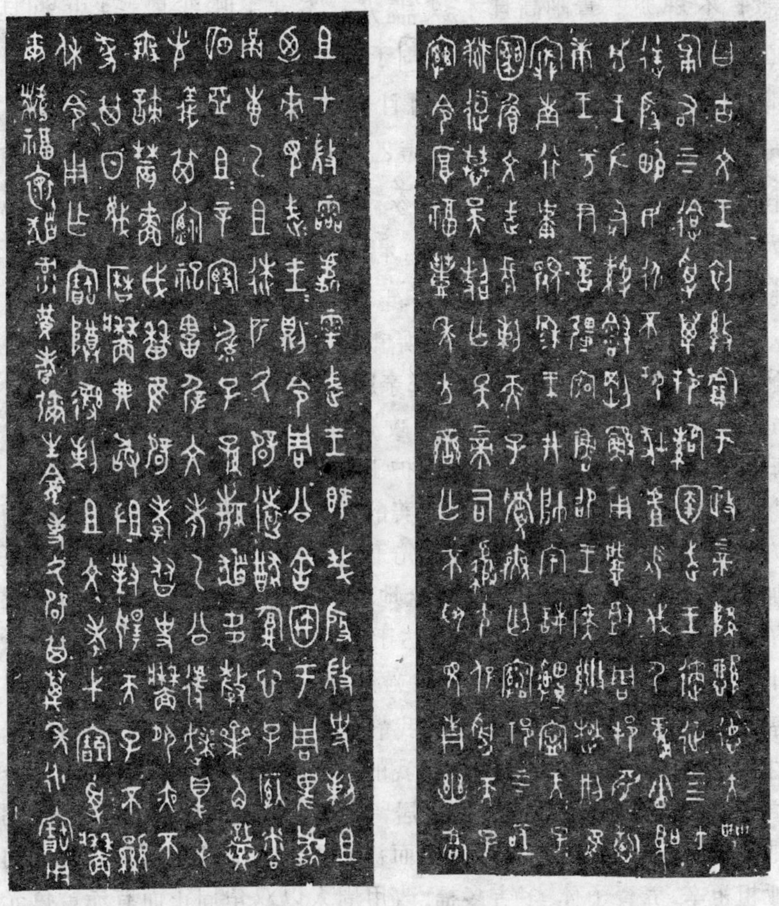

(b)　　　　　　(a)

图十　牆盘

曰古文王，初𢻻龢于政，上帝降懿德，大甹，匍有上下，迨受萬邦。𩡶圉武王，遹征四方，達殷畯民，永不巩狄虘，长伐尸童。害聖成王，左右𦅫𩛥刚鲧，用肇𢽒周邦。𣶃𢝊康王，兮尹億疆。宖鲁卲王，廣𢼄楚荆，隹寏南行。𥲤顯穆王，井帥宇誨，𤕌寍天子。天子𩠳屖文武长剌。天子𧶽無匄，𩡝祁上下，

亟獄逗慕。昊照亡哭，上帝司燹，允保受天子䶖命厚福豐年，方
繼亡不䖵見。青幽高且才㪍霝處，雩武王既䥯殷，㪍史剌且
洒来見武王，武王鼎令周公舍圃于周卑處。甬叀乙且，逨匹䍙
辟，遠猷㣇心子龡。咎明亞且且辛，毓子孙，蘩祓多鬃，齋
角龏光，义其禋祀。書屖文考乙公䂁趩，㡭屯无諌，農嗇戊
䇂，隹辟孝䇂。史牆夙夜不家，其日蔑曆，牆弗敢𩰫，對揚
天子不顯休令，用乍寶䵼彝。剌且文考弋寶受牆爾匔福褱
祓录黃耇彌生，龕事辟，其萬年永寶用。

译文：稽考先世的文王，初始就善和于政，天帝赐予他美德，使
他能树立辅佐，拥有天下，使万邦亲服。刚强威武的武王，征伐四方，
挞伐殷商，悛正其民，远征而大攻狄虘之国，远伐东夷有罪之邦。
敏慧圣明的成王，左右辅臣能维护王室的纲纪，以开拓周邦的疆域。
渊博明智的康王，分治安疆。宏美的昭王，大惩楚荆，建立了通向南
方楚荆之路。肃显的穆王，遵循先王远大的谋略，使当今天子恭王更
加安宁。当今天子恭王能够周全地继承文王、武王的长远功烈。天
子眉寿无疆。天子忠正之德上达于天，下施于民，治化之光慕于天
下。昊天光明无际，上帝以优柔宽和为事，保祐并授予天子长命、厚
福、丰年，方蛮无不接䟃来朝。我静幽的高祖，在微国善美地居住。
在武王打败殷商之后，微国史官我的烈祖就来朝见武王。武王命令
周公给我的烈祖安排住所，使之居留于周。我通达贤惠的乙祖，辅弼
他的君主(成王)，以有深远谋略而被君王纳为心腹之臣。我贤明的
亚祖祖辛，养育子孙，多吉多福，改用周人以双角周正而有赤黄色光
泽的牲牛来祭祀的方式宜其禋祀。闲雅舒适而有文德的先父乙公，
浑厚敦笃而无过失，善治农事，以孝友为法则。我史官牆朝夕不敢
坠志，每日勉励，我史牆不敢败坏祖德，为了颂扬天子的大德美意，
因而制作了这个尊贵的彝器。祈请烈祖，文考特援予牆荣华、福
安、祓除灾祸，长保禄位，健康长寿，长久胜任事君之职。子孙万代，
永宝享用。

简注：古，稽古。—敄，同䂁，通"庥"，善也。

424

屛,即粤字,读为屛护之屛。

迴,与匌通,周帀,全、遍。

繄,即繆字,或写作綛,刚强。—囲,威武。

遹,循也。—達,读为撻伐之撻。

畯即畯字,此读为悛。畯民即"畯正卒民"之省。

巩,读为攻伐之攻。

尸童,即夷童。奴曰童。

𪧴,即憲字。敏也。博闻多能曰憲。

縠,即綏字。维持。綏會犹言纂集。

剛鯊,可读为纲纶。纲纪。

簟,肇。徹,通也。肇徹,开拓。

兮尹億疆,分治安疆。

袤,周垣,此有扩大之义。

晨,即祗字,敬也。—顓,殆即顯的异构。

井帥,即帥刑,遵循某种规范之义。

𩆜,緟字,增益,典籍多作"重"。更加。

匌,即金文寏字,此读为周帀之周,全面之义。

㠱,为饋的古文,此读为纘,继承之意。

剌,借用为功烈之烈。

響,当为頮(沫)字的异体,響寿,长寿之意,后世借眉字为之。響無匂,即眉寿无有害之省。

艱,通"謇",指天子忠贞之德。

祁,读为抵。—亟,通"极"。—𤋮,即熙字。熙,光也。—逗,读作恒。

亡斁,即无斁,即无终、无厌之义。

司,通"事"。—夒,此当读为優,宽和之义。

允,读为卯,语首助词,无义。

觔,当读为踝。接踵而至之意。

青,读为静,安闲。—且,祖初文。—才,在。

㣇,微初文。—霝,读为令,善美之义。

甬,读为通,达也。—叀,读为惠,贤也。

逮,读为弼。—匹,含辅弼之义。

猷,谋也。—复,即復,后世多以復或腹代之。腹心即心腹。—子飤,即兹纳。

咨,舜字,舜明,乃周人成语,贤明之意。

䵣,即敷字,可读为捆,就也。

毓,即育字,养育之意。

繛,读为繁多之繁。祓,读为祓。繁祓,犹言多吉。

齐,读为齐。齐角,指牛角周正。

夔,读为戠。戠光指牲牛具有赤黄色的光泽。

义,通"宜"。—禋祀,即禋祀。

害犀,即害犀,读为舒遟,闲雅舒适貌。

儦趡,即儦趡,读为儦爽,刚强爽明。

㑥屯,浑沌,纯厚无邪之意。

誎,过失。—嗇,穑初文。

戉,读为赵,语词。—替,通厤,治田,今作历。

辟,法则。—㕣,即友。—豖,隊(墜)初文。

其日葳曆,犹言每日勉励。

敃,叙的简体,此读为沮。沮,坏也。

弋,此读为特。

竈受,即予受,授予。—褱,即懷字,安也。

黄耇彌生,为金文祈福之恒语,健康长寿之意。

龏,借为𢦏乱字,今人用戡、堪字,训勝。

参见于省吾《牆盘铭文十二解》(《古文字研究》五);于豪亮《牆盘铭文考释》(《古文字研究》七);连劭名《史牆盘铭文研究》(《古文字研究》八);赵诚《牆盘铭文补释》(《古文字研究》五);唐兰《略论西周微氏家族窖藏铜器群的重要意义》(《文物》1978年第3期);裘锡圭《史牆盘铭文解释》(《文物》1978年第3期);李学勤《论史牆盘及其意义》(《考古学报》1978年第2期);徐中舒《西周牆盘铭文笺释》(《考古学报》1978年第2期)。

(8) 不𡢁毁

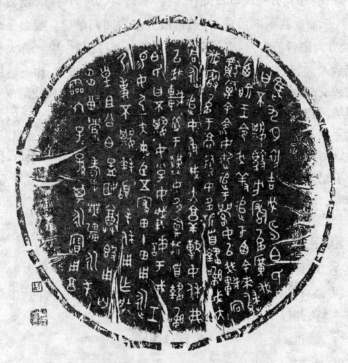

图十一　不𡢁毁

释文：隹九月初吉，戊申，白氏曰："不𡇦駿方，厰妥廣伐西俞，王令我羞追于西。余来歸獻禽。余命女迎追于𩣡，女以我车宕伐厰妥于高陶，女多折首執讯。戎大同，㐱追女女彼戎，大𩰫戟。女休，弗以我车圅于囏。女多禽、折首、執讯。"白氏曰："不𡇦，女小子，女肇誨于戎工。易女弓一、矢束、臣五家、田十田，用㐱乃事。"不𡇦拜𩒦手，休，用乍朕皇且公白孟姬障殷，用匄多福𧶠壽无疆，永屯霝终，子子孙孙其永寶用亯。

译文：在九月初戊申日，伯氏说："不𡇦驭方，狎狁广泛攻伐我西俞，王命令我军向西进击，追击敌人。我回归献捷。我命令你向𩣡地方向进行追击，你率领我的车队到高陶扫荡狎狁。你大量地杀死敌人，抓获俘虏。戎敌大量会聚，戎敌长驱追击你，你突然回师与戎敌交战，大肆声讨其罪展开格斗。你打得好，没有使我的战车陷入困境。你多有擒获，多有斩首，多抓俘虏。"伯氏又说："不𡇦，你乃一个年轻子弟，你敏于军事。赐给你弓一张、箭一束、臣仆五家，田十井。以永远忠守你的职事。"不𡇦下拜叩首，颂扬伯氏的美德，因而制作了纪念伟大先祖公伯和孟姬的宝殷，用以乞求多福、眉寿无疆，永远专一终于职守，子子孙孙永宝享用。

简注：不𡇦，駿方：人之名和字。

厰妥，即狎狁。 —羞，进也。

宕伐，即荡伐。 —同，会聚。

彼，急行也。 —𩰫，即𩰫字，此读为敦，责问、申讨其罪。—戟，指以干戈格斗。

肇，敏也。 —誨，此读为敏。

屯，读为纯，专也。

参见郭沫若《两周金文辞大系图录考释》；于省吾《双剑誃吉金文选》；赵英山《古青铜器铭文研究》。

(9) 多友鼎

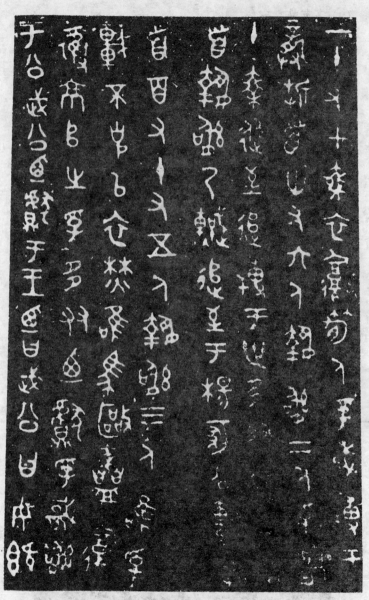

(b)

(c)

图十二 多友鼎

释文：唯十月，用严㽙放㺇賓伐京𠂤。告追于王。命武公："遣乃元士，羞追于京𠂤。"武公命多友率公车羞追于京𠂤。癸未，戎伐筍，衣孚。多友西追。甲申之䢅，搏于郗，多友右折首執訊，凡以公车折首一百又五十又五人，執訊廿又三人，孚戎车百乘一十又七乘，衣復筍人孚。或搏于龏，折首廿又六人執訊二人，孚车十乘。从至，追搏于世，多友或右折首執訊。乃轥追至于杨冢，公车折首百又十又五人，執訊三人。唯孚车不克，以衣焚，唯马毆盡。復奪京𠂤之孚。多友迺獻孚馘訊于公。武公迺獻于王。迺曰武公曰："女既静京𠂤，賚女，易女土田。"丁酉，武公才獻宫，迺命向父邵多友，迺徙于獻宫，公寴曰多友曰："余肇事女，休，不艅，又成事，多禽，女静京𠂤，易女圭鬲一、汤钟一鐈、鐈鑣百匀。"多友敢對揚公休，用乍障鼎，用朋用䍽，其子子孙孙永寶用。

译文：在十月，由于狁狁并起，大举进犯京𠂤。〔京𠂤来人〕追上周王并向他报告。周王命令武公："派遣你的将士，向京𠂤进击狁狁。"武公命令多友率领兵车前往京𠂤进击狁狁。癸未这一天，狁狁攻伐枸邑，大肆进行房掠。多友向西追击。甲申(第二天)早晨，在邻地与狁狁进行了激战，多友有所斩首执讯，共用兵车斩首敌人一百五十五人，俘虏二十三人，缴获兵车一百一十七辆，大量收复了被劫掠去的枸邑的人畜和财物。接着又与狁狁在龚地激战，斩首敌军三十六人，俘虏二人，缴获战车十辆。多友乘胜跟踪追击，在世地又战，多友又有斩首和俘获。于是迅速追杀狁狁至杨冢，多友的车兵又斩敌一百一十五人，俘虏三人。只是没能缴获战车，因为狁狁将车大加焚毁；也没能缴获战马，因为狁狁把马击伤。〔不过〕重新夺回了京𠂤被房掠去的人员和财物。多友就向武公进献所得的缴获、首级和俘房。武公于是转献给周王。周王就对武公说："你安定了京𠂤，特此奖励你，赐予你土地田亩。"丁酉这一天，武公在献宫，命令向父召请多友，多友就前往献宫。武公亲自对多友说："我初次使用你，你就表

432

现得很好,没有辜负我,作战有功,多所俘获,你安定了京㠱。特赐予你圭瓒一枚,鐏钟一肆,锛鋚三百斤。"多友斗胆颂扬武公的美德,用所得赏赐制作这个尊贵的鼎,用以晏饔宾朋亲友。愿子子孙孙永远宝用。

简注:多友,人名。—用,以,因为。

放㺇,读为放兴,犹言大起。

賨,即廣字。賨伐,犹言大举进犯。

羞追,犹言进击。—筍,即栒邑。

衣,古与殷同,训大。衣孚,大加虏掠。

晨,即晨字。—搏,即搏击之搏。

復,重也。—轊,从车,遹声。字有遹符。《广韵》"遹,疾也。"此有快速义。

孚,即俘字。—盉 xì,《说文》血部:"伤痛也,从血聿,百(bì)声。"此为伤败之意。

静,读为靖,安定。—贅,即釐字。釐女,使你得福。—卲,读为召。—覞,即亲字。

肇,同肁,始也。—䢯,从辵咢声,此读为逆,违迕之意。—朋眷,即朋友。

参见李学勤《论多友鼎的时代及意义》(《人文杂志》1981 年第 6 期);刘雨《多友鼎铭的时代与地名考订》(《考古》1983 年第 2 期);田醒农、雒忠如《多友鼎的发现及其铭文试释》(《人文杂志》1981 年第 4 期);秦永龙《西周金文选注》(北京师范大学出版社 1992 年版)

(10) 宗周鐘

(a)

(b)

图十三 宗周钟

释文：王肇遹省文武堇疆土，南或反子敢臽虐我土。王敦伐其至，戴伐厥都。反子迺遣间来逆邵王。南尸东尸具见，廿又六邦。隹皇上帝百神保余小子，朕猷又成亡竞。我隹司配皇天。"王对乍宗周宝钟。仓仓悤悤、雝雝雔雔，用邵各不顕且考先王王"其严才上，彙彙豑豑，降余多福福余圣孙，参寿隹利，猷其万年，畍保四或。"

译文：在厉王谨慎遵循文王、武王的治国之道，勤勉于治理疆土之时，南域的反子胆敢攻陷、蹂躏我国土，才导致周王对其讨伐，一直攻杀到它的都邑。（反子）乃派使者来谒见周王，南夷东夷具来谒见，共有26个蕃邦。"由于伟大的上帝和百神保祐我小辈，我的谋略有成且无竞争对手。我当专力主事以合于天理。"君王于是制作了宗周钟。钟声仓仓悤悤、雝雝雔雔，用以对功德显赫的祖考先王昭明恭敬之意。"先王的威严在天庭之上，勃勃蓬蓬，下赐予我多福，并福及我贤孙。祐我长寿吉利，让我胡千秋万代，确保四域。"

简注：宗周钟，也称猷钟，周厉王胡所作之器。猷，读为胡，周厉王名。

肇，同肇，敏也；正也。

遹省，遵循。　　—堇，读为勤，勉力。

反子，周代南方蕃邦之一。反，"服"之初文。

敦伐，犹言讨伐。敦，读为敦。

其，犹"乃"。　　—至，读为致。

戴，当为"扑"本字。

间，中也。此指讲和使者。

逆，迎也。邵，读为绍。逆绍，谒见。

尸，读为夷。　　—邦，指蕃邦。

猷，同"猶"，谋略。

司，司事，主事。　　—配，合于。

对，读为"遂"，于是。

邵，读为"昭"，明也。—各，读为恪、窓，敬也。

𣂏，从泉㲋声，音当为《说文》从木㲋声之藨，读若"薄"。𣂏𣂏豑豑豑，犹勃勃蓬蓬、磅磅磅磅磅。

聖，顺，贤明。

参寿，长寿。　　一瑮，当为"利"之繁构。

戭保，犹言确保。戭，读为允，诚也，信也。

参见郭沫若《两周金文辞大系图录考释》；于省吾《双剑誃吉金文选》；阮元《积古斋钟鼎彝器款识》卷三；吴式芬《攈古录金文》三之二；秦永龙师《西周金文选注》；高明《中国古文字学通论》。

(11) 㝬𣪕

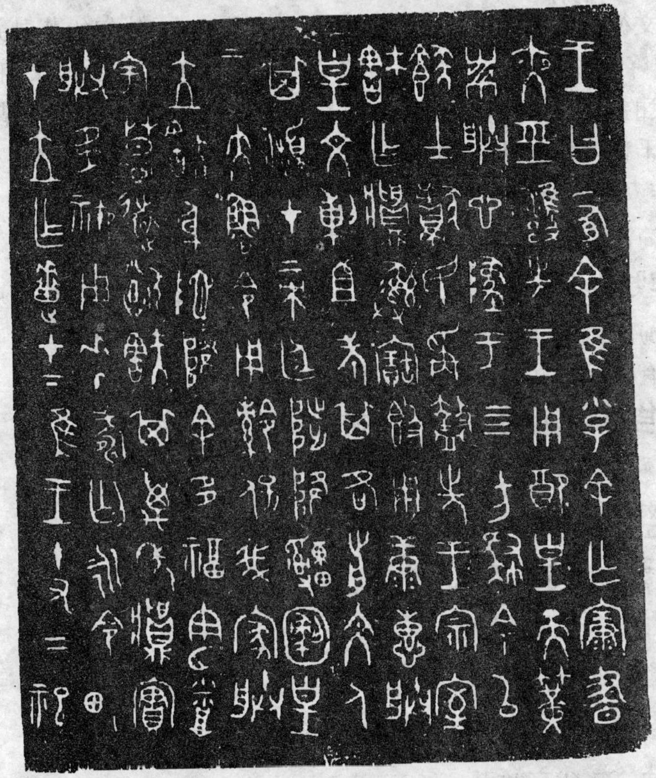

图十四　㝬𣪕

释文：王曰："有，余㒸小子，余亡康，昼夜坙䧹先王，用配皇天；簧茍朕心，墬于三方。辥余旲餕士獻民，𩵋𩶁先王宗室。㺇乍𪓰彝寶毁，用康惠朕皇文剌且考，其各前文人。其瀕才帝廷陟降，𩁹䎽皇帝大鲁令，用㲆保我家、朕立、㺇身，陁二降余多福，害籗宇慕遠猷。㺇其万年𪓰寶朕多祁，用䊊壽，囚永令，畍才立，乍彘才下。㒸王十又二祀。

译文：王说："唉，我虽然是个小辈，我不敢安逸，日夜遵循拥护先王，因而符合皇天的旨意。广推我的恩义，达于四方。所以我用义士贤民这些士大夫，举引其入先王宗庙助祭。胡我制作了这个用于奉祀祭享的宝毁，用以安饗我伟大而有文德的烈祖和先父，用以对前代有文德的人表示敬意。[烈祖、先父和前文人]他们的英灵并在帝廷陟降，奉行皇天上帝伟大美好的命令，以善保我的国家、我的君位、我的自身。高兴地赐予我众多的福份，引导我去实现大谋远图。胡我千秋万代要以丰盛的祭品大祀多神，用来乞求多寿长命，永久在位，作人间的砥柱。时在王十二年。

简注：㺇，周厉王名，后世作胡。

毁，今多从清人钱坫释为"簋"。秦永龙师曰应隶定为"毁"（音设），形如大碗之食器。

有，叹词，犹典籍中的已、熙。

㒸，此读为雖。—小子，犹言小辈。

康，虚也，空也。此有安逸之意。

坙，"经"本字，遵循。—䧹，即擁字，拥护。

簧，读为横。广意。—茍，读为至或致。

墬，读为遂，达也。

辥，即肆字，所以。

餕士，义士。—獻，同"獻"，贤也。

𩵋𩶁，犹言举引。

𪓰彝、𪓰彝，周代食器类名。

剌,通"烈",显赫。

其,语气词。—各,读为恪,敬也。

瀕,读为"频",并也。

䊆翻,奉行。䊆繼,重复之重;翻,读为周匝之周。

魯,通"嘉",美也。

䋆,即后世之"紷"字,本义为精丝,引申为精美、美善。䋆保,即善保。

阤二,通"施施",二为重文符号。喜悦貌。

害即"憲"字。䆜,读为"導"。宪导,犹言法导、引导。

宇慕,经籍为"訏謨",大谋。

遠猷(yóu),远图,深远的图谋。

祁,"禦"字异文,祀也。

䖃(hú),祈求。—匄(gài),祈求。

畯,即"畯"字,此读为"骏",长也。

氐(dì),读为氐或底,意为根本,砥柱。

参见张政烺《周厉王胡簋释文》(《古文字研究》第3辑);何琳仪、黄锡全《䇂殷考释六则》(《古文字研究》第7辑);《文物》1979年第4期;秦永龙师《西周金文选注》;刘翔、陈抗、陈初生、董琨《商周古文字读本》。

(12) 毛公鼎

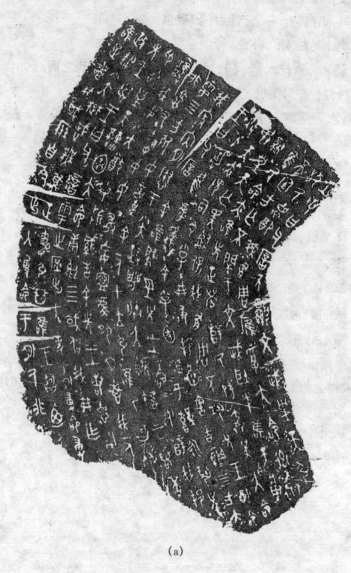

(a)

(b)

图十五 毛公鼎

释文:王若曰:"父厝,不顯文武,皇天引猒氒德,配我有周。雁受大命。率褱不廷方,亡不閈于文武耿光。唯天龥集氒命,亦唯先正䚄辥氒辟、龏堇大命,辪皇天亡𤤐,臨保我有周,不巩先王配命。敃天疾畏,司余小子弗伋,邦龥害吉?翩二"亖方,大從不静。烏虖!趣余小子圂湛于囏,永巩先王。"王曰:"父㡿，□余唯肇𨷲先王命，二女䢂我邦我家内外，憃于小大政，噂朕立。虩许上下，若否雩三方，死母童余一人才立，引唯乃智。余非𩫖又䚻，女母敢妄寍，虔夙夕專我一人，䭯我邦小大猷，母折鈛，告余先王若德，用卬邵皇天。䕼𩵦大命，康能四或，俗我弗乍先王忧。"王曰："父㡿雩之庶出入事于外，尃命尃政，埶小大楚赋，无唯正䚻，引其唯王智，廼唯是丧我或。厤自今，出入尃命于外，㕁非先告父㡿，父㡿舍命，母又敢憃尃命于外。"王曰："父㡿，今余唯䕼先王命，命女䢂一方，圂我邦我家。女雖于政，勿䭯逮庶民，𡧊女敢龏蕈，廼秋鰥寡，譱效乃友正，母敢湎于酉。女母敢彖，才乃服𩵦夙夕敬念王畏不睗。女母弗帅用先王乍明井，俗女弗以乃辟圅于䕼。"王曰："父㡿，巳曰伋兹卿事寮、大史寮于父即尹，命女䢂嗣公族雩參有嗣（小子、師氏、虎臣）雩朕褻事，以乃族干吾王身，取賷卅乎。易女秬鬯一卣，鄭圭瓒寶、朱巿悤黄、玉環玉瑹、金車奉縪较、朱䡈䡇，虎冟熏裏，右㧖畫鞃畫韔、金甬造衡、金𨬜金豪、鉌𨰻、金𥭴弼、鱼葡、馬四匹、攸勒、金䤹金雁、朱旂二鈴。易女兹政，用歲用政。"毛公㡿對揚天子皇休，用乍䵼鼎，子子孙孙永寶用。

译文：宣王开言说："父㡿，伟大的文王武王，皇天长期满意其德，赐配天命于我周廷。文武接受天命，相率而归服的不廷方国，无不被文武的光辉所照耀。由于天帝将集成其王命，也由于前百官能辅弼其君，劳勤于王命，故皇天不断临保我周廷，大为巩固先王配天之命。上天有严急之威，而继位的我这个小辈德才不及先王，国家将何以吉昌？蠢蠢四方，大乱不靖。呜呼！只恐我这个小辈会陷入艰险，常惶恐于先王灵前。"宣王又说："父㡿，现在我谨遵先王之命，命令你治理我国我家的内政外交，忠于大小政事，屏护我的王位。在上下神灵面前能否有求必应，对四方治理得好与不好，我的王位能否象尸主一样不可动摇，全靠发挥你的才智了。我并不昏庸，你不得荒怠自宁。你要敬肃地朝夕顺从我一个人，操持我邦国大大小小的谋划。

不要闭口不言,要把先王的明德告诉我,用以印合天意,尊崇天命,平治四域,希望我在位时不使先王之灵有所忧虑。"宣王又说:"父㾁,以往对外往来诸事,以及布命施政,征调大小徭役赋税,不问正误,一唯王意是从,因此而丧乱我国家。从今以后,传达、颁布命令于外,若不事先报告父㾁,等父㾁发命,就不得再擅自向外乱发命。"宣王又说:"父㾁,现在我重申先王的命令,命令你作一方之表率,恢宏我国我家。你推行于政,不要壅累庶民。征收赋税,不得中饱私囊,中饱私囊,乃是欺侮鳏寡之人。善于训诫你的僚友正长,不得沈湎于酒。你不得坠失君命,在你的职事上,周还夙夕敬念王威不慢易。你不能不帅先用先王光明型范来约束自己。欲你不使你的君王陷于艰险之境。"宣王又说:"父㾁,已说及的这些卿事寮、太史寮由父㾁你尹治。命令你继续统管公族与三有司(即小子、师氏、虎臣)和我的近侍。以你的宗族武装捍卫我身。领取赏金三十锊。赐你香酒一卣,裸圭瓒宝、朱巿蒽珩、玉环玉琮、金车斑䡈、朱鞹靰靳、虎幎䋣里,还有辄、画轉画鞃、金甬错衡、金踵金枊、剝鐢、金簟弼、鱼箙、马四匹,攸勒、金羽金膺、朱旂二铃。赐你这些物品,用以岁祭、用以征伐。"毛公㾁颂扬天子辉煌的美德,因而制作尊贵之鼎,子子孙孙永宝用。

简注:厭,即"猒"字,饱也。引申为满足。

雁,读为"應",受也。

褱,即"懷"字,典籍常训来、训安。

開,读为"㝅",明也。

𠬝,《金文编》入附录,郭沫若释"將"。

琴辪,郭沫若读为"襄乂",辅弼之义。

嚢䩞,劳勤。

䚼,即"肆"字,故也。

亡罢,即无斁,不懈。

不珥,读为丕巩,大为巩固。

443

敃天，后世作旻天，天之称谓。
畏，通"威"。—司，读为"嗣"。
彶，"及"的繁构。
害，读为"曷"，何也。
㛦㛦，蠢蠢，纷乱之状。
從，读为"纵"，乱也。—静，读为"靖"，安也。
趡，即"趡"，走顾皃。
囦湛，犹言陷沉。
巩，读为"恐"。
肈，敏也，正也。巠，經本字。肈巠，犹言谨遵。
辥，治罪，引申为治理。
惷，从心，春省声，当即"憃"字，愚也。
虖许，邪许，犹言呼应。
雩，同"于"。—死，读为尸主之尸。
母，读为"毋"。—童，读为动。
𢈻，墉的古文，此读为昏庸之庸。—䎽，读为昏。
妄宓，犹言荒宁。—叀，读为惠，顺从之意。
𢾅，即攉字，抱也。—猷，谋也。
咸，即緘字。—卲，读为昭（照）。
𦅅𦅅，即経甬二字，含尊崇意。
康能，平治意。—俗，读为欲。
覛，㥯（忧）。—尃，布也。
埶，即埶字，后作蓻、藝。治也。
楚，读为胥，徭役也。
亟，極的初文。—冏，读为弘或宏。
隼，即"顀"字。此读为"推"。

䭫，读为壅。——逮，"律"之繁文，累也。

賓，贮，赋敛。——敄，務，侮也。

譱，善的繁构。——效，读为教，诫也。

服，事也。——囲，读为周。——睗，读为慢易之易。

井，读为型，法范。——伋，读为及。

兹，兹的初文。

䙴，赵英山释为"继"字（见《殷周金文研究》）。

褻，当即褻字。私服也。褻事，指贴身侍从。

干吾，读为敔敔，捍卫意。

𢆶，小篆拜字的声符，此读为斑驳之斑。

綼，即虉字，与鞞同。

㔾，读为幎。——熏，即纁字，浅绛色。

右厄，读为"有䡇"。

㠁，即蹱，鞘末也，即车后部承䡇者。

䡅，读为柅，止车之物。

篦，即簟字。——弸，即弼字。

匍，后世作"箙"，盛矢之器。

昭，唐兰释为呭，当即詍字。

雁，读为䧹。——銅，即铃字。

𢆶攼，当读为"兹賸"。賸，所赠物也。

歲，古祭名，此指歲祭。——政，读为征伐之征。

参见郭沫若《两周金文辞大系考释》；于省吾《双剑誃吉金文选》；秦永龙师《西周金文选注》。

445

## 3. 春秋战国金文选读
(1) 䜌書缶

图十六　䜌書缶

释文：書之子孙，萬祺是䁁。皇祖。虗弖斤賷壽。䜌金，弖䛊盥鎬，弖祭我余畜孙書已數其吉正月季春，元日己丑。

译文：正月季春的吉日己丑这一天，我这个顺孙䜌书已择取坚好之铜,用来制作铸造此缶,用以祭祀我的伟大祖先。我用以祈求长寿。䜌书的子孙,对此缶万代永宝。

简注:此缶为春秋时晋器。䜌书即欒书,晋国大夫,其祖父为欒枝,晋卿。

元日,犹言吉日。—畜孙,即孝顺的子孙。

斁,同"择"。—叹,同"作"。

鑪,同"铸"。—銛,同"缶"。

虡,经籍通作"吾",古鱼、吾同音。

斤,通"祈"。—覺壽,经籍通作"眉寿",长寿。

禚,同"世"。

䈞,同"寶"。是䈞,即"寶是"。

参见于省吾《商周金文录遗》;刘翔、陈抗、陈初生、董琨《商周古文字读本》。

(2) 王孙遗者鐘

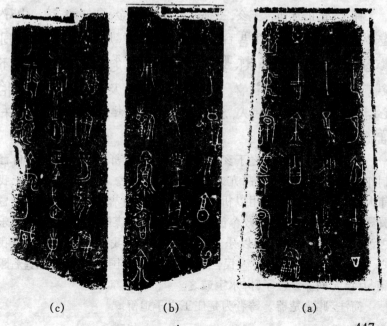

(c)　　　　(b)　　　　(a)

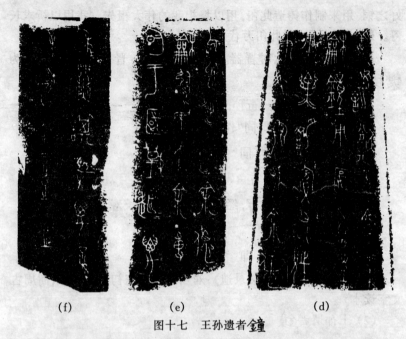

图十七　王孙遗者鐘

释文：隹正月初吉丁亥，王孙遗者𥃝其吉金，自乍龢鐘。中諹叡鴋，元鳴子煌。用䣢台孝于我皇且文考，用匓嚳壽。余圅覿猷虡猷婁趡，肅愸聖武，惠于政遽，恕于威義，誨猷不飲。闌龢鐘，用匽台喜，用乐嘉賓父姪，及我倗友。余恁㤣心，延永余德，龢溲民人，余尃旬于国。毚趡，萬年無諆。𠂇萬孙子，永保壴之。

译文：正月初吉间之丁亥日，王孙遗者（追舒）择坚好之铜，自己制作和乐之钟。其音既高亢之飞扬，长鸣洪大。用以享献孝祭于我伟大祖先和文德先父，用以祈求长寿。我大为恭谨，舒迟闲雅，畏忌翼翼，肃哲圣武，惠爱于政令德业，淑于威儀，谋猷大飭。简简和乐之钟，用以宴乐喜悦，用以乐悦嘉宾父兄以及我的朋友。我诚信我心，长久我德，和谐戾安人民，我将之溥施于国中。钟声毚毚熙熙，万年无期。万世子孙，永宝鼓之。

简注：此为楚器。铸者为楚庄王之子追舒。

初吉,周代月相名,指农历每月初一至初八这段时间。

遺,通"追"。者,通"诸",通"舒"。遺者,即公子追舒。作器者名。

羇,同"擇",拣选。

中,经籍通作"终"。䖒,经籍通作"且"。均用作连词。

諭,通"翰",高也。—旸,通"扬"。

元鸣,长鸣。—子煌,孔煌,响亮。

䖓,同"享",献也。—台,㠯,以。

且,"祖"之初文。—䖂,通"祈"。

釁壽,眉寿,长寿。

䨳,通"弘",宏大。—䨶,通"䩄",恭谨。

獻犀,舒迟,闲雅也。—畋,同"畏"。

䫻 jī,义与"忌"同,此指顾忌。

趩趩,通"翼翼",敬慎皃。

悊,同"哲",聪敏。聖,睿智。

悳,同"德"。—㤅,通"淑",善美。

義,通"儀"。—誨,同"谋"。

猷,同"猷"。谋猷,计划谋略。

不,通"丕",大。—飤 sì,通"饬",整治,此指有条不紊。

闌闌,即简简,钟声。匽,通"宴",乐。

賓,同"賓"。—姓,同"兄"。

㤗,"信"之异体,此指诚信。

佁 yí,经籍或作"台",我也。

延 chán,经籍通作"誕",语气词。

悳,同"德"。溓,同"沴"lì,通"戾",安定。

専,通"溥",广泛。

旬，徧也。

趑趑，熙熙，和乐声。

諆，通"期"，期限。

枼，通"世"。—保，通"寶"，珍爱。

壴，"鼓"之初文。

参见周懋琦《荆南萃古编》；刘翔等《商周古文字读本》。

(3) 十四年陲侯午錞

图十八 十四年陲侯午錞

释文：隹十又三年，陲侯午台羣者侯戝金，乍皇妣孝大妃祔器鈠錞，台脀台嘗，保又齊邦，永芇母忘。

译文：在即位的第十四年，陲侯午以众诸侯所献之铜，制作祭祀皇妣孝大妃的礼器鈠錞。用以烝嘗享祭，以求护佑我齐邦，世代永不忘。

简注：为战国时齐器。錞 dui，经籍通作"敦"。

陲侯午，即齐侯桓公田午。古读陈如田。

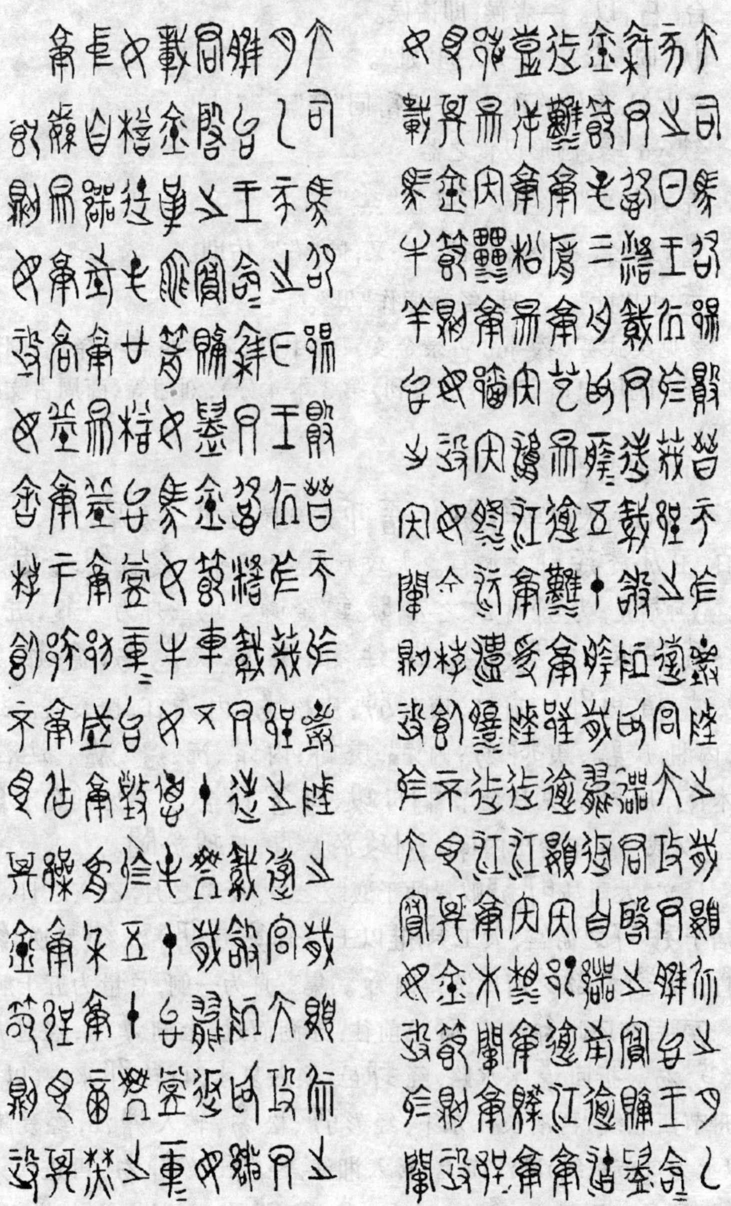

(b)　　　　　　　　(a)

图十九　鄂君启节

台,吕,以。—者侯,即诸侯。

猷,同"獻"。—妣,同"妣"。

孝大妃,皇妣的称号。—禋,同"祭"。

䤿 yǔ 錞,圆形设食之器。

䈬,同"登",祭名。经典作"烝"。

嘗,祭名。—保,庇护。—又,同"右",佑助。

丗,同"世"。—母,经籍通作"毋"。

参见吴式芬《攈 jùn 古录金文》;徐中舒《陈侯四器考释》(《国立中央研究院历史语言研究所集刊》第 3 本 4 分);刘翔等《商周古文字读本》。

(4) 鄂君啟節

释文(a):大司马䣈䣖敗晉帀於襄陵之𡻕,夏㞋之月,乙亥之日,王尻於茂郢之游宫。大攻尹脽台王命"𠱾君悤糈𢧜尹逆、𢧜𣩦阮,为鄂君啟之府睷鑄金節。屯三舟为一舿,五十舿,𡻕罷返。自鄂㝊逾沽,辻灘,庚㕜,庚芑昜,逾灘,庚㠱,逾頧,内㠯。逾江,庚彭䤿,庚松昜,内澮江,庚爰陵。辻江,内湘,庚䞳,庚䣱昜;内㵊,庚鄙;内淯、沅、澧、濉。辻江,庚木𨵿,庚郢。见其金节则毋政,毋舍桴飤。不见其金节則政。女载马牛羊台出内𨵿,則政於大府,毋政於𨵿。

译文:大司马䣈䣖败晋师于襄陵之岁,夏夷之月,乙亥之日,楚王居于茂郢之游宫,大工尹脽以王命命𠱾尹悤糈、織尹逆、織令阮,为鄂君啟之府库续铸铜節。集三舟为一舸,总量为五十舸。满一歲后交还此節。自鄂邑前往,穿湖而过,上溯漢水,经过㕜邑、芑昜。折回漢水水路,经郢邑,换入夏水,再转㠯水。(以上为舟节西北线)再沿长江东下,经彭䤿、松昜,转入澮江,经爰陵。(以上为舟节东线)溯江而上,转入湘江,经䞳,经䣱昜,再进入㵊水,经鄙邑。再转入淯水、沅水、澧水、濉水。(以上为舟节西南线)溯江而上,经木𨵿,经郢都。(以上为舟节西线)见其铜节则毋征税,毋给予饎食。不见其铜节则征税。如果运载马牛羊以出入关卡,则由大府征税,不由关卡征税。

简注:此为舟节,为当时水运过关免税的凭证。为战国时楚物。

敗,同"败"。　　——帀,同"师"。

歳,同"岁"。　　——顕,同"夏"。

屎 yí,又作屎、尸、夷。夏屎之月相当于夏历二月。

凥,今作"居",处也。

烖,通"哉",始也。　烖郢,即第一个郢都。

攻,经籍通作"工"。大攻尹,官名。

脽 shuí,人名。

台,经籍通作"以",介词。

裁,同"织"。　　——鈒,经籍通作"令"。

府,同"府"。　　——賡,同"賡",续也。

屯,聚集。　　　——舿,二字合文,二为合文符号。

舿,同"舸",大船。

羸,同"赢",通"盈",满。

生,同"往"。　　——逾,谓更换水路。

沽,同"湖"。　　——辻,同"上",指溯流而上。

灘,同"漢",指汉水。

庚,通"更",经过。

脣,通"鄂"。　　——易 yáng,芑易,今地不详。

内,进入,谓转入支流。

滷 lú,即庐江。

邶 táo 易,地名。

澹 dàn,水名。

闌,同"關"。　　——鼎,同"则",连词。

母,经籍通作"毋"。

政，同"政"，经籍多作"征"，指征税。

舍，同"舍"，给予。

飤 sì，糧也。此指饌食。

女，经籍通作"如"，如果。

参见《文物参考资料》1958年第4期；此所录摹本，载《商周青铜器铭文选》第2册（上海博物馆编）；于省吾《鄂君啟节考释》（《考古》1963年第8期）；李零《楚国铜器铭文汇释》（《古文字研究》第13辑）。

释文(b)：大司马邵剔敗晉币於襄陵之散䫉屎之月，乙亥之日，王尻於茷郢之游宫。大攻尹脽台王命"槖尹恕䊺龏尹逆龏毁阩，为鄂君啟之膚睽鑄金節。车五十乘，散龗返。母载金革黽箭。女马女牛女德，屯十台䒂-車"；女檐徒，屯廿檐台䒂-車"，台毁於五十乘之中。自鄂生：庚易𡎚，庚邡城，庚𣍘禾，庚畐焚，庚緐易，庚高𡎚，庚下郗，庚居鄌，庚郢。见其金節则母政，母舍桴飤。不见其金節则政。

译文：(前半同前)车五十乘，满一年后交还此节。不得运载金属、皮革、箭竹、箭竹。如果用马、牛、德驮载货物，聚集十头以当一车。如果是肩担的徒卒，聚集二十担以当一车。都在五十乘的总数中扣除。从鄂邑前往，轻易丘、邡城、象禾、畐焚、繁易、高丘、下郗、居鄌、郢都。(后文同前)

简注：此为车节。

黽，通"篃""箘"mèi，竹名。

德 dé，当为畜力之名。—䒂，同"當"。

檐，同"擔"dàn。—毁，扣除。

𡎚，同"往"。—庚，通"更"，经过。

𡎚，同"丘"。—𣍘，即"象"。

緐，"繁"之初文。

参见刘翔等《商周古文字读本》。

(5) 中山王䰲壶铭文

(a)

释文(a)：隹十三年，中山王䰜命相邦賙斁郾吉金，鈼為彝壺，節于䣼䣭，可𢆉可尚，㠯䬴上帝，㠯祀先王。穆穆濟濟，嚴敬不敢悆荒。因𢦏所美，卲𠂯皇工，詉郾之訛，㠯憼嗣王。隹朕皇祖文、武，趄祖，成考，是有䋣悳遺訓、㠯陀及子孙，用隹朕所放。慈孝寰惠，舉叕逴能。天不猒其有悆，逨旻叕壯良佐賙，㠯辅相氒身。余智其忠訐旃而諱

译文：在即位的第十四年，中山王䰜命相邦賙择取燕坚铜，铸为宗庙祭祀用壶，按禋祀用酒度量节作之，可法可上，以饗上帝，以祀先王。天子穆穆，大夫济济，嚴敬不敢怠荒。于是记载伐燕之美，明刻大功。诋斥燕之讹伪，以警嗣位君王。我皇祖文公、武公，先祖桓王，先父成王，实有纯德遗训，以施及子孙，因而为我所效做。慈孝遍惠，举贤使能。上天不厌弃他有贪欲。使䰜得贤士良佐賙，来辅相自身。我知其忠信，因而把国事专委任于他。

简注：䰜，中山王名。从𢾅，昔声。或读为"措""错"。

相邦，官名。—賙，相邦名。

斁，同"择"。—郾，经籍通作"燕"，国名。

鈼，同"鑄"。

䣼 yān，经籍通作"禋"，禋祀。

䣭 ji，经籍或作"齍"。"齍者，每有祭祀，以度量节作之。"（《周礼》郑玄注）

𢆉，同"法"。—尚，尊崇。

䬴，"饗"之初文，此指享祭。

悆，同"怠"。—𢦏，同"载"，记载。

卲，通"昭"，明。—𠂯，疑为"仄"字，通"则"，刻也。

詉，同"詆"，诃也。—憼，通"警"。

祖，同"祖"。—趄，经籍作"桓"。

是，经籍多作"实"。

耚，同"纯"。——悳，同"德"。

㐅、从心，川声，通"训"。

阤 yì，经籍多作"施"。

放，通"倣"，效法。——慈，同"慈"。

寰，同"寰"，通"宣"，徧也。

獒，从犬，與声，通"举"，荐举。

孯，从子，臤声，当为"贤"人之贤专字。

遬，同"使"。

臭，疑即"臭"，古文以为澤字。(《说文》)此通"斁"yì，厌弃。

忨 wán，同"忨"，贪爱。

㝵，同"得"。——壯，同"士"。

猰，疑为"佐车"之"佐"，此指佐臣。

氒 jué，经籍通作"厥"，代词。

智，同"知"。——誩，同"信"。

旃，之焉的合音。

譵，通"專"。

(b)

释文(b)：賃之邦。氏吕游夕歓飤，㿮有寴焬。閗渴志盡忠，吕㺇右乎闢，不貳其心，受賃㺇邦，㜕夜篚解，进孯㪔能，亡有轎息，吕明闢光。倚曹鄙君子噲不頋大宜，不匱者侯，而臣宗贎立，吕内錙邵公之菐，乏其先王之祭祀，外之，鼎牁速𨒌與者侯齿䛫於遭同，鼎堂勤於天子之庙，而𨒌與者侯齿䛫於遭同，鼎堂

译文：(因而把国事专任于他)。是以我游夕饮飤，无有惶懅戒惕。閗竭志尽忠，以佐祐其君主，不贰其心，接受任命，辅佐邦国，夙夜匪懈，举进贤才，措置能人，无有止息，以明君主光辉。適遭逢燕君子噲不顾大义，不惮忌诸侯的责难，而臣主易位，以内绝召公之業，废其先王之祭祀。对外，则將使子之上觀于天子之庙，而退与诸侯于会同之时序齿论长。

简注：氏，经籍通作"是"。

游夕，指出游巡视。

歓，同"饮"。—飤 sì，飼人以食物。

㿮，从心，皿声，读如罔。(张政烺说)

寴，为"懅"的异体，经籍或作"遽"。

焬，通"惕"，怵惕。

渴 jié，竭尽。—闢，经籍通作"辟"，君主。

貳，通"贰"。—㜕，同"夙"，今作"夙"。

篚，同"匪"，非也。—解，后写作"懈"。

㪔，同"措"，安置，任用。

倚，通"適"。—曹，通"遭"。

頋，通"顧"。—宜，义也。

匱，疑为"匭"的异体，此通"忌"，忌惮。

宗，主。—贎，"易"，改易。

立，"位"之初文。—錙，同"绝"。

菐，同"業"。—乏，废也。

𨒌，同"退"。—䛫，同"长"，长幼之长。

遹同,即"会同",诸侯朝见天子。

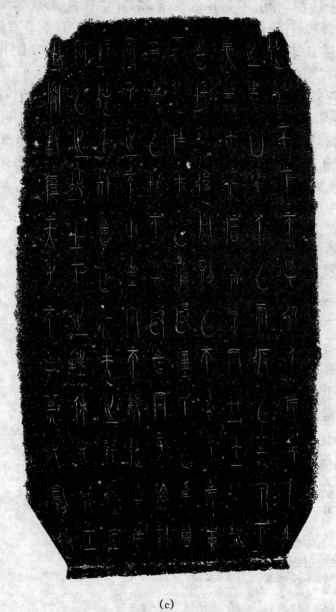

(c)

释文(c)：逆於天，下不㥅、於人旂，㪇人非之。䀠曰："为人臣而返臣其宗，不羊莫大焉。牺与虘君並立於㔹，齿㝱於逬同，則臣不忍见旂。䀠忎㠯杜夫₂，㠯请郾疆。氏㠯身蒙夆胄，㠯栽不㥅。郾旂君子䰜，新君子之，不用豊宜，不顤逆㥅，旂邦𨑌身死，曾亡鼠夫之栽，述定君臣之䛩，上下之軆，休有成工，刅鬪封疆。天子不忘其有勳，速

译文：这样上逆于天命，下不顺于人心。我否定这种做法。䀠说："为人臣却反其君主为臣，不祥莫大于此。他将与吾君并立于世，在会同时比年龄排位次，那是我不忍见到的。我愿跟从士大夫，以靖燕疆。是以身蒙甲胄，以诛伐不顺从之人。燕国故君子䰜、新君子之，不用礼义，不顾逆顺，故邦亡身死，竟无一人前往救助。遂定君臣之位，上下之体，有休美成功，并为我中山国创鬪封疆。天子不忘其有功勋，

简注：㥅，同"寡"。—返，同"返"。

羊，通"祥"。—虘，经籍通作"吾"。

㔹，通"世"。—忎，愿。

㠯，同"從"。

夫₂，"大夫"二字合文。"₂"为合文符号。

请，通"靖"。—夆，通"橐"，代指铠甲。

栽 zhū，讨伐。经籍通作"诛"。

旂，通"故"。—豊，同"豐"，"禮"之初文。

𨑌，丧亡。—鼠，从鼠一声，同"一"。

栽，同"救"。—述，经籍通作"遂"。

䛩，经籍通作"位"。

軆，同"體"。此指法式、规矩。

休，美。—工，"功"之初文。

刅，同"創"，开创。

勳，同"勋"。

(d)

图二十　中山王䚦壶铭文

释文(d):其老筋賞中父,者侯虘贺。夫古之圣王敄才旻臤,其即旻民。旂諱豊敬鼎臤人至,厵悉深鼎臤人新,复斂中鼎庶民䧑。於虖,𢦏绛若言!明友之于壶而旹觀焉祗祗翼,卲告后嗣:隹逆生祸,隹巡生福。𨊠之筋筋,吕戒嗣王:隹悳䧑民,隹宜可張。子之子,孙之孙,其永僳用亡疆。

译文:派王朝大臣策赏仲父(賙),诸侯皆贺。古之圣王務在得贤,其次得民。故辭礼敬则贤人至,思爱深则贤人亲,劳役赋敛适中则庶民归附。呜呼!允哉此言!明刻之于壶而时观焉。我敬慎地昭告后嗣者,只要逆天命必生祸,顺天命必生福。我将之载之简策,以戒嗣位之王。只有施德可使民归附,只有行义可使国势张大。子子孙孙永远珍爱使用此壶,永无止境。

简注:老,指天子的卿大夫。 ——筋,即“策”字。

策赏,依策书之命进行赏赐。

中父,即仲父,指相邦賙。

虘,同“皆”。 ——敄,通“務”。

才,通“在”。 ——即,通“次”。

諱,当为“辭”之异体,此指言辞。

厵,“远”之古文作遠,此或为“原”之异体,读为愿,思也。(张政烺说)

悉,惠爱之爱的本字。

新,同“親”,义同“亲”。

复,同“作”。 ——斂,同“歛”。

䧑,当为归附之“附”字。

𢦏,同“允”,诚然。

绛,从丝,才声,即“緇”,经籍通作“哉”。

若言,犹言“此言”。 ——旹,从日,止声,同“時”。

祗,魏三体石经“祗”之古文作 袛,故隶定为祗,祗祗,敬也。翼翼,恭慎皃。

隹，经籍通作"唯"，只要。

筟，当同"簡"。　　　　　—綟，通"张"。

偡，同"保"，通"宝"，珍爱。

参见张政烺《中山王礜壶及鼎铭考释》（载《古文字研究》第一辑）；《文物》1979年第1期；朱德熙、裘锡圭《平山中山王墓铜器铭文的初步研究》（《文物》1979年第1期）；刘翔等《商周古文字读本》；高明《中国古文字学通论》。

### 三、战国文字

(一) 战国文字研究是古文字学的一个分支

1. 古文的发现及传钞

西汉景帝时，鲁恭王为扩建宫室，在孔子旧宅内意外地发现用战国文字书写的《礼记》《尚书》《春秋》《论语》《孝经》等简策，通称"壁中书"。于此前后，北平侯张苍献《春秋左氏传》，河间献王获《周礼》等，亦为用战国文字书写的简策。凡此战国竹策文字，当时称为"古文"。

今天所见到的传钞古文以东汉许慎所著《说文解字》中所收的古文为主体。《说文》古文共五百余字，大多来自孔子壁中书，此外还包括北平侯张苍所献的《春秋左氏传》，河间献王所得的《书》《周官》《礼》《孟子》《老子》，杜林所得的《古文尚书》等。

曹魏正始年间，诏令在洛阳太学刊立古文经石刻，因其以古文、篆书、隶书三种字体直书而下，故通称"三体石经"。石经古文为壁中书之类古文经转钞下来，又移录于碑石，乃汉魏年间古文经的"翻版"。从考古学意义上讲，三体石经文字点画的准确度应优于《说文》古文那种辗转摹写的形体。三体石经刻写在35块石头上，原石于西晋永嘉之乱大多崩毁流失。唐初尚有全套拓本，宋代仅余残篇，载古文约三百余字。清末至新中国成立后又有石经残石续被发现，其中所见古文去掉重复者共有440字。

西晋武帝太康二年时在汲郡（今河南汲县）战国时代的魏墓中出土了大批竹简，得《周易》《竹书纪年》《穆天子传》《璅语》等26种简策，通称"汲冢竹书"，其文字为战国古文。现存世者有《竹书纪年》和《穆天子传》。当时学者卫恒曾辑录汲冢古文字,作《古文官书》,惜其书已佚,马国翰《玉函山房辑佚丛书》辑佚共298字。

北宋初年郭忠恕汇集《说文》古文、古文经、古佚书、三体石经及《古文官书》、《古文奇字》等古文材料71家;依《说文》部首排列字形,编辑成《汗简》一书,共收古文2962字,汰其重复者,共2400字。

北宋夏竦在《汗简》基础上,补充材料,改分部编次为分韵编次,编成《古文四声韵》。全书共收古文(包括隶定古文)约9000字,征引包括《汗简》在内的古代佚书98种。

郭、夏二书堪称集古文之大成的字表。中华书局据善本将《汗简》和《古文四声韵》于1982年合印出版,书中附有李零作的《〈汗简〉校勘记》和《〈汗简〉、〈古文四声韵〉通检》。

铜器铭文宋代始多有发现,但宋代以殷周文字为主要研究对象。自北宋之后,战国文字研究长期处于金石学附庸的地位。

2. 战国文字的大量发现促成新学科的建立

晚清至民国年间,除竹简文字之外,其他载体的战国文字续有发现,引起学者重视。他们搜集原始材料编辑著录,并编撰若干工具书。吴大澂撰《说文古籀补》,率先以《说文》体例编辑古文字字书,该书零星收入一些战国石刻、玺印等。此后丁佛言撰《说文古籀补补》,强运开撰《说文古籀三补》,遵循吴书体例,兼收货币、陶文等。容庚撰《金文编》,兼收战国铜器、兵器铭文。分类字书有商承祚的《石刻篆文编》,罗福颐的《古玺文字徵》,顾廷龙的《古陶文𪢮录》等。集解式的工具书则有丁福保的《古钱大辞典》。

20世纪70年代以来,几批战国文字材料大量出土,随后产生大量研究论文,使战国文字研究逐渐从金石学附庸地位中解脱出来,成为与殷商甲骨文、两周金文互为鼎立的新兴学科。此间各类战国文字工具书相继出版。属于综合性字表的有:高明《古文字类编》第3栏,徐中舒《汉语古文字字形表》第3栏。属于分类字表的有:张守中《中山王䉵器文字编》,张光裕、曹锦炎《东周鸟篆文字编》,商承祚、王贵忱、谭棣华《先秦货币文编》,张颔《古币文编》,山西省文物管理委员会《侯马盟书·字表》,罗福颐《古玺文编》,高明、葛英会《古陶文字徵》(60年代金祥恒有《陶文编》),湖北省荆沙铁路考古队《包山楚简·字表》,张光裕、袁国华《包山楚简文字编》,葛英会、彭浩《楚简帛文字编》,李零《长沙子弹库战国楚帛书研究·索引》,曾宪通《长沙楚帛书文字编》。1989年中华书局出版何琳仪《战国文字通论》。1998年中华书局出版何琳仪著《战国古文字典——战国文字声系》(全二册),该书为一部中等规模的汇集战国文字的综合字典,熔各类战国文字为一炉,以字表为主,兼顾字义、词义。编排上以韵部为经,以声纽为纬,以声首为纲,以谐声为目,兼及分域,排列战国文字字形。书后附"笔画索引"。该书反映了战国文字当前的研究成果。

(二) 战国文字分类简述

1. 战国金文

战国时期青铜礼器明显减少,实用之物如兵器、量器、兵符、金节等比较多见。内容大多为"物勒工名"。记载制作者名氏及制作时间,放置的处所,器物的容积、重量等。这些铭文多为器成后再刻上去的,字体多样化,带有鲜明的地域色彩。除秦以外,现发现的战国金文有:

30年代安徽寿县李三孤堆楚王墓出土铜器800余件,其中有铭文者30余件。著录这批楚器铭文的著作主要有:刘节《楚器图释》(北京图书馆1935年版),徐乃昌《安徽通志金石古物考稿》(1936年),曾毅公《寿县楚器铭文拓本》一卷(未刊,今藏北京图书馆),楚文物展览会《楚文物展览图录》(1954年),罗振玉《三代吉金文存》,于省吾《商周金文录遗》等。

1957年和1960年安徽寿县丘家花园出土鄂君启节,共5件:舟节两件,同铭,各163字;车节三件,同铭,各145字。为出土楚有铭铜器字数最多者。铭文最早著录于《文物参考资料》1958年第4期。

1978年湖北随县战国初年的曾侯乙墓出土64枚有铭编钟,总字数达2800左右,内容均为有关乐律者。参见《文物》1979年第7期所刊《湖北随县曾侯乙墓发掘简报》、裘锡圭《谈谈随县曾侯乙墓的文字资料》。

70年代河北省平山县发现了战国中山王墓。墓中出土青铜器:大鼎铭文469字,铜方壶铭文450字,圆壶200余字。河北省文物管理处《河北省平山县战国时期中山国墓葬发掘简报》(《文物》1979年第1期)公布了铭文拓本,后由张守中在各家研究成果的基础上汇编而成《中山王𰯼器文字编》(中华书局1981年版)。

2. 玉石文字

玉石文字指刻或写在玉、石上的文字。东方六国已发现的玉石文字有:

行气玉铭:为一件小玉柱,共12面,每面刻3字,全铭45字,内容是关于行气要领的歌诀。其文字考释可参见陈邦怀《战国〈行气玉铭〉考释》(《古文字研究》第7辑,1982年)。

侯马盟书:1965年山西侯马市晋国遗址出土。盟书,史籍称为"载书",是古代盟誓的誓辞。侯马盟书所用为玉石片,多呈圭形。其上文字多用毛笔朱书,少数为墨书。侯马盟书的时代一般认为是春秋末期,也有人认为是战国初期。山西省文物管理委员会编篡《侯马盟书》(文物出版社1976年版)载有盟书照片、摹本、释例、考证、文编。还可参看郭沫若《侯马盟书初探》(《文物》1966年2期)、《出土文物二三事》之二《新出侯马盟书释文》(《文物》1972年3期)。

温县盟书:1942年前后河南沁阳出土,石质,墨书。曾由陈梦家在其《东周盟誓与出土载书》一文中作为附录发表(《考古》1966年5期)。1980年又在河南温县出土约5000余片,多为墨书。可参看《河南温县东周盟誓遗址一号坎发掘简报》(《文物》1983年8期)。

中山国石刻:30年代发现于河北平山县战国中山国故城城址附近,为一块大河光石,刻文两行共19字。因其中有"守丘"二字,故通称守丘石刻。《河北省平山县战国时期中山国墓葬发掘简报》(《文物》1979年第1期)报道,并引李学勤释文。

3. 简帛文字

简帛文字指用笔写在竹简、木椟或绢帛上的文字。六国简帛文字主要有:

五里版楚简:共38枚,1951年出土于长沙五里牌。资料见中国科学院考古研究所《长沙发掘报告》(科学出版社1957年版)。

仰天湖楚简:共43枚,1953年长沙南郊仰天湖出土。资料见湖南省文物管理委员会《长沙仰天湖第25号木椁墓》(《考古学报》1957年第 2 期);史树青《长沙仰天湖出土楚简研究》(群联出版社 1955 年版)。

杨家湾楚简:共 72 枚,有字者 54 枚,1954 年长沙北郊杨家湾出土。资料见湖南省文物管理委员会《长沙杨家湾 M006 号墓清理简报》(《文物参考资料》1954 年第 12 期)。

信阳楚简:共 148 枚,1957 年、1958 年河南信阳长台关出土。资料见河南省文化局文物工作队《我国考古史上的空前发现——信阳长台关发掘一座战国大墓》(《文物参考资料》1957 年第 9 期;河南省文物研究所《信阳楚简》(文物出版社 1986 年出版),附刘雨《信阳楚简释文与考释》)。

望山楚简:38 枚。1965 年湖北江陵望山出土。资料见湖北省文化局文物工作队《湖北江陵三座楚墓出土大批重要文物》(《文物》1966 年第 5 期)。

藤店楚简:24 枚。1973 年湖北江陵藤店出土。资料见荆州地区博物馆《湖北江陵藤店一号墓发掘简报》(《文物》1973 年第 9 期)。

天星观楚简:70 余枚。1978 年湖北江陵天星观出土。资料见湖北省荆州地区博物馆《江陵天星观 1 号楚墓》(《考古学报》1982 年第 1 期)。

包山楚简:444 枚,有字者 282 枚。1987 年湖北荆门市包山出土。资料见包山墓地竹简整理小组《包山 2 号墓竹简概述》(《文物》1988 年第 5 期)。

曾侯乙墓竹简:240 余枚。1978 年湖北随县曾侯乙墓出土。参见随县擂鼓墩一号墓考古发掘队《湖北随县曾侯乙墓发掘简报》,裘锡圭《谈谈随县曾侯乙墓的文字资料》,同刊《文物》1979 年第 7 期;湖北省博物馆《随县曾侯乙墓》(文物出版社 1981 年版)。

郭店楚简:1993 年出土,《郭店楚墓竹简》1998 年文物出版社出版。

长沙子弹库楚帛书:共 900 余字,1942 年出土。帛书的出土、流传、著录和国内外研究情况,见湖南省博物馆《长沙子弹库战国木椁墓》(《文物》1974 年第 2 期);李零《长沙子弹库战国楚帛书研究》(中华书局 1985 年版)。

4. 货币文字

又称货布文、泉文、钱文,指金属铸币上的文字。春秋时代开始出现铸币,已发现的先秦古币多为战国时的青铜币。六国铜币的形制多样,可分为布币、刀币、圆钱、贝币四大类。

布币:布为"镈"之假借字,因其状如农具"钱镈"(铲)而得名。主要流行于三晋和燕。

刀币:仿刀具形,主要流行于齐、燕。

圆钱:形状为圆廓,内孔或方或圆。战国晚期流行于东方六国,秦统一后成为古代货币的正宗。

贝币:又名蚁鼻钱、鬼脸钱,仿海贝形。主要流通于楚国。

清咸丰、同治时李佐贤著《古泉汇》、《续泉汇》,丁福保《古钱大辞典》,资料丰富。专录战国货币文字的专书有商承祚、王贵忱、谭棣华的《先秦货币文编》(书目文献出版社1983年版),张颔的《古币文编》(中华书局1986年版)。

5. 玺印文字

指秦以前官私印玺上的文字。陈介祺《十钟山房印举》(1872年),为当时集大成的著录。1930年罗福颐撰《古玺文字征》。1981年文物出版社出版罗福颐主编的《古玺汇编》、《古玺文编》。吴振武《〈古玺汇编〉释文订补及分类修订》(《古文字学论集》,香港中文大学1983年版)对其作了修订。

8. 陶器文字

多为陶器烧制前用玺印印上去的,刻文甚少,所以大部分陶文就是玺印文。最早著录陶文的著作为刘鹗的《铁云藏陶》(抱残守缺斋石印本1904年版)。后有顾廷龙《古陶文𢑀(ní)录》(国立北平研究院石印本1936年版),金祥恒《陶文编》(台湾艺文印书馆影印本,1964年)。李学勤《山东陶文的发现和著录》(《齐鲁学刊》1982年第5期),郑超《战国秦汉陶文研究概述》(《古文字研究》第14辑,1986年),附陶文著录简目和陶文考释、研究论著简目,可资参考。

(三)战国文字形体的基本特点

战国文字在形体上的特点是:① 俗体流行,② 各国文字异形,③ 简变不离其宗。

1. 俗体流行

裘锡圭《文字学概要》(商务印书馆1988)中云:"在我们看到的

六国文字资料里,几乎找不到一种没有受到俗体的明显影响的资料。""在六国文字里,传统的正体几乎已经被俗体冲击得溃不成军了。"(第58页)与正体字相比俗体字大多是简体。请看作为正体字的籀文与六国古文的对比(取自《说文解字》):

| 例字 | 六国古文 | | 籀文 |
|---|---|---|---|
| 商 | | | |
| 敢(gǎn) | | | |
| 叡(ruì) | | | |
| 煙 | | | |
| 雷 | | | |

### 2. 各国文字异形

六国文字带有地域色彩,同一个字在各国往往有不同的写法。如:

| 例字 | 齐 | 楚 | 燕 | 三晋 | |
|---|---|---|---|---|---|
| 马 | | | | | |
| 者 | | | | | |
| 市 | | | | | |

《说文解字》中有些字收了若干个古文,也反映了文字异形的状况。关于战国文字形体结构特点、演变规律的研究,有汤余惠《略论战国文字形体研究中的几个问题》(《古文字研究》第 15 辑,1986 年)。文章分为六个部分,即:① 笔划、偏旁的省略,② 形体的分合,③ 字形讹误,④ 辅助性笔划,⑤ 地域性特点,⑥ 战国文字异形的成因及与商周古文的辩证关系。通过对大量战国文字的结构分析,总结出一些构形规律。

何琳仪《战国文字通论》(中华书局 1989)将战国文字分为 5 类,即① 齐系文字,含鲁、邾、莒、杞、纪、祝;② 燕国文字;③ 晋系文字,含中山、两周、郑、卫;④ 楚系文字,含吴、越、宋、蔡、徐;⑤ 秦系文字。该书详细分析了各系各类文字的特点,总结出了战国文字的形体演变规律。

3. 简变不离其宗

汤余惠在《略论战国文字形体研究中的几个问题》一文中指明:"我们认为,六国文字繁简不一,异文殊多,与商周古文每有不尽相合之处,然而两者之间的渊源与流派关系是无可怀疑的。"他举出了许多实例证明:"一,战国文字中的未识形体,可以在商周古文中找到胚胎","战国文字尽管由于种种原因字形极饶变化,但常常是万变不离其宗,这正是我们能够凭借传统古文字形体去考释战国文字的内在原因"。"二,解决传统古文字形体某些疑难问题的线索存在于战国文字之中","只要我们准确地抓住其中一脉相承的字形特征,传统古文的某些多年不解的问题,常常可以涣然冰释"。下面是《说文》中既有古文又有籀文的字,由字形对比中可以看出"简变不离其宗"的特点。

| 楷书 | 小篆 | 古文 | | 籀文 |
|------|------|------|------|------|
| 旁 | 旁 | 旁 | 旁 | 旁 |
| 璿 xuán | 璿 | 璿 | | 璿 |
| 中 | 中 | 中 | | 中 |

| 楷书 | 小篆 | 古文 | 籀文 |
|---|---|---|---|
| 速 | | | |
| 商 | | | |
| 兵 | | | |
| 農 nóng | | | |
| 皮 | | | |
| 䪳 ruǎn | | | |
| 𦱤 qi | | | |
| 敢 gǎn | | | |
| 叡 ruì | | | |
| 箕 | | | |
| 乃 | | | |
| 糂 sǎn | | | |
| 疾 | | | |
| 网 | | | |
| 屋 | | | |
| 魅 mèi | | | |

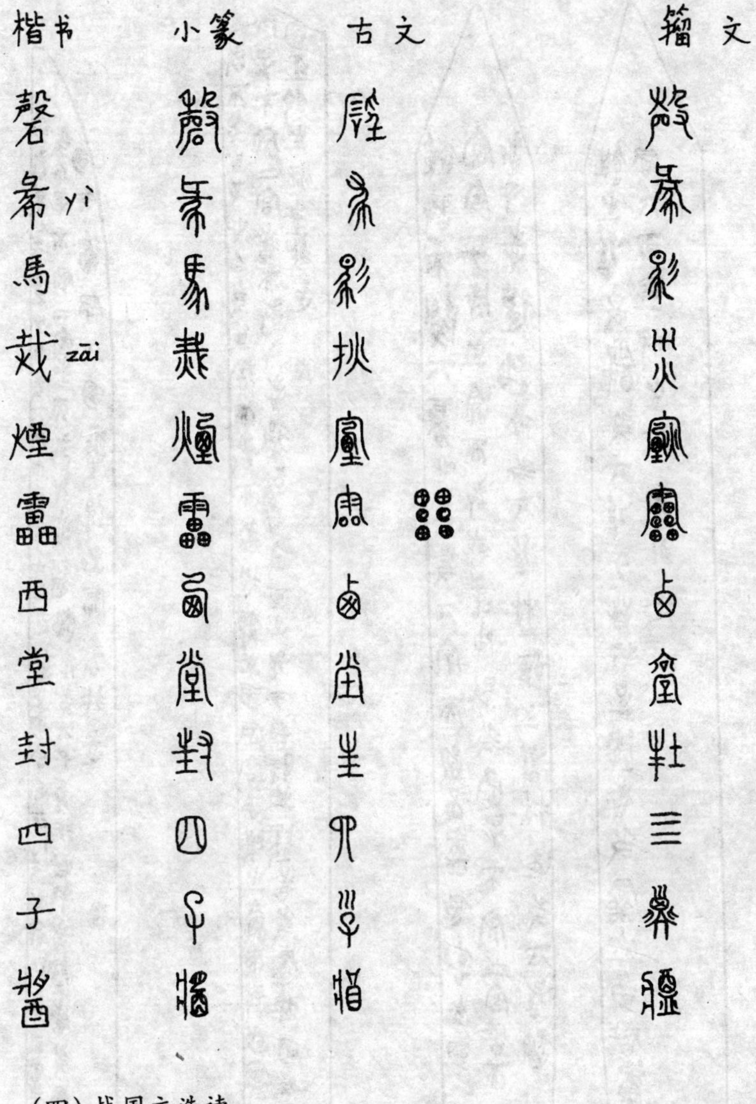


（四）战国文选读

1．侯马盟书

(1) 宗盟类盟书　此类盟书强调事奉本族宗主，一致团结对敌。

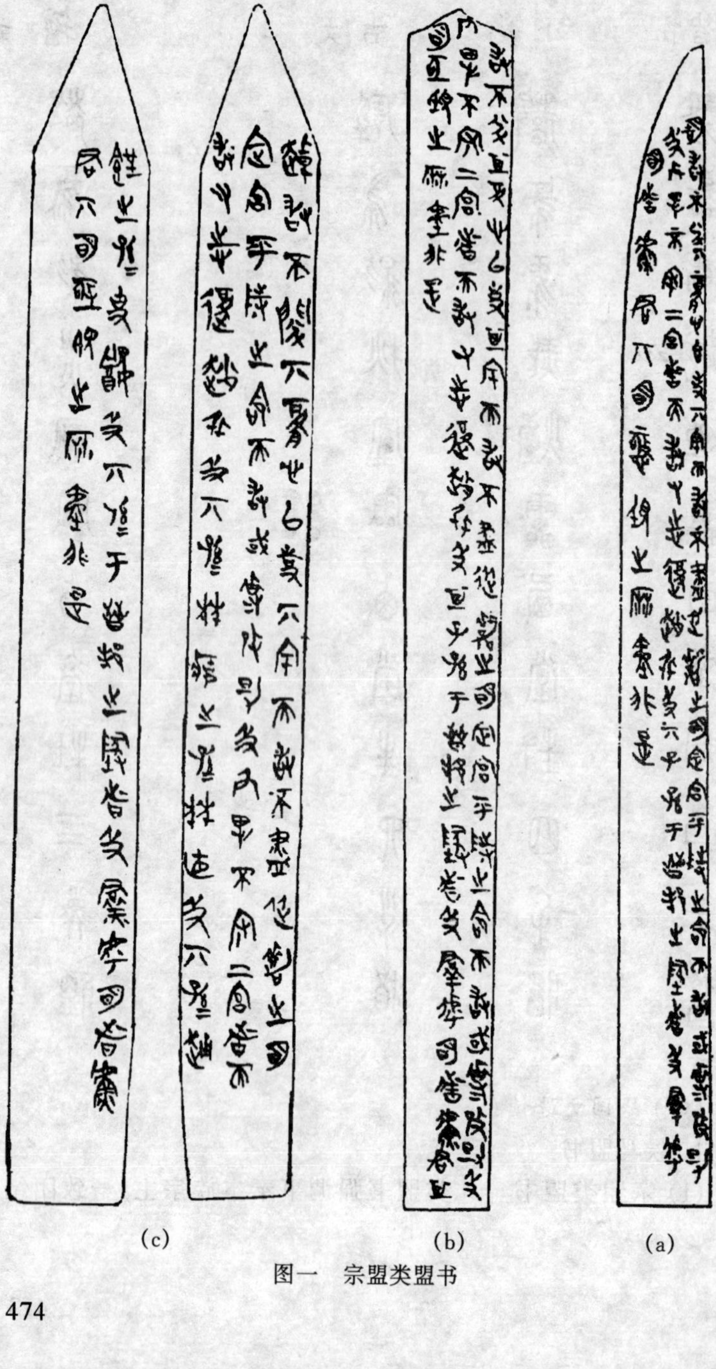

(c) (b) (a)

图一　宗盟类盟书

释文(a)：胡敢不半其腹心，以事其宗，而敢不盡从嘉之明，定宫平時之命，而敢或戛(祇)改旦力及兔卑不守二宫者，而敢有志遝趙化及其子孙于晉邦之墜者，及群虍明者，虘君其明亟覘之，麻塞非是。

(b)：□敢不半其腹心，以事其宗，而敢不盡从嘉之明，定宫平時之命，而敢或戛(祇)改旦力及兔卑不守二宫者，而敢有志遝趙化及其子孙于晉邦之墜者，及群虍明者，虘君其明亟覘之，麻塞非是。

(c)：趄敢不闡其腹心，以事其宗，而敢不盡从嘉之明，定宫平時之命，而敢或戛(祇)改旦力及兔卑不守二宫者，而敢有志遝趙化及其孫₂，銚瘣之孫₂，銚直及其孫，趄餿之孫₂，史醜及其孫₂，于晉邦之墜者，及群虍明者，虘君其明亟覘之，麻塞非是。

译文(a)：胡(人名)不敢不剖明心迹，以事奉其宗主。如果胆敢不完全服从嘉善的盟誓，和在定宫、平時接受的赐命，如果敢有改变诚信及背离盟誓，使不守护宗庙二宫者，(参盟之人)如果胆敢蓄意使赵化及其子孙重返晋国之地者，以及啸聚私盟者，我们先君的神灵将明晰而严厉地注视着背盟之人，将灭绝那人族氏。

(b)、(c)译文略同。

简注：半、闡，通"判"，义同"剖"。

而，连词，表假设。—明，通"盟"，盟誓。

定宫，宗庙之名。—平時，经籍作"平畤"，地名。

或，通"有"。

旦力，从力，旦声。通"亶"dǎn，诚信。

兔、奐，通"涣"，离散，此指背离盟誓。

卑，通"俾"，使。

二宫，指宗庙里的亲庙(祢)和祖庙(祧)。

墜，同"地"。—覘，同"视"，注视。

麻，通"摩"，灭。

塞，通"夷"，灭。

非，义同"彼"。—是，通"氏"，族氏。

辞中赵化、𬭎虎 kè、𬭎直、赵 yǒng 徎 chēng、史醜，皆为人名。

此处所录为摹本，原载山西省文物工作委员会《侯马盟书》一书中。参见朱德熙、裘锡圭《战国文字研究（六种）》（《考古学报》1972年第1期）。

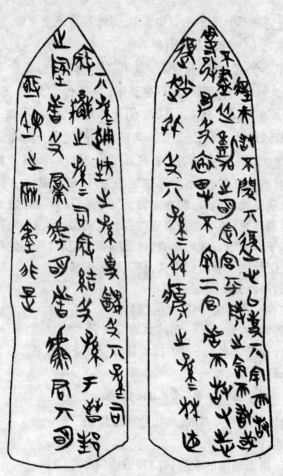

图 1-d 宗盟类盟书

释文(d)：痋而敢不闕其䢓心，以事其宗，而敢不盡処嘉之明，定宫平𬭎之命，而敢或叟（祇）改㫒力及奂卑不守二宫者，而敢又志復趙化及其子孫，䵼瘧之子孫，䵼直其子孫，趨缺之子孫，史醜及其子孫，司寇䨶之子孫，司寇结及子孙于晉邦之墜者，及群虘明者，盧君其明亟覘之，麻夷非是。

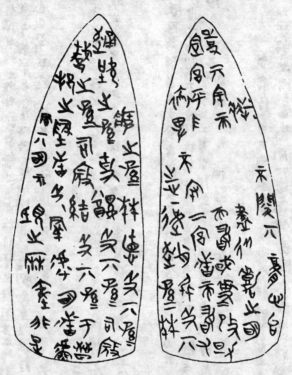

图 1-e　宗盟类盟书

释文(e)：□而敢不闢其腹心，以事其宗，而□□盡從嘉之明，定宮平侍□□，而敢或夏（祗）改旦为奂卑不守二宫者，而敢有志遵趙化及其子孫，䵼瘧之子孫，䵼惠及其子孫，趨缺之子孫，史醜及其子孫，司寇䨶之子孫，司寇结及其子孫，于晉邦之墜者，及群虘明者，盧君其明亟覘之，麻夷非是。

(2) 自誓于君所类盟书　又称"委质(誓)类"盟书，乃敌对者中分化出来的人对新主君所立的誓约，表示与旧集团决裂，委身于新主君。

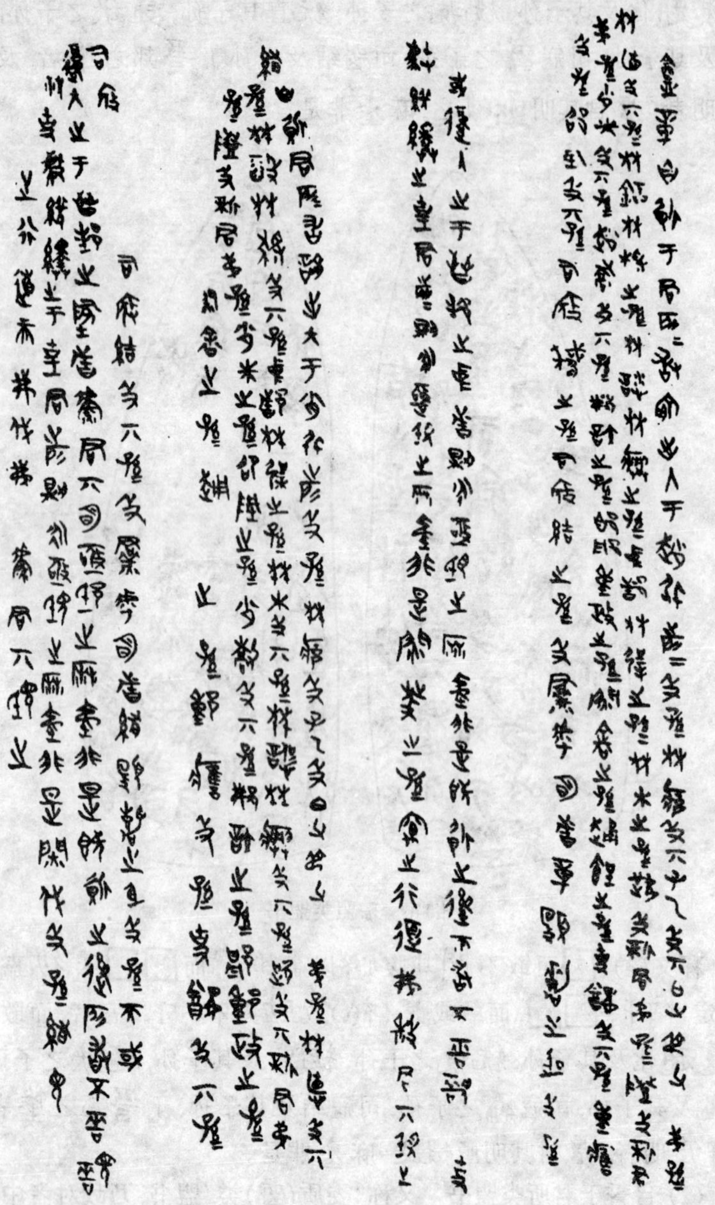

(b)　　　　　　　　　　(a)

图二　自誓于君所类盟书

释文(a)：盝章自貢于君所，所敢俞出入于赵化之所及子孙，𢽤㾂及其子乙，及其伯父叔父兄弟子孙，𢽤惠及其子孙，𢽤鉊、𢽤㭒之子孙，𢽤諯、𢽤瘨之子孙，中都𢽤𢧢之子孙，𢽤木之子孙，跌及新君弟子孙，䧅及新君弟子孙，肖朱及其子孙，赵𪔛及其子孙，郲談之子孙，邯郸重政之子孙，闗舍之子孙，赾鍟之子孙，史醜及其子孙，重𤷌及子孙，邵城及其子孙，司宼䨳之子孙，司宼结之子孙，及群𧇾明者。章𩒀嘉之身及子孙，或遝入之于晋邦之中者，则永巫覡之，麻夷非是。既貢之後，而敢不巫覡祝史，䥽銳繹之皇君之所，则永巫覡之，麻夷非是。闗癹之子孙，窵之行道弗殺，君其覡之。

释文(b)：綉自貢君所，所敢諭出入于肖化之所及子孙，𢽤㾂及子乙，及白父叔父，□弟子孙，𢽤惠及其子孙，𢽤𩨨𢽤㭒及其子孙，中都𢽤𢧢之子孙，𢽤木及其子孙，𢽤諯、𢽤瘨及其子孙，跌及其新君弟子孙，䧅及新君弟子孙，肖朱之子孙，邵陸之子孙，肖𣫚及其子孙，郲談之子孙，邯郸鄆政之子孙，闗舍之子孙，赾□之子孙，鄆𤷌及子孙，史醜及其子孙，司宼□□□□，司宼结及其子孙，及群𧇾明者，綉𩒀嘉之身及子孙，而或遝入之于晋邦之墜者，盧君其明巫覡之，麻夷非是。既貢之後，所敢不晋覡祝史，䥽銳繹之于皇君之所，则永巫覡之，麻夷非是。闗伐及子孙，綉见之行道而弗伐弗□，盧君其覡之。

简注：貢，读为"誓"。——俞，读为"渝"，变也。

𩒀 mò，读为"没"。——䥽，读为"薦"。

銳繹，说释。——窵，遇。——殺，杀。

（3）纳室类盟书 内容为参盟人发誓，自己不侵兼他人财产，且反对、声讨宗族兄弟侵纳人产入室的行为。

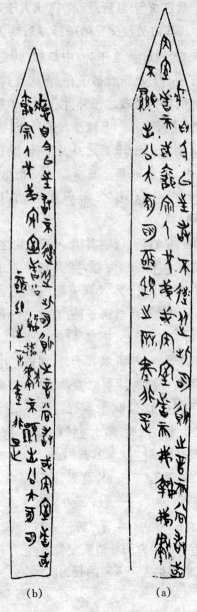

图三 纳室类盟书

释文(a)：丕自今以往，敢不逑㘥此明誓之言，而尚敢或内室者，而或聑宗人兄弟或内室者，而弗執执弗獻，不顯出公大冢，明亟覛之，麻夷非是。

释文(b)：疧，自今以往，敢不逑㘥此明誓之言，尚敢或内室者，或聑宗人兄弟内室者，而□執弗獻，不顯出公大冢，明亟覛之，麻夷非是。

简注：誓，誓。—纳室，指贵族兼并他人财产。

大冢，指晋出公之庙。

2．战国兵器刻辞

商周时代的兵器，多铸以族徽或使用者的名字。春秋末战国初的兵器，上用镶嵌金银丝的技法，饰以鸟形篆字，俗称"鸟篆"。进入战国以后，主管官吏"令"督造兵器，兵器刻辞字迹草率，只载时间、地点和工官名称，即所谓"物勒工名"。请看一组赵国兵器刻辞：

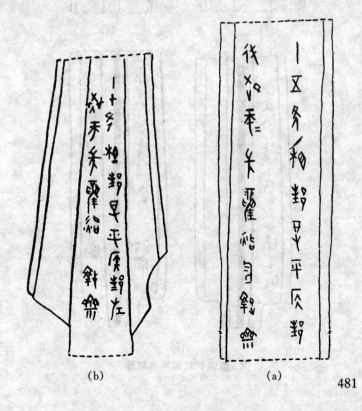

(b)　　　　　　(a)

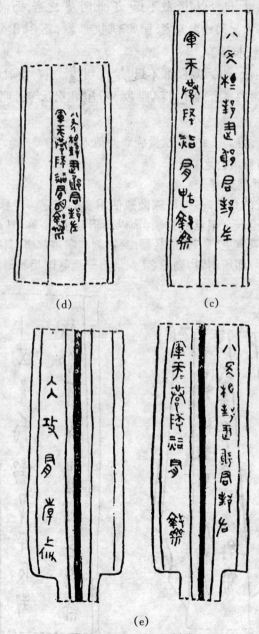

图四 赵国兵器刻辞

释文:(a) 十五年相邦春平侯,邦佐◇工师长鼙,冶□执齐。《商周金文录遗》600 剑

(b) 十七年相邦春平侯,邦左◇工师长鼙,冶□执齐。《三代吉金文存》20、41 剑

(c) 八年相邦建邽君,邦左库工师郑陉,冶肖毕古执齐。《小校经阁金文拓本》10、102 剑

(d) 八年相邦建邽君,邦左库工师郑陉,冶肖明执齐。《三代吉金文存》10、75 剑

(e) 八年相邦建邽君,邦右库工师郑陉,冶肖□执齐。(面文)大攻肖韩□(背文)《小校经阁金文拓本》10、104 剑

3. 战国玺印选释

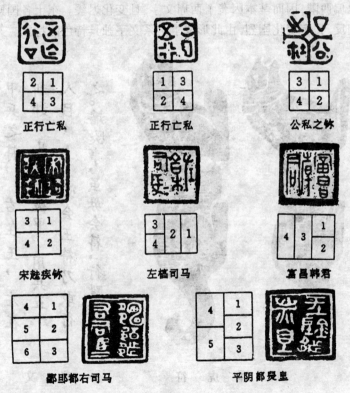

图五　战国印

### 四、秦系文字

(一) 什么是秦系文字

秦系文字指春秋战国时代的秦国文字以及统一后秦朝的小篆。30年代,唐兰《古文字学导论》把古文字分为四系,即:殷商系文字、两周系文字(止于春秋末)、六国系文字、秦系文字。裘锡圭《文字学概要》与唐兰分法基本一致。他将汉字的发展历史分为两大阶段,即:古文字阶段和隶楷阶段。古文字阶段的汉字又分为商代文字、西周春秋文字、六国文字、秦系文字。他"把春秋战国时代的秦国文字和小篆合称为篆文"。《说文》小篆当然应属于秦系文字。秦系文字是与六国文字有着明显区别的一系文字。秦国由于地处周故地,加之地偏西隅,因而基本因袭了西周文字,且变化迟缓。东土各国则与之相反,文字变化剧烈,由此形成了秦系文字独具特色的特征。

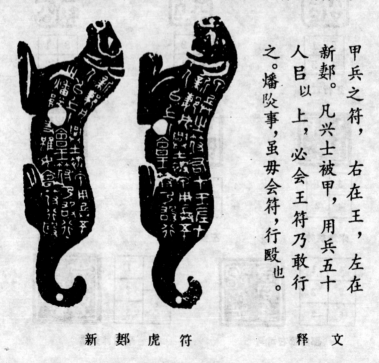

甲兵之符,右在王,左在新郪。凡兴士被甲,用兵五十人已上,必会王符乃敢行之。燔隧事,虽毋会符,行殹也。

新郪虎符　　　释文

(二) 秦系文字的资料

秦系文字,包括战国时期的秦篆和秦始皇时经过整理的小篆(以《说文》小篆为代表)。还应包括秦隶(或称"古隶",指秦和西汉前期的早期隶书),因为秦隶仍具古文字特点,是研究古文字向今文字(隶楷文字)演变的重要资料。

传世和出土的秦系文字资料主要有:

1. 金文 战国时代的秦国金文,多为兵器、权量、虎符上的铭文。如秦统一前二三十年的新郪虎符,统一后有阳陵虎符等(图六)。最著者为秦孝公十八年商鞅量铭文。秦统一后,把始皇 26 年统一度量衡的诏书刻或铸在很多权、量上。有不少是将刻有诏书的铜板嵌或订在权、量上,这些刻有诏书的铜板叫"诏版"。秦代金文是篆书,汉代金文也有许多是篆书。主要著录有:罗振玉《秦金石刻辞》三卷,1914 年石印本;容庚《秦汉金文录》(前中央研究院历史语言研究所专刊之五,1931 年 12 月)。

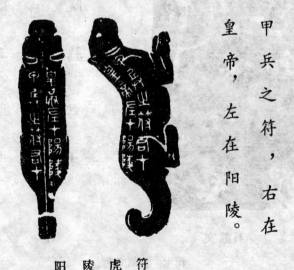

阳 陵 虎 符

甲兵之符,右在皇帝,左在阳陵。

图六 秦系文字

2. 石刻文字

(1) 石鼓文 古代著名的石刻文字,共 10 件,由于石头外形象鼓而得名(图七)。亦有称之为猎碣、石碣等。每件上刻一首四言诗,总字数700余,年久残泐,现仅存272字。其内容体例与《诗经》大、小雅相似,格调与《诗·大雅·车攻》相近。后人据《诗经》体例,用各诗开头二字为之命名。石鼓文的书体与西周金文相近,有人认为它是《说文解字》中所载的籀文,是秦国特有的风格。关于其产生的年代,曾有多种不同看法,近代学者多倾向于战国说,如唐兰提出是战国时秦献公11年的刻石。

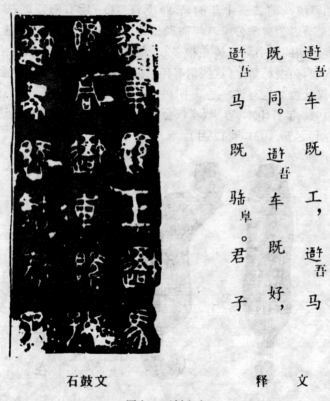

石鼓文　　　　　　释　文

释文：逜吾车既工,逜吾马既同。逜吾车既好,逜吾马既骆阜。君子

图七　石刻文字

石鼓文在唐代初年的文献上就已有记载。原在陕西凤翔,现存北京故宫博物院。现在研究多据明代人安国旧藏的三种北宋拓本,世人习称之为"先锋本""中权本""后劲本"。这三种拓本被日本人购

去,现存日本。有关的主要研究著作有郭沫若《石鼓文研究》,唐兰《石鼓年代考》、张政烺《猎碣考》等。

(2) 诅楚文　战国时期秦国刻在石板上的告神册文,现存共3件,后人据所求告神灵名称而分别定名为:巫咸文、大沈厥湫文、亚驼文。由于这3件册文均为诅咒楚国之罪,故又统称为诅楚文。巫咸文是宋代嘉祐年间在陕西凤翔开元寺附近出土的,上共326字,其中34字无存。大沈厥湫文是宋代治平年间在甘肃泾川境内的朝那湫旁得到的。厥湫是古代祭水神之所。大沈厥湫文存318字。亚驼文有325字,原藏洛阳刘忱家。郭沫若断定为宋代人仿照巫咸文与大沈厥湫文伪造的。

诅楚文中追述了秦穆王与楚成王的友好关系,历数楚王熊相的罪状,求神灵护佑秦国战胜楚军。它们的文字形体多近于石鼓文,但也有与六国古文相似的写法。郭沫若据文义认为是楚怀王时,秦国进攻楚国前的祭神册文。据文献记载,楚怀王名熊愧,诅楚文中作熊相,郭沫若认为一为字一为名。原石和原拓均亡,其摹刻本分别见于绛帖和汝帖,由容庚编入《古石刻零拾》(1934年印行)。

(3) 秦刻石　秦始皇统一中国后巡行天下,曾在峄山、泰山、琅琊台、芝罘fú、碣石、会稽等地刻石铭功。史载秦刻石共7块,均为四言颂辞,皆出李斯手笔。原铭已损毁无存,仅琅琊刻石尚有残石存留至今,上有二世诏文。峄山刻石文字有摹刻本传世。泰山刻石(图八)又名封泰山碑,文字为秦篆的典型代表。其残拓摹刻本见《绛帖》,存146字。容庚将其收入《古石刻零拾》。又容庚曾作《秦始皇刻石考》(《燕京学报》第17期,1935年6月);石刻文字汇编有商承祚的《石刻篆文编》(考古学专刊乙种第四号,科学出版社1957年版)。

3. 玺印文字

战国后期和统一后的传世秦印为数不少,多为篆文,也有一些古隶或接近古隶的篆文俗体。汉印更多,一般为篆文。罗福颐曾作《汉印文字征》,曾和《古玺文字征》于1930年合印,后经增补于1978年由文物出版社又单独出版。

泰 山 刻 石　　　　（释文）

图八　泰山刻石

4．陶文

战国后期秦国及秦代,乃至西汉前期陶器及瓦当上的印文及刻文,大多为篆书。主要著录有:陈直《关中秦汉陶录》及《补编》,拓本,藏中国社会科学院考古研究所;罗振玉《秦汉瓦当文字》(1914年版);陕西省博物馆《秦汉瓦当》(文物出版社1964年版)。

5．简帛文字

70年代初叶以来,出土了大量秦到西汉前期的简牍帛书文字。主要有:

(1) 云梦秦简　1975年湖北省云梦县睡虎地11号墓出土。墓主是秦狱吏喜。出土竹简1100多枚,墨书秦隶,经整理编为《编年记》《语书》《秦律十八种》《效律》《秦律杂抄》《法律答问》《封诊式》《为吏之道》《日书》九种。著录有:《睡虎地秦墓竹简》(《睡虎地秦墓竹简整理小组编》,文物出版社 1977 年版);《云梦睡虎地秦墓》(云梦睡虎地秦墓编写组,文物出版社 1981 年版)。

(2) 云梦木牍  1976 年睡虎地 4 号墓出土,共两件,共 300 余字,墨书秦隶。内容为秦国二士卒的家书。书写时间当在战国末年。资料见《湖北云楚睡虎地十一座秦墓发掘简报》(《文物》1976 年第 9 期)。

(3) 青川木牍  1979 年四川省青川县第 50 号墓出土。墨书,计 150 余字。正面以秦王诏令形式颁布的《为田律》,背面为与该法律有关的记事。李学勤《青川郝家坪木牍研究》(《文物》1982 年第 10 期)。《文物》1982 年第 1 期《青川县出土秦更修田律木牍》报道并附摹本,于豪亮《释青川秦墓木牍》,李昭和《青川出土木牍文字简考》。

(4) 银雀山汉简  1972 年山东临沂县银雀山 1 号和 2 号汉墓出土,共 4942 枚。字体为早期隶书,抄写年代不迟于汉武帝初年。内容有兵法、论政、阴阳、占候、历谱等。著录有:《文物》1974 年第 2 期载《临沂银雀山汉墓发掘简报》,罗福颐《临沂汉简概述》;《银雀山汉墓竹简〔壹〕》(文物出版社 1975 年版)。

(5) 马王堆帛书  1973 年湖南长沙市东郊马王堆 3 号西汉墓出土,计 28 种,12 万余字。内容有:《周易》《丧服图》《春秋事语》《战国横家书》《老子》(甲、乙种本)、《黄帝四经》、《刑德》以及阴阳五行、天文、地理等。书体有篆书和早期隶书。抄写时间多在汉高祖至文帝初年。最早的篆书《阴阳五行》当为秦始皇时期的抄本。著录:《文物》1974 年 7 期《长沙马王堆二、三号汉墓发掘简报》;《考古》1974 年 1 期《马王堆二、三号汉墓发掘的主要收获》;国家文物局古文献研究室《马王堆汉墓帛书》壹、叁(文物出版社 1975、1978 年版)。

(6) 凤凰山汉简  主要有三批:1973 年湖北省江陵凤凰山 8 号西汉墓出土 176 枚(780 余字);同年同地 10 号西汉墓出土 170 枚;1975 年同地 167 号西汉墓出土 74 枚(350 余字)。8 号、167 号墓竹简为遣 qiàn 策(随葬物品的清单),10 号墓竹简除遣策外,还有其他账簿。著录有:《文物》1974 年 6 期《湖北江陵凤凰山西汉墓发掘简报》,7期有裘锡圭《湖北江陵凤凰山十号汉墓出土简牍考释》;《文物》1976年6期载金立《江陵凤凰山八号汉墓竹简试释》,第10期有167号汉墓发掘报告及遣策考释;《文物》1975年9期有168号汉墓发掘报告。

(7)阜阳汉简　1977年安徽省阜阳县城西南汝阴侯夏侯灶墓出土。内容有《苍颉篇》存541字,另有《诗经》《周易》《万物》等。抄写时间应在西汉初年。《文物》1978年8期、1983年2期、1984年8期、1988年4期有简介及研究文章。

(8)张家山汉简　1983—1984年出土于湖北江陵县城东南张家山三座西汉前期墓葬,共1000余枚。内容含《汉律》《算数书》历谱、遣策等。《文物》1985年1期有报道及汉简概述。

(三)秦系文字研究

1.秦系文字的提出和界字

王国维率先把战国文字分为秦文字和六国文字二系,见《史籀篇疏征叙录》及《战国时秦用籀文六国用古文说》。他说:"古文、籀文者,乃战国时东西二土文字之异名。其源皆出于殷周古文。而秦居宗周故地,其文字犹有丰镐之遗,故籀文与自籀文出之篆文,其去殷周古文反较东方文字(好汉世所谓古文)为近。"(《史籀篇疏证叙录》,《王国维遗书》第六册。)

唐兰《古文字学导论》分古文字为4系,即:殷商系文字;两周系文字(止于春秋末);六国系文字;秦系文字。谓"秦系文字,大体是承两周",把秦系文字的上限划在战国之初。

裘锡圭《文字学概要》认为"秦系文字指春秋战国时代秦国文字以及小篆。"在"隶书的形成"一节里又云:"隶书既然由战国时代秦国文字的俗体发展而成,它的字形构造,就应该是属于秦系文字的系统的。"秦代隶书"实际上已经动摇了小篆的地位","秦王朝实际上是以隶书统一了全国文字"。这样,可以把秦隶归入秦系,秦系文字就始自春秋战国,延至使用小篆和秦隶的西汉前期。

2.关于小篆的研究

(1)小篆的形成

小篆是以战国时代的秦系文字为主体,兼收六国文字逐渐演变而成的。

小篆的前身可以上溯至西周文字——籀文。许慎在《说文叙》中云：小篆"皆取史籀大篆，或颇省改"。"史籀大篆"指《史籀篇》里的籀文。《史籀篇》为周宣王时太史籀写的识字课本。该书早已亡佚，其中的籀文保留在《说文》中的共223个（据王国维统计）。籀文的形体"大抵左右均一，稍涉繁复，象形象意之意少，而规旋矩折之意多。"（王国维说）籀文的这些特点与西周中晚期铜器铭文的基本特点相一致。据此推知籀文当是两周时代的正体字。

秦系文字与籀文相似处甚多。秦刻石石鼓文与籀文尤为相似，故众人将其视为籀文的代表。

东方六国文字（古文）与籀文虽颇多差异，但也有相合的字形。这从《说文》古文与籀文的对比中可以看出。另外秦系文字的典型代表石鼓文中也存在少量古文字形。这说明战国文字均为籀文的后裔，只不过秦系文字继承多，六国古文变异多而已。因此许慎在《叙》中云"今叙篆文，合以古籀"。段玉裁在《注》中指出《说文》中小篆字头绝大部分与古文、籀文一致，不同者则再列出明示。《三体石经》所见的440个古文中，与《说文》小篆相合者有155个（曾宪通《说文古文与石经古文合证》，《古文字研究》第7辑）。由此可见，小篆字形是直接继承了秦篆字形或颇省改，但同时也吸收了六国古文某些形体逐渐演变而成的。由秦篆到小篆这一演变过程的完成，由李斯等人所编字书问世为标志。《说文叙》云：战国时代文字异形，秦始皇帝初兼天下，丞相李斯乃奏同之。而后李斯作《仓颉篇》，赵高作《爰历篇》，胡毋敬作《博学篇》，都是用小篆写的。

小篆是应社会统一需要而产生的一个标准化字系。小篆字系的整体面貌和基本特征由《说文解字》可以看到。《说文解字》是研究小篆的宝库。"现在的《说文》小篆字形系统是汉儒根据秦代金石文字字样以及汉初之前手写文字字头整理、加工、衍化出来的。战国秦汉间实际通行的篆系文字字样应是介于篆隶之间的秦人简牍类，小篆字形现在和今后都不大可能大宗从当年的实用文字材料中出土。因此，在汉字史上，小篆只起到了官样文字的作用，而不是一种流通的文字,也不是汉字发展过程中的一个主要环节。"(王蕴智《殷周古文同源分化现象探索》,吉林人民出版社 1996 年版)但是,小篆字系在汉字的发展过程中具有里程碑的意义。它是古文字的最后环节,向下联系着今文字,为汉字的健康发展奠定了坚实的基础。

(2) 小篆的形体特点

① 字形线条化

篆,引书也。(见《说文》)王筠《句读》:"运笔谓之引。""篆本引而书之之名,因谓所书之体曰篆。"所谓"引"即划线。小篆的笔划均为粗细等均的线条。小篆的线条化,使古文字的象形意味淡化甚至完全隐没。例如:

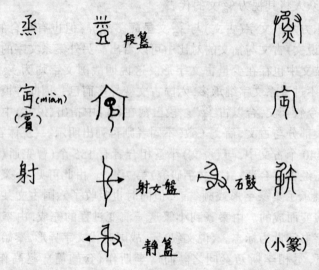

（小篆）

小篆字形的线条化为汉字的隶变及汉字分部归类创造了条件。

② 构形系统化

所谓系统化的构形方式,就是采用一批基本构件(即《说文》归纳的 540 个部首)来组合造字。系统化的构形方式,使汉字字系内的各个字形既相互区别,又相互联系。部首的确立,减少了相同意义部件间的诸多差异,使汉字更具直观性及区别性。部首确立之后,新字的产生就由这些部件去组合,使汉字的形体差异限制在一定的范围内。汉字虽然不断地新旧更替,但始终是一个由基本要素组成的有层次、有规律的系统,使汉字更具科学性。

③ 字系有序化

小篆字系与其先前的古文字相比更加有序化。这主要表现在以下三方面:

A. 字形类化。小篆中凡是意义相类的字,几乎都加上了相同的偏旁。如:其—箕 冋—垧 云—雲。小篆字形的高度类化为汉字建立部首,按部首来贮存和提取汉字创造了条件。

B. 形声造字。秦代以后出现的小篆字形几乎均为形声字,同时前代的非形声字也多被改易为形声字。形声字在小篆中占绝对优势。形声造字是使汉字系统有序化的一个重要方式。

C. 优化原则。为使汉字便利,小篆采取了简化原则,废弃了先前繁复难写的字形。但当形体过简,难以类聚,不易识别时,则舍简就繁。小篆字系着眼于整个体系,从字与字的联系中去构建个体字形,从实用的角度去优化字形。

④ 书体匀整化

小篆线条圆转流畅,字体结构均衡对称。线条和结构达到了相当完善的境地,充分反映了汉民族的民族心理和审美情趣。

(3) 小篆的部首

① 部首的创立

汉字由笔画构成。小篆的笔画完全线条化,可归纳为匀圆齐整的曲线和直线。组成汉字合体字的构体部分叫偏旁。汉字结构中形体相同、用以排列各字的偏旁部目叫部首。部首首创于东汉许慎的《说文解字》,该书将所收的 9353 个小篆分为 540 部,每部用一个字做标目,即为部首,同一部首内的字与部首字往往在意义上有一定联系。

② 无统率字的部首

《说文》分 540 部,其中有部首而无所从之字者计 37 个,世称"无字部首"。

无字部首中有 16 个是数目字和干支字。它们是:三四五六七甲乙丙丁庚壬寅卯未戌亥。邹晓丽在《〈说文解字〉540 部首述议》一文中云:"许慎为什么把全部数字和干支字统统列为部首?那是因为他在其中注入了其哲学思想的精髓,即为全面、系统地宣扬其儒道互为表里的阴阳五行说而设,因为部首是全书的总纲。"(见《说文解字研究》)例如:《说文》:"三,数名。天地人之道也。""王,天下所归往也。董仲舒曰:'古之造文者,三画而连其中谓之王。三者,天地人也,而参通之者,王也。'孔子曰:'一贯三为王。'"许慎在解释"三"字为"天地人之道"时,为"王"字的说解提供了理据。老子曰:"一生二,二生三,三生万物。"所以"三"又可以表示多数。《说文》:"又,手也,象形。三指者,手之列多略不过三也。""品,众庶也。从三口。""雦,群鸟也。从三隹。"由此可见,无字部首"三"含儒道互为表里的阴阳五行说,立它为部首,就为解释其他部首中的字提供了理据。

有的无字部首是为客观地反映重大历史现象而设。如"燕"是殷商氏族的图腾。《诗经·商颂·玄鸟》:"天命玄鸟,降而生商,宅殷土茫茫。"周武王建国后,如何处理好殷商遗民,是首要问题。于是立商王之后为宋国,使殷民有祭祀祖先之所,而且宋在诸侯中爵位最高,为"公";又封召公奭为燕国第一代诸侯,派出"三监"加强管理,其中之一驻在燕地称"邶"。《诗经》中以"邶风"代替"燕风",足见周人对这一敏感字的回避。总之"燕"字反映了商周之交重要的生活内容。它如"率"为渔猎社会主要的生产工具,"彔"为农业社会生产工具,"易"为重要的文化生活内容等。

有的无字部首可用来作其他部首中字的声符。例如"耑"分别作端、喘、煓、湍等字的声符;"它"分别作讹、鞑、佗、袘、沱、鮀等字的声符;"久"分别作玖、灸、疚等字的声符;"克"为勊的声符;"丏"为沔、眄、麫、宀的声符;"开"为蚜、妍的声符;"幵"为开鸭、豜、鹿、龍、菐的声符等等。

有的无字部首是古字。如:"く"为古文,篆文为"畎"。《说文》中另有把古今字分别立为部首者,如"ナ"左,白自鼻,壴鼓,文彣等。《说文》部首中的无字部首是研究者注意的现象之一。黎千驹先生所著《训诂方法与实践》(广西师范大学出版社 1997 年版)附录"论《说文》无字部首"提出了有益的见解。

③ 分部较多

《说文》凡是一字有他字从之者,即必立部。如"男"未归入田部或力部,因为有些字以"男"为构字部件,即舅、甥二字。又如"珏"未列于玉部之末,而立为部首,因班珏字以之为构字部件。还有若文体不一,虽系一字,亦必析为二部。如第389个部首字为夨,象人形,古文大;第402个部首字𠂌,籀文大,改古文,亦象人形。这两个部首字在小篆中写法有一定区别,故分别立部。

总之,《说文》设立部首的体例是由《说文》一书的性质决定的。许慎通过分析汉字的形体结构来探求汉字的本源,推考汉字形音义之间的关系及其由来。这就要求部首能显示汉字的"结构—功能"系统,而不是供检索之用。

④ 学习部首的通俗著作

可以参看邹晓丽编著《基础汉字形义释源》(北京出版社1990年版),"基础汉字"即指部首字;秦永龙师《汉字部首讲解》(见许嘉璐师主编《古代汉语参考资料》,北京广播学院出版社1988年版);汤可敬《说文解字今释》(岳麓书社1997年版);王延林编《汉字部首字典》(上海书画出版社1990年版)。

⑤ 《说文》部首今读

《说文》部首读音研究可参看钱玄同《说文部首今读》(新知识出版社1958年影印本),范进军先生《说文解字古今音读》(三秦出版社1995年4月);陈祥民《〈说文解字〉今读与通检》(吉林文史出版社1992年4月版)。现录冯蒸师《〈说文〉部首今读新订》(收入《汉语音韵学论文集》首都师范大学出版社1997年版)

说明:下面,将列出我们所订全部《说文》部首的今读。为了与前人的注音相区别,我们把本文的注音称之为"《说文》部首今读新订"。新订的每一部首今读共包含五项内容,即:(一)部首编号。共540号,一依《说文》原序,始一终亥;(二)《说文》部首。只列隶定后字形,不列原小篆(或古文)形。因《说文》某些部首的隶定文字学界不很统一,为了排印方便,这里采用的是最通行的字形;又,各部首原则上各只有一个隶定形,但实际上个别部首却有两个都很通行的隶定形,这里斟酌情况对这些个别部首二形并出,并把其中一个放在括号内;(三)该部首的大徐反切注音。大徐音经过校勘,需讨论者用注释说明。考虑到某些部首的现通行读音是根据《广韵》，与大徐音不同，为此，我们又加注了这些部首的《广韵》音（在该反切下加一横线以作标识），以供学者选择。（四）部首今读。一律用汉语拼音标注；（五）该部首在中华书局本《说文》中的页码。指的是中华书局1963年12月第一版影印的清陈昌治刻一篆一行本大徐《说文》。另外，大徐《说文》每卷内原又分上下，本文用长横线隔开，横线前是上卷，横线后是下卷。

## 《說文》部首今讀新訂

### 說文解字弟一

1. 一　　於悉切　　yī　　　7
2. 丄(上)　時掌切　　shàng　7①
3. 示　　神至切　　shì　　　7
4. 三　　穌甘切　　sān　　　9
5. 王　　雨方切　　wáng　　9
6. 玉　　魚欲切　　yù　　　10
7. 玨　　古岳切　　jué　　 14
8. 气　　去旣切　　qì　　　14
9. 士　　鉏裏切　　shì　　 14
10. 丨　 古本切　　gǔn　　 14

―――――――――――――――

11. 屮　　丑列切　　chè　　 15
12. 艸　　倉老切　　cǎo　　 15
13. 蓐　　而蜀切　　rù　　　27
14. 茻　　模朗切　　mǎng　 27

### 說文解字弟二

15. 小　　私兆切　　xiǎo　　28
16. 八　　博拔切　　bā　　　28
17. 釆　　蒲莧切　　biàn　　28
18. 半　　博幔切　　bàn　　 28
19. 牛　　語求切　　niú　　 28
20. 犛　　里之切　　lí　　　30②
21. 告　　古奧切　　gào　　 30
22. 口　　苦后切　　kǒu　　 30
23. 凵　　口犯切　　qiǎn　　35③
24. 吅　　況袁切　　xuān　　35
25. 哭　　苦屋切　　kū　　　35
26. 走　　子苟切　　zǒu　　 35
27. 止　　諸市切　　zhǐ　　 38
28. 癶　　北末切　　bō　　　38④
29. 步　　薄故切　　bù　　　38
30. 此　　雌氏切　　cǐ　　　38

| | | | |
|---|---|---|---|
| 31. 正 | 之盛切 | zhèng | 39 |
| 32. 是 | 承旨切 | shì | 39 |
| 33. 辵 | 丑略切 | chuò | 39 |
| 34. 彳 | 丑亦切 | chì | 42 |
| 35. 廴 | 余忍切 | yǐn | 44 |
| 36. 延 | 丑連切 | chān | 44⑤ |
| 37. 行 | 戶庚切 | xíng | 44 |
| 38. 齒 | 昌里切 | chǐ | 44 |
| 39. 牙 | 五加切 | yá | 45 |
| 40. 足 | 即玉切 | zú | 45 |
| 41. 疋 | 所菹切 | shū | 48 |
| 42. 品 | 丕飲切 | pǐn | 48 |
| 43. 龠 | 以灼切 | yuè | 48 |
| 44. 冊 | 楚革切 | cè | 48 |

## 說文解字弟三

| | | | |
|---|---|---|---|
| 45. 㗊 | 阻立切 | jí | 49 |
| 46. 舌 | 食列切 | shé | 49 |
| 47. 干 | 古寒切 | gān | 50 |
| 48. 谷 | 其虐切 | jué | 50 |
| 49. 只 | 諸氏切 | zhī | 50 |
| 50. 㕯 | 女滑切 | nà | 50 |
| 51. 句 | 古侯切 | gōu | 50 |
| | 九遇切 | jù | |
| 52. 丩 | 居虯切 | jiū | 50 |
| 53. 古 | 公戶切 | gǔ | 50 |
| 54. 十 | 是執切 | shí | 50 |
| 55. 卅 | 蘇沓切 | sà | 51 |
| 56. 言 | 語軒切 | yán | 51 |
| 57. 誩 | 渠慶切 | jìng | 58 |
| 58. 音 | 於今切 | yīn | 58 |
| 59. 䇂 | 去虔切 | qiān | 58 |
| 60. 丵 | 士角切 | zhuó | 58 |
| 61. 菐 | 蒲沃切 | pú | 58 |
| 62. 𠬞(廾) | 居竦切 | gǒng | 59 |
| 63. 𠬜(𠬛) | 普班切 | pān | 59 |
| 64. 共 | 渠用切 | gòng | 59 |
| 65. 異 | 羊吏切 | yì | 59 |
| 66. 舁 | 以諸切 | yú | 59 |
| 67. 臼 | 居玉切 | jú | 59 |
| 68. 晨 | 食鄰切 | chén | 60⑥ |
| 69. 爨 | 七亂切 | cuàn | 60 |
| 70. 革 | 古覈切 | gé | 60 |
| 71. 鬲 | 郎激切 | lì | 62 |
| 72. 䰜 | 郎激切 | lì | 62 |
| 73. 爪 | 側狡切 | zhǎo | 63 |
| 74. 丮 | 几劇切 | jǐ | 63 |
| 75. 鬥 | 都豆切 | dòu | 63 |
| 76. 又 | 于救切 | yòu | 64 |
| 77. 𠂇 | 臧可切 | zuǒ | 65 |
| 78. 史 | 疏士切 | shǐ | 65 |
| 79. 支 | 章移切 | zhī | 65 |
| 80. 聿 | 尼輒切 | niè | 65 |

| | | | | | | | | | |
|---|---|---|---|---|---|---|---|---|---|
| 81. | 聿 | 余律切 | yù | 65 | 106. | 皕 | 彼力切 | bì | 74⑧ |
| 82. | 畫 | 胡麥切 | huà | 65 | | | 彼利切 | bì | |
| 83. | 隶 | 徒耐切 | dài | 65 | 107. | 習 | 似入切 | xí | 74 |
| 84. | 臤 | 苦閑切 | qiān | 65 | 108. | 羽 | 王矩切 | yǔ | 74 |
| 85. | 臣 | 植鄰切 | chén | 66 | 109. | 隹 | 職追切 | zhuī | 76 |
| 86. | 殳 | 市朱切 | shū | 66 | 110. | 奞 | 息遺切 | suī | 77 |
| 87. | 殺 | 所八切 | shā | 66 | 111. | 雈 | 胡官切 | huán | 77 |
| 88. | 几 | 市朱切 | shū | 66 | 112. | 丫 | 工瓦切 | guǎ | 77⑨ |
| 89. | 寸 | 倉困切 | cùn | 67 | 113. | 首 | 莫撥切 | mò | 77⑩ |
| 90. | 皮 | 符羈切 | pí | 67 | | | 模結切 | miè | |
| 91. | 㼱 | 而兗切 | ruǎn | 67 | | | 徒結切 | dié | |
| 92. | 攴 | 普木切 | pū | 67 | 114. | 羊 | 與章切 | yáng | 78 |
| 93. | 教 | 古孝切 | jiào | 69 | 115. | 羴 | 式連切 | shān | 78 |
| 94. | 卜 | 博木切 | bǔ | 69 | 116. | 瞿 | 九遇切 | jù | 79 |
| 95. | 用 | 余訟切 | yòng | 70 | | | 又音衢 | qú | |
| 96. | 爻 | 胡茅切 | yáo | 70 | 117. | 雔 | 市流切 | chóu | 79 |
| 97. | 㸚 | 力几切 | lǐ | 70 | 118. | 雥 | 徂合切 | zá | 79 |
| | | | | | 119. | 鳥 | 都了切 | niǎo | 79 |
| | | | | | 120. | 烏 | 哀都切 | wū | 82 |

## 說文解字弟四

| | | | | | | | | | |
|---|---|---|---|---|---|---|---|---|---|
| 98. | 夏 | 火劣切 | xuè | 70 | 121. | 苹 | 北潘切 | bān | 83⑪ |
| 99. | 目 | 莫六切 | mù | 70 | 122. | 冓 | 古候切 | gòu | 83 |
| 100. | 䀠 | 九遇切 | jù | 73 | 123. | 幺 | 於堯切 | yāo | 83 |
| 101. | 眉 | 武悲切 | méi | 74 | 124. | 幺幺 | 於虯切 | yōu | 84 |
| 102. | 盾 | 食問切 | shùn | 74⑦ | 125. | 叀 | 職緣切 | zhuān | 84 |
| 103. | 自 | 疾二切 | zì | 74 | 126. | 玄 | 胡涓切 | xuán | 84 |
| 104. | 白 | 疾二切 | zì | 74 | 127. | 予 | 余呂切 | yǔ | 84⑫ |
| 105. | 鼻 | 父二切 | bí | 74 | 128. | 放 | 甫妄切 | fàng | 84 |

| | | | | | | | | | |
|---|---|---|---|---|---|---|---|---|---|
| 129. | 叜 | 平小切 | piǎo | 84 | 152. | 乃 | 奴亥切 | nǎi | 100 |
| 130. | 奴 | 昨千切 | cán | 84 | 153. | 丂 | 苦浩切 | kǎo | 101 |
| 131. | 卢(歹) | 五割切 | è | 85 | 154. | 可 | 肯我切 | kě | 101 |
| 132. | 死 | 息姊切 | sǐ | 86 | 155. | 兮 | 胡雞切 | xī | 101 |
| 133. | 冎 | 古瓦切 | guǎ | 86 | 156. | 号 | 胡到切 | hào | 101 |
| 134. | 骨 | 古忽切 | gǔ | 86 | 157. | 于 | 羽俱切 | yú | 101 |
| 135. | 肉 | 如六切 | ròu | 87 | 158. | 旨 | 職雉切 | zhǐ | 101⑪ |
| 136. | 筋 | 居銀切 | jīn | 91 | 159. | 喜 | 盧里切 | xǐ | 101 |
| 137. | 刀 | 都牢切 | dāo | 91 | 160. | 壴 | 中句切 | zhù | 102 |
| 138. | 刃 | 而振切 | rèn | 93 | 161. | 鼓 | 工戶切 | gǔ | 102 |
| 139. | 刱 | 恪八切 | qià | 93⑬ | 162. | 豈 | 墟喜切 | qǐ | 102⑭ |
| 140. | 耒 | 古拜切 | jiè | 93 | 163. | 豆 | 徒候切 | dòu | 102 |
| 141. | 耒 | 力軌切 | lěi | 93⑬ | 164. | 豊 | 盧啟切 | lǐ | 102 |
| | | 盧對切 | lèi | | 165. | 豐 | 敷戎切 | fēng | 103 |
| 142. | 角 | 古岳切 | jué | 93 | 166. | 豐 | 許羈切 | xī | 103 |

### 說文解字弟五

| | | | | | | | | | |
|---|---|---|---|---|---|---|---|---|---|
| | | | | | 167. | 虍 | 荒烏切 | hū | 103 |
| | | | | | 168. | 虎 | 呼古切 | hǔ | 103 |
| | | | | | 169. | 虤 | 五閒切 | yán | 104 |
| 143. | 竹 | 陟玉切 | zhú | 95 | 170. | 皿 | 武永切 | mǐn | 104 |
| 144. | 箕 | 居之切 | jī | 99 | 171. | 凵 | 去魚切 | qū | 104 |
| 145. | 丌 | 居之切 | jī | 99 | 172. | 去 | 丘據切 | qù | 104 |
| 146. | 左 | 臧可切 | zuǒ | 99⑮ | 173. | 血 | 呼決切 | xuè | 105 |
| | | 則箇切 | zuò | | 174. | 丶 | 知庾切 | zhǔ | 105⑯ |
| 147. | 工 | 古紅切 | gōng | 100 | | | | | |
| 148. | 巫 | 知衍切 | zhǎn | 100 | 175. | 丹 | 都寒切 | dān | 106 |
| 149. | 巫 | 武扶切 | wū | 100 | 176. | 青 | 倉經切 | qīng | 106 |
| 150. | 甘 | 古三切 | gān | 100 | 177. | 井 | 子郢切 | jǐng | 106 |
| 151. | 曰 | 王伐切 | yuē | 100⑯ | 178. | 皀 | 皮及切 | bī | 106⑳ |

| | | | | | | | | |
|---|---|---|---|---|---|---|---|---|
|179.|邕|丑諒切|chàng|106|201.|韋|宇非切|wéi|113|
|180.|食|乘力切|shí|106|202.|弟|特計切|dì|113㉚|
|181.|亼|秦入切|jí|108|203.|夂|陟侈切|zhǐ|114|
|182.|會|黃外切|huì|109㉑|204.|久|擧友切|jiǔ|114|
|183.|倉|七岡切|cāng|109|205.|桀|渠列切|jié|114|
|184.|入|人汁切|rù|109| | | | | |
|185.|缶|方九切|fǒu|109㉒| | **說文解字弟六** | | | |
|186.|矢|式視切|shǐ|110| | | | | |
|187.|高|古牢切|gāo|110|206.|木|莫卜切|mù|114|
|188.|冂|古熒切|jiōng|110|207.|東|得紅切|dōng|126|
|189.|𩫏(郭)|古博切|guō|110㉓|208.|林|力尋切|lín|126|
| | | | | |209.|才|昨哉切|cái|126|
|190.|京|擧卿切|jīng|111| | | | | |
|191.|亯|許兩切|xiǎng|111|210.|叒|而灼切|ruò|127|
| | |普庚切|pēng| |211.|之|止而切|zhī|127|
| | |許庚切|hēng| |212.|帀|子荅切|zā|127㉗|
|192.|𣆪(厚)|胡口切|hòu|111|213.|出|尺律切|chū|127|
|193.|畗|房六切|fú|111㉔|214.|朩|普活切|pō|127㉘|
| | |芳逼切|bī| |215.|生|所庚切|shēng|127|
|194.|靣|力甚切|lǐn|111|216.|乇|陟格切|zhé|127|
|195.|嗇|所力切|sè|111|217.|𠂹(垂)|是為切|chuí|127|
|196.|來|洛哀切|lái|111| | | | | |
|197.|麥|莫獲切|mài|112㉕|218.|𠃊|況于切|xū|128㉙|
|198.|夊|息遺切|suī|112㉖|219.|華|戶瓜切|huá|128|
| | |楚危切|chuī| |220.|禾|古兮切|jī|128|
|199.|舛|昌兗切|chuǎn|113|221.|稽|古兮切|jī|128|
|200.|䑞(舜)|舒閏切|shùn|113|222.|巢|鉏交切|cháo|128|
| | | | | |223.|桼|親吉切|qī|128|

| | | | | | | | | |
|---|---|---|---|---|---|---|---|---|
| 224. | 束 | 書玉切 | shù | 128 | 246. | 卤 | 徒遼切 | tiáo | 143 |
| 225. | 橐 | 胡本切 | hùn | 128 | 247. | 齊 | 徂兮切 | qí | 143 |
| 226. | 口 | 羽非切 | wéi | 129 | 248. | 朿 | 七賜切 | cì | 143 |
| 227. | 員 | 王權切 | yuán | 129 | 249. | 片 | 匹見切 | piàn | 143 |
| 228. | 貝 | 博蓋切 | bèi | 129 | 250. | 鼎 | 都挺切 | dǐng | 143 |
| 229. | 邑 | 於汲切 | yì | 131 | 251. | 克 | 苦得切 | kè | 143 |
| 230. | 巷(鄉) | 胡絳切 | xiàng | 136 | 252. | 彔 | 盧谷切 | lù | 144 |
| | | | | | 253. | 禾 | 戶戈切 | hé | 144 |
| | | | | | 254. | 秝 | 郎擊切 | lì | 146 |

## 說文解字弟七

| | | | | |
|---|---|---|---|---|
| 255. | 黍 | 舒呂切 | shǔ | 146 |
| 256. | 香 | 許良切 | xiāng | 147 |
| 231. | 日 | 人質切 | rì | 137 |
| 257. | 米 | 莫禮切 | mǐ | 147 |
| 232. | 旦 | 得案切 | dàn | 140 |
| 258. | 毇 | 許委切 | huǐ | 148 |
| 233. | 倝 | 古案切 | gàn | 140 |
| 259. | 臼 | 其九切 | jiù | 148 |
| 234. | 㫃 | 於幰切 | yǎn | 140 |
| 260. | 凶 | 許容切 | xiōng | 148 |
| 235. | 冥 | 莫經切 | míng | 141 |
| 236. | 晶 | 子盈切 | jīng | 141 |
| 261. | 朩 | 匹刃切 | pìn | 149 |
| 237. | 月 | 魚厥切 | yuè | 141 |
| 262. | 林 | 匹卦切 | pài | 149 |
| 238. | 有 | 云九切 | yǒu | 141 |
| 263. | 麻 | 莫遐切 | má | 149 |
| 239. | 明 | 武兵切 | míng | 141 |
| 264. | 尗 | 式竹切 | shū | 149 |
| 240. | 囧(冏) | 俱永切 | jiǒng | 142 |
| 265. | 耑 | 多官切 | duān | 149 |
| 241. | 夕 | 祥易切 | xī | 142 |
| 266. | 韭 | 舉友切 | jiǔ | 149 |
| 242. | 多 | 得何切 | duō | 142 |
| 267. | 瓜 | 古華切 | guā | 149 |
| 243. | 毌 | 古丸切 | guān | 142 |
| | | 古玩切 | guàn | | 268. | 瓠 | 胡誤切 | hù | 150 |
| | | | | | 269. | 宀 | 武延切 | mián | 150 |
| 244. | 丂 | 乎感切 | hàn | 142 |
| 270. | 宮 | 居戎切 | gōng | 152 |
| 245. | 東 | 胡感切 | hàn | 142 |
| 271. | 呂 | 力舉切 | lǚ | 152 |
| | | | | | 272. | 穴 | 胡決切 | xué | 152 |

| | | | | | | | | |
|---|---|---|---|---|---|---|---|---|
| 273. | 瘳 | 莫鳳切 | mèng | 153 | 298. | 身 | 失人切 | shēn | 170 |
| 274. | 疒 | 女戹切 | nè | 154㊸ | 299. | 㐆 | 於機切 | yī | 170 |
| 275. | 冖 | 莫狄切 | mì | 156 | 300. | 衣 | 於希切 | yī | 170㊹ |
| 276. | 冃 | 莫保切 | mǎo | 156 | 301. | 裘 | 巨鳩切 | qiú | 173 |
| 277. | 冐 | 莫報切 | mào | 156 | 302. | 老 | 盧皓切 | lǎo | 173 |
| 278. | 网 | 良奬切 | liǎng | 157 | 303. | 毛 | 莫袍切 | máo | 173 |
| 279. | 网 | 文紡切 | wǎng | 157 | 304. | 毳 | 此芮切 | cuì | 174㊺ |
| 280. | 㒳 | 呼訝切 | xià | 158 | 305. | 尸 | 式脂切 | shī | 174 |
| 281. | 巾 | 居銀切 | jīn | 158 | | | | | |
| 282. | 巿 | 分勿切 | fú | 160 | 306. | 尺 | 昌石切 | chǐ | 175 |
| 283. | 帛 | 旁陌切 | bó | 160 | 307. | 尾 | 無斐切 | wěi | 175 |
| 284. | 白 | 旁陌切 | bái | 160 | 308. | 履 | 良止切 | lǚ | 175 |
| 285. | 㡀 | 毗祭切 | bì | 161 | 309. | 舟 | 職流切 | zhōu | 176 |
| 286. | 黹 | 陟几切 | zhǐ | 161 | 310. | 方 | 府良切 | fāng | 176 |
| | | | | | 311. | 人 | 如鄰切 | rén | 176 |
| | | | | | 312. | 兄 | 許榮切 | xiōng | 177 |
| | | | | | 313. | 兂 | 側岑切 | zān | 177㊻ |

## 說文解字弟八

| | | | | | | | | | |
|---|---|---|---|---|---|---|---|---|---|
| 287. | 人 | 如鄰切 | rén | 161 | 314. | 皃 | 莫教切 | mào | 177 |
| 288. | 七 | 呼跨切 | huà | 168 | 315. | 兆 | 公戶切 | gǔ | 177 |
| 289. | 匕 | 卑履切 | bǐ | 168 | 316. | 先 | 蘇前切 | xiān | 177 |
| 290. | 从 | 疾容切 | cóng | 169 | 317. | 禿 | 他谷切 | tū | 177 |
| 291. | 比 | 毗至切 | bì | 169㊼ | 318. | 見 | 古甸切 | jiàn | 177 |
| 292. | 北 | 博墨切 | běi | 169㊽ | 319. | 覞 | 弋笑切 | yào | 178㊾ |
| 293. | 丘 | 去鳩切 | qiū | 169 | 320. | 欠 | 去劒切 | qiàn | 179 |
| 294. | 㐺 | 魚音切 | yín | 169 | 321. | 㱃 | 於錦切 | yǐn | 180 |
| 295. | 壬 | 他鼎切 | tǐng | 169 | 322. | 㳄 | 叙連切 | xián | 180 |
| 296. | 重 | 柱用切 | zhòng | 169 | 323. | 旡 | 居未切 | jì | 181 |
| 297. | 臥 | 吾貨切 | wò | 169 | | | | | |

## 說文解字弟九

324. 頁　胡結切　xié　　181
325. 百　書九切　shǒu　184
326. 面　彌箭切　miàn　184㊶
327. 丏　彌兗切　miǎn　184㊷
328. 首　書九切　shǒu　184
329. 𦣻　古堯切　jiāo　184㊸
330. 須　相俞切　xū　　184
331. 彡　所銜切　shān　184
332. 彣　無分切　wén　185
333. 文　無分切　wén　185
334. 髟　必凋切　biāo　185㊹
　　　　所銜切　shān
335. 后　胡口切　hòu　186
336. 司　息茲切　sī　　186
337. 卮　章移切　zhī　186
338. 卩(㔾)　子結切　jié
　　　　　　　　　　　186㊺
339. 印　於刃切　yìn　187
340. 色　所力切　sè　　187
341. 卯　去京切　qīng 187㊻
342. 辟　必益切　bì　　187㊼
343. 勹　布交切　bāo　187
344. 包　布交切　bāo　188
345. 茍　己力切　jí　　188㊽
346. 鬼　居偉切　guǐ　188
347. 甶　敷勿切　fú　　189
348. 厶　息夷切　sī　　189
349. 嵬　五灰切　wéi　189

350. 山　所閒切　shān　190
351. 屾　所臻切　shēn　191
352. 屵　五葛切　è　　 191
353. 广　魚儉切　yǎn　192㊾
354. 厂　呼旱切　hǎn　193
355. 丸　胡官切　wán　194
356. 危　魚為切　wēi　194
357. 石　常隻切　shí　194
358. 長　直良切　cháng 196
359. 勿　文弗切　wù　　196
360. 冉　而琰切　rǎn　196
361. 而　如之切　ér　　196
362. 豕　式視切　shǐ　196
363. 㣇　羊至切　yì　　197㊿
364. 彑　居例切　jì　　197
365. 豚　徒魂切　tún　197
366. 豸　池爾切　zhì　197㊿
367. 舄(兕)　徐姊切　sì 198㊿
368. 易　羊益切　yì　　198
369. 象　徐兩切　xiàng 198

## 說文解字弟十

370. 馬　莫下切　mǎ　　199

| | | | |
|---|---|---|---|
| 371. 廌 | 池爾切 | zhì | 202 |
| | 宅買切 | zhài | |
| 372. 鹿 | 盧谷切 | lù | 202 |
| 373. 麤 | 倉胡切 | cū | 203 |
| 374. 㲋 | 丑略切 | chuò | 203 |
| 375. 兔 | 湯故切 | tù | 203 |
| 376. 萈 | 胡官切 | huán | 203 |
| 377. 犬 | 苦泫切 | quǎn | 203 |
| 378. 㹜 | 語斤切 | yín | 206 |
| 379. 鼠 | 書呂切 | shǔ | 206 |
| 380. 能 | 奴登切 | néng | 207 |
| 381. 熊 | 羽弓切 | xióng | 207 |
| 382. 火 | 呼果切 | huǒ | 207 |
| 383. 炎 | 于廉切 | yán | 210 |
| 384. 黑 | 呼北切 | hēi | 211 |
| | | | |
| 385. 囪 | 楚江切 | chuāng | 212 |
| 386. 焱 | 以冉切 | yǎn | 212 |
| 387. 炙 | 之石切 | zhì | 212 |
| 388. 赤 | 昌石切 | chì | 212 |
| 389. 大 | 徒蓋切 | dà | 213 |
| 390. 亦 | 羊益切 | yì | 213 |
| 391. 夨 | 阻力切 | cè | 213 |
| 392. 夭 | 於喬切 | yāo | 214 |
| | 於兆切 | yǎo | |
| 393. 交 | 古肴切 | jiāo | 214 |
| 394. 㐳(尤) | 烏光切 | wāng | 214 |
| 395. 壺 | 戶吳切 | hú | 214 |
| 396. 壹 | 於悉切 | yī | 214 |
| 397. 䇂 | 尼輒切 | niè | 214 |
| 398. 奢 | 式車切 | shē | 215 |
| 399. 亢 | 古郎切 | gāng | 215 |
| 400. 夲 | 土刀切 | tāo | 215 |
| 401. 夰 | 古老切 | gǎo | 215 |
| 402. 亣 | 他達切 | tà | 215 |
| 403. 夫 | 甫無切 | fū | 216 |
| 404. 立 | 力入切 | lì | 216 |
| 405. 竝 | 蒲迥切 | bìng | 216 |
| 406. 囟 | 息進切 | xìn | 216 |
| 407. 思 | 息茲切 | sī | 216 |
| 408. 心 | 息林切 | xīn | 217 |
| 409. 惢 | 蘇果切 | suǒ | 224 |
| | 才規切 | cuī | |
| | 才累切 | cuī | |

**說文解字弟十一**

| | | | |
|---|---|---|---|
| 410. 水 | 式軌切 | shuǐ | 224 |
| | | | |
| 411. 沝 | 之壘切 | zhuǐ | 239 |
| 412. 頻 | 符真切 | pín | 239 |
| 413. 〈 | 姑泫切 | quǎn | 239 |
| 414. 巜 | 古外切 | kuài | 239 |
| 415. 川 | 昌緣切 | chuān | 239 |
| 416. 泉 | 疾緣切 | quán | 239 |

| # | 字 | 切 | 音 | 頁 |
|---|---|---|---|---|
| 417. | 蠹 | 詳遵切 | xún | 239 |
| 418. | 永 | 于憬切 | yǒng | 240 |
| 419. | 辰 | 匹卦切 | pài | 240 |
| 420. | 谷 | 古祿切 | gǔ | 240 |
| 421. | 仌 | 筆陵切 | bīng | 240 |
| 422. | 雨 | 王矩切 | yǔ | 241 |
| 423. | 雲 | 王分切 | yún | 242 |
| 424. | 魚 | 語居切 | yú | 242 |
| 425. | 鱻 | 語居切 | yú | 245 |
| 426. | 燕 | 於甸切 | yàn | 245 |
| 427. | 龍 | 力鍾切 | lóng | 245 |
| 428. | 飛 | 甫微切 | fēi | 245 |
| 429. | 非 | 甫微切 | fēi | 245 |
| 430. | 卂 | 息晉切 | xùn | 246 |

## 説文解字弟十二

| # | 字 | 切 | 音 | 頁 |
|---|---|---|---|---|
| 431. | 乙 | 烏轄切 | yà | 246 |
| 432. | 不 | 分勿切 | bù | 246⑪ |
|  |  | 方久切 | fǒu |  |
| 433. | 至 | 脂利切 | zhì | 247 |
| 434. | 西 | 先稽切 | xī | 247 |
| 435. | 鹵 | 郎古切 | lǔ | 247 |
| 436. | 鹽 | 余廉切 | yán | 247 |
| 437. | 户 | 侯古切 | hù | 247 |
| 438. | 門 | 莫奔切 | mén | 247 |
| 439. | 耳 | 而止切 | ěr | 249 |
| 440. | 臣 | 與之切 | yí | 250⑫ |
| 441. | 手 | 書九切 | shǒu | 250 |
| 442. | 傘 | 古懷切 | guāi | 258 |
| 443. | 女 | 尼呂切 | nǔ | 258 |
| 444. | 毋 | 武扶切 | wú | 265⑬ |
| 445. | 民 | 彌鄰切 | mín | 265⑭ |
| 446. | 丿 | 普蔑切 | piě | 265⑮ |
|  |  | 房密切 | bì |  |
|  |  | 於小切 | yǎo |  |
| 447. | 厂 | 余制切 | yì | 265⑯ |
| 448. | 乁 | 弋支切 | yí | 265⑰ |
| 449. | 氏 | 承旨切 | shì | 265 |
| 450. | 氐 | 丁禮切 | dī | 266⑱ |
| 451. | 戈 | 古禾切 | gē | 266 |
| 452. | 戉 | 王伐切 | yuè | 266 |
| 453. | 我 | 五可切 | wǒ | 267 |
| 454. | 亅 | 衢月切 | jué | 267 |
| 455. | 珡 | 巨今切 | qín | 267 |
| 456. | 乚 | 於謹切 | yǐn | 267 |
| 457. | 亡 | 武方切 | wáng | 267 |
| 458. | 匸 | 胡禮切 | xì | 267⑲ |
| 459. | 匚 | 府良切 | fāng | 268 |
| 460. | 曲 | 丘玉切 | qū | 268 |
| 461. | 甾 | 側詞切 | zī | 268 |
| 462. | 瓦 | 五寡切 | wǎ | 268 |
| 463. | 弓 | 居戎切 | gōng | 269 |
| 464. | 弜 | 其兩切 | qiǎng | 270 |
| 465. | 弦 | 胡田切 | xián | 270 |

| | | | | |
|---|---|---|---|---|
| 466. | 系 | 胡計切 | xì | 270 |

## 説文解字弟十三

| | | | | |
|---|---|---|---|---|
| 467. | 糸 | 莫狄切 | mì | 271 |
| 468. | 素 | 桑故切 | sù | 278 |
| 469. | 絲 | 息兹切 | sī | 278 |
| 470. | 率 | 所類切 | shuài | 278 |
| | | 所律切 | shuò | |
| 471. | 虫 | 許偉切 | huǐ | 278 |
| 472. | 蚰 | 古魂切 | kūn | 283 |
| 473. | 蟲 | 直弓切 | chóng | 284 |
| 474. | 風 | 方戎切 | fēng | 284 |
| 475. | 它 | 託何切 | tā | 285 |
| 476. | 龜 | 居追切 | guī | 285 |
| 477. | 黽 | 莫杏切 | měng | 285 |
| | | 武盡切 | mǐn | |
| 478. | 卵 | 盧管切 | luǎn | 285 |
| 479. | 二 | 而至切 | èr | 285 |
| 480. | 土 | 它魯切 | tǔ | 286 |
| 481. | 垚 | 吾聊切 | yáo | 290 |
| 482. | 堇 | 巨斤切 | qín | 290 |
| 483. | 里 | 良止切 | lǐ | 290 |
| 484. | 田 | 待年切 | tián | 290 |
| 485. | 畕 | 居良切 | jiāng | 291 |
| 486. | 黃 | 乎光切 | huáng | 291 |
| 487. | 男 | 那含切 | nán | 291 |
| 488. | 力 | 林直切 | lì | 291 |
| 489. | 劦 | 胡頰切 | xié | 293 |

## 説文解字弟十四

| | | | | |
|---|---|---|---|---|
| 490. | 金 | 居音切 | jīn | 293 |
| 491. | 开 | 古賢切 | jiān | 299 |
| 492. | 勺 | 之若切 | zhuó | 299 |
| 493. | 几 | 居履切 | jǐ | 299 |
| 494. | 且 | 子余切 | jū | 299 |
| | | 千也切 | qiě | |
| 495. | 斤 | 舉欣切 | jīn | 299 |
| 496. | 斗 | 當口切 | dǒu | 300 |
| 497. | 矛 | 莫浮切 | máo | 300 |
| 498. | 車 | 尺遮切 | chē | 301 |
| 499. | 自 | 都回切 | duī | 303 |
| 500. | 阜(𨸏) | 房九切 | fù | 304 |
| 501. | 䧜(𨺅) | 似醉切 | suì | 307 |
| | | 房九切 | fù | |
| 502. | 厽 | 力軌切 | lěi | 307 |
| 503. | 四 | 息利切 | sì | 307 |
| 504. | 宁 | 直呂切 | zhù | 307 |
| 505. | 叕 | 陟劣切 | chuò | 307 |
| 506. | 亞 | 衣駕切 | yà | 307 |
| 507. | 五 | 疑古切 | wǔ | 307 |
| 508. | 六 | 力竹切 | liù | 307 |

| | | | | | | | | |
|---|---|---|---|---|---|---|---|---|
| 509. | 七 | 親吉切 | qī | 307 | 525. | 子 | 即里切 | zǐ | 309 |
| 510. | 九 | 舉有切 | jiǔ | 308 | 526. | 了 | 盧鳥切 | liǎo | 310 |
| 511. | 厹 | 人九切 | rǒu | 308⑯ | 527. | 𠀤 | 旨克切 | zhuān | 310 |
| 512. | 嘼 | 許救切 | xiù | 308 | 528. | 厶 | 他骨切 | tū | 310 |
| 513. | 甲 | 古狎切 | jiǎ | 308 | 529. | 丑 | 敕九切 | chǒu | 310⑲ |
| 514. | 乙 | 於筆切 | yǐ | 308 | 530. | 寅 | 弋真切 | yín | 310 |
| 515. | 丙 | 兵永切 | bǐng | 308 | 531. | 卯 | 莫飽切 | mǎo | 311 |
| 516. | 丁 | 當經切 | dīng | 308 | 532. | 辰 | 植鄰切 | chén | 311 |
| 517. | 戊 | 莫候切 | wù | 308 | 533. | 巳 | 詳里切 | sì | 311 |
| 518. | 己 | 居擬切 | jǐ | 309 | 534. | 午 | 疑古切 | wǔ | 311 |
| 519. | 巴 | 伯加切 | bā | 309 | 535. | 未 | 無沸切 | wèi | 311 |
| 520. | 庚 | 古行切 | gēng | 309 | 536. | 申 | 失人切 | shēn | 311 |
| 521. | 辛 | 息鄰切 | xīn | 309⑰ | 537. | 酉 | 與久切 | yǒu | 311⑳ |
| 522. | 辡 | 符蹇切 | biàn | 309⑱ | 538. | 酋 | 字秋切 | qiú | 313 |
| | | 方免切 | biǎn | | 539. | 戌 | 辛聿切 | xū | 314 |
| 523. | 壬 | 如林切 | rén | 309 | 540. | 亥 | 胡改切 | hài | 314㉑ |
| 524. | 癸 | 居誄切 | guǐ | 309 | | | | | |

该文"注释"从略。(原载《汉字文化》1996年第4期,1997年第1期、第3期。)

## (四)秦系文字选读

### 1. 车工(图九)

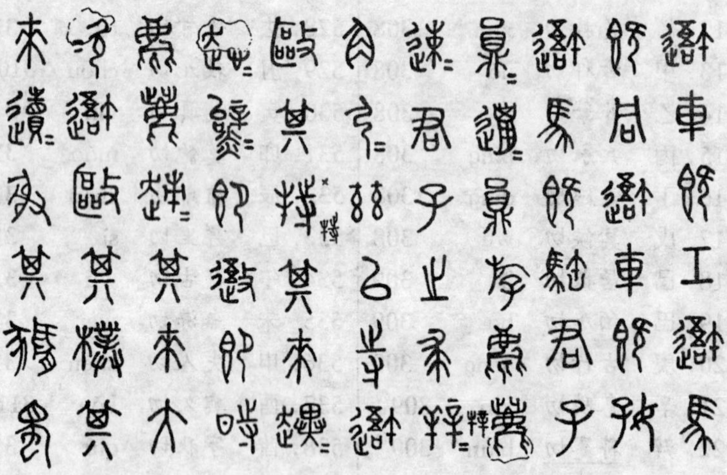

图九 车工

释文：䢼车既工，䢼马既同。䢼车既好，䢼马既䭴。君子鼎₌遄₌鼎䠂。麀鹿速₌，君子之求。𢆶₌角弓₌兹㠯寺。䢼敺其特，其来赵₌，口₌燮₌，即䢼即时。麀鹿趚₌，其来大次。䢼敺其樸，其来遄₌，射其猏蜀。

译文：我的车坚工，我的马齐同。我的车良好，我的马壮䭴(bǎo)。君子去狩猎田游，鹿群飞奔，君子所求。𢆶𢆶角弓，以待射猎。我驱雄兽，其趚趚奔来。兽奔土扬，迎伺射杀。鹿群恐慌，狂乱奔来。我驱雄兽，其遄遄奔来，射那健壮独行者。

简注：此为秦石鼓十诗之一。此处所录《车工》郭沫若摹本，原载郭沫若《石鼓文研究》。

䢼，经籍通作"吾"。

䭴 bǎo，马盛壮貌。经籍或借用"阜"字。《小雅·车攻》："田车既好,四牡孔阜。"

鼎,同"员",语气词,音 yún。

遄,通"獵"。—旁,田游。

此句读为:"君子鼎遄,鼎遄鼎旁。"

麀 yōu,牝鹿。—速速,疾行貌。

牼 xīng,牼牼,经籍通作"駪駪"。

寺,通"待"。—趩 chì,行声也。(《说文》)

囗,趞,走意。(《说文》)

燹 tái,同"炱",灰炱煤也。(《说文》)《通俗文》:"积烟曰炱煤。"(《段注》)

遨,同"遬",即"御"字。

时,伺机。—趢 jǐ,侧行也。(《说文》)

次,通"恣",放肆。

犊,即"朴",《说文》特字徐铉注云:"朴特,牛父也。"朴《玉篇》《广韵》均作"犊"。

邁 dú,邁邁,奔走之声。

豣,同"豜"jiān,坚也。

蜀,通"獨",指离群之兽。

参见郭沫若《石鼓文研究》(商务印书馆 1939 年版);刘翔等著《商周古文字读本》。

## 2. 秦曾孙駰告华大山明神文（秦駰祷病玉版文）(图十)

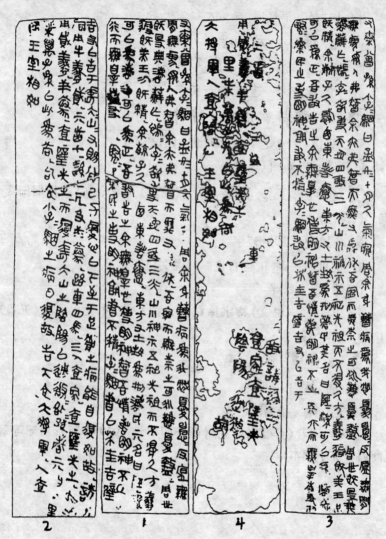

图十　玉简铭文摹本（采自《国学研究》第六卷李零文）
1. 乙简正面　2. 乙简背面　3. 甲简正面　4. 甲简背面

释文：又(有)秦曾孙𬀷駰曰：孟冬十月，氒(厥)气[寎(𣨋)]周(凋)。余身曹(遭)病，为我感忧。忠忠反𥂕(瘟)，无閒无瘳。众人弗智(知)，余亦弗智(知)，而靡又(有)[息]休。吾窮(穷)而无柰(奈)之，可(何)永𩕳忧𩖅。周世既𣨋(没)，典䜊(法)鮮(鲜)亡。惴惴孚，欲事天地、四亟(极)、三光、山川、神示(祇)、五礼、先祖，而不得氒(厥)方。𦎟(牺)䄉既美，玉帛既精，余毓子氒(厥)[惑]，西东若憙。东方又(有)士，姓(生)为刑䜊(法)，氏(是)亓(其)名曰陘(經)。潔(洁)可以为䜊(法)，囗(清)可以为正。吾敢告之，余无辠(罪)也，使明神智(知)吾情。若明神不囗其行，而无辠(罪)囗友囗。蜜蜜(𧊧𧊧)𤔔(烝)民之事明神，孰敢不精？𬀷駰敢以芥(介)圭、吉璧、吉叉(璨)，以告于崋(华)大山。大山又(有)赐，八月己酉，虔心以囗，至于足囗之病，能自复如故。请囗祠用牛𦎟(牺)貳(二)，亓(其)齗七，絜(洁)之。囗及羊、豕。路车四马，三人壹家。壹璧先之，囗囗用貳𦎟(牺)、羊、豕。壹璧先之，而道(导)崋大山之阴阳，以囗囗囗囗，亓(其)囗囗里。枼(葉)万子孙，以此为尚(常)。㠯(以)余𬀷駰之病日复，故告大壹大将军，人壹[家]里(室)，王室相如。

简注：此玉简铭文记述秦曾孙駰"遭病"，以圭、璧、牛、羊、豕、车、马等祭告于华大山明神，祈求其保祐，使病体日复。考释文字可参看王辉《秦曾孙駰告华大山明神文考释》（《考古学报》2001年第2期）。

有秦，即秦。王引之《经传释词》卷三："有，语助也。"

寎，读为"𣨋"。周，读为"凋"。𣨋凋，即凋残。

忠，即忡字。忡忡，读为申申，重复、反复。

𩕳，惧也。（《尔雅·释诂下》）

𩖅，可读为周，意为环绕。

典法，典章法令。

毓，稚也。（《广雅·释言》）

憃，愚也。―姓，读为生。

陘，读为经，常也。指典常、刑典。

明神，即神明，神灵。

桼，读为烝，众也。(《尔雅·释诂》)

精，诚也。―芥，读为介，大也。

崋，不见于字书，应为华山专用字。华大山即太华山。

路车，即辂车，人君之车曰路车。

枽，即葉字，世也。

尚，读为常，守也。

相如，相似。

全文大意：秦曾孙晚辈骃说：初冬十月，其景象凋残，我身遭重病，十分忧苦。疾病反复发作，无有间歇，以至成了瘟疫，极难治愈。众人不知，我也不知，无有休息。我穷极无奈不知为什么自己久为忧惧所困扰？周世既终，其典章法令亦尽亡，令后人无所依凭。我惴惴晚辈，欲事奉天地、四极、三光、山川、神祇、五祀、先祖，竟不知其礼仪如何。牛牺猪牲既美，玉帛亦精，但小子糊涂得分不清东西，愚蠢得不知该去祭何方神祇。东方有士，创制了刑法，于此名为典常。秦执法士吏廉洁无私，可以为法则，执法亦正直不阿。我敢告之，我无罪也，使神明知道我的实情。若神明不宽恕我，使我无罪受刑罚。我们这些拘谨忠厚之众民侍奉神灵，哪里敢不虔诚？小子骃敢以大圭、吉璧、吉瓒，来向华大山神明祷告，望大山赐福，八月己酉，虔诚来祭，使我足骻之病，能自然康复如故。请祭祠用牛牺二个，其年齿七岁，洁之。又有牛、豢、辂车四马、人牲众多。先用一璧祭祠，而后用二牺、羊、豢。用一璧先之，而导引华大山之阴阳二神。……骃要万世子孙，谨守自己祭祀华大山神明的仪节，以为常规。因为蒙神赐福，我的病日渐康复，故秉告天皇太一及与华山有关之星神，得有家室，为王室之孝子贤孙。

## 第二节 今 文 字

### 一、概说

今文字与古文字相对。自汉代以来,有人认为大篆是周宣王时史籀所作,所以又称大篆为"籀文",把晚于籀文的战国文字称为"古文"。与此一称谓相对应,把当时(汉代)通行的隶书称作"今文"。学术界目前将小篆以前的各种文字统称为古文字。秦代和西汉早期的隶书和后来成熟的隶书有明显区别,故有人主张将前者也包括在古文字范围内。那么今文字就是指成熟的隶书及草书和楷书了。为了对隶书有个完整的认识,我们叙述今文字从早期隶书开始。

### 二、隶书

隶书为秦书八体之一。隶书来源于篆书的草率写法即俗体,所以隶书与篆书有很长的一段共存时期。习惯上把篆书归入古文字,隶书归入今文字,那么,篆隶并行的那个时期就可以视为古今文字的过渡时期。这个过渡时期的上限大约起于战国晚期,下限大约讫于西汉中后期,前后经历了大约二百年左右,人们习惯上称之为"古今文字的分水岭"。

(一)隶书文字材料

隶书文字材料主要有简牍、帛书、碑刻三类。分述如下:

1. 简牍资料　自20世纪初以来屡有发现。其中较大宗的有:

(1)居延汉简:1930年在内蒙古额济纳河附近发现近万枚汉代简牍,因此地在西汉时隶属张掖郡居延都尉,简中屡有"居延"字样故称。著录于中国社科院考古所编《居延汉简甲、乙编》(文物出版社1980)。又:1972—1974年此地再度出土汉简2万余枚(见《文物》1978年第1期,部分照片见《汉简的书法艺术》(人民美术出版社1982年版))。

(2)罗布泊汉简(又称"楼兰汉简")、敦煌汉简(又称"流沙坠简"):著录比较零散(多为海外出版)。

(3) 武威汉简:1959年甘肃武威县磨嘴子汉墓出土《仪礼》《王杖十简》等古籍,著录于《武威汉简》(文物出版社1964);1972年此墓又出土汉代医药书,著录于《武威汉代医简》(文物出版社1975)。以上两种武威汉简的部分照片放大后又载入《汉简书法选》(徐祖蕃选编,甘肃人民出版社1985年版)。

(4) 银雀山汉简:1972年山东临沂银雀山汉墓出土《孙子兵法》《孙膑兵法》《六韬》《尉缭子》《管子》《晏子》等一批古籍,统称为银雀山汉简,著录于《银雀山汉墓竹简》(共三辑,文物出版社1985年版)。

(5) 定县遗书:1973年河北定县汉墓出土《论语》《儒家者言》《哀公问五义》《太公》《文子》《六安王朝五凤二年五月起居记》等遗书和史料(见《文物》1981年8期)。

(6) 凤凰山汉简:1973年、1975年湖北江陵凤凰山汉墓出土大批遣 qiàn 册竹简,称为凤凰山汉简(见《文物》1976年第6期、第10期)。

(7) 马王堆汉简:1973年湖南长沙马王堆汉墓出土医书和遣册(随葬物的清单),习称马王堆汉简(见《文物》1974年第7期、《考古》1974年第1期/1975年第1期)。

(8) 阜阳汉简:1977年安徽阜阳双古堆汉墓出土《苍颉篇》《诗经》《周易》《相狗经》《日书》等,称为阜阳汉简(见《文物》1978年第8期,《苍颉篇》见《文物》1983年第1期,《诗经》见《文物》1984年第8期)。

(9) 大通县汉简:1979年青海大通县上孙家寨汉墓出土《孙子兵法》和军旅文书(见《文物》1981年第2期)。

(10) 张家山汉简:1983年湖北江陵张家山汉墓出土《汉律》《脉书》《算数书》《日书》《历谱》及遣册等(见《文物》1985年第1期)。

按:以上简牍分为如下几种情况:

① 马王堆、银雀山、凤凰山、阜阳等地出土者是早期西汉简,属古隶书文字;

② 定县、大通县出土者是晚期西汉简,武威出土的是早期东汉简,都属于成熟的隶书;

③ 居延汉简的时代跨度较大,早的属西汉武帝时代,晚的属东

汉。

④ 居延汉简和武威汉简中,还出现了许多草书,属于章草字体。

(11) 此外,云梦睡虎地秦墓竹简,属战国秦文字俗体,介于篆隶之间,也是研究早期古隶的重要资料。

2. 帛书资料　汉代帛书最重要的是1973年长沙马王堆汉墓出土的《老子》《战国策》《春秋事语》《周易》《五星占》《天文气象杂占》等古籍抄本或佚书,是西汉初期的古隶书文字。全部帛书著录于《马王堆汉墓帛书》(共三册,文物出版社1975、1978年版)。

3. 碑刻资料

西汉的碑刻几乎均为篆书。

至宣帝时的《鲁孝王刻石》(又名"五凤刻石")虽已属隶书,但仍未脱篆意。

东汉早期的碑刻,还有一些篆书,如《袁安碑》(永元四年/公元92年)《李昭碑》(元初五年/118年)《嵩山少室石阙铭》(延光二年/123年)等,但多数已采用隶书。

东汉中期顺帝以后的碑刻,隶书日善,其中较著者有《石门颂》(建和二年/148年)《乙瑛碑》(永兴元年/153年)《孔庙礼器碑》(永寿二年/156年)《西岳华山庙碑》(延熹八年/165年)《史晨前后碑》(建宁二年/169年)《曹全碑》(图十一)(中平二年/185年)《张迁碑》(中平三年/186年)等,隶书精美成熟,堪为楷模。

魏晋碑一般也用隶书,较著者如《三体石经》残石隶书(魏正始年间240—248年)《爨宝子碑》(晋大亨四年/405年)等。《爨宝子碑》已接近楷书。南北朝以后,楷书才成为主要字体。

(二) 隶书的特点

1. 古隶　古隶指不成熟的早期隶书。《说文叙》和《汉书·艺文志》等文献均记载隶书起于秦代,是由秦始皇时的狱吏程邈创造的。但从考古资料看,古隶在战国晚期的秦文字中就已出现了。当时秦国的正体文字是篆书,由于文牍繁多,书写者为求便捷,常将篆文的圆转笔画改为方折笔画,有时还略加省改,字略具隶书的风味。四川青川秦木牍和睡虎地秦简,写的均为俗体文字,字形较方,杂有竖长形,少波势,略存篆意,可视为篆书向古隶转化的过渡形式,也可视为

515

图十一 汉曹全碑(汉隶)

早期的古隶书。秦简中许多草率文字与较正规文字并存。早期的隶书与篆书结构上基本一致，区别仅仅是草率与否而已。早期的隶书（古隶）是当时与篆书相辅而行用的日常手写字体。从秦统一前开始,大约到汉武帝时代或稍晚到昭、宣帝时代,经过二百年的发展才逐渐成熟,成为在正规场合下可以采用的新字体。

图十二　熹平石经

2．八分　所谓"八分",一般指称汉隶,其体态特征主要是扁平而有波势。以东汉(尤其是东汉顺帝以后)的碑刻文字为代表的隶书字体,形体方正,结构平整,布局稳重匀称,笔画带有显明的"蚕头雁尾"风格——这种字体旧称"八分书"(或简称"八分""分书")。为与秦隶区别,又称之为"汉隶"。秦隶为古隶即早期隶书,指秦始皇时期使用的简体字;汉隶指汉代普遍使用的字体,这种字形横向发展,竖短横宽,波势极大,如从西汉武帝到东汉光武帝时期的居延汉简和敦煌、新疆各地出土的汉简字体。隶书字形趋扁的原因是由于使用竹简的时代,文字被应用于社会生活的各个方面,竹木作为书写材料,有许多不便之处，迫使书写者充分利用简的有限宽度，而将字形尽力横展，为使一简之内容纳较多文字，字的长度又被尽力压缩。横展与纵压的共同作用，终于导致了隶书横展之势的确立。隶书为楷书所取代之时，也正是简被纸取代之时，人们书写时已无须再作横展纵压的努力。(刘志基《隶书字形趋扁因由考》，见《中国文字研究》第一辑，广西教育出版社 1999 年 7 月版)汉隶发展到八分时已成为国家的标准书体，如汉"熹平石经"(图十二)上的字体。(熹平石经又名"一体石经"，始刻于汉灵帝熹平四年，讫至光和六年(183)，凡历 9 年而成。参《中国大百科全书·考古学》"汉魏石经"条。)八分书是古隶书发展的自然趋势，其字体态势虽与毛笔的运用、纸的发明有关，但与汉代国势博大，社会平稳也有关系，文人政客的心态也会反映到文字中来。分书的形成也有一个历史过程，早在西汉初期例如马王堆出土的属于汉文帝时代的帛书上，已有分书笔意，可以视为分书的滥觞。

### 三、草书

草书的"草"是草率的意思。汉字发展的任何阶段，其文字都有正体和俗体之别，俗体则为正体的草率形式。例如甲骨文是商代正体(金文)的草率形式，古隶是篆文的草率形式。但书法界所谓"草书"之称，通常指今草，有时也包含章草，并不包括先秦的草率文字。

(一) 章草

汉代草书后人称为章草。其得名之由，旧说或以为表示有章法，或以为来源于《急就章》，或以为用于奏章，或以为与汉章帝有关，尚无定论。

章草是由古隶的草率写法发展而成的。古隶又来源于篆书的草率形式。篆文变为古隶，主要表现为圆转线条变为方折，以及运笔作风的不同，结构上的变化仍有迹可循；而古隶变为章草，主要表现在单个汉字复杂结构的简易化及运笔的连续化，结构上往往只存大意，其变化多失去造字理据而无迹可循。例如(图十三)：

图 十三

早期的章草,在属于西汉前期的银雀山竹简(武帝前期)、凤凰山竹简(文帝景帝间)和马王堆帛书(文景帝间)中,就已初露端倪。例如(图十四):

图 十四

在属于西汉晚期到东汉前期的居延汉简和武威医简中,已有通篇潦草者。这种文字其实就是章草。

章草与古隶相比,虽然有许多字体结构已面目全非,但仍有一定的法度,为当时书写者所认同,这对后来的草书和异体字俗体字的产生有很大影响。

从考古资料看,章草与隶书成熟时代大体相同或稍晚,因此裘锡圭先生认为八分书和章草分别是由古隶的正体和俗体发展而成的:

古隶 ⟨ 正体⟶八分书
俗体⟶章草

许多草书的字形结构无法从标准的隶书(八分书)或楷书得到解释,却保留了战国秦汉俗体的笔势。例如(图十五):

| 楷书 | 天 | 我 | 归 | 成 | 岁 | 尽 | 兼 | 叔 |
| 篆书 | | | | | | | | |
| 战国秦汉俗体 | | | | | | | | |
| 章草 | | | | | | | | |
| 今草 | | | | | | | | |
| 八分书 | 天 | 我 | 歸 | 成 | 歲 | 盡 | 兼 | 叔 |

图 十五

汉魏时代通行的草书都是章草。传世之作有三国吴人皇象所写的《急就章》,内容据说是西汉末史游的作品,很可能字体亦仿史游笔迹。原本早佚,现所见为明代摹刻拓本。

章草带有浓厚的隶书笔意,每个字的连笔在字内自为起讫,不与他字相连。尽管如此,毕竟难识难认,所以不能完全取代规范的隶书正体。

(二) 今草

晋代以后,楷书已开始出现,当时的书法家(如王羲之)利用楷书或行书的笔法改造章草,从而形成新风格的草书,书法界或称之为今草,以与章草区别。

今草字形结构多因袭章草,改掉了那些与隶书相近的笔法,字与字之间讲究呼应乃至相连。字与字相连的草书主要见于唐人的作品,如怀素《自叙帖》、张旭《肚痛帖》等,世称为狂草。今草的字形结构可以上推章草,再上及古隶,其写法有许多都不能从楷书的结构得到解释。当然,晋代以后也定有书法家直接把楷书或后来的行书改造为草书。现在见到的草书,其来源是多元的,因此形成了千姿百态的草书异体。

## 四、楷书

楷书也叫真书、正书、今隶,由隶书演变而来。楷书改变了汉隶"一波三折""蚕头雁尾"和字形扁方的字体,而为笔画平直、结构方正的成熟的笔画文字。"楷"即楷模的意思,楷书是一种可以作为楷模的标准字体。由于其便于书写,字体端正,所以成为当今汉字的通用字体。

图十六　钟繇荐季直表

东汉为楷书的萌芽期,出现了一些用笔比隶书更加灵活,而又不象草书的那样草率(不拘点画,只存轮廓大意)的字体,称为行书。例如武威汉简中的《建威耿将军方牍》。

东汉后期,民间日用的文字,大抵介于隶草之间,著名者为熹平元年(172年)瓮书文字。这种文字除了捺笔比较粗重之外,已无明显的蚕头雁尾笔法。魏晋时代的日用行书大体上与此接近。这种字体裘锡圭先生称为"新隶体"(《文字学概要》,第89—92页),都属于传统所称的行书。行书与八分书、章草均为源于古隶的书体。其中八分书是正体,产生略早;章草和行书是俗体,成熟略迟。

魏晋时代为楷书的生成时期。魏晋南北朝是楷书逐渐形成、隶书逐渐衰落的阶段。最早的楷书书法家是三国时魏国的钟繇 yóu(151—230),其所书《宣示表》(图十六)是现在能见到的历史上最早的楷书。至魏晋时代,书家把行书的笔法熔入隶书之中,而形成新的书体——楷书。其手写形式,以晋人抄本《三国志》(图十七)为代表;其碑刻形式,以《爨宝子碑》(图十八)和《爨龙颜碑》(宋大明二年/458年)(图十九)为代表。东晋时,王羲之的楷书又有很大发展,传世有《乐毅论》《黄庭经》等;王献之书有楷书《洛神赋十三行》等。

图十七　新疆出土晋人写本《三国志》残卷

图十八 晋爨宝子碑(局部)

唐代为楷书的成熟期。唐人楷书完全革除了南北朝时楷书中残存的隶书笔意,而形成全新的书写风格。唐代楷书名家迭出,欧阳询、虞世南、褚 chǔ 遂良、薛稷并称"初唐四家",后又有颜真卿、柳公权、欧阳询、赵孟頫 fǔ 为楷书四大家,所书楷书被称为颜体、柳体、欧体和赵体。

楷书自汉末兴起,至今已约有 1700 年的历史,成为历代正规使用的一种典范文字。其字体端正秀丽、方便易认。从楷书始,汉字的笔画形式和方块字形,均已基本定型。楷书为当代书报印刷用字的主要字体。

图十九　南朝宋《爨龙颜碑》

楷书与隶书相比主要是行笔风格不同，结构方面的变化不大，只有少量变化之处。例如：

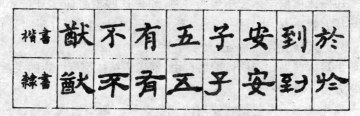

行笔作风的差异主要表现在如下几方面：

### 五、现代汉字的字体

现代汉字指现代通用的汉字，其字体有印刷体和手写体的区别。它们都是在楷书基础上改变了一些笔形。

印刷体常用的有：① 宋体，又叫老宋体、古宋体、灯笼体，是最通用的印刷铅字体。笔画横细竖粗，结体方正严谨，不便于书写。② 长牟体，笔画形体类似宋体，只是变宋体的正方形为长方形。③ 仿宋体，又叫真宋体，笔画不分粗细，结体方正秀丽，讲究顿笔，可手写而成。④ 长仿宋体，类似仿宋体，只是变仿宋体的正方形为长方形。⑤ 楷体，又叫大宋体、手写体，同手写正规楷体基本一样，笔画比仿宋丰满。⑥ 黑体，又叫黑头字、方头字、方体字，横竖笔画从下笔到收笔一样粗，字迹浓黑醒目，一般表示着重时使用。另外，仿宋体由于刻铸之处不同,又分聚珍仿宋体、华丰体、百宋体等,字形略有区别。

印刷体根据字体大小编为各种型号,这些型号叫字号。常用的字号从大到小有:初号、一号、二号、三号、四号、小四号(新四号)、五号、小五号(新五号)、六号、七号等十种。

手写体楷书比印刷体楷书自由,笔形和结体都有一定的灵活性,手写方便,风格各异。

现代汉字为当前正式使用的规范汉字。新中国成立后,经过简化汉字、废除异体字、整理印刷通用汉字,现代汉字变得更加简洁,更加便于学习和使用了。

**各种字体和字号表**

| | |
|---|---|
| 宋　　体 | 汉字知识 |
| 长牟体 | 汉字知识 |
| 仿宋体 | 汉字知识 |
| 长仿宋体 | 汉字知识 |
| 楷　　体 | 汉字知识 |
| 黑　　体 | **汉字知识** |

| | |
|---|---|
| 初　号 | 汉字知识 |
| 一　号 | 汉字知识 |
| 二　号 | 汉字知识 |
| 三　号 | 汉字知识 |
| 四　号 | 汉字知识 |
| 小四号 | 汉字知识 |
| 五　号 | 汉字知识 |
| 小五号 | 汉字知识 |
| 六　号 | 汉字知识 |
| 七　号 | 汉字知识 |

现代汉字有以下特点：① 字有定笔。每个规范汉字的笔画是有定数的，不能多一笔也不能少一笔，笔画增减就会变成另外一个字或错字。如：弋—戈 奈—柰 史—吏 兮—分 九—丸 氏—氐。② 笔有定形。现代汉字每种笔画都有其固定的笔形，有些笔形有区别形义的作用。如：天—夭 寸—才 千—干—于 子—孑 儿—几 手—毛 申—电 见—贝 士—土。③ 笔画组合有定式。现代汉字笔画组合成字大致有下面4种方式：a. 笔画相离，如：川、三、八；b. 笔画相交，如：十、乂、丈、七；c. 笔画相切，如：人、入；d. 笔画相接，如：弓、凹、凸、丐、丑。④ 笔有定序。现代汉字书写讲求笔顺，以求书写快速、正确及美观。

以上所述，是现代汉字独体字笔画构字规则，这个规则同样适合于合体字。

## 参 考 文 献

1. 陈秉新、黄德宽著：《汉语文字学史》，安徽教育出版社1980年11月版。
2. 王宇信著：《甲骨学通论》，中国社会科学出版社1993年2月版。
3. 王宇信著：《建国以来甲骨文研究》，中国社会科学出版社1981年3月版。
4. 胡厚宣编：《五十年甲骨学论著目》，中华书局1952年1月版。
5. 李圃著：《甲骨文文字学》，学林出版社1995年1月版。
6. 邹晓丽、李彤、冯丽萍著：《甲骨文字学述要》，岳麓书社1999年9月版。
7. 李圃选注：《甲骨文选注》，上海古籍出版社1989年8月版。
8. 孟世凯编著：《甲骨学小词典》，上海辞书出版社1987年12月版。
9. 何立主编：《语言文字词典》，学苑出版社1999年2月版。
10. 秦永龙师编著：《西周金文选注》，北京师范大学出版社1992年4月版。
11. 唐兰著：《中国文字学》，上海古籍出版社1949年3月版。
12. 唐兰著：《古文字学导论》，齐鲁书社1981年1月版。
13. 裘锡圭著：《文字学概要》，商务印书馆1988年8月版。
14. 高明著：《中国古文字学通论》，北京大学出版社1996年版。
15. 刘翔、陈抗、陈初生、董琨编著：《商周古文字读本》，语文出版社1989年9月版。
16. 王世征、宋金兰著：《古文字学指要》，中国旅游出版社1997年4月版。
17. 徐中舒主编：《汉语古文字字形表》，四川辞书出版社1981年8月版。
18. 王延林编著：《常用古文字字典》，上海书画出版社1987年4月版。

19. 于省吾主编:《甲骨文字诂林》,中华书局1996年5月版。
20. 周法高主编:《金文诂林》,香港中文大学1974年版。
21. 詹鄞(yín)鑫著:《汉字说略》,辽宁教育出版社1991年12月版。
22. 高更生、王立廷、王淑潜编写:《汉字知识》,山东教育出版社1982年版。
23. 王鼎吉编著:《字的基本知识60题》,中国和平出版社1996年4月版。

# 第四章 汉字析论

## 第一节 汉字的造字结构

### 一、六书说

"六书"之称,出自《周礼·保氏》。东汉郑众注《周礼》,写明六书指"象形、会意、转注、处事、假借、谐声"。《汉书·艺文志》也提及保氏教国子以六书,其内容是"象形、象事、象意、象声、转注、假借",并指出这是"造字之本"。东汉许慎在《说文叙》中不仅提到六书名称,还一一作了阐释和举了例字。上述三家的六书名称大同小异,但次序不尽相同。据唐兰考证,三家之说同出一源,皆本于西汉末古文经创始大家刘歆。郑众和班固均未对六书具体阐述,许慎的阐释在汉字结构理论上具有开创性的贡献。后人在阐述六书理论时,多采用许慎的六书名称而采用《汉志》的六书次序,即"象形、指事、会意、形声、转注、假借"。但是,后人对许慎六书阐释的理解存在着差异。简述如下:

(一)象形。许氏云"象形者,画成其物,随体诘诎,日月是也。"意谓象形的特点就是字形按它所表示的客观物体的外形画出来。许慎按篆文举了两个独体象形字。现有人将合体象形字也归入此类,如:果、胃、泉、后、飞等。

(二)指事。许氏云:"指事者,视而可识,察而见意,上下是也。"所谓"视而可识",谓一眼看去就可以认识大体;"察而见意"谓仔细观察就能发现它的意义。对"指事"的理解,后人有的偏重在"事",有的偏重在"指"。王筠在《文字蒙求》卷二中谈了指事与象形的区别在于:物有形可象,而事无形不可象,只能通过某种方式来表达其意;指事与会意都是为了无形可象的事而造的字,其不同之处在于,构成会意的偏旁均可独立成字,而指事字的构成部分却可能包含了不独立成字的部分。今人的理解偏重在"指",认为文字中若含抽象性的符号以指示意义之所在即属于指事。例如"未""灾""尹"等。我们认为"指事"应包括上述两种在内,既有"指示"又有"处事"。

(三)会意。许氏云:"会意者,比类合谊,以见指㧑,武信是也。"意谓:会意就是汇合物类偏旁合成意义,由此体现它的意义所在。会意字应包括以义会意,和以形会意两种。以义会意者如:珍、武、信等;以形会意者如:牢(牛在圈中)、圂(豕在囗wéi中)等。

(四)形声。许氏云:"形声者,以事为名,取譬相成,江河是也。"通常认为"以事为名"指形符而言,即:以事类作为形符的名称;"取譬相成"指声符而言,即:以读音相近的字比拟其音,与形符合成形声字。也有人认为"以事为名"之"名"当指名号、名称,即字音。这与"依声托事"之说一致。"取譬相成"指意符,这与"比类合谊"相一致。白兆麟承顾实之说持此观点。(见《汉字书同文研究》鹭达文化出版公司2003年版)由于有的声符兼具表意功能,所以有许多字是会意兼形声。如:泰(从廾从水,大声)、寶(从宀从玉从贝,缶声)。

(五)转注。许氏云:"转注者,建类一首,同意相受,考老是也。"由于许慎在《说文》中并未指出哪些是转注字,致使后人理解纷争。詹鄞 yín 鑫在《汉字说略》中认为:前四书是孤立地分析汉字结构而归纳出来的四种类型,后二书是联系地分析字与字的关系而归纳出来的两种类型。假借谈的是字与字之间的音义关系,转注谈的应是字与字之间的形义关系。有转注关系的字与字之间,应有字义转注相授受的关系。"建类一首"则与部首有关,"同意相受"则为同部字都接受了部首的意义。而这个部首通常并不是会意字的意符或形声字的形符,而是指形声字的声符。如"半"部的字半、胖、叛、畔等;"句"部的字句、拘、笱、钩等。具有这个声符的字往往具有这个声符字的意义。这种由声符充当的部首在《说文》中很多,如"丩、取、殳、疋、左、丌、号、豈、井、零、司、后、包、辟、冊、交、我、垚、劦、辡"等,它们的属字中凡以部首为声符者,均可视为转注字。詹鄞鑫认为:许氏把表意的声符立为部首并不科学。文字在本质上是以音表意的,那么,不仅声符相同的字可能有相同的含义,即使声符不同的字,只要读音相同或相近,也同样可能字义相转注,因此,转注现象本质上不是文字结构问题,而是语源学的问题。(《汉字说略》辽宁教育出版社 1991)。

詹鄞鑫的意见是对的。但是古人认识到了汉字具有同一声符的字意义有联系,并将其归纳为一类字,以至后代又有"右文说","同源字"来说明这类字的特点,这是难能可贵的。

(六)假借。许氏云:"假借者,本无其字,依声托事,令长是也。"所谓"本无其字",是说某词本未替它造专用字,而是"依声托事"把该词的意义寄托给另一个音同或音近的文字。六书中的假借之所以强调"本无其字",是为了与本有其字的假借(即"通假")区分开来。

## 二、六书说的评价

六书说是汉代人全面研究小篆字体之后,继承前人说法而总结归纳出的汉字造字结构理论。它基本上概括了汉字造字结构的状况,是汉代人对文字学理论的重大贡献。

六书说除了适用于小篆之外,也可用来分析各个历史时期的汉字。即使是现代汉字可以纳入六书的类型之中。因为汉字从古至今一脉相承,虽然不断发展变化,但只是日趋完善,更加切合实用,而并未变成另类文字。

但是从各个时期的汉字结构类型来看,所占比重不同。如甲骨文时期,象形字、假借字多,小篆时期会意字多,现代汉字则形声字占绝对优势。

六书说虽然有以上作用,但也明显存在局限性。因为不是先有六书,而后严格按六书去造字,而是先有造字实践,而后总结出六书理论,于是难免有不能纳入六书者,及难于断定属于六书之何种者。这种现象不独文字学理论如此,其他语言学理论也常遇到这种棘手的问题,或可将其归入特例之类,这就是模糊现象无处不在的反映吧。六书理论是从总体上把握汉字的造字结构,以简驭繁,以便认识和掌握汉字,更好的运用它。后人虽然作了许多尝试,力图更科学地将汉字造字结构分类,但到目前为止,还没有完全超越六书者。因此,六书说仍是我们分析汉字造字结构的利器。

### 三、六书说的应用

许慎在《说文解字》中,用各种术语分析说明了小篆的造字类型。清人王筠在《文字蒙求》一书中将《说文》中小篆取出2000余字,从文字构造的基础,分为象形、指事、会意、形声四卷,可作参考。

现代汉字的构造,可以概括为三大类:表形字(含象形字、指事字、会意字三类)、表音字(六书中的假借字)和形音字。刘又辛在《汉语汉字答问》(商务印书馆2000)中举了许多例子,并称表音字即假借字在常用字中约有300多个,形声字占到95%以上。

裘锡圭先生《文字学概要》也对汉字结构作了具体分析指出汉字中有记号字,对各类字举了大量例子,十分细密。

詹鄞鑫《汉字说略》对六书加以改造之后,也分别举例作了说明。

## 第二节 汉字的义项和类别

义项是语义学术语。义项是字典词典中同一个条目内按意义列举的项目。

汉字是记录汉语的文字。汉语中的词以单音节为主,汉字也以单音节为主,因而互相适应。但是,汉语中词在不断地产生,为节制汉字的数量,就常常用同一个汉字形体去记录多个词。这样一个汉字就会有多个义项。人们把这些义项按时间的顺序罗列出来储存在字典之中,加以分项排列阐释,就成为汉字的义项。

汉字记录汉语的词,所以汉字的义项与词义往往有直接的联系。最初为汉语中的一个词造字时,汉字形体与词义往往有直接的联系,因而后人便将这个与汉字形体有密切联系的意义称为汉字的本义。清代文字学家或称为"本意""正义""本训""本谊",都指《说文解字》所释的与字形分析相吻合的字义。(可参看段玉裁《广雅疏证序》、王念孙《说文解字注序》、朱骏声《说文通训定声凡例》)汉字的各个义项之间也存在这样那样的联系,详见下文叙述。

## 一、本义

周祖谟在《中国大百科全书·语言文字卷》中写道:"(本义)指一个汉字由最初书写的字形上所反映出来的意义。例如'从',甲骨文作〖图〗,一人随从一人,表示相从的意思。这就是'从'字的本义。《说文解字》说:'相听也',那是引申发展出来的意思。又如'莫',篆书从日从〖图〗,〖图〗是众草,日没于众草之中,表示日暮的意思。《说文》说:'日且冥也。'这是'莫'字最初造字的本义。后来借用为否定词,又另造一'暮'字,代表原来的意思,那就是一般所说的后起本字了。本义是对引申义、转义和假借义来说的,也可以称之为基本意义。汉字数量很大,除一小部分象形字和表意字以外,大多数只能从古代文献中去探求其最早使用的意义,很难知道最初的意义。汉代许慎作《说文解字》,采录古代经籍中的训释,多能申明字的本义,但有些须根据商周古文字参验,正其谬误。"

## 二、引申义

引申义通常是对本义而言的。引申义是由一个词的本义引申发展出来的相关的意义。引申义必然跟本义在意念上有一定的联系,否则不能称之为引申义。引申义有远近之分,近的引申义在字典中往往列在同一义项之下,用⑤、②表示。较远的引申义则往往单列义项。如《古汉语常用字字典》"生":① 草木生长。《荀子·劝学》:"草木畴～。"⑤出生,诞生。《史记·秦始皇本纪》:"(秦始皇帝)以秦昭王四十八年正月～于邯郸。"②产生,发生。《荀子·劝学》:"肉腐出虫,鱼枯～蠹。"② 活着,生存。《孙子兵法·九地》:"投之亡地然后存,陷之死地然后～。"《孙膑兵法·奇正》:"友～有死,万物是也。"②生命。《荀子·王制》:"草木有～而无知。"②生存的期间。如"一～"、"毕～"。③ 生的,与"熟"相对。《史记·项羽本纪》:"则与一～彘肩。"

## 三、本字

本字也称正字,指直接为表示某一词义而造的汉字。表示词的

533

本义的字称为本字。

文字学上也称初文为本字。文字学上往往把某字的早期写法称为初文，是相对该字的后起字而言，以区别于该字较为后起的不同写法。初文以独体字为主。如违背的"背"，本写作㐅（北），《说文》："北，乖也。从二人相背。"《战国策·齐策六》："食人炊骨，士无反北之心，是孙膑、吴起之兵也。"后借用去表示北方的"北"，又造一个后起字"背"，来表示乖戾、违背之义。"北"即为"背"的初文，也称作"背"的本字。

有些本字后来废弃不用了。废弃不用的本字一种是古本字。如：壴为鼓的初文，𡭬为隙的初文，㐺为垂的初文，皃为貌的初文，壴、𡭬、㐺、皃这些初文，也叫古本字，随着后起字的使用而废弃不用了。另一种废弃不用的字是后起本字。如率，捕鸟毕（网）也；帅，佩巾也；后来率假借表示率领，帅假借表示将帅。后来又造"達"和"䢦"字。《说文》："達"，先道（导）也。又："䢦"，将䢦也。毛际盛《说文述谊》："案：率帅達三字古通，义皆可假。然帅，佩巾也；率，捕鸟毕也；非先导义。故知達为正字。"《段注》："将帅字古袛作将䢦，帅行而䢦又废矣。帅者佩巾也。䢦与辵部達音义同。"后来表率领和将帅的假借字"率""帅"仍被使用，而后起本字"達""䢦"并未行用，而被废弃了。

## 四、古今字

### （一）什么是古今字

古今字指同表某一字义而古今用字有异的汉字。古今是相对的概念。段玉裁认为"古今无定时，周为古则汉为今，汉为古则晋宋为今。随时异用者谓之古今字。"（《说文》"谊"字下注）

洪成玉师在其所著《古今字》（语文出版社1995）一书中称"古今字是汉字在发展中所产生的古今异字的现象。"又云"文字具有稳定性的特点。开始的时候，新的词义或新的词，往往由原有的字兼任。随后，为了区别新旧词义或新旧词，同时也是为了减轻原有汉字的负担，就以原字的形体为基础，或增加偏旁，或改变偏旁，另造一个新

字。我们把这种文字现象称为古今字。"洪成玉先生将古今字限定在4类范围之内:

① 从形体结构上看,一般都有造字相承的关系,两者是历时的关系。如:昏—婚 牙—芽。这种增加偏旁而形成的古今字是古今字中最常见,而且也是数量最多的一种。

② 有些古字不便增加偏旁,就采用改变偏旁的方法来另造新字。如:说—悦 释—怿 赴—讣。这类古今字也比较常见,但数量少于第一类。

③ 古字先有一个假借过程,当假借义稳定之后,在假借字上新增偏旁另造新字。如:牟(牛鸣也)—眸。此类字较少。

④ 古字和今字在形体上已看不出什么共同的联系,但在音、义和造字方法上仍然有相承的关系。如:亦—腋。此类字也较少。

(二) 古今字在形体上的特点

洪成玉先生将古今字的特点归纳如下:

1. 相承增加偏旁。增加的偏旁主要是形符,用原来的古字作今字的声符,而构成一个新的形声字。如:

| | | | |
|---|---|---|---|
| 齐—剂 | 道—導 | 臧—藏、臟、贓 | |
| 埶—熟 | 息—熄 | 召—招 | 舍—捨 |
| 要—腰 | 队—坠 | 匡—筐 | 衰—蓑、縗 |
| 写—泻 | 县—悬 | 责—债 | 昏—婚 |
| 知—智 | 竟—境 | 风—讽 | 比—篦 |
| 居—踞 | 求—裘 | 取—娶 | 景—影 |
| 易—埸 | 反—返 | 曼—蔓 | 新—薪 |
| 巢—轈 | 或—國、域、惑 | 须—鬚 | 坐—座 |
| 禽—擒 | 监—鑒 | 夏—厦 | 聽—廳 |
| 廷—庭 | 其—箕 | 孚—孵 | 柬—揀 |
| 哥—歌 | 卷—捲 | 名—铭 | 牙—芽 |
| 丞—拯(抍) | 争—諍 | 埶—藝、蓺、勢 | |
| 芒—铓 | 共—拱、供、恭 | 敬—警 | 差—瘥 |

535

| | | | |
|---|---|---|---|
| 全—痊 | 两—辆 | 字—籽 | 賈—價 |
| 屋—握、幄 | 甘—苷 | 畜—蓄 | 産—犓 |
| 半—胖 | 介—界 | 唐—塘 | 辰—蜃、晨 |
| 朝—潮 | 夕—汐 | 句—拘、笱、钩、疴 | |
| 告—诰 | 阁—搁 | 属—嘱、瞩 | 廚—幮、橱 |
| 刺—莿 | 支—枝、肢 | 亨—烹 | 云—雲 |
| 囟—窗 | 五—伍 | 十—什 | 百—佰、陌 |
| 千—仟、阡 | 北—背 | 童—憧、瞳 | |
| 專—磚(塼、甎) | | 号—號 | 左—佐 |
| 右—佑、祐 | 启—啟 | 台—怡 | 加—架 |
| 为—伪 | 转—啭 | 烈—颲 | 章—樟 |
| 内—枘 | 州—洲 | 到—倒 | 鱼—渔 |
| 回—洄、迴 | 芒—茫 | 亢—吭(肮) | |
| 盧(卢)—鸕(鸬)、矑(眹) | | 希—稀 | 貫(毌)—慣 |
| 古—诂、故 | 大—太 | 身—躬 | 辟—避 |
| 妥—绥 | 桀—傑 | 草—騲 | 父—驳 |
| 熏—薰 | 奉—俸 | 亭—停 | 厭—壓 |
| 厭(猒)—饜 | | 族—鏃 | 弯—湾 |
| 巨—矩 | 尉—慰 | 宁—伫、贮 | 冒(冃)—帽 |
| 包—胞 | 匡—眶 | 旁光—膀胱 | 利—痢 |
| 四—驷 | 冬—终 | 解—懈 | 尸—屍 |
| 象—像 | 奥—澳、隩 | 叉—权、钗 | 申—伸 |
| 子—孳 | 展—辗 | 弟—悌 | 志—誌 |
| 奚—媄 | 顷—倾 | 厲(厉)—礪(砺) | |
| 厓—涯 | 频—颦 | 氐—柢、低 | 乌—鸣 |
| 尊—罇、樽 | 闵—悯 | 康—穅(糠) | 府—腑 |
| 婁(娄)—屢(屡) | | 升—昇 | |

匱—匱、簣、鎖、櫃　　牟—眸　　　主—炷

伐—閥　　喬—峤　　　領—嶺(岑)　顛—巔

免—娩(娩)　栗—慄　　絜—潔(洁)

齊(齐)—齋(斋)　　　　赫—嚇　　　斯—撕

甲—胛　　放—倣(仿)　制—製　　　卯—仰、昂

申—電(电)　申—神

上述古今字的共同特点是在古字形体的基础上新增形符,形成古今字。在这类古今字中,有些新增的形符是古字原有的形符或是与古字原有形符意义相近的形符。这些重复增添的形符,他们的作用主要是:① 表示新造的字与古字有着密切联系。② 表示今字与古字的形体有区别。新增的汉字中,存在着形符叠增的情况,而声符叠增的情况几乎没有。下面介绍一些形符重复增加的古今字。

岡—崗(有二山)　　　益—溢(有二水)

莫—暮(有二日)　　　止—趾(复加足)

正—征　　　　　　　然—燃(又加火)

虚—墟(虚下篆文为丘,又加土)

熏—燻(有二火)　　　原—源

或—國

韋—圍　　　　　　　意—憶(有二心)

奉—捧(奉从手,捧又增手)

含—啥(有二口)　　　咨—諮(口言义近)

寻—抙(才又义近)　受—授(才又义近)

爰—援　采—採

尉—熨(尉即尉,熨又增火)

感—憾(有二心)

2. 相承改换偏旁

此类古今字在形体上的特点是利用古字的声符,改换其形符而产生一个今字。此类字有:

震—娠　　　任—妊　　　疏—梳　　　偃—堰

創—瘡　　　障—嶂、幛　杖—仗　　　諭—喻

槁—犒　　　擬—儗　　　歐—嘔　　　踞—倨
薶—埋　　　披—帔　　　輓—挽　　　湊—辏
剛—鋼　　　儋—擔　　　眇—妙　　　柱—拄
清—圊　　　滑—猾　　　歷—曆　　　斂—殮
版—板　　　接—椄　　　杭—航　　　和—龢
谐—𧫒　　　赴—訃　　　𦽅—藤　　　增—贈
徹—轍　　　寤—悟　　　缺—決、觖　　　效—教
藉—借　　　佗—駝、馱　　　没—歿　　　释—怿
说—悦　　　柴—𣂁　　　弟—第　　　荼—茶
草—皁、皂　　　箱—廂(厢)　　　祝—咒(呪)　　　陕—峡、狭
结—髻　　　雅—鸦　　　佩—珮　　　樸(朴)—璞
思—顋(鰓)　　　煣—揉　　　濯—櫂、棹、擢　　　環(环)—鐶
摩—磨　　　苣—炬　　　陈—阵

也有将古字的会意字变改为形声字而成今字的，如：
濒(从页从涉)—滨—獸(兽)—狩

3．相承形体迥异
此类古今字从字形上已看不出两者的联系，但从造字方法和音义的联系来看，仍一脉相承。此类古今字有：

驭—帆、篷　　　饰—拭　　　　志—識(识)、幟(帜)
亦—腋、掖　　　抛—䂳、砲(炮)　　　丸—圜
覈—核　　　份—彬、斌　　　旅—侣　　　吕—膂

(三)古今字在语音上的特点
古今字中的古字，一般产生于先秦或两汉时期，今字则一般产生于两汉或魏晋以后，其间语音已有了发展变化。但由于古今字中的大多数为相承增加偏旁，即以古字为声符，在其基础上增加义符，因此古今字之间多数为声韵俱同，也有声同韵近、声近韵同者。分述如下：

1．声韵俱同
例如：版—板(同为帮母元部)
　　　比—篦(同为并母脂部)

队—坠(同为定母物部)

赴—讣(同为滂母屋部)

2. 声同韵近

例如：覈—核(覈属匣母锡部,核属匣母职部,声母相同,锡、职旁转。)

3. 声近韵同

例如：半—胖(半属帮母元部,胖属滂母元部,帮、滂同为唇音。)

(四) 古今字在意义上的特点

1. 今字分担古字中的一义

古今字中的古字和今字,意义有各种联系。多数古今字,今字只分担古字中的一个意义。例如：

取—娶  取有捕取、求取、获取、婚娶等意义,今字"娶"只分担婚娶的意义。

婚—婚  昏有黄昏、昏暗、昏庸、婚嫁等意义,今字"婚"只分担婚嫁的意义。

责—债  责有求责、诛责、责任、债务等意义,今字"债"只分担古字中的债务义。

知—智  知有知道、知遇、知识、智慧等意义,今字"智"只分担古字中智慧义。

祝—咒  祝兼有祝愿、诅咒两义,今字"咒"只分担其中诅咒义。

弟—悌  弟有次第、兄弟、第宅、孝悌等意义,今字"悌"只分担其中孝悌义。

尸—屍  尸有陈列、居其位、屍体等意义,今字"屍"只分担其中屍体义。

北—背  北有背脊、向北、败北等意义,今字"背"只分担其中背脊义。

今字所分担的意义,多数是古字的引伸义,但也有分担古字的本义的。如：

虚—墟  虚的本义是丘墟,引伸出空虚、谦虚等义,今字"墟"所分担的是"虚"的本义。

尉—熨  尉的本义是熨斗,引伸出使平展、安慰等义,今字"熨"

所分担的是"尉"的本义。

2. 今字取代古字本义

古字在使用中除本义外，还产生了假借义，后来又为本义另造今字。如"莫"，本义是日暮，后来假借表示否定性的无指代词，于是另增形符日，新造一个今字"暮"，以取代"莫"的本义。又如"县"本义是悬挂，后来假借表示州县义，于是另增偏旁"心"，另造一个今字"悬"，以取代"县"的本义。这类古今字实际上是表示同一意义的词，古今书写形式不同。此类古今字数量不多。例如：

然—燃　（然假借表示指示代词）
云—雲　（云假借表示说话的云）
其—箕　（其假借表示第三人称代词）
哥—歌　（哥假借表示兄长义）
孚—孵　（孚假借表示诚信义，《说文》列为别义，陆宗达认为是引伸义）
柬—揀　（柬假借为柬帖义）
州—洲　（州假借为州县义）
草—皁(皂)　（草假借为草木义）
爰—援　（爰假借为表示于此等义的虚词）
孰—熟　（孰假借为表示疑问代词）
要—腰　（要假借为要约义）
匡—筐　（匡假借为匡正义）
亦—腋　（亦假借为副词表示"也"）
或—國(国)　（或假借表示不定代词）
居—踞　（居假借表示居住义）

3. 今字取代古字的假借义

此类古今字的古字先有一个假借过程，而后为假借的古字造今字。例如：膀胱，《说文》为"脬"字，训释语中借用旁光两字表示，"脬，旁光也。"今字"膀胱"只和古字"旁光"的假借义有联系。下面再举几个例子：

申(初义为闪电,后用为地支名称)
信(本义为诚信)

先秦时期用申、信表示屈伸的伸。后来又造今字"伸"。

又如：

章(音乐一曲完了叫一章)，假借表示樟木，后又造今字"樟"。

匡(本义为盛饭的器具)，假借表示目眶的眶，后又造今字"眶"。

利(本义为锋利)，假借表示痢疾的痢，后又造今字"痢"。

4．今字类化增加意符

有少量古今字是因类化增加意符而形成的。如展转，展因类化作用而写作"辗"。又如：

辐凑(车辐凑集于车毂的意思，常用来比喻人或物八方汇聚一处)，"凑"因类化作用加车旁写作"辏"。他如：

席—蓆

刺—莿

此类古今字，今字也起到分担古字中一义的作用。

## 五、异体字

(一) 异体字的界定

异体字一般指形不同，而音、义完全相同的汉字。如同样一句话，古书中却用字不同。

《国语·晋语四》："野人举块以与之。"《汉书·律历志》："壄人举凷以与之。"野同壄，块同凷。又如："随山栞木"与"随山刊木"，栞同刊；"歌咏言"与"歌詠言"，咏同詠。异体字只是书写形式不同，语意是相同的。

(二) 异体字的构成特点

1．形符义近而产生的异体字

形声字的形符表示意义类别，一些类别相近的形符有时可以通用。如：

彳(chī)、辵(chuò)、足、走——与行走有关：徯蹊、趌跓、徧遍、跡迹

隹(zhuī)、鸟：雞鸡、鴈雁、鵝䳊、鶉雏、鶯鹥、雛鸐

豸(zhì)、犭(犬)：豺犲、貍狸、貌狠、貐狳、貓猫、豬猪、獭

獭、獱獭

其他如：憔顦 悴顇 糖餹 瓶缾 玺鈢 碗椀 睹覩
嘆歎 煖暖 穄穅 寓庽 歌謌 磚甎 沙砂 熔鎔 隄堤
牋箋 溪谿 杯盃 咬齩 焰燄 喧誼 裙帬

**2. 声符不同而产生的异体字**

汉字的声符表示读音，而表示同一读音的声符可以有不同写法，因而形成异体字。如：

猿猨 蹯𨂈 時旹 踪蹤 糧粮 薑薹 杭桁 諼諠
俛俯 詁詢 模橅 災烖 麩䴸 杯栝 艤舣 棕椶
棕櫊 鞋鞵 浙淛 鯽鰂 鵰鷲 蚌蜯 砧碪 柄棅
綫線 啼嗁 煙烟 蜨蝶 譸訛 甕瓮 磻磻 靴鞾
韵韻 扼搤 鱷鱺 酬醻

**3. 偏旁位置不同而产生的异体字**

此类异体字的形符或意符完全相同，声符也完全相同，只是所处位置不同。例如：

峰峯 界畍 群羣 略畧 翅翄 够夠 崩嵭 腪胖
甜甛 懈懑 惭慙 词詞 秋秌 和咊 朗朖 期朞
稿稾 撇撆 鞍鞌 野埜 裡裏 脅脇 棋棊 魂鬼
槁槀 鵝鵞 鯎鯎

**4. 造字方法不同而产生的异体字**

汉字中有些形声字由象形、指事或会意字发展而来，而构成异体字。如：

网（象形）—罔（隶变作罔，形声）

刃（指事）—創（形声）

線（会意）—线（形声）

韭（象形）—韮（形声）

鬲（象形）—𩰪（形声）

看（会意）—䩭（形声）

昏(会意)—昬(形声)

埜(会意)—野(形声)

災(会意)—烖(形声)

轟(会意)—䡙(形声)

淼(会意)—渺(形声)

嵩(会意)—崧(形声)

泪(会意)—淚(形声)

門(会意)—鬪(形声)鬭(形声)

昊(会意)—皞(形声)

5. 隶变而形成的异体字

汉字的形体由篆变隶,是一次重大变革,为楷书形体奠定了基础。汉字在隶变过程中产生了一些异体字。如:

萅(小篆从艸从日屯声)—春

秊(小篆从禾千声)—年

歬(小篆从止在舟上)—前

叜(小篆从灾从又)—叟

裘(小篆从衣从毛)—表

竝(小篆从二立)—并

歙(小篆从欠酓声)—飮

他如:

躲—射  暴—暴  亯—享  冃—肯

丹—冉  㠯—以

6. 传写讹变而形成的异体字

吳—吴  勺—勺、丐

7. 其他

有些异体字是在简化过程中产生的,如:禮—礼  灋—法  雧—集  蚊—蚊  蠭—蜂  霤—雷  纍—累  㠀—岛  棹—桌  萬—万  無—无有些异体字是形符和声符都发生改变而产生的,如:粧—妆 糳—粢 蹟—迹 视—眡 剩—賸 猿—蝯 瓮—罋 邨—村 梁—䉞 皓—暠 糯—稬 歠—裰

有的是由于社会原因而形成的。如:辠—罪。"秦以辠似皇字,改为罪"(《说文》)

有的是俗体字与正字形成异体字。如:

册—冊 耻—恥 岁—歲 冰—氷
囘—回—囬 怪—恠 叔—尗 闗—闗 花—芲 伫—仁

## 六、通假字

(一) 什么是通假字

通假字也有人称为"假借字"。古书中有些字可以通用借代,这就是通假。通即通用,假即借代。具体地说,就是古人在书写某个字时,没有写本字,而是写了一个读音相同或相近的字来代替它。这个替代字相对于本字而言就叫做通假字。通假字是有本字的假借,与六书中的假借含义不同。六书之一假借是无本字的假借,即"本无其字,依声托事",指汉语中已有这个词,但是没有专为这个词造一个新字,而是借用一个已有的音同或音近的字来表示它。如"而"的本义是胡须,后被借用表示代词或连词;"叔"的本义是拾取,后被借用表示叔伯的叔字。通假字则是有本字的假借。一般说来通假字与本字在意义上毫不相干,只是古音相同或相近而已。汉代经学家郑玄云:"其始书之也,仓卒无其字,或以音类比方假借为之,趣于近之而已。受之者非一邦之人,人用其乡,同言异字,同字异言,于兹遂生矣。"(唐·陆德明《经典释文·序录》)清人王引之云:"本字见存,而古本则不用本字,而用同声之字。学者改本字读之,则怡然理顺,依借字解之,则以文害辞。"(《经义述闻》卷三十二)

古书中存在的通假字往往为古文阅读造成困难和障碍。清代由于古音学发达,清代学者运用因声求义的训诂方法,透过字形,从语音求得本字本义,取得很大成就。一般说来,通假字即是与本字声纽韵部全相同或者相近的字。由于通假字多产生于先秦两汉时期,所以声音相同相近皆指周秦两汉古音而言,由于语音的发展变化,有些

与今音不尽相同。

(二) 通假字的特点

1. 从字形上看,通假字和本字之间,不存在造字相承的关系。本字和借字,多数在字形上毫无共同之处,如:圉御、要邀、蚤早、矢屎、郤隙、没冒、窥跬、瞿狄、溺尿、或有等。有的通假字和本字具有相同的声符,如:干岸、卒猝、適谪、指恉、员圆等。

2. 从意义上看,通假字和本字一般说来,两者在意义上没有联系。如:

郤(地名)—隙(缝隙)
要(身腰)—邀(邀请)
矢(箭)—屎(粪便)

3. 从时间上看,训诂学中所说的通假字,必须以借字和本字同时存在为前提,因为通假字是和本字相对而言的。《说文》"厝"字下《段注》:"厝与措、错义皆别,而古多通用。"既然是通用,借字和本字就必须同时存在。失去任何一方,就不存在通假问题。

(三) 通假字举例

蚤—早 "旦日不可不蚤自来谢项王。"(《史记·项羽本纪》)蚤,跳蚤,《说文》作蚤,释为"啮人跳虫。"借为早晨的早。《说文》:"早,晨也。"蚤、早同属精母幽部。

畔—叛 "寡助之至,亲戚畔之。"(《孟子·公孙丑下》)畔,《说文》:"畔,田界也。"《段注》:"畔,涯也,经典多借为叛字。"叛,背叛。《说文》:"叛,半反也。"畔、叛同属并母元部。

颁—斑 "谨庠序之教,申之以孝悌之义,颁白者不负戴于道路矣。"(《孟子·梁惠王上》)颁,《说文》:"颁,大头也。"此处借为辬,今作斑。《说文》:"辬,驳文也。"《段注》:"斑者,辬之俗,今乃斑行而辬废矣。"颁、斑同属帮母;颁属文部,斑属元部。

填—镇 "刘崇等谋逆者,以莽权轻也。宜尊重以填海内。"(《汉书·王莽传》)颜师古注:"填音竹刃反。"填,《说文》:"填,塞也。"通假作镇。《说文》:"镇,博压也。"填、镇同属真部;填属定母,镇属章母。

下列为古汉语中常见的通假字:

驩欢、脩修、强疆、燕宴、财裁、適谪、遗馈、乡向、距矩、无毋、寤悟、锡赐、涂途、伯霸、堕隳、籍藉、漠幕、罢疲、唱倡、逑仇、特直、爵雀、没冒、员圆。

相关的最新著作有：张儒、刘毓庆著《汉字通用声素研究》，山西古籍出版社2002，可以参看。

## 参 考 文 献

1. 詹鄞鑫著：《汉字说略》，辽宁教育出版社1991年12月第1版，1995年6月第3次印刷。
2. 洪成玉师著：《古今字》，语文出版社1995年10月版。
3. 王鼎吉编著：《字的基本知识60题》，中国和平出版社1996年4月版。
4. 骈宇骞、王铁柱主编：《语言文字词典》，学苑出版社1999年2月版。
5. 《中国大百科全书·语言文字》，中国大百科全书出版社1988年版。
6. 洪成玉师主编：《古代汉语教程》，中华书局1990年8月第1版，1995年11月第2次印刷。
7. 孙中运著《论六书之形声》，(内部刊行稿)。
8. 孙中运著《论"六书"之假借》，吉林人民出版社2001年版。